T5-BPY-832

Wissenschaftliche Untersuchungen
zum Neuen Testament · 2. Reihe

Begründet von Joachim Jeremias und Otto Michel
Herausgegeben von
Martin Hengel und Otfried Hofius

27

Der Poimandres
Ein paganisiertes Evangelium

Sprachliche und begriffliche Untersuchungen
zum 1. Traktat des Corpus Hermeticum

von

Jörg Büchli

J. C. B. Mohr (Paul Siebeck) Tübingen

BF
1600
.B8
1987

CIP-Kurztitelaufnahme der Deutschen Bibliothek

Büchli, Jörg:
Der Poimandres – ein paganisiertes Evangelium: sprachl. u. begriffl. Unters. zum
1. Traktat des Corpus Hermeticum / von Jörg Büchli. –
Tübingen: Mohr, 1987.
  (Wissenschaftliche Untersuchungen zum Neuen Testament: Reihe 2; 27)
  ISBN 3-16-145165-1
  ISSN 0340-9570

NE: Wissenschaftliche Untersuchungen zum Neuen Testament / 02

© 1987 J. C. B. Mohr (Paul Siebeck) Tübingen.

Das Werk einschließlich aller seiner Teile ist urheberrechtlich geschützt. Jede Verwertung
außerhalb der engen Grenzen des Urheberrechtsgesetzes ist ohne Zustimmung des Verlags
unzulässig. Das gilt insbesondere für Vervielfältigung, Übersetzung, Mikroverfilmungen
und die Einspeicherung und Verarbeitung in elektronischen Systemen.

Druck von Gulde-Druck GmbH in Tübingen; Einband von Großbuchbinderei H. Koch
KG in Tübingen.

Printed in Germany.

Für Verena

VORWORT

Die vorliegende Arbeit wurde von der Philosophischen Fakultät I
der Universität Zürich im Wintersemester 1985/86 auf Antrag von
Herrn Prof. Dr. Walter Burkert als Dissertation angenommen. Ich
danke sehr herzlich Herrn Prof. Burkert für mannigfache Unterstüt-
zung; von ihm stammt auch der Gedanke, die Untersuchungen auf philologischer Basis durchzuführen, und der Hinweis auf die Bedeutung
der Nag-Hammadi-Funde. Ferner verdanke ich Herrn Prof. Dr. Fritz
Graf, Basel, verschiedene kritische Bemerkungen, die zu einer besseren Darstellung meiner Thesen führten. Herrn Dr. Clemens Müller,
Dietfurt, sei herzlich gedankt für seine Korrekturarbeit und das
Zusammenstellen der Register. Herrn Prof. Dr. Rudolf Meyer, Zürich,
danke ich für die Einsichtnahme in das in seinem Besitz befindliche
Exemplar des Poimandresbuches von Reitzenstein, welches einst Eduard
Norden gehörte und von ihm mit verschiedenen Randnotizen versehen
worden ist.

Herrn Prof. Dr. Martin Hengel von der Universität Tübingen gebührt
mein besonderer Dank für die Aufnahme der Arbeit in die Reihe "Wissenschaftliche Untersuchungen zum Neuen Testament". Ausserdem verdanke
ich ihm auch einige wichtige Hinweise zur besseren geistesgeschicht-
lichen Einordnung des Poimandres.

Die Arbeit widme ich Verena, meiner lieben und verständnisvollen
Lebensgefährtin.

Wattwil, März 1987

Jörg Büchli

INHALT

Einleitung
HAUPTLINIEN DER FORSCHUNGSGESCHICHTE[a]

1. Reitzenstein und die religionsgeschichtliche Schule

Der Beginn der modernen[b] Erforschung der Hermetica ist untrennbar
verbunden mit dem Namen Richard Reitzensteins (1861 - 1931). Dessen im
Jahre 1904 erschienenes Buch 'Poimandres'[c] muss als Pionierleistung
in doppeltem Sinn betrachtet werden: Es brachte das Corpus Hermeticum
zum ersten Mal in das Blickfeld der klassischen Philologie und öffnete
ihr den Blick auf die nachklassische, hellenistische Geistesgeschichte.
Reitzenstein, der allerdings nur den 1. und 13. Traktat behandelte und
dabei zur Hauptsache den sog Anthroposmythos diskutierte, erblickte
den Ursprung der Hermetica in Aegypten. Zugleich datierte er den Poimandres vor den Beginn des 2. nachchristlichen Jahrhunderts und betrachtete auch das Johannesevangelium und sogar Philon als vom Poimandres
beeinflusst. Die Kritik durch Bousset (Gött Gel Anz 1905, p. 692 ff)
und durch Zielinski zeigte aber bald, dass Reitzenstein mit dem ägyptischen Ursprung zu weit gegangen war. Insbesondere Zielinski konnte
zeigen, dass in den Hermetica Anschauungen der griechischen Philosophie
enthalten sind, wobei er verschiedene zeitliche Schichten annahm, eine
nüchtern peripatetische, eine ekstatisch platonische und eine pantheistische. Damit wies er erstmals auf die grosse Heterogenität unter den
einzelnen Schriften hin. Bousset vertrat dann in seinen Hauptproblemen
der Gnosis 1907 wieder den sog orientalischen Standpunkt[d] und zog dabei
für den Anthroposmythos Parallelen bis nach Indien in Betracht. Im Anschluss an Reitzenstein versuchte er auch, die Hermetica zur Erklärung
der paulinischen Pneuma-Theologie und Gnadenlehre heranzuziehen.
W. Kroll, der Verfasser des Artikels 'Hermes Trismegistos' in Pauly-
Wissowas Realenzyklopädie aus dem Jahre 1913 folgte der von Zielinski

---

a Die eigentliche Literatur über die Hermetik ist nicht sehr gross; hingegen finden
   sich häufig, wenn auch sehr verzettelt, Bemerkungen oder Beobachtungen zum Corpus
   oder zum Poimandres. Die vorliegende Forschungsgeschichte beschränkt sich auf diejenigen Werke, die sich eingehender mit den Hermetica, insbesondere dem Poimandres
   befassen.
b Einen Ueberblick über die Forschungsgeschichte von der Renaissance bis zur Edition
   der hermetischen Nag-Hammadi-Stücke bietet jetzt MAHE, Hermès II 7-43; unsere Darstellung lehnt sich teilweise an ihn an.
c Die näheren Angaben zu den besprochenen Werken finden sich in der Bibliographie.
d Er wurde im 19. Jh. mehrheitlich von der Theologie vertreten: F. Chr. Baur 1835
   sah die Ursprünge der Gnosis im Orient, Kessler 1882 erkannte in der Gnosis Alt-
   babylonisches, Anz 1897 Babylonisches schlechthin. Es gab allerdings auch andere
   Stimmen: Joel 1880 leitete sie von Platon ab und Harnack 1899 definierte sie als
   'akute Hellenisierung des Christentums'.

eingeschlagenen Richtung: er betrachtete die Hermetik ebenfalls als
philosophische Lehre, verwies aber mehr auf den jüngeren Pythagoreis-
mus. Das Verhältnis von Hermetik und Philo sah er umgekehrt als Reitzenstein, er führte die Rolle des Logos und des Urmenschen auf Philon
zurück, den er auch als Vermittler der Anklänge an die LXX innerhalb
der Hermetik ansah. Als Entstehungszeit nahm er das 3. Jh. n. Chr. an.
J. Kroll unternahm dann in seinem Buch 'die Lehren des Hermes Trismegistos' aus dem Jahre 1914 die von seinem Lehrer W. Kroll vorgezeich-
nete Aufgabe, die gesamte Hermetik systematisch als philosophische
Lehre darzustellen, wobei er diese vor allem von Poseidonios und Philon
herleitete. Allerdings leugnete er auch nicht die unbezweifelbaren Einflüsse aus dem 'Orient'. Wie Reitzenstein betrachtete er die Hermetik
als unabhängig vom Christentum und ging in der Datierung bis zu Philon
herab. Das Buch geht bis in die Einzelheiten der hermetischen Anschauungen, sodass es auch heute noch die beste vergleichende Uebersicht
über die Hermetik bietet. Die Kritik von Bousset (Gött Gel Anz 1914,
p. 697 ff.) wies auf den problematischen Punkt des Werkes hin: Kroll,
im Bestreben ein einheitliches System herzustellen, beachtete zu wenig
die zahlreichen Widersprüche der einzelnen Traktate und ihre (möglicherweise) verschiedenen Entstehungszeiten. Bousset entwickelte dann
seine eigene Konzeption und teilte das ganze Corpus in zwei Gruppen,
in eine mehr pessimistisch-gnostische und in eine mehr optimistisch-
nicht-dualistische. Vor allem die pessimistische mit ihrer Verachtung
der Heimarmene kann seiner Meinung nach nicht griechischen Ursprungs
sein; Bousset vertrat daher nochmals seinen 'orientalischen' Standpunkt. Reitzenstein griff dann 1926 das Problem nochmals auf in seinen
'Studien zum antiken Synkretismus aus Iran und Griechenland' und versuchte nun den Anthroposmythos des Poimandres auf den iranischen Mythos
vom Urmenschen Gayomart (überliefert im Damdad-Nask) zurückzuführen.
Diese These Reitzensteins hatte eine grosse Nachwirkung, vor allem in
der theologischen Fachliteratur. Die Dissertation von F. Bräuninger
aus demselben Jahr untersuchte verschiedene Begriffe der Hermetik genauer, so vor allem γνῶσις und εἱμαρμένη, soweit man dies aus dem
kurzen veröffentlichten Abschnitt ersehen kann.

2. Die theologische Forschung

Neben dieser religionsgeschichtlichen Forschung gab es eine andere,
die mehr die Beziehungen zwischen der Hermetik und der Bibel in den
Vordergrund stellte. Da die Vertreter fast nur Theologen waren, sind
die Ergebnisse dieser mehr biblisch orientierten Richtung weniger bekannt geworden. E. Krebs nahm in seinem 1910 erschienen Buch 'Der Logos
als Heiland im ersten Jahrhundert' kritisch Stellung zu Reitzenstein
und versuchte im Anhang die Abhängigkeit des Poimandres von der valen-

tinianischen Gnosis zu erweisen. Der Versuch darf heute als gescheitert
gelten, weil der Poimandres gerade nicht die der valentinianischen
Gnosis eigene, typische Hypostasierung kennt. Das nachgelassene Buch
von C.F.G. Heinrici 'Die Hermesmystik und das Neue Testament' aus dem
Jahre 1918 zeigt eine grosse Zurückhaltung in der Frage der Einwirkung
hermetischer Ansichten auf das Christentum und weist vielfach umgekehrt
wenigstens einen Einfluss des AT auf das Corpus nach. Die Aufsätze
'L'Hermétisme' von P. Lagrange in den Jahren 1924-26 hatten vor allem
den Zweck, die Hermetik in Frankreich besser bekannt zu machen. Den
Poimandres datierte Lagrange ins 3. Jh. und nahm dabei für diesen Traktat eine christliche Ueberarbeitung an. Das bekannte Buch von C.H. Dodd
'The Bible and the Greeks' 1935 brachte zum erstenmal eine grössere
Einzeluntersuchung des Poimandres. Dodd wies auf den grossen Einfluss
der LXX hin, hielt aber am heidnischen Grundbestand der Schrift fest.
Den Verfasser charakterisierte er gleichsam als einen heidnischen Philon.
Wenn auch Dodd in vielem den biblischen Einfluss überschätzte, so war
sein Buch doch wertvoll wegen seiner sprachlichen Untersuchungen. Wenig
bekannt geworden ist K. Prümms Darstellung der Hermetik im 'Religionsgeschichtlichen Handbuch', erschienen 1943. Der Verfasser rechnet mit
einer christlichen, allerdings nur punktuellen Beeinflussung (nicht
bloss Ueberarbeitung!) der Hermetica und setzt sie zeitlich relativ
spät an.

3. Die Edition des Corpus Hermeticum

 Es bedeutete ebenfalls eine Pionierleistung von Reitzenstein, dass
er in seinem Poimandresbuch eine erste kritische Ausgabe wenigstens der
Traktate I und XIII vorlegte, die auf einer Ueberprüfung der Handschrif-
tentradition basierte. Die wissenschaftliche Gesamtedition mit Kommentar
erfolgte dann durch W. Scott in den Jahren 1924-26, ein vierter Band
wurde erst nach dessen Tod von A.S. Ferguson 1936 publiziert. Scotts
Verdienst ist es, erstmals die hermetischen Fragmente bei Stobäus gesammelt und miteinander verbunden zu haben; sein Kommentar ist heute
noch nützlich wegen etwaiger Parallelstellen. Den Text hingegen gestal-
tete Scott - was die Kritik schon damals bemängelte - sehr willkürlich,
weil er seine Vorstellungen vom logischen Gedankengang in die Traktate
hineinlegte und daher auch nicht vor grossen Textumstellungen zurück-
schreckte. Die bis heute massgebende Textausgabe wurde daher erst die
Edition von Nock-Festugière aus den Jahren 1938 ff., zusätzlich ergänzt
von Nock mit den Fragmenten, die er aus seinem Studium der indirekten
Ueberlieferung gewonnen hatte. Diese Ausgabe ist versehen mit wertvollen
Anmerkungen zum Text, bei denen auch andere Gelehrte mit herangezogen
wurden, so F. Cumont, B. Einarson, A.S. Ferguson, H.Ch. Puech und
W. Theiler.

4. Der Neuansatz von Jonas

Einen ganz neuen Gesichtspunkt brachte dann das Buch von H. Jonas
'Gnosis und spätantiker Geist' 1934 in die Erforschung der Gnosis. Ausgehend von der Existenzialanalyse Martin Heideggers untersuchte Jonas
die Daseinshaltung der gnostischen Lehren und entdeckte in ihr dasselbe
Gefühl der Fremdheit des Menschen zur Welt. Mit diesem Ansatz stellte
sich Jonas ganz bewusst gegen die gesamte, bisher motivgeschichtlich
arbeitende Forschung. Das Verdienst von Jonas besteht darin, dass er
erstmals die Eigenständigkeit der Gnosis als Religion herausgestellt
hat, und dabei auch klarmachte, dass sie nicht bloss als ein Produkt
des späthellenistischen Synkretismus betrachtet werden darf. Das Problematische in seinem Ansatz besteht aber darin, dass Jonas beim Erweis
desselben nur vom mandäischen Schrifttum ausgehen konnte, da der
westliche (abendländische) Zweig sich am weitesten von dieser ursprünglichen Welthaltung entfernt und sich dem Hellenismus weitgehend angepasst habe. Für den Poimandres hatte dieses Buch die Konsequenz,
dass er nun definitiv als das Musterbeispiel einer vorchristlichen heidnischen Gnosis etabliert wurde. Wegen seiner Uneinheitlichkeit
in der gnostischen Gesamtkonzeption stellte ihn Jonas an den Beginn der
gnostischen Bewegungen des 2. Jh. n. Chr.

In dieselbe Richtung, nämlich in der Auffassung der Gnosis als
selbstständige Religion ging auch G. Quispel, ohne jedoch den existen-
zialphilosophischen Ansatz von Jonas zu übernehmen. Nach ihm ist Gnosis
"die mythische Projektion der Selbsterfahrung"[e]; er findet diese überall
wieder und vertritt ihren orientalischen Ursprung. Insbesondere stellte
er in seinem Aufsatz über den gnostischen Anthropos aus dem Jahre 1953
diesen in den Zusammenhang der jüdischen Tradition.

5. Ein vorläufiger Abschluss: A.J. Festugière

Die bis heute umfassendste Untersuchung über die hermetische Religion
ist das vierbändige Werk 'La révélation d'Hermès Trismégiste' von
A.J. Festugière, das auch zu einem Standardwerk der spätantiken heidnischen Religionsgeschichte geworden ist. Festugière vertritt die Auffassung, dass die hermetischen Lehren ganz in der griechischen Tradition
stehen und Ideen verkünden, die im Hellenismus und in der frühen Kaiserzeit entwickelt worden sind. Der geistige Ahnherr sämtlicher Ströme der
hellenistisch-kaiserzeitlichen griechischen Religion ist Platon; daher
versucht Festugière eine geistesgeschichtliche Linie von Platon über
die Stoa, die eklektische Philosophie Ciceros und Philons zu den Hermetica und weiter bis zu Plotin zu ziehen. Er bestreitet jeden Einfluss

___

e Zitat aus: Die Gnosis als Weltreligion, Zürich 1951, p. 19.

von Judentum und Christentum und datiert die Hermetik ins 2. nachchrist-
liche Jahrhundert. Festugières Darstellung endet für den Religionshisto-
riker mit drei negativen Konsequenzen:

1. Es bestehen nur sehr oberflächliche Beziehungen zwischen der Hermetik
   und Aegypten.
2. Die Hermetik existiert nur als Lehre, nicht als Religion der Erfahrung.
3. Es gab keine hermetischen Gemeinden, und daher auch keine Beziehungen
   zwischen der Hermetik und der Gnosis oder einer anderen organisierten
   Religion.

Der von Festugière in der Hermetik festgestellte Platonismus ist
heute zu Recht allgemein anerkannt; doch sei nicht verschwiegen, dass
unter dem Eindruck der Nag-Hammadi-Funde Festugières Grundkonzeption
von der Hermetik heute sehr fragwürdig geworden ist[f]. Dennoch behält
Festugières Werk seinen Wert: von ihm muss heute jeder ausgehen, der
sich intensiver mit der Hermetik beschäftigen will.

6. Die neuere Forschung

Nach Festugières umfassender Darstellung sind bis heute keine grösseren Arbeiten mehr über die Hermetik erschienen. Die neueren Publikatio-
nen beschäftigen sich nur mit einem speziellen Thema oder einer einzelnen Schrift. Die wichtigsten sollen hier noch genannt werden:

An erster Stelle steht die überlegene Darstellung der Hermetik durch
M.P. Nilsson aus dem Jahre 1950. Nilsson war bei seinen Ausführungen
natürlich auf die zum Teil fragwürdigen bisherigen Forschungsergebnisse
angewiesen; er betont aber mit Recht den religiösen und ungriechischen
Charakter dieser Literatur. Von allen möglichen Einflüssen hält er nur
den jüdischen für gesichert. Im Jahre 1956 erschien dann der Aufsatz von
E. Haenchen über die Theologie und den Aufbau des Poimandres; er war und
blieb bis heute der einzige Versuch, den Poimandres als geschlossenes
Werk durchzuinterpretieren und ganz aus sich selber zu verstehen. Als
Theologe überging Haenchen die philologischen und religionsgeschichtlichen Probleme, doch werden wir im Laufe unserer Untersuchungen häufig
auf die Ergebnisse von Haenchen zu sprechen kommen. Die Dissertation
von G. van Moorsel aus demselben Jahr versucht ebenfalls, eine hermetische Theologie herauszuarbeiten. Deren Haupttendenz ist nach van Moorsel
die Vergoistigung unter Ausschluss der kultischen Momente und des Sakra-
mentalen. Doch muss Moorsel auch zugeben, dass man gewisse Stellen im
Corpus nur unter der Annahme von hermetischen Kultgemeinden richtig verstehen kann. Das Buch von F.N. Klein über die Lichtterminologie in der
Hermetik, 1962 erschienen, brachte wenig Neues, da der Verfasser den

---

[f] vgl die lesenswerte Kritik, die jetzt beim heutigen Stand der Forschung gegenüber
   Festugière erhoben werden muss, bei MAHE, Hermès II, p. 22-29.

iranischen Ansatz von Reitzenstein grundsätzlich übernahm. 1969 erschien
dann die erste deutsche Uebersetzung seit der Uebertragung von Tiede-
mann aus dem Jahre 1781: Sie wurde von W. Foerster erarbeitet und, mit
einer kleinen Einleitung versehen, im Sammelband 'Die Gnosis I' herausgegeben. H.D. Betz beschäftigte sich in seinem Aufsatz aus dem Jahre
1970 mit dem delphischen Γνῶθι σαυτὸν als Hintergrund der hermetischen
Selbsterkenntnis, während H. Ludin Jansen 1977 noch einmal die Frage
nach der Tendenz und Verfasserschaft des Poimandres aufgriff. Er charakterisierte den Verfasser als Juden und Ekstatiker. Besonders erwähnt
sei die mustergültige Edition der hermetischen Nag-Hammadi-Schriften
durch J.P. Mahé in den Jahren 1978 und 1982; beide Bände enthalten auch
einen Kommentar zu den einzelnen Traktaten. Die kleineren Studien von
M. Philonenko und B.A. Pearson aus den Jahren 1973, 1979 und 1981 versuchen, teilweise mit sprachlichen Mitteln, den jüdischen Einfluss auf
den Poimandres nachzuweisen; auf sie wird dann suo loco zurückzukommen
sein.

ZIEL UND METHODISCHES VORGEHEN DER UNTERSUCHUNGEN

Die oben dargestellte Forschungsgeschichte zeigt nun deutlich einen
grundsätzlichen Mangel: Es ist bis jetzt unterlassen worden, die Traktate des Corpus *einzeln* auf *philologischer* Basis zu analysieren und aus
sich selber heraus zu verstehen, um so ihren spezifischen Gehalt zu
eruieren. Diese Arbeit hätte eigentlich an den Anfang jeglicher Erforschung der Hermetica gehört, zumal wegen den grossen Schwierigkeiten
im unmittelbaren Textverständnis, die die Traktate immer noch bieten.
Dass sie unterlassen worden ist, hängt mit den verschiedenen Blick-
winkeln der an der Forschung beteiligten Fachgebiete zusammen: Die Theologie kann sich für die Hermetik nur im Rahmen des Gesamtphänomens
Gnosis interessieren, und die klassische Philologie hat sich bisher mit
einem gewissen Recht davor gescheut, in diesem schwierigen Gebiet der
antiken Religionsgeschichte der Theologie ins Gehege zu kommen. Reitzenstein blieb somit in einem gewissen Sinn ein Pionier, auch wenn seinen
Bemühungen kein dauerhafter Erfolg beschieden war. Dieser Interessen-
konflikt hat zur Folge, dass wir heute bei der Erforschung der Hermetica immer noch in den Anfängen stecken.

Die vorliegenden Untersuchungen unternehmen es nun, den 1. Traktat
des Corpus, den sog Poimandres in der oben geforderten Weise durchzuinterpretieren. Dabei soll noch einmal versucht werden, genauere Hinweise über die Tendenz, die Verfasserschaft und die Datierung der
Schrift zu gewinnen. Um nun zu einigermassen gesicherten Resultaten zu
gelangen, gehen wir in folgender Weise vor:

1. In einer sprachlichen Analyse sollen Schlüsselwörter des Textes von ihrem Sprachgebrauch her untersucht werden, weil letzten Endes nur auf dieser lexikalischen Basis Sicherheit über den geschichtlichen Ort eines Gedankens gewonnen werden kann; dies hat E. Norden mit seinem Buch 'Agnostos Theos' eindrücklich vorgeführt. Bei dieser Analyse sollen alle modernen Hilfsmittel ausgeschöpft werden, die Reitzenstein noch nicht zur Verfügung standen, so Kittels Theologisches Wörterbuch zum NT, Lampes Patristik-Lexikon, das Nag-Hammadi-Register von Siegert, Bauers Wörterbuch zum NT sowie C. Spicqs Notes de léxicographie néo-testamentaire. Ebenso sollen auch die Konkordanzen zu Philon, den apostolischen Vätern, den frühen Apologeten sowie zu Clemens von Alexandrien und Origines herangezogen werden.

2. In einer Begriffsanalyse sollen bestimmte Wörter auf ihren Gehalt untersucht werden, um eine genauere Einordnung zu ermöglichen. Hier bieten uns die Monographien in Kittels Wörterbuch, ergänzt durch die entsprechenden Artikel bei Spicq eine entscheidende Hilfe. Die Begriffsanalyse führt uns in vielen Fällen zur Motivgeschichte, bei der uns die Nag-Hammadi-Funde vielfach ein tieferes Verständnis für ein Theologumenon eröffnen. Die Bedeutung dieser Funde kann deshalb kaum überschätzt werden.

3. In einigen Fällen ist auch eine kategoriale Analyse notwendig, um zu entscheiden, ob ein Gedanke mehr in die jüdische, d.h. biblische oder in die griechische Welt gehört. Auch hier bietet uns Kittel die entscheidende Grundlage.

In allen Fällen soll aber gelten, dass der Poimandres möglichst aus sich selber heraus erklärt wird. Nur in Notfällen greifen wir zu Parallelen aus dem übrigen Corpus, da es ja alles andere als eine einheitliche Lehre bietet. Die den einzelnen Untersuchungen jeweils vorangestellte Uebersetzung will keinesfalls mit derjenigen von Foerster in Konkurrenz treten; sie will jeweils nur angeben, von welcher Textgestalt her die nachfolgenden Untersuchungen ihren Ausgangspunkt nehmen.

Erstes Kapitel

DIE BERUFUNGSVISION

(Corp Herm I 1-3)

"Als ich einmal in ein Nachdenken über das Seiende verfiel und mein Bewusstsein
sehr in die Höhen erhoben wurde, während die Sinneswahrnehmungen meines Körpers im
Zaume gehalten wurden wie <bei> denjenigen, die wegen Uebersättigung an Speise oder
wegen schwerer Anstrengung des Körpers in tiefem Schlaf sind, da glaubte ich, dass
eine riesengrosse <Gestalt> von unendlichen Massen eben meinen Namen rief und zu
mir sagte: 'Was willst du hören und schauen und, nachdem du es eingesehen hast,
lernen und erkennen?' Ich erwiderte: 'Ich will das Seiende kennenlernen und dessen
Wesen verstehen und Gott erkennen; wie sehr,' sagte ich, 'will ich es hören!' Er
erwiderte mir wiederum: 'Behalte in deinem Geist, was du kennenlernen willst, und
ich werde dich belehren.' "

Ein antiker Autor pflegt im Anfangskapitel jeweils den Inhalt und
die Absicht seines Werkes darzulegen. Das ist auch im Poimandres nicht
anders; eine genaue Analyse des Einleitungskapitels wird uns daher schon
wichtige Aufschlüsse über den Traktat geben. Wir besprechen die einzelnen Sätze am besten wie in einem Kommentar:

1.1. Ἐννοίας μοί ποτε γενομένης

Nach dem Zusammenhang muss ἔννοια hier Nachdenken bedeuten, nicht
Einsicht, Begriff oder Vorstellung (wie in der Stoa). Diese Bedeutung
entspricht durchaus dem klassischen Sprachgebrauch, z.B. bei Platon,
leg 657a 6: ἄξιον ἐννοίας. Platon hat auch schon die ἔννοια in den Gegensatz zur αἴσθησις gestellt, Phaed 73c 6:

"Wenn jemand etwas [anderes] sieht oder hört oder anderswie wahrnimmt und er dabei
nicht nur jenes erkennt, sondern noch ein anderes gedanklich erfasst (ἐννοήσῃ),
dessen Erkenntnis (ἐπιστήμη) nicht dieselbe ist, sondern eine andere, sagen wir
dann nicht mit Recht, dass er sich an das wiedererinnert hat, das er gedanklich
erfasst hat (ἔννοιαν ἔλαβεν)?"

Schon Casaubonus[1] ist es aufgefallen, dass der Anfang des Poimandres
stilistisch stark an den Anfang von Xenophons Kyrupaedie erinnert:
Ἔννοιά ποθ' ἡμῖν ἐγένετο, ὅσαι δημοκρατίαι κατελύθησαν[2]. Ἔννοια ist
hier im Poimandres nicht wie im valentinianischen System[3] hypostasiert
und zum gnostischen Aeon konkretisiert. Würden wir nämlich den Anfang
in diesem Sinn interpretieren, etwa dass "die intellektuelle Inspiration
zu ihm kommt", so liefe das auf einen Widerspruch zur theologischen
Grundhaltung des Poimandres hinaus: Bei ihm ist der höchste Gott, d.h.

1 vgl REITZENSTEIN 328 (Apparat)
2 Xenophon Cyrop I 1,1
3 Iren haer I 1,1; vgl dazu BEHM ThWNT IV 967, 50 ff.

der Noῦς, zugleich auch der offenbarende Gott, nicht eine ihm untergeordnete Hypostase.

1.2. Μετεωρισθείσης μοι τῆς διανοίας

Auch dieser Ausdruck könnte ein klassisches Vorbild haben, nämlich
Aristoph av 1447: ὑπὸ λόγων ὁ νοῦς μετεωρίζεται ἐπαίρεταί τ' ἄνθρωπος.
Διάνοια bedeutet hier nach dem Zusammenhang Denkkraft, Verstand, Er-
kenntnisvermögen oder Bewusstsein und ist ein typischer Begriff der
Philosophensprache, z. B. bei Platon Phaedr 279a 9: φύσει ἔνεστί τις
φιλοσοφία τῇ τοῦ ἀνδρὸς διανοίᾳ[4]. Philon von Alexandrien hat dann diesen Begriff in Verbindung mit seiner Theologie gebracht: διάνοια ist
für ihn das, was den Menschen vom Tier unterscheidet und ihm das Ebenbild Gottes übermittelt[5], daher kann er vom Menschen sagen θνητὸν μὲν
κατὰ τὸ σῶμα, κατὰ δὲ τὴν διάνοιαν ἀθάνατον[6]. In rer div her 257 bezeichnet διάνοια im Wechsel mit νοῦς den Geist im Gegensatz zur αἴσθησις, ähnlich wie hier im Poimandres.

Das Ganze bedeutet somit zweierlei: Der Autor will sich bewusst dem
klassischen Sprachgebrauch anschliessen - möglicherweise dürfen wir ihn
in Verbindung bringen mit dem Attizismus des 2. Jh. n. Chr. - und gebraucht eine philosophische Begriffssprache, die in einem Zusammenhang
steht mit dem Platonismus, der besonders im folgenden Abschnitt zur
Geltung kommt.

1.3. Κατασχεθεισῶν τῶν σωματικῶν αἰσθήσεων

Das Misstrauen in den Erkenntniswert der Sinne beginnt im griechischen Denken bekanntlich bei Heraklit[7] und Parmenides[8], ist aber erst
durch Platon zu einer bestimmenden Komponente der Philosophiegeschichte
geworden. Am nachhaltigsten hat hier der Phaidon nachgewirkt, z.B. mit
Gedanken wie:

"Wenn die Seele, losgelöst vom Leibe, gemäss ihrer selbst etwas betrachtet, dann
geht sie zum Reinen und zum Ewig-Seienden und Unsterblichen und Sich-immer-ebenso-
Verhaltenden, und wie wenn sie mit diesem verwandt wäre, kommt sie immer mit jenem
zusammen." (79d 1)
"Die Gemeinschaft der Seele mit dem Körper hindert diese am Erkennen des Reinen."
(66b)
"Die Seele kann nur ohne Körper und Sinneswahrnehmung Wahrheit erlangen."[9] (65b)

Im Theätet hat Platon diese Haltung noch entschiedener ins Religiöse gewendet:

"In der Tat wohnt nur sein (des Philosophen) Körper im Staat und hält sich darin
auf; sein Bewusstsein (διάνοια) aber, dies alles (die äusseren Dinge) für gering

---

4 weitere Stellen bei BEHM ThWNT IV 961 f.
5 plant 40 + 42
6 op mund 135
7 22 A 16
8 vor allem in 28 B 7
9 vgl auch Resp 514a ff, 519c, 611b.

haltend und für nichtig, fliegt dies verachtend überall umher." (173c)
"Deshalb muss man auch versuchen, von hier dorthin (zu den Göttern) zu fliehen
aufs schnellste. Die Flucht aber ist Verähnlichung mit Gott soweit möglich;
Verähnlichung heisst aber gerecht und fromm werden mit Einsicht." (176b)

Festugière hat nun gezeigt[10], dass die Platontradition des 2. und
3. Jh. n. Chr. diese Vorstellung ebenfalls kennt, z.B. Numenios frg 2
des Places:

"Man muss sich weit vom Sinnlich-Wahrnehmbaren entfernen, um allein mit dem
Guten allein zu verkehren[11]."

oder Celsus bei Orig c Cels VII 36:

"Wenn ihr verschlossen seid gegen jede Sinneswahrnehmung, wenn ihr in die Höhe
schaut mit dem Bewusstsein, wenn ihr euch abgewendet habt vom Fleisch, wenn ihr
weckt das Auge der Seele, nur dann werdet ihr Gott sehen[12]."

Auch Origines selber spricht in Princ I 1, 7+8 davon, dass Gott nur erkannt und nicht geschaut werden kann[13]. Es überrascht daher nicht, dass
auch Plotin bei seiner Schilderung der Gottesschau zu Anfang der Ennea-
de IV 8 ähnliche Wendungen gebraucht:

"Oft wachte ich auf zu mir selbst aus dem Körper heraus und geriet einerseits
ausserhalb von allem anderen, andererseits innerhalb von mir selbst und sah
eine wunder wie grosse Schönheit und geriet dann am meisten ins Vertrauen, zur
höheren Welt zu gehören...und bin dem Göttlichen und dem Identischen zugefal-
len...und setzte mich über alles andere als νοητόν."

Einen wichtigen Unterschied müssen wir allerdings festhalten: während für Platon die Abwendung von der Sinneswahrnehmung die Voraussetzung ist für die Erkenntnis der Welt[14], ist bei den neueren Platoni-
kern diese Abwendung ausschliesslich für die Gotteserkenntnis in Anspruch genommen. Der Poimandres nimmt also diesbezüglich eine Mittel-
stellung zwischen Platon und Plotin ein: sein Erkenntnisstreben ist
noch nicht nur auf Gott gerichtet.

1.4. Ὑπερμεγέθη μέτρῳ ἀπεριορίστῳ

Das Erscheinen eines übergrossen Wesens ist ein typisches Kenn-
zeichen jeder Vision, bei der sich Gott in irgend einer Form offenbart.
Es findet sich in hellenistischer Zeit in den verschiedensten religiö-
sen Richtungen:
Griechentum: ὄψῃ κατερχόμενον θεὸν ὑπερμεγέθη. (Preis Zaub IV 696)
Altes Testament: εἶδον τὸν κύριον καθήμενον ἐπὶ θρόνου ὑψηλοῦ καὶ
         ἐπηρμένου. (Jes 6,1)[15]

---

10 IV 218 ff mit weiterführender Literatur
11 p. 43.10 ff
12 p. 58.19 ff Glöckner. FESTUGIERE (→ A 10) führt weitere Parallelen an aus Porphyrios, Maximus von Tyrus, den Oracula Chaldaica und dem Alchemisten Zosimos.
13 p. 118 Görgemanns-Karpp: Ex quo manifeste indicatur, quod quidquid inter corporeas
   naturas videre et videri dicitur, hoc inter patrem et filium cognoscere dicitur
   et cognosci, per virtutem scientiae, non per visibilitatis fragilitatem. Ebenso
   in II 4,3 p. 337 G-K.
14 vgl Theaet 173e 5+6
15 Das AT vermeidet es wegen des Bilderverbotes, Aussagen über Gottes Aussehen zu

Judentum: "Da erschienen mir zwei sehr grosse Engel, wie ich nie
                  auf Erden gesehen." (slav Hen I 4, p. 452 Riessler)
Christentum: "Und siehe ich erblicke nach kurzer Zeit eine Schar von
                  vielen Männern, die da einherkamen; und in ihrer Mitte
                  war ein Mann (d.h. Christus) von solcher Grösse, dass
                  er einen Turm überragte." (Herm s IX 6,1)[16]

Das Motiv entstammt aber kaum - schon aus theologischen Gründen -
dem Juden- oder Christentum, sondern eher der volkstümlichen griechischen Religiosität, wie z.B. das Weiherelief des Archinos an den Gott
Amphiaraos von Oropos aus dem 4. Jh. v. Chr. zeigt[17]: Der Gott ist
gegenüber dem Patienten Archinos grösser dargestellt, wenn auch der
klassische Stil die harmonischen Proportionen noch bewahrt. Das Motiv
ist aber älter und findet sich bereits bei Homer, Il 18, 518 f.: Auf
dem neuen Schild von Achilleus sind Ares und Athene grösser dargestellt
als das sie umgebende Kriegsvolk. Auch die sprachliche Formulierung im
Poimandres weist eher auf eine Verwandtschaft mit der oben zitierten,
heidnischen Papyrusstelle.

Ἀπεριόριστος ist nach der Vermutung von Festugière (IV 109, A 3)
hier im Poimandres zum erstenmal innerhalb der griechischen Literatur
als Attribut von Gott gebraucht. Das Adjektiv bezeichnet das Unendliche
im positiven Sinn: dasjenige, das zu gross oder zu hoch ist, als dass
man es ausmessen könnte. Demgegenüber kann ἀόριστος - wenigstens im
philosophischen Sprachgebrauch - im negativen Sinn auch einen Mangel
bezeichnen, z.B. bei Philon praem poen 36: πᾶσα ἡ αἰσθητὴ φύσις ἀόριστος·
τὸ δ' ἀόριστον ἀδελφὸν σκότους καὶ συγγενές.[18]

1.5. Καλεῖν μου τὸ ὄνομα

Καλεῖν ὄνομά τινος ist ein Semitismus[19] und übersetzt das hebr
אֶת־שְׁמִי קָרָא des AT, während das klassische Griechisch eher sagt ὀνόματι
προσαγορεύειν τινὰ (Antiphon Or 6.40). Dem entspricht auch der Inhalt:
Es liegt hier nicht nur eine Namensnennung vor, sondern auch eine Berufung zum Propheten in der Art des AT, z.B. Jes 43,1: ἐκάλεσά σε τὸ
ὄνομα σου, ἐμὸς εἶ σύ. Am Schluss der Berufungsvision des Poimandres

---

   machen (vgl KITTEL ThWNT II 378.15 und MICHAELIS ThWNT V 328.15); die Stelle
   gehört daher nur bedingt hierher.
16 weitere Beispiele bei NOCK-FESTUGIERE in A 3 ad loc.
17 vgl die Abbildunug im LEXICON ICONOGRAPHICUM MYTHOLOGIAE CLASSICAE, Zürich 1981,
   Bd I 2, sv Amphiaraos Nr. 63.
18 dazu gehört auch die ἀόριστος δυὰς Platons, die im Gegensatz zum ἕν auch als Grund
   alles Schlechten anzusehen ist; vgl dazu W. BURKERT, Weisheit und Wissenschaft.
   Studien zu Pythagoras, Philolaos und Platon. Nürnberg 1962, p. 19 f.
19 vgl BLASS-DEBRUNNER-REHKOPF § 157.2; auch die griechischen Papyri in Aegypten
   kennen - so bei PREISIGKE - diesen Sprachgebrauch nicht.

im Kap 26 (16.13) erfolgt dann auch ausdrücklich eine Aussendung
des Propheten zur Mission.

1.6. Τί βούλει ἀκοῦσαι καὶ θεάσασθαι;

Das Verbum Θεάομαι wird in der Hermetik bevorzugt dann gebraucht,
wenn vom geistigen Erfassen höherer Wirklichkeiten die Rede ist und
tritt daher gerne zusammen mit νοέω[20] auf, z.B.

VII 3 (82.3): θεασάμενος τὸ κάλλος τῆς ἀληθείας
IV 11 (53.12): (θεοῦ εἰκόνα) εἶ θεάσῃ καὶ νοήσῃς
XI 6 (149.21): θέασαι δὲ δι'ἐμοῦ τὸν κόσμον...τό τε κάλλος αὐτοῦ ἀκριβῶς κατανόησον.

Dieser Sprachgebrauch rührt teilweise von der Grundbedeutung[21] des
Verbs her, die eine gewisse Gehobenheit, ja Feierlichkeit des Sehens
bezeichnet ähnlich dem dt. 'Schauen' gegenüber dem trivialen 'Sehen'.
Dem gegenüber bedeutet das ἀκοῦσαι nur die Vorbereitung der Schau (Got-
tes), so im Poimandres Kap 26 (16.8): ἀκούει (der Mensch nach seinem
Tod) καί τινων δυνάμεων...ὑμνουσῶν τὸν θεόν· καὶ τότε ἀνέρχονται πρὸς
τὸν πατέρα. Der springende Punkt liegt hier darin, dass in der Hermetik
Gott in erster Linie geschaut, nicht primär gehört wird[22].

Der Poimandres steht hier in einer Tradition, die sich - darauf
deutet auch das Verb νοέω - bis zu Platon zurückverfolgen lässt, z.B.
symp 211d 1 (von der Vollendung des Lebens in der Schau des Schönen
selbst):

"An diesem Punkt des Lebens ist, wenn überhaupt irgendwo, das Leben lebenswert
für einen Menschen, falls er das Schöne selbst schaut (θεωμένῳ αὐτὸ τὸ καλόν).
Wenn du dieses einmal erblickst, dann wirst du meinen, dass es nicht zu vergleichen sei mit Gold oder einem Kleid oder mit den schönen Knaben und Jünglingen,
bei deren Anblick du jetzt entzückt bist und bereit bist, weder zu essen noch
zu trinken, wenn du deinen Liebling siehst und mit ihm immer zusammen bist,
sondern <dann möchtest du> nur dieses betrachten und mit ihm zusammensein
(θεᾶσθαι μόνον καὶ συνεῖναι)."

Platon selbst sieht in dieser Schau des Schönen an sich eine Möglichkeit
der Erziehung; symp 212a 1:

"Glaubst du, dass das ein schlechtes Leben wird, wenn ein Mensch (d.h. der Erzieher) dorthin (d.h. zum Schönen selbst) blickt und jenes schaut, mit dem <er
zusammen sein> muss, und mit ihm zusammen ist (ἐκεῖνο ᾧ δεῖ θεωμένου καὶ συνόντος
αὐτῷ)?"

In der Fortsetzung sagt dann Platon (212a 6), dass es einem solchen
Menschen vergönnt ist, ein Liebling der Götter und unsterblich zu werden.

Platon verbindet also die Schau des Schönen selbst mit dem Unster-
lichwerden des Menschen, doch erst Aristoteles gibt diesem Gedanken
eine allgemeine Bedeutung, indem er ihn vom Hintergrund der Ideenlehre

---

20 νοέω hat in der Hermetik auch den Nebensinn 'einsehen dank göttlicher Gnade',
   wie der Abs 15.2. dann zeigen wird.
21 θεάομαι zu θέα < *θαϝα, das in Verbindung mit θαῦμα zu bringen ist, vgl dazu
   FRISK I 655 ff.
22 vgl MICHAELIS ThWNT V 323.34

löst und zum Masstab des menschlichen Verhaltens macht:

> "Diese Wahl und dieser Erwerb im Bereich der von der Natur gegebenen Gütern
> ...ist der beste..., der am meisten die Schau Gottes hervorbringt (ποιήσει
> τὴν τοῦ θεοῦ θεωρίαν); wenn aber ein solcher Erwerb wegen einem Zuviel oder
> Zuwenig verhindert, Gott zu verehren oder zu schauen (θεωρεῖν), dann ist er
> schlecht." (Eth Eud 1249b 16 ff)

Plotin hat diese Linie fortgesetzt und zugleich die Synthese zwischen
Aristoteles und Platon hergestellt (I 6, 9, 30 ff): Οὐ γὰρ ἂν πώποτε
εἶδεν ὀφθαλμὸς ἥλιον ἡλιοειδὴς μὴ γεγενημένος, οὐδὲ τὸ καλὸν ἂν ἴδοι
ψυχὴ μὴ καλὴ γενομένη. Γενέσθω δὴ πρῶτον θεοειδὴς πᾶς καὶ καλὸς πᾶς,
εἰ μέλλει θεάσασθαι θεόν τε καὶ καλόν.

Diese Stellen zeigen, dass nach griechischer Auffassung das Göttliche nicht ein Wesen ist, das gehört oder geglaubt wird, sondern das
gesehen wird und sich deshalb nur im Schauen offenbart[23]. In dieser
Tradition bewegt sich auch der Poimandres, auch wenn die ethische Komponente bei ihm fehlt. Unsere Analyse der Lichtvision im Kap 4 wird
dann zeigen, dass auch diese ganz griechisch empfunden ist.

1.7. Ἐγὼ μέν, φησίν, εἰμὶ ὁ Ποιμάνδρης, ὁ τῆς αὐθεντίας νοῦς.

1.7.1. Die Selbstvorstellungsformel

Das ἐγώ εἰμι ist die übliche Formel der Selbstvorstellung, wie sie
in den Götterproklamationen des Alten Orients und des Hellenismus eine
schon jahrtausendalte Tradition hatte[24]. Die Formel bezweckte eigentlich
dreierlei: die Selbstvorstellung, die Selbstverherrlichung und die
Selbstempfehlung. Sie erscheint auch im AT, aber mit einer doppelten,
für das AT charakteristischen Transformation:
1. Gott spricht nicht von sich als einem Seienden, sondern als einem
   unablässig Handelnden (entsprechend dem dynamischen Gottesbegriff
   des AT), z.B. Dt 32, 39:

> "Sehet nun, dass ich, ich es bin und kein Gott neben mir ist. Ich bin's, der
> tötet und der lebendig macht; ich habe zerschlagen, ich werde auch heilen."[25]

2. Das ἐγὼ ist immer Subjekt; nicht einmal im Erkennen Gottes ist der
   Mensch Subjekt, sondern Gott wird nur dann erkannt, wenn er sich
   selbst zu erkennen gibt (vgl vor allem Jes 41, 25-27).

Wenn wir nun den Poimandres hier einzuordnen versuchen, so sehen wir
sofort, dass er nicht unmittelbar die alttestamentliche Tradition fort-
setzt. Eher gehört er zur altorientalischen-hellenistischen Tradition,
bei der das ἐγὼ gleichgesetzt wird mit einem Begriff (Namen), der dann

---

23 vgl MICHAELIS ThWNT V 322.19 ff
24 STAUFFER ThWNT II 341.15; er bringt Beispiele aus Aegypten, Babylonien, Persien
   sowie ein Zitat aus einem hellenistischen Isishymnus. Zum Stilistischen vgl auch
   Norden 188 ff. Aus der neueren Literatur sind besonders wichtig E. SCHWEIZER, Ego
   eimi. Göttingen 1965² und I. BERGMANN, Ich bin Isis. Acta Universitatis Upsali-
   ensis. Historia religionum 3 (1968), besonders p. 221-233.
25 STAUFFER ThWNT II 342.21

meist mit dem Artikel erscheint. Zu diesem Typus gehören auch die bekannten Ich-Formeln des Johannesevangeliums: "Ich bin das Licht, das
Brot des Lebens, der gute Hirte uam."[26] Der Artikel beim Prädikatsnomen zeigt dabei an, dass "das Prädikatsnomen als etwas Bekanntes oder
als das die Bezeichnung allein Verdienende (das allein in Betracht Kom-
mende) hingestellt wird"[27]. Unsere Untersuchungen werden nun ergeben,
dass der Poimandres bezüglich dieser Formel in einen unmittelbaren
Zusammenhang mit dem Johannesevangelium zu bringen ist.

1.7.2. Der Name Poimandres

Der Name Poimandres spielt im Corp Herm keine zentrale Rolle: ausser
im 1. Traktat erscheint er nur noch zweimal im 13. Traktat im Kap 15,
wo deutlich eine Anspielung auf den 1. Traktat vorliegt. Dies ist kein
Zufall; denn Corp Herm XIII setzt - wie man schon lange gesehen hat[28] -
die Theologie des Poimandres voraus, verzichtet aber auf eine 'mythologische' Einkleidung. Nicht zuletzt wegen dieses seltenen Vorkommens
gibt der Name einige Rätsel auf.

1.7.2.1. Die Etymologie

C.H. Dodd[29] trat im Anschluss an F. Griffith[30] für die Ableitung
vom Koptischen p-eime-n-re = 'die Erkenntnis des Sonnengottes Rha' ein.
Später versuchte R. Marcus[31] eine Ableitung vom Koptischen peimentmen-
tero = 'the reason of sovereignty', was ziemlich genau dem folgenden
ὁ τῆς αὐθεντίας νοῦς im Text entsprechen würde. Beide Deutungen können
jedoch nicht erklären, wieso in einem niemals je koptisch geschriebenen
Traktat ein koptischer Name erscheinen soll, der durch die Transkrip-
tion ins Griechische so verunstaltet worden ist, dass kein griechischer
Leser mehr ahnen konnte, dass koptische Wörter sich in diesem Namen ver-
bargen[32]. Wir müssen somit eine innergriechische Deutung des Namens
versuchen. Die Hermetik erklärt nun diesen Namen selber in Corp Herm
XIII 19: λόγον γὰρ τὸν σὸν ποιμαίνει ὁ Νοῦς. Poimandres heisst somit als
verbales Rektionskompositum 'Männerhirt' oder 'Menschenhirt'[33]. Diese
Namenserklärung wird nun durch zwei Tatbestände gestützt:
1. Der Kontext des Poimandres fährt unmittelbar nach der Namensnennung
   fort mit "Ich weiss, was du willst, und ich bin mit dir überall". Damit wird
   eindeutig auf die Schutzfunktion angespielt, die im Begriff
   'Menschenhirt' enthalten ist.

26 STAUFFER ThWNT II 348.4
27 BLASS - DEBRUNNER - REHKOPF § 273
28 FESTUGIERE II 8; MAHE, Ogdoade 60 f.
29 99 A 1
30 bei SCOTT II 16 f
31 The name Poimandres, Journal of Near Eastern Studies 8 (1949), 40-43
32 ebenso HAENCHEN 338

2. Der Alchemist Zosimos (4. Jh. n. Chr.) zitiert einmal den 1. Traktat
(im Akk) mit Ποιμένανδρα[34]. Diese Namensform zeigt deutlich, dass
man allgemein - und damit wohl auch die Hermetik selber - den Namen
als 'Menschenhirt' verstand. Zugleich haben wir damit auch noch einen
sicheren terminus ante quem für die Datierung des Poimandres.

Ein Problem bildet nun aber noch der Deklinationswechsel: nach der
obigen Namenserklärung müsste der Nominativ *Ποιμάνωρ oder *Ποίμαν-
δρος[35] lauten. Fand nun Zosimos die etymologisch richtige Form noch vor
oder bildete er sie neu beim ungenauen Zitieren? Nach der üblichen Zitierpraxis der Antike dürfte die zweite Möglichkeit die wahrscheinlichere sein. Der Uebergang in die a-Deklination ist erstmals bezeugt
durch Fulgentius (5. Jh. n. Chr.): "Hermes in Opimandrae libro ait", wobei
Opimandrae den Genetiv von Opimandra = ὁ Ποιμάνδρης darstellt[36]. Die
beste Erklärung ist immer noch diejenige von K. Bruggmann[37], der im
Namen eine Volksetymologie in Analogie zum sehr seltenen, aber immerhin
sprichwörtlich[38] gewordenen Namen Μάνδρης = dt. 'Hagen' = Hüter erblickt.

In jedem Fall dürfen wir aber bei den folgenden Untersuchungen von
der Bedeutung 'Menschenhirt' ausgehen.

1.7.2.2. Das Motiv von Gott als dem Hirten der Menschen

Während in der griechischen Literatur ein Herrscher durchaus als
Hirt seines Volkes bezeichnet werden kann[39], findet sich das Bild von
Gott als dem Hirten der Menschen nur selten. Eine ganz vereinzelte
Stelle bildet Platon, polit 271e 5:

"Gott weidete sie (die Menschen im goldenen Zeitalter), indem er sie selber leitete, sowie jetzt die Menschen (sc die Menschen leiten)."

In 275c 1 ist die Rede von der "Gestalt des göttlichen Hirten". Da Platon
aber das Motiv in einem sehr speziellen Zusammenhang verwendet und das
Bild vom Staatsmann als dem Hüter der Menschen ganz eindeutig im Vordergrund steht, können wir mit Sicherheit einen Einfluss auf den Poimandres ausschliessen. Gewichtiger ist eher der Tatbestand, dass gelegentlich das Wirken der Götter mit dem Verbum ποιμαίνω umschrieben werden
kann, z.B. Aischylos, Eum 91: σὺ δὲ...Ἑρμῆς, φύλασσε...τόνδε ποιμαίνων
ἱκέτην (Apollon vertraut mit diesen Worten seinen Schützling Orest
für die Reise nach Athen Hermes an); oder Longos 2,5,3: (vom Gott Eros)
νῦν δὲ Δάφνιν ποιμαίνω καὶ Χλόην[40]; oder Himerius, or 39,8: Ἀττικὴ

---

33 vgl auch A 83 bei NOCK-FESTUGIERE zu Corp Herm XIII 19
34 Chemeutika II 8 (ed M. BERTHELOT, les alchimistes grecques, II 245.4)
35 Die Verkürzung (Synkope) im Namen hat eine Analogie bei Aischylos, Pers 241:
   ποιμάνωρ < *ποιμενάνωρ.
36 die Stelle ist zitiert bei SCOTT II 14 f
37 bei HEINRICI 16.1
38 Ps-Plutarch, prov LVII, Zenobius III 88 (beide bei LEUTSCH-SCHNEIDEWIN, paroemio-
   graphi I): ταχύτερον ἢ Μάνδρης Κρητίνας ἀπεπέρασε.
39 Homer, Ilias 2, 243 uö

Μοῦσα ποιμαίνει τὴν πόλιν. Dennoch müssen wir diese Stellen vom Poimandres trennen, da die Unterschiede zu gross sind: Es fehlt in allen
heidnischen Beispielen der universalistische Anspruch, der mit dem Namen Poimandres verknüpft ist, sowie das didaktische Element, d.h. der
Hirte als Lehrer einer Heilslehre. Ausserdem ist der sprachliche Unterschied zu beachten: das Profan-Griechische verwendet an allen Stellen
immer das Verb, niemals aber die Selbstvorstellungsformel. Das Motiv
weist uns daher vielmehr - wie man früher schon gesehen hat[41]- in den
Vorderen Orient, d.h. vorzüglich in die biblische Welt.

Im alten Testament ist die Bezeichnung Jahwes als des Hirten Israels
zwar alt, aber nicht sehr häufig[42]. Am nächsten kommt dem Poimandres
eine bis jetzt noch nicht beachtete Stelle im Buch Hiob 7, 20:
    "Ich habe mich verfehlt, was tue ich dir damit an, du Menschenhüter?"
Der Begriff 'Menschenhüter' (נֹצֵר הָאָדָם)[43] bezeichnet hier nach dem Zusammenhang die unantastbare Macht Gottes, die auch durch die Schuld des
Menschen nicht ins Wanken geraten kann. Dennoch können wir auch hier
einen Einfluss des AT auf den Poimandres ausschliessen, und zwar aus
zwei Gründen, die miteinander zusammenhängen:
1. Die Anwendung des Hirtenbildes auf Jahwe war keine formelhafte Gottesprädikation, sondern Ausdruck der lebendigen Frömmigkeit Israels.
   Das Bild selber oder dann die typischen Züge der Hirtentätigkeit begegnen uns im AT daher vorzugsweise im Psalter oder in der Trost-
   prophetie des Exils[44].
2. Niemals bezeichnet sich im AT Jahwe selber als Hirten des Volkes,
   sondern diese Bezeichnung wird ihm beigelegt, wie auch die oben
   zitierte Hiobstelle zeigt.

Im Judentum erfährt der Hirte eine radikale Umwertung[45]: er wird nun
als notorischer Räuber und Betrüger klassifiziert und war, wie der
Zöllner und Steuereinnehmer, der bürgerlichen Ehrenrechte beraubt. Dies
erklärt sich dadurch, dass die Selbstständigkeit der Hirten, die im
Sommer monatelang ohne Aufsicht mit der Herde auf der Wanderung waren,
eine grosse Versuchung darstellte, vom Ertrag der Herde zu unterschla-
gen. Verwundert fragen sich deshalb die Rabbinen, wie es angesichts der
Verächtlichkeit der Hirten zu erklären sei, dass Gott in Ps 23,1 'mein
Hirte' genannt wird[46].

Dennoch kennt das Judentum immer noch die Bezeichnung Gottes als

40 Der Verfasser verdankt diese Stelle, und mittelbar die beiden andern, F. GRAF.
41 HEINRICI 16; F. TAEGER, Charisma 1 (1957), 94
42 Gen 48,15; 49,24 / Ps 23,1; 80,2
43 Die LXX lesen für נצר האדם ὁ ἐπιστάμενος τὸν νοῦν τῶν ἀνθρώπων, doch ist der
   masoretische Text wegen der lectio difficilior vielleicht doch zu halten; vgl
   auch die Konjektur in der Biblia Hebraica von Kittel.
44 J.JEREMIAS ThWNT VI 486 mit Stellenbelegen
45 J.JEREMIAS ThWNT VI 487.30
46 Midrasch Ps 23,2, ed S. BUBER (1891)

Hirten Israels[47], doch ist dies eindeutig durch die Tradition des AT
bestimmt. Dasselbe gilt für Philon von Alexandrien. Er verbindet die
alttestamentliche Tradition mit der stoischen Affektenlehre, z.B. sacr
AC 104:

> "Alle Tiere, die in Herden aufgezogen werden, sind zahm und folgsam, weil sie von
> dem beaufsichtigenden Nachdenken als Hirten geführt werden. Denn die, welche
> aufsichtslos und frei sind ohne einen, der sie zähmt, verwildern; deren Führer
> aber Ziegen-, Rinder- und andere Hirten sind,...die werden notgedrungen zahm.
> So ist auch die Gattung der Sinne teils wild und teils zahm: wild, wenn sie sich
> der Leitung des Geistes, gleichsam ihres Hirten, entzogen und sich in ihrer Un-
> vernunft zu den äusseren Sinnendingen hintragen lassen, zahm dagegen, wenn sie
> sich folgsam dem Leiter des Körpers, der vernünftigen Ueberlegung, unterordnen
> und von ihm gelenkt und geführt werden."[48]

Der νοῦς wird somit von Philon als Hirt der unvernünftigen Seelenkräfte
gedeutet[49]. In agric 50-52 wird Gott als Hirt und König bezeichnet, der
die Welt mit allem, was darin ist, stellvertretend durch seinen λόγος
weiden lässt. Trotz der Nähe Philons zur Hermetik können wir aber auch
hier einen Einfluss ausschliessen; es fehlt bei Philon, ähnlich wie oben
bei den profangriechischen Beispielen, das didaktische Element im Hir-
tenbegriff. Nur in der universalistischen Ausweitung führt er näher an
den Poimandres heran.

Erst durch das Christentum erfährt der Beruf des Hirten wieder eine
positive Wertung. Im Zusammenhang mit dem bekannten Eintreten von Jesus
gerade für die allgemein Verachteten der damaligen Gesellschaft wird
auch der Beruf des Hirten von den Evangelien mit liebevoller Einfühlung
geschildert, ja sogar der Hirt selbst zum Abbild Gottes gemacht[50]. Ihren
Höhepunkt hat diese Umwertung in den Hirtenreden des Johannesevangeliums
(10, 1-30) mit der bekannten Aussage in Vers 11+14: "Ich bin der gute
Hirte". An diesen beiden Stellen begegnet uns erstmals in der Geschichte des Motivs der Tatbestand, dass ein göttliches Wesen sich selber als
Hirten bezeichnet.

> Seit E. Schweizers These[51], dass die johanneischen Hirtenreden sowie eine analoge
> im Johannesbuch der Mandäer (Lidz Joh 44,27 ff) auf eine gemeinsame Urform zurück-
> gehen müssen, ist unter den Theologen die Herkunft der johanneischen Hirtenprädi-
> kation eifrig diskutiert worden. Die neuere Forschung[52] hat aber Schweizers Ansatz
> mehrheitlich nicht aufgegriffen, sondern sich eher darum bemüht, die johanneischen
> Aussagen vom AT und vom Judentum her zu verstehen - und dies sicher mit Recht.
> Obwohl die Aussage 'Ich bin der gute Hirte' im AT nicht vorkommt, wird doch
> Ez 34,23 f der künftige Messias als Hirte bezeichnet. Der Evangelist hat offenbar
> diese Aussage aufgegriffen und sie mittels der hellenistisch-orientalischen Selbst-
> vorstellungsformel auf Jesus bezogen. Dies passt gut zur Tendenz des vierten Evan-
> geliums, mittels wichtiger Begriffe des AT die Göttlichkeit von Jesus zu erweisen
> (vgl vor allem den Prolog!), andererseits aber auch eine Brücke zur hellenisierten

---

47 äth Henoch 89, 22.24.28 / Str-B I 574, II 536 uö
48 Uebersetzung nach H. LEISEGANG bei L. COHN, Philosophische Werke III, 1923, p. 254
49 ebenso som II 152-154; sobr 14; det pot ins 3
50 Stellenbelege im ThWNT VI 489.20
51 Ego eimi (→ A 24), p. 64-66
52 Uebersicht am besten bei R. SCHNACKENBURG, das Johannesevangelium II. Teil
   (Kommentar zu Kap 5-12); in: Herders theologischer Kommentar zum neuen Testament,
   Freiburg-Basel-Wien, 1971, Bd IV p. 59-70 und 370-372.

Umwelt zu schlagen. Wir dürfen daher davon ausgehen, dass die Hirtenprädikation
im Johannesevangelium eine Neuschöpfung des Evangelisten ist und nicht zuletzt
auch deswegen eine so ungeheure Nachwirkung gehabt hat.

In der nachkanonischen Literatur tritt seit dem 2. Jh. n. Chr. bei
der christologischen Hirtenprädikation immer stärker das soteriologische
und didaktische Moment in den Vordergrund. Das soteriologische Moment
haben wir erstmals bei Clemens von Alexandrien, paed I 7 (I 121.28 Stählin):

> "Zuweilen nennt er (Christus) sich auch einen Hirten und sagt: 'Ich bin der gute
> Hirte'; nach einem Gleichnis, genommen vom Hirten, dem Leiter der Herde, ist dar-
> unter der Führer der Kinder, der Pädagog zu verstehen als der sorgsame Hirte
> der Kleinen... Der Pädagog ist also sicherlich der Logos, der uns Kinder zum Heil
> (εἰς σωτηρίαν) führt."

Ganz eindeutig greift hier Clemens das Bild vom Logos-Hirten bei Philon
wieder auf[53] und verbindet es mit dem johanneischen Jesus-Hirten. Neu
ist bei ihm - wenn auch nicht von ihm erstmals entwickelt - die Verbindung der Hirtengestalt mit dem persönlichen Heil des Einzelnen; das NT
hingegen bringt die Hirtengestalt noch in einen Zusammenhang mit dem
eschatologischen Gerichtsvollzug (Mt 25, 32 ff).

Das didaktische Moment findet sich erstmals in der Grabschrift des
Aberkios, die um 200 n. Chr. zu datieren ist[54]:

> "Aberkios heiss ich, bin Schüler eines reinen Hirten, der Schafherden weidet auf
> Bergen und Ebenen, der grosse Augen hat, allüberallhinsehende. Dieser nämlich
> lehrte mich...(Textlücke)...verlässliches Wissen."

Damit verwandt ist die um die Mitte des 2. Jh. n. Chr. in Rom verfass-
te Schrift Pastor Hermae: In ihr erscheint ein Bussengel im Hirtenge-
wande als Uebermittler der Offenbarungen. Dieser Hirte-Engel ist Lehrer,
Erzieher, Schutzengel und Begleiter der Hermas, dessen Aufgabe die Verkündigung des ihm offenbarten Bussrufes ist. Hier ist das Motiv vom
Hirten als Lehrer noch nicht rein ausgeprägt, da der Hirt noch mit der
Gestalt des Engels verbunden ist[55].

Dazu tritt nun noch ein Tatbestand, der von der Poimandresforschung
bisher übersehen worden ist: Seit der christlichen Zeit vermeidet die
gesamte rabbinische Literatur den Vergleich des Messias mit dem Hirten[56],
obwohl er dem vorchristlichen Judentum durchaus bekannt war (z.B. Ps Sal
17, 45 f). Sehr bezeichnend ist, dass das Targum Ez 34,23 (eine Messias-
prophetie!) und 37,24 die Vokabeln 'Hirte' und 'weiden' mit פַּרְנֵס = Ver-
sorger, bezw פַּרְנֵס = versorgen umschreibt. Dies kann nur so erklärt werden, dass das rabbinische Judentum bewusst eine von den Christen be-
schlagnahmte Terminologie vermeiden wollte.

---

53 vgl J. QUASTEN, der gute Hirte in hell. und frühchristlicher Logostheologie, in:
    hl. Ueberlieferung, Festschrift für J. Herwegen, hsg v O. CASEL, 1938, p. 51-58
54 hsg v Th. KLAUSER, Artikel 'Aberkios' im RAC I 13
55 vgl noch Th.K. KEMPF, Christus der Hirt. Ursprung und Deutung einer altchrist-
    lichen Symbolgestalt, 1942, p. 150-195
56 J. JEREMIAS ThWNT VI 488.28

1.7.2.3. Die Konsequenzen

Aus der oben skizzierten Motivgeschichte können wir nun für den Poimandres die folgenden Konsequenzen ziehen:

1. Da der Poimandres mit Sicherheit das Hirtenmotiv und dessen soteriologisches und didaktisches Element übernommen hat, kann er chronologisch nur in den Umkreis der nachkanonischen Hirtenprädikation gehören, wobei wir mit dem 2. nachchristlichen Jahrhundert auch einen terminus a quo haben. Das Hirtenbild des Poimandres geht somit auf christlichen Einfluss zurück, da es in keiner Weise auf das AT oder das Judentum zurückgeführt werden kann. Der Satz 'Ich bin Poimandres' setzt sprachlich wie motivgeschichtlich die Aussage 'Ich bin der gute Hirte' des Johannesevangeliums voraus.

2. Da andererseits der Poimandres sich als heidnische Schrift gibt, die bewusst eine Erlösergestalt vermeidet, kann er nur als eine polemische Schrift verstanden werden mit der Tendenz, von heidnischer Seite dem sich ausbreitenden Christentum etwas Gleichwertiges, wenn nicht sogar Ueberlegenes gegenüberzustellen. Damit verbunden ist durchaus die Absicht, das Christentum mit seinen eigenen Waffen zu schlagen.

3. Wegen der Selbstvorstellungsformel muss der Poimandres in irgend einer Form vom Johannesevangelium abhängig sein. Die Formel trägt im Evangelium einen dreifachen Sinn und bezeichnet 1. einen Namen, den der johanneische Christus für sich beansprucht und jedem anderen streitig macht, 2. ein Zeichen, das die überweltliche Herrlichkeit und Macht Christi offenbart und 3. das Ziel, auf welches hin Christus zu wirken gedenkt (J 18,37). Dieser dreifache Sinn ist auch im Poimandres noch vorhanden, wenn auch in verblasster Form. Daraus können wir nicht unbedingt erschliessen, dass der Autor des Poimandres das Evangelium selber gelesen hat; vielmehr dürfte es sich hier um eine Reminiszenz[57] handeln.

4. Umgekehrt können wir nun definitiv einen Einfluss des Poimandres auf das Evangelium ausschliessen, und zwar aus folgenden Gründen: 1. Nach der Motivgeschichte repräsentiert der Poimandres eine spätere Stufe des Hirtenbildes, da das didaktische Element bei Johannes noch fehlt. 2. Das Hirtenbild des Evangelisten kann rein aus der alttestamentlich-palästinischen Tradition abgeleitet werden[58]. 3. Das Hirtenbild des Poimandres ist wesentlich verblasster, besonders weil er es nicht weiterentwickelt. Es wäre daher völlig absurd, im Poimandres das Vorbild für den Evangelisten erblicken zu wollen.

5. Ganz analog müssen wir nun auch die Quellenfrage des Pastor Hermae beantworten: Reitzenstein[59] nahm an, dass der Pastor vom Poimandres

---

57 Reminiszenzen an J 10 finden sich auch in der mandäischen Literatur: Lidz Ginza 181, 18; Lidz Joh 44,25 - 51,4; 51,5 - 54,5.
58 vgl auch J. JEREMIAS ThWNT VI 495.29

abhängig sei, G. Bardy[60] postulierte demgegenüber eine gemeinsame
Quelle für beide Schriften, während M. Dibelius[61] die Hermetik
vollständig vom Pastor trennte. Die oben festgestellte antichristliche Tendenz sowie die spätere Datierung des Poimandres verbieten
nun aber einen Einfluss des letzteren auf den Pastor; eher sind nun
mit Uebernahmen des Poimandres aus dem Pastor zu rechnen. Wir werden
ebenfalls in den folgenden Untersuchungen weitere Uebereinstimmungen
feststellen können, doch die endgültige Entscheidung in dieser Frage
muss einer anderen Arbeit vorbehalten bleiben.

1.7.3. Begriff und Sprachgebrauch von αὐθεντία

Auch das Wort αὐθεντία ist innerhalb der Hermetik sehr selten und
begegnet nur noch im Poimandres Kap 30 (17.20) τοῦ Ποιμάνδρου, τοῦ τῆς
αὐθεντίας λόγου sowie in Corp Herm XIII 15 (206.20) ὁ Ποιμάνδρης, ὁ τῆς
αὐθεντίας νοῦς, also immer nur im Zusammenhang mit dom Namen Poimandres.
Aber noch weniger als dieser ist αὐθεντία aus dem Zusammenhang zu erklären, was schon ein starkes Indiz dafür ist, dass das Wort von irgend-
woher übernommen worden ist. Wir untersuchen daher das übrige Vorkommen
des Wortes, verbunden mit einem kurzen Blick auf das zugrundeliegende
nomen agentis αὐθέντης und das davon abgeleitete Adjektiv αὐθεντικός.

1.7.3.1 αὐθεντία in der profanen griechischen Literatur

Das Substantiv ist ausgesprochen spätgriechisch und sehr selten:
3 Makk 2.29 (1. Jh. n. Chr.): "Der König Ptolemäus IV Philopator will die
Juden von Alexandrien καταχωρίσαι εἰς τὴν προσυνεσταλμένην αὐθεντίαν = in die be-
schränkte Machtbefugnis oder Selbstbestimmung von früher versetzen." Aus Vers
28 wird klar, dass damit der Sklavenstand gemeint ist. Αὐθεντία bedeutet hier also soviel wie 'Selbstbestimmungsrecht'.

Dio Cassius (ca 155-235 n. Chr.), frg 102.12 (I 347 Boissevain):
Ὁ υἱὸς Μαρίου δήμαρχόν τινα αὐθεντίᾳ ἀποκτείνας τὴν κεφαλὴν αὐτοῦ τοῖς ὑπάτοις
ἔπεμψε. LSJ übersetzen hier mit 'mit eigener Hand', weil nachher noch
von weiteren Untaten des Marius berichtet wird.

Zosimus historicus (5./6. Jh. n. Chr.) II 33,3 (106.22 Paschoud):
(gesprochen wird von der zentralistischen Heeresreform des Kaisers Konstantin I.)
παρείλετο καὶ ταύτης τοὺς ὑπάρχους τῆς αὐθεντίας (sc. τοῦ τάττειν στρατιώτας καὶ
τιμωρεῖσθαι τοὺς ἁμαρτάνοντας). Αὐθεντία heisst hier dasselbe wie lat
imperium: 'Machtbefugnis, Kompetenz'.

Etwas häufiger erscheint das Wort in den Papyri[62]; P Lips 33,28
(4. Jh. n. Chr.): ἐξ αὐθεντίας τοῦ δικαστηρίου παραγγελεῖς = du sollst laden

59 11 ff und 32 ff
60 Le Pasteur d'Hermas et les Livres hermétiques, in: Revue biblique, 1911, 391-407
61 Der Offenbarungsträger im Hirten des Hermas, in: Harnackehrung, 1921, 105-118
62 CIG 2701 BOECKH ist leider so stark zerstört, dass der Sinn des in Zeile 9 vor-
   kommenden αὐθεντία nicht mehr eruiert werden kann.

auf Grund gerichtlicher Ermächtigung; P Masp 151,80 (6. Jh. n. Chr.): ἐπ' αὐθεντίας καὶ ἐξουσίας = in Selbstbestimmungsrecht und Machtbefugnis[63].

Alle diese Beispiele weisen auf eine Grundbedeutung hin, die etwa
mit 'Ermächtigung, Machtbefugnis' umschrieben werden kann. In den meisten
Fällen wird auch die Machtbefugnis - unter Abschwächung der Vorsilbe
αὐτός - von einem Höhergestellten auf einen Untergebenen übertragen. Nur
im Beispiel von Dio Cassius haben wir noch die alte Bedeutung, bei der
die Betonung auf der Vorsilbe liegt.

Interessanterweise ist dieses Unterordnungsverhältnis schon beim ältesten Beleg für αὐθέντης vorhanden, nämlich bei Herodot I 117:

> (Der Verwalter Harpagos rechtfertigt sich vor dem Perserkönig Astyages, warum er
> dem Auftrag des Königs, das Kind der Mandane, der Tochter des Königs, zu töten,
> nicht nachkam) "Oh König, als ich das Kind übernahm, dachte ich mir aus, wie ich
> einerseits nach deiner Absicht handeln könnte und andererseits deiner Tochter und
> dir selbst nicht als αὐθέντης gelte, ohne dabei dir gegenüber ein Unrecht (d.h.
> eine Befehlsverweigerung) zu begehen."

Die übliche Uebersetzung 'Mörder' trifft nicht ganz den Sinn der Stelle:
gemeint ist auch soviel wie 'Vollstrecker', d.h. einer, der eine Tat
ausführt auf Grund einer Ermächtigung. Die Bedeutungsverengung auf 'Mörder' im Sprachgebrauch der Klassik ist ein vieldiskutiertes Problem[64],
doch kann ich es hier für unsere Belange übergehen. Im nachklassischen
Gebrauch tritt dann wieder die etymologische Grundbedeutung[65] 'Urheber,
Verursacher' (z.B. Polybios 22,14.2: αὐθέντης πράξεως) in den Vordergrund; davon wurde dann das nomen abstractum αὐθεντία = 'Urheberschaft,
Ermächtigung' gebildet. In der Volkssprache entwickelte sich dann das
nomen agentis weiter zur Bedeutung 'Herr'; einer der frühesten Belege
ist - abgesehen von der umstrittenen Euripidesstelle Supplices 442 -
Pastor Hermae sim 9,5,6: αὐθέντης τοῦ πύργου = δεσπότης τοῦ πύργου.
Beider Wörter gehören aber nicht der gehobenen Sprache an: So verdammt
der Attizist Phrynichos[66] das nomen agentis in der Bedeutung 'Herr', und
das Abstraktum scheint zu einem Fachausdruck der Verwaltungssprache geworden zu sein.

1.7.3.2. αὐθεντία als religiöser Begriff

Für den Poimandres ist nun von grösster Bedeutung, dass αὐθεντία
in der christlichen (!) Gnosis und dann bei den Kirchenvätern zum religiösen Begriff geworden ist: es bezeichnet nun die göttliche Welt. Den
frühesten Beleg haben wir bei Kerinth (um 100 n. Chr.) bei Hipp ref 10,21
(281.12 W): μετὰ τὸ βάπτισμα κατεληλυθέναι εἰς αὐτὸν (Jesus) ἐκ τῆς ὑπὲρ

---

63 zitiert nach PREISIGKE, der noch 7 weitere Stellen anführt, die eine ähnliche Bedeutung zeigen.
64 vgl CHANTRAINE, s.v. mit weiterführender Literatur
65 αὐθέντης < αὐτός + ἕντης (zu ἀνύω) = einer, der sein Werk selber vollendet und daher
   als dessen Urheber zu gelten hat.
66 Ecl 96 (ed RUTHERFORD [1881])

τὰ ὅλα αὐθεντίας τὸν Χριστόν; dann finden wir das Wort bei Satornil
bei Hipp ref 7, 28 (208.14 W) = Iren 1,24,1 (M 16, 3322A): τὸν ἄνθρωπον
ἀγγέλων εἶναι ποίημα, ἄνωθεν ἀπὸ τῆς αὐθεντίας φωτεινῆς εἰκόνος ἐπι-
φανείσης); ähnlich die Kainiten bei Epiph haer 38,1 (63.1 Holl; M 41,
653D): οὗτοί φασι τὸν Κάιν ἐκ τῆς ἰσχυροτέρας δυνάμεως ὑπάρχειν καὶ τῆς
ἄνωθεν αὐθεντίας. Zweimal erscheint das Wort auch im NHC; im Apkr J
73,13 haben wir es noch in der profanen Bedeutung:

> (Der Oberarchon [= der Demiurg im spezifisch gnostischen Sinn] hat eben die Welt
> mit der Sintflut vernichtet): "Und er erkannte seine Machtkompetenz, und die,
> die mit ihm waren im Licht."

Die Stelle NHC XI 1, 4, 29 hingegen zeigt die neue Bedeutung, auch wenn
der Sinn des Satzes im einzelnen unklar ist:

> "Das Wasser (sc der Unsterblichkeit), [das] die αὐθεντία dem einen [gewährte],
> [in welchem] es hat [ein Zeichen]."

Die Bedeutungsentwicklung lässt sich noch sehr gut aus dem Kerinth-
zitat herauslesen: αὐθεντία = Ermächtigung könnte zunächst nur auf
Christus angewendet werden (vgl Mt 7,29: ἦν γὰρ διδάσκων...ὡς ἐξουσίαν
ἔχων). Da nun die radikale Weltverachtung der Gnosis - im Falle von
Kerinth sein Doketismus - den irdischen Jesus gegenüber dem göttlichen
Christus abwerten musste, wurde αὐθεντία zwangsläufig zum zentralen Begriff, der dann logischerweise auch die überweltliche göttliche Welt
selbst bezeichnen konnte. Diese Entwicklung hat auch das Johannesevangelium mitgemacht - allerdings unter Weglassung des gnostischen Hintergrundes: der Stelle Mt 7,29 entspricht bei J 7,46: οὐδέποτε ἐλάλησεν
οὕτως ἄνθρωπος, <εἰ μὴ θεός>. Das bedeutet somit: Die Entwicklung von
αὐθεντία zum religiösen Begriff basiert auf der Christologie des NT
und der frühen Gnosis. Das Kainitenzitat ist dazu kein Gegenbeweis, denn
eine Ermächtigung Kains lässt sich aus keiner Stelle des AT herauslesen;
vielmehr ist hier auf Kain übertragen, was zuerst nur von Christus ausgesagt werden konnte.

Die Kirchenväter haben diese Ansätze der Gnosis aufgegriffen und
begrifflich weiterentwickelt, was in der Gnosis noch halb im mythologischen Gewande ausgedrückt war. Bei ihnen erhält das Wort nun die Bedeutung 'absolute' oder 'höchste Macht', auch 'höchste Autorität'. In
einigen Fällen ist die alte Bedeutung noch erhalten geblieben, so Cl Al
paed 2,3 (178.21 Stählin) vom inkarnierten Gottessohn: ἐξ αὐθεντίας
κυριακῆς = auf Grund der Ermächtigung durch den Herrn. Da aber auch das
Johannesevangelium die Gleichsetzung von Jesus mit Gottvater schon sehr
weit vorangetrieben hatte (vgl besonders J 10,30), konnte αὐθεντία auch
auf Gottvater selber bezogen werden, womit dann zugleich die neue Bedeutung gewonnen wurde, so bei Cl Al str IV 1 (248.22 Stählin): τὰς
γραφὰς κυρίας οὔσας ἐξ αὐθεντίας παντοκρατορικῆς ἐπιδείξαντας. An einigen Stellen kann man zweifeln, ob noch die alte oder schon die neue Bedeutung vorliegt, z.B. bei Justin conf proem (M 6, 1493B): τοῦ μὴ νόμῳ

φύσεως αὐτὸν (Christus) δουλεύειν, ἀλλὰ αὐθεντίᾳ βουλήσεως τὸ δοκοῦν
ἐργάζεσθαι. Im monophysitischen Streit des 4. Jh. wurde dann das Wort
zum Fachausdruck, da es nun eines der Bindeglieder im doppelten Wesen
von Christus (Göttlichkeit und Menschenhaftigkeit) bezeichnet, so bei
Nestorius frg A 11 (196.15 Loofs) bei Justinian conf (98.7 Schwartz;
M 86, 1021B): τῶν δύο φύσεων μία ἐστὶν αὐθεντία καὶ ἓν πρόσωπον κατὰ
μίαν ἀξίαν. Die Gegenseite formuliert entsprechend, Cyrillus expl XII
cap, 2 (18.11 Schwartz): τοὺς φάσκοντας κατὰ μόνην τὴν ἀξίαν ἤτοι αὐθεντίαν ἀνθρώπου γενέσθαι συνάφειαν πρὸς θεόν, τῆς ὀρθῆς πίστεως ἀλλο-
τρίους εἶναί φαμεν. Der Fachausdruck verrät sich dadurch, dass die
bei den früheren Patres noch verwendeten Zusätze παντοκρατορική, κυρια-
κὴ oder τοῦ πατρός jetzt fehlen. Diese Entwicklung zum Fachbegriff war
aber nur möglich, weil schon das frühe Christentum das an und für sich
unspezifische (und daher auch unbelastete) Wort aufgegriffen und ihm
eine religiöse Bedeutung gegeben hat, ganz ähnlich wie bei ἀγαπή.

1.7.3.3. Das Adjektiv αὐθεντικός

Das von αὐθέντης abgeleitete Adjektiv αὐθεντικός hat die oben
dargestellte Bedeutungsentwicklung nicht in diesem Masse mitvollzogen.
Das Adjektiv bedeutete zunächst 'zum Urheber gehörig', woraus sich dann
die Bedeutungen 'ursprünglich, echt' und weiter 'garantiert, authentisch'
entwickelt haben. Innerhalb dieses Bedeutungsspektrums erscheint das
Wort mit ὄνομα verbunden sehr häufig in den Zauberpapyri[67]. Gerne wurde
es auch im Zusammenhang mit Schriftstücken gebraucht[68], sodass dann das
substantivierte τὸ αὐθεντικόν geradezu das Original (im Gegensatz zur
Kopie) bezeichnen konnte[69].

Durch Rückbeziehung auf αὐθεντία wurde dann die Bedeutung 'autorisiert, ermächtigt' gewonnen, die nur in der christlichen Literatur
belegt ist, z.B. bei Cl Al str 1.7 (25.22 Stählin): τὴν βασιλικὴν καὶ
αὐθεντικὴν εἴσοδον (vom Weg des Heils)[70]. Ganz eindeutig christlichen
Ursprungs ist eine Stelle in den Zauberpapyri, die als hermetisches (!)
Gebet zitiert wird (Preis Zaub XIII 141 = 446):

῾Υμνῶ σε ἐγώ, ὡς πρώτως ὕμνησέ σ' ὁ ὑπὸ σοῦ ταχθεὶς καὶ πάντα πιστευθεὶς τὰ
αὐθεντικά, ῾Ήλιε,

und zwar aus folgenden Gründen: 1. πιστεύομαί τι = 'mit etwas betraut
werden' ist zwar keine spezifisch christliche Wendung[71], aber das NT

---

67 Preis Zaub I 36; IX 13; XIII 622, 638; XIV 21. Die Stellen aus den Zauberpapyri
    verdankt der Verfasser Herrn Prof. H.D. BETZ in Chicago.
68 vgl LSJ sv Nr. 2
69 2 Cl 14,13; Preis Zaub V 364; vgl noch LAMPE sv Nr. 5. Die Stelle im Klemensbrief
    ist der älteste Beleg für das Adjektiv überhaupt.
70 von diesem Sprachgebrauch ist sicher abhängig Preis Zaub XIII 388: ταῖς τῶν θεῶν
    αὐθεντικαῖς νεομηνίαις, und XIII 351: ἐπιθύματα τὰ αὐθεντικά.
71 vgl BULTMANN ThWNT VI 204. 18 f.

verband sie gerne mit dem Wort 'Evangelium' als Objekt:

Röm 3,2:   ἐπιστεύθησαν τὰ λόγια τοῦ θεοῦ
Gal 2,7:   πεπίστευμαι τὸ εὐαγγέλιον
1 Th 2,4: πιστευθῆναι τὸ εὐαγγέλιον
1 Tm 1,11: τὸ εὐαγγέλιον, ὃ ἐπιστεύθην ἐγώ.

2. τὰ αὐθεντικὰ kann hier nach dem Zusammenhang nur heissen 'die göttlichen Dinge', und zwar in unmittelbarer Ableitung von αὐθεντία =
'die göttliche Welt' oder 'die höchste Macht'.

Einen Sonderfall stellt noch dar der Titel αὐθεντικὸς λόγος von
NHC VI 3. Dieser Traktat behandelt in der Form einer Predigt die Erlösung der Seele, und zwar durchaus in einem christlich-gnostischen Sinn,
weil auf die Heilung des Blinden in Mk 8, 22 ff angespielt wird: Der
Logos erscheint als Heilmittel, das sich die Seele auf ihre Augen legt,
um so die Blindheit ablegen zu können (p. 27,30). Das Adjektiv im Titel
dürfte somit einen doppelten Sinn haben: einerseits den christologischen ('autorisiert, ermächtigt'), andererseits den theologischen ('gött-
lich'), da im Traktat auch die Allmacht Gottes zum Ausdruck kommt; der
Traktat trennt nämlich - entgegen der üblichen gnostischen Anschauung -
nicht zwischen dem Schöpfergott (d.h. dem höchsten Gott) und dem Erlösergott. Diese Eigenheit findet sich auch in NHC II 6 (Exegese über die
Seele), NHC VII 4 (Lehren des Silvanus) und auch im Poimandres (→ Abs
10). Diesen Traktaten liegt offensichtlich ein und dieselbe theologische Konzeption zugrunde, die in ihrem Kern als christlich anzusprechen
ist.

Abschliessend sei noch betont, dass die nur schwach religiös ge-
färbte Bedeutung von αὐθεντικὸς kein Argument darstellt gegen die oben
vorgelegte Herleitung des religiösen αὐθεντία-Begriffs aus dem Christentum. Die Verhältnisse liegen hier genau gleich wie z.B. bei ἀγαπὴ und
ἀγαπητικός: obwohl das Substantiv auch zu einem Fachausdruck des Christentums geworden ist, hat das Adjektiv diese Entwicklung nur sehr bedingt mitgemacht.

1.7.3.4. Die Konsequenzen

Aus der oben dargestellten Wortgeschichte ergeben sich nun für
den Poimandres die folgenden Konsequenzen:
1. Αὐθεντία ist im Poimandres eindeutig ein religiöser Begriff und ist
   daher vom Christentum übernommen worden. Dabei ist es unerheblich,
   ob wir den Begriff mit der frühen Gnosis oder mit den Patres, vorzüglich den Alexandrinern in Verbindung bringen müssen. Wegen der
   späten Datierung (nicht vor 200 n. Chr.), die sich uns aus der Untersuchung des Hirtenmotivs ergab, ist allerdings die Verbindung mit
   den Alexandrinern wahrscheinlicher.
2. Der christliche Hintergrund im αὐθεντία-Begriff war offensichtlich
   dem Autor des Poimandres noch bewusst, denn nur so erklärt sich die

stete Koppelung des Substantivs an den Namen Poimandres. Auf Grund
dieses Ergebnisses wurde in der einleitenden Uebersetzung das Wort
αὐθεντία versuchsweise mit 'Vollmacht' wiedergegeben, um beide Aspekte, die Ermächtigung wie die höchste Autorität, damit auszudrücken.

1.7.4. ὁ νοῦς

Der Begriff νοῦς ist durchaus der Gnosis geläufig[72], erscheint auch
im NHC nicht selten[73], aber aussergewöhnlich ist die Verwendung des
Begriffs im Sinne des *höchsten* Prinzips (gnostisch: des höchsten Aeons).
Ausser dem Poimandres treffen wir dies nur noch bei den Naassenern:
νόμος ἦν γενικὸς τοῦ παντὸς ὁ πρωτότοκος νοῦς (Hipp ref V 10; 102, 23 W).
Kroll[74] hat als erster auf den Zusammenhang mit der griechischen Philosophie hingewiesen: So fasste schon Anaxagoras den νοῦς in Ansätzen als
Gott, 59 B 12.4: καὶ ὅσα γε ψυχὴν ἔχει καὶ τὰ μείζω καὶ τὰ ἐλάσσω, πάντων
νοῦς κρατεῖ, doch erst Platon formulierte den Gedanken bestimmter,
Phileb 28c 6: πάντες γὰρ συμφωνοῦσιν οἱ σοφοί, ὡς νοῦς ἐστι βασιλεὺς
ἡμῖν οὐρανοῦ τε καὶ γῆς. In leg 897b wird - allerdings nur nebenbei -
der νοῦς als Gott bezeichnet. Wir müssen somit feststellen, dass erst
in der Nachfolge Platons der νοῦς eindeutig mit Gott identifiziert worden ist; so bezeichnete ihn Xenokrates als πρῶτος θεός (bei Plutarch,
Is et Os 374c), während Aristoteles noch vorsichtig sagt ὁ θεὸς ἢ νοῦς
ἐστιν ἢ ἐπέκεινά τι τοῦ νοῦ frg 49 (p. 55,19 Rose³). Ganz eindeutig ist
dann für Philon Gott = ὁ τῶν ὅλων νοῦς (migr Abr 192; leg all III 29).
Im Mittelplatonismus wird dann diese Identifikation durchaus geläufig,
so bei Albinos did X 2 (p. 57 Louis) und bei Numenios frg 17 des Places.
Noch wichtiger ist, dass vor allem die Alexandriner unter den Kirchenvätern dieser Tendenz auch folgen, so Cl Al str 4.25 (317.11 Stählin):
Πλάτων τὸν τῶν ἰδεῶν θεωρητικὸν θεὸν ἐν ἀνθρώποις ζήσεσθαί φησι· νοῦς
δὲ χώρα ἰδεῶν, νοῦς δὲ ὁ θεός. Origines baut dann den Gedanken als Grundlage in sein theologisches System ein, princ I 1,6 (111 G-K)[75].

Daraus ergibt sich noch eine weitere Konsequenz für den Poimandres:
Die oben (Abs 1.7.2.3.2.) festgestellte antichristliche Tendenz richtet
sich offenbar weniger gegen das Evangelium als gegen die christlichen
Theologen. Da die Patres in ihrer Mehrheit versuchen, die Begrifflichkeit der griechischen Philosophie in den neuen Glauben zu übernehmen,
macht ihnen der Poimandres diese Haltung gerade streitig - und zwar im
Sinne einer Repaganisierung. Dies würde nun erstmals den philosophischen Hintergrund des Poimandres erklären und gäbe ihm seinen 'Sitz im
Leben'.

---

72 vgl BEHM ThWNT IV 956.6 (Stellenbelege)
73 SIEGERT sv
74 10 f
75 Gott als νοῦς (in Relation zu seinem Sohn als Logos) spielt auch später noch im
   Poimandres eine Rolle (→ Abs 3.3.); auch hier ergeben sich dann Bezüge zu den

1.7.5. οἶδα ὃ βούλει, καὶ σύνειμί σοι πανταχοῦ

Auf Grund der obigen Ergebnisse können wir nun auch die restlichen
Worte noch einordnen, mit denen sich Poimandres zu erkennen gibt. Der
erste Teil ist offensichtlich eine Uebernahme aus dem Christentum,
Mt 6,8: "Euer Vater weiss nämlich, was ihr bedürft, ehe ihr ihn bittet". Strack-
Billerbeck kennen hierzu keine Entsprechung aus dem Talmud oder dem
Midrasch, und auch Jes 65,24 können wir nicht heranziehen, weil an die-
ser Stelle gerade der Hinweis fehlt, dass Gott auch den *Inhalt* des Ge-
betes vorausweiss. Der Gedanke ist offenbar spezifisch christlich.

Der zweite Teil hat zwar eine Parallele im Denken der Stoa (vgl Seneca ep 41,1: prope est a te deus, *tecum est,* intus est), aber ungewöhnlich wäre doch in der heidnischen Welt die *persönliche* Zusage Gottes
an den Menschen. Der Gedanke ist daher eher biblisch, sei es aus dem
AT (Haggai 1,13: ἐγώ εἰμι μεθ' ὑμῶν) oder aus dem NT (Apg 18,10: μὴ
φοβοῦ, διότι ἐγώ εἰμι μετὰ σοῦ). Ein Unterschied fällt allerdings auf:
im Poimandres ist die Zusage Gottes ganz allgemein gehalten und nicht
in die konkrete Situation des Offenbarungsempfängers hinein gesprochen.
Auch hierin dürfen wir eine Paganisierung des biblischen Motivs erblicken.

1.8. Μαθεῖν θέλω τὰ ὄντα κτλ.

Die Antwort des Offenbarungsempfängers auf die Selbstvorstellung des
Poimandres zeigt nun deutlich den intellektualistischen Charakter der
hermetischen Frömmigkeit: Das Heil des Menschen ist mit der Erkenntnis
verbunden, das Empfangen der Einsicht ist geradezu φιλοσοφία, wie Corp
Herm frg IIb 2 (III p. 13 Nock-Festugière) zeigt:

Ὁ δὲ εὐσεβῶν ἄκρως φιλοσοφήσει· χωρὶς γὰρ φιλοσοφίας ἄκρως εὐσεβῆσαι ἀδύνατον·
ὁ δὲ μαθὼν οἷα ἔστι καὶ πῶς διατέτακται καὶ ὑπὸ τίνος καὶ ἕνεκεν τίνος, χάριν
εἴσεται ὑπὲρ πάντων τῷ δημιουργῷ ὡς πατρὶ ἀγαθῷ.

Φιλοσοφία bedeutet hier die Erkenntnis des Seienden, inwiefern es
auf den Schöpfer bezogen ist[76]; daher ist sie auch εὐσέβεια. Diese Verbindung von Religion und Philosophie findet sich auch bei Philon, z.B.
leg all III 89: πῶς ἄν τις πιστεύσαι θεῷ; Ἐὰν μάθῃ, ὅτι πάντα τὰ ἄλλα
τρέπεται, μόνος δὲ αὐτὸς ἄτρεπτός ἐστι. Die hermetische Haltung dürfte
aber selbstständig aus ihrer, oben in Abs 1.7.4. dargelegten Tendenz
erwachsen sein; Philon ist kaum das unmittelbare Vorbild, sondern nur
der wichtige Wegbereiter.

Alexandrinern.
76 vgl A 3 bei NOCK-FESTUGIERE ad loc.

1.9. Die Berufung des Propheten

Zum Abschluss der Einzeluntersuchungen verdient die Einleitung des
Poimandres noch als Ganzes eine Würdigung, da sie, wie Abs 1.5. zeigte,
die Berufung des Propheten darstellt. Diese fordert geradezu einen Vergleich mit dem AT heraus, der allerdings bis jetzt von der Forschung
noch nicht unternommen worden ist.

Auch im AT ist die Berufung des Propheten mit einer Vision Gottes
verbunden, z.B. 1 Reg 22,19; Jes 6,1; Ez 1[77]; ebenso im NT, z.B. Apg
9, 3-8. Dasselbe gilt auch für das Judentum; Beispiele dazu sind der
äthiopische oder slavische Henoch. Im Unterschied zum Poimandres kann
nach der biblischen Vorstellung die Erscheinung Gottes niemals vom Menschen erzwungen werden, etwa durch Gebet oder Opfer, sondern Gott zeigt
sich dem Menschen von sich aus. Im Poimandres dagegen wird Gott durch
die Kontemplation sozusagen 'herbeigeholt', ein Zug, der als typisch
heidnisch bezeichnet werden kann.

Charakteristisch für das AT, das Judentum und das NT ist auch, dass
der Empfänger der Offenbarung immer mit Furcht auf die Erscheinung
Gottes reagiert, sogar dann, wenn anstelle Gottes Engel erscheinen, wie
z.B. slav Hen 1, 4 + 6-7 (p. 452 Riessler):

> "Da erschienen mir zwei sehr grosse Männer, wie ich nie auf Erden gesehen...Ich
> erwachte vom Schlaf und stand von meinem Lager auf; dann verneigte ich mich vor
> ihnen, mein Antlitz bleich vor Schrecken."

Im Poimandres hingegen fehlt jede Furchtreaktion; Haenchen[78] erklärte
dies damit, dass der Autor ein literarisches Schema übernommen habe,
das nicht die Erscheinung des höchsten Gottes voraussetzte. Als Beweis
für die Existenz dieses Schemas führte er die schon von Reitzenstein
besprochene grosse Aehnlichkeit zwischen dem Poimandres und der Visio
V 1 des Pastor Hermae an. Aber abgesehen davon, dass auch im Pastor
Hermas mit Furcht reagiert, wie sich der andere als sein (!) Schutzhirt
zu erkennen gibt (vis V 4), kennt die ganze übrige biblische Welt die
Furchtreaktion auch dann, wenn nicht Gott selber erscheint. Der Poimandres kann an dieser Stelle nicht aus dem Biblischen erklärt werden.

In der griechischen Welt ist innerhalb des literarischen Bereichs
(Epos und Mythos) die Furcht bei der Epiphanie eines Gottes ebenfalls
das gegebene; sie begegnet besonders oft in der hellenistischen und
dann in der Kaiserzeit[79]. Der normale Opferkult hingegen kennt im
allgemeinen keine Offenbarung und keine Epiphanie[80]. Nur in der Philosophie gab es keinen Platz mehr für eine Furcht vor der göttlichen
Macht, weil alle Philosophie davon ausgeht, dass die Welt ein rational

---

77 Eine Ausnahme bildet nur der Prophet Jeremia
78 339
79 Hom Il 20, 130; Od 16, 178 ff; Hom hymn Cer 190; hymn Ven 182; Eur Ion 1551. Für
   die hellenistische und folgende Zeit vgl BALZ ThWNT IX 191.5 ff (Stellenbelege).
80 vgl BURKERT 289

konzipierter und darum prinzipiell einsichtiger Kosmos ist, weshalb es
kein unberechenbares, furchterregendes Handeln der Götter geben kann[81].
Menschliches Wollen und göttliches Planen liegen nach der philosophischen Anschauung vielmehr völlig ineinander und widersprechen sich eigentlich nicht[82], wie z.B. der Anfang des Gedichts von Parmenides zeigt:
Parmenides erhält sein Wissen durch eine Offenbarung, und doch führt
ihn der Wagen zur Göttin als *wissenden* Mann (28 B 1,3). Später heisst
es dann (B 7, 5 f.): κρῖναι δὲ λόγῳ πολύδηριν ἔλεγχον ἐξ ἐμέθεν ῥηθέντα,
d.h. die Offenbarung der Göttin schliesst das eigene aktive Denken
nicht aus. Bei einem solchen Verhältnis zwischen Gott und Mensch ist
konsequenterweise jede Furcht des Menschen bei der Epiphanie des Gottes
unmöglich. Das Fehlen dieser Furcht im Poimandres stammt somit aus dieser
philosophischen Tradition und bedeutet auch, dass der Verfasser unmöglich jüdischer Herkunft sein kann[83], sondern eher aus dem griechischen
Kulturkreis stammen muss.

Von Interesse ist auch der literarische Typ der Berufungsvision:
Für das AT ist charakteristisch das Symbolschauen (Mandelzweig, Ofen,
Heuschreckenschwarm, Senkblei, Gottesfeuer, grosse Urflut ua), das op-
tisch die Dringlichkeit des verbal vernommenen Tatbestands unterstreicht[84]. Mit Ezechiel erscheint im AT ein neuer Typus der Vision:
In den Visionsbericht drängt sich die Reflexion; diese führt zur Aus-
malung des Bildes durch neue Symbolzüge. Das Bild wird dadurch viel-
schichtig und polythematisch. Dieser Typ geht dann über in den sog
apokalyptischen bei Daniel und den Pseudepigraphen, bei dem mytholo-
gisches Bildgut in neuer Symbolfüllung als Vision vorgetragen wird. An
Stelle der echten Vision tritt die theologische Abhandlung, bezw die
Predigt in Bildern. Das Auftreten irgend eines interpres ist nun notwendig und für diesen Typ charakteristisch. Der Poimandres gehört zu
diesem letzten Typus, denn er enthält keine echte Vision, sondern eine
Theologie, dargestellt in der Fiktion einer Vision.

Zum Schluss ist noch eine Bemerkung über den literarischen Ort der
Berufungsvision am Platze: Im AT und NT erscheint diese jeweils am An-
fang des Prophetenbuches, resp des Berichtes über den Propheten, weil
sie eine radikale Kehrtwendung im Leben des Einzelnen bedeutet. Dieser
Topos hat wohl auch das Corp Herm beeinflusst; er dürfte den Grund dar-
stellen, weshalb der Poimandres in der byzantinischen Redaktion an die
Spitze der Sammlung gestellt wurde, obwohl seine Theologie nur noch im
XIII. Traktat als Voraussetzung vorkommt, der Name Poimandres - mit Aus-

---

81 vgl A. DIHLE im Artikel 'Furcht (Gottes)' im RAC p. 665-68
82 vgl dazu A. LESKY, Geschichte der griechischen Literatur, 1963², p. 238; in p. 92
   zeigt Lesky, dass Homer ein Vorläufer dieser philosophischen Anschauung ist.
83 für einen jüdischen Verfasser tritt ein JANSEN 162; allgemein für jüdische Herkunft
   QUISPEL, Gnosis 416 und PEARSON 347.
84 vgl RGG, Artikel 'Vision' II von V. MAAG.

nahme wieder von XIII - sonst nirgend mehr erscheint und die Bezeichnung Hermes im Poimandres überhaupt nie vorkommt[85].

1.10. Zusammenfassung

1. Der Poimandres zeigt in seiner Einleitung verschiedenartige Einflüsse aus der griechischen Philosophie (vorzüglich aus dem Platonismus), aus dem AT, dem Judentum, dem Christentum und aus der Theologie
der frühen Kirchenväter. Es ist offenbar falsch, ihn bloss von einer
Quelle her verstehen zu wollen - so wie es die bisherige Forschung immer getan hat.

2. Der Kern des Poimandres ist hier am Anfang aber griechisch, und
zwar gerade im Gottesbild, das er entwirft. Die biblischen Einflüsse
betreffen eher die äussere Form und die Relation Gott - Mensch.

3. (Die folgenden Aussagen sind vorerst als Vermutungen zu verstehen, sie werden sich aber im Laufe der Untersuchungen immer mehr bestätigen): Der Autor des Poimandres will offenbar auf religiöser Basis das
Heidentum gegen die christliche Theologie verteidigen. Er greift dazu
zurück auf die Philosophie, besonders auch deswegen, weil die christlichen Theologen diese ebenfalls für sich beanspruchen. Dies führt ihn
zwangsläufig zu einer Repaganisierung bestimmter philosophischer Begriffe. Der Rückgriff auf die Philosophie wird am Anfang unterstrichen durch
den Rückgriff auf den Sprachgebrauch der Klassik. Der Autor äussert seine Gedanken jedoch nicht in apologetischer Form, sondern stellt eher
eine Art 'Gegenevangelium' auf. Daher muss er auch christliche Elemente
in seine Darstellung übernehmen.

4. Der Autor entstammt offensichtlich dem griechischen Kulturraum;
sein Werk muss in die Blütezeit der alexandrinischen Katechetenschule
(Clemens von Alexandrien, Origines ua) gesetzt werden.

---

85 Wer sich eigentlich hinter der Ich-Person des Poimandres verbirgt, ist immer noch
   eine offene Frage. Corp Herm XIII 15, 206.20 f hat den Poimandres als eine Offenbarung des Nus an Hermes aufgefasst, und dem ist auch die byzantinische Redaktion
   gefolgt (vgl den Titel am Anfang des Poimandres), ebenso mehrheitlich die moderne
   Forschung. Aber eigenartig bleibt doch, dass die Offenbarung an einen *Gott* gerichtet ist. Verständlich ist dies wieder nur auf der Basis der christlichen Theologie
   (vgl J 5,20: "Der Vater zeigt dem Sohn alles, was er selber tut"). Eine definitive
   Entscheidung in diesem Problem ergibt aber erst eine genaue Analyse von Corp Herm
   XIII und von dessen Beziehung zum Poimandres; deshalb sei die Frage hier noch
   offengelassen.

Zweites Kapitel

KOSMOGONIE I: LICHT UND FINSTERNIS
(Corp Herm I 4, 7.15-8.1)

"Als er dieses gesagt hatte, veränderte er sich in seinem Aussehen, und sofort war
mir alles augenblicklich offen, und ich sehe eine unermesslich Schau, indem alles
Licht geworden war, das ruhig[86] und heiter war und ich geriet in Liebe zu ihm, als
ich es erblickte. Und kurz darauf war eine Finsternis, die sich nach unten senkte,
nachdem sie in einem Teil <des Lichtes> entstanden war[87]. Sie war furchtbar und ab-
scheulich, krumm gewunden[88], wie es mir schien[89]."

Obige Vision enthält eine Besonderheit, die innerhalb des Corpus nur
dem Poimandres eigen ist: Nach dem Brauch der übrigen hermetischen Schriften müsste jetzt Poimandres mit einem Lehrvortrag beginnen; stattdessen
verwandelt er sich selber in jenes Licht, das er eigentlich ist - wie
es sich dann im Kap 6 zeigen wird. Diese Besonderheit ist wohl vom Johannesevangelium her beeinflusst, wo bekanntlich sich Jesus selber als
das Licht der Welt bezeichnet (8,12). Die theologische Aussage des Evangelisten hat der Poimandres in eine Vision transformiert.

2.1. Das göttliche Urlicht

Um den Lichtbegriff des Poimandres richtig zu verstehen, müssen wir
die folgenden Punkte beachten:

2.1.1. Gott ist Licht

Das Licht ist nicht bloss ein Symbol für Gott, sondern Gott ist
identisch mit dem Licht. Das zeigen die weiteren Stellen aus dem Poimandres deutlich:

Τὸ φῶς ἐκεῖνο...ἐγὼ Νοῦς ὁ σὸς θεός. (Kap 6, 8.15)
Ὁ δὲ πάντων πατὴρ ὁ Νοῦς, ὢν ζωὴ καὶ φῶς. (Kap 12, 10.15)
ὅτι ἐκ φωτὸς καὶ ζωῆς συνέστηκεν ὁ πατὴρ τῶν ὅλων. (Kap 21, 14.3)

Diese Vorstellung hat der Poimandres mit anderen gnostischen Schriften
gemeinsam, z.B. dem Apkr J 23,14: "Er (Gott) ist Licht". 24,5: "Dieser (Gott)
ist das unermessliche Licht, die reine, heilige Reinheit, der Unbeschreibliche, Voll-
kommene, Unvergängliche". Die negativen Attribute Gottes im Apokryphon (vor
allem 22.19 - 25.8; 26.2 + 12) zeigen deutlich, dass das Licht als eine
gestaltlose Grösse gefasst ist. Noch für den Manichäer Augustinus war
Gott nur fassbar als corpus lucidum et immensum (conf IV 16, V 19; VII 1 f).
Diese gnostische Gottesvorstellung unterscheidet sich radikal von der-

---

86 εὔδιον ci PLASBERG; ἤδιον codd.
87 möglich ist auch: "Und kurz darauf war nach unten stürzendes Dunkel an seiner Statt
   entstanden." (W. BURKERT)
88 ἐσπειράμενον ci REITZENSTEIN πεπειραμένον codd.
89 REITZENSTEIN ergänzte ὡς <ὄφει> εἰκάσαι με, doch ist dies nicht unbedingt notwendig.

jenigen des AT, wo Gott absoluter Herr *über* das Licht ist (Gen 1,3); d.h.
das Licht gehört zwar zur Erscheinungsweise Jahwes, nicht aber zu seinem
Wesen[90].

2.1.2. Das göttliche Licht als Substanz

Das Licht ist nicht wie im AT bloss ein Attribut Gottes, sondern
es ist die substantia dei, salvatoris et salvandi. Aus Poimandres Kap 17,
12.20: ὁ δὲ ἄνθρωπος ἐκ ζωῆς καὶ φωτὸς ἐγένετο εἰς ψυχὴν καὶ νοῦν wird
klar, dass die göttliche Lichtsubstanz auch im Menschen zu finden ist[91];
nur diese ermöglicht es ihm nach gnostischer Auffassung, den Weg zurück
zu Gott zu finden. In der christlichen Gnosis ist die Auffassung dieselbe; eine Stelle im Thomasevangelium (Logion 24 = NHC II 2, 38,6) zeigt
dies besonders schön:
> "Er sprach zu ihnen: 'Licht ist im Innern eines Lichtmenschen und es (er?)
> erleuchtet die ganze Welt' ".

Diese Stelle ist eine Gnostifizierung von Mt 5, 14+16:
> "Ihr seid das Licht der Welt. So soll euer Licht leuchten vor den Menschen!"

Der Sinn ergibt sich aus dem Log 77 = NHC II 2, 46,24:
> "Ich bin das Licht, das über allen ist. Ich bin das All."

sowie aus aus dem Log 50 = NHC II 2, 41,33:
> "Wir sind aus dem Licht gekommen, dem Ort, wo das Licht aus sich selbst ge-
> worden ist."

Das Log 77 zeigt auch, dass der Erlöser mit Gott konsubstantial ist.
Diese gnostischen Vorstellungen haben im AT und NT keinerlei Entsprechungen.

2.1.3. Das göttliche Licht als Sphäre und Macht

Der Ausdruck σκότος κατωφερὲς (7.18) zeigt, dass das Licht als
räumliche Grösse aufgefasst ist: eine obere, jenseitige und gestaltlose
Lichtwelt, die zugleich die Sphäre der göttlichen Macht ist. Dies steht
wieder im Gegensatz zur Auffassung des AT, wo das Licht als eine rein
zeitliche Grösse erscheint, entsprechend dem hebr אור, das ursprünglich
'Tageslicht' bedeutete. Vor allem in Gen 1 ist das Licht im Hinblick auf
den täglichen Wechsel von Tag und Nacht gesehen. Erst im Judentum werden
Licht und Finsternis räumlich bestimmte Grössen, Jub 2,16 (544 Riessler):
> "Er beendete alle seine Werke am sechsten Tag, alles, was in den Himmeln,
> auf Erden, in den Meeren, den Abgründen, Licht und in der Finsternis, ja
> überall ist."

Im slav Henoch 25,4 (461 Riessler) heisst es:
> "Ich sprach zum Licht: 'Steig höher hinauf!' Deshalb gibt es nichts Höheres
> als das Licht."

---

90 vgl M. SAEBØ im ThWAT I 90; CONZELMANN im ThWNT IX 311,31
91 dieser Tatbestand wurde schon von REITZENSTEIN gesehen (Poimandres 38.46; Studien
   16; Gnomon 3, 1927, p. 280 A 1), doch erst CONZELMANN hat die Bedeutung dieser Licht-
   substantialität für die Gnosis klar dargestellt (ThWNT IX 325.13 ff).

Hier liegen aber mit Sicherheit Einflüsse des griechischen Denkens vor[92],
das die Welt mehr als räumliche, d.h. statische Grösse auffasst. Daher
wird im Judentum sogar die Astronomie für das Weltverstehen bedeutsam
(im äth Henoch 72-82), was eigentlich ganz unjüdisch ist.

2.1.4. Die Bedeutung der gnostischen Lichtvorstellung

Die drei oben genannten Punkte ergeben zusammen die spezifisch
gnostische Lichtmetaphysik, deren Sinn nur im Soteriologischen zu suchen
ist. Denn nur so ist die Reaktion des Offenbarungsempfängers im Poimandres zu verstehen, wie er das Licht erblickt: ἠράσθην, wobei im Verb der
Nebensinn 'begehren' mitenthalten ist. Das göttliche Licht ist eigentlich
das Licht der Erleuchtung, das den Einzelnen zum Heil führt. Erleuchtung
heisst nun - nach gnostischer Auffassung - Erweckung des Lichtfunkens
im Menschen, Erfüllen mit Lichtsubstanz, Verwandlung in Licht, damit
Rückkehr (Aufstieg) zu Gott als dem Licht, Eingehen in Gott und Gottwerdung. Der Sinn der Gnosis ist somit - auf den eigentlichen Kern
reduziert - die Erlösung von dieser Welt, die Neuwerdung des Menschen.
Das Besondere im Poimandres liegt nun aber darin, dass er in seiner
Soteriologie (Kap 24 ff) diese Ansätze gerade nicht weiterentwickelt,
sondern dort etwas ganz anderes bringt. Unsere Untersuchungen werden
dann diesen Bruch in der Gesamtkonzeption deutlich herausarbeiten.

2.1.5. Die Herleitung der gnostischen Lichtmetaphysik

Die folgenden Ausführungen betreffen nicht mehr das unmittelbare
Verständnis des Poimandres, sondern das schwierige Problem der Entstehung der Gnosis überhaupt. Da aber durch Reitzenstein dem Poimandres bis
heute in dieser Frage eine Schlüsselrolle zukommt[93], soll dieses Problem
hier einmal vom sprachlichen und begriffsgeschichtlichen Standpunkt her
angeschnitten werden. Wir können dabei von den folgenden zwei Voraussetzungen ausgehen:

1. In der gnostischen Lichtmetaphysik steckt ein innerer Widerspruch,
   den wir in dreifacher Form darstellen können:
   1) Die gestaltlose, unendliche Lichtwelt kann eigentlich keinen Bereich der Fin-
      sternis (und der Materie) neben sich zulassen, denn durch diesen würde sie ja
      begrenzt.
   2) Die Konsubstantialität mit Gott steht im Widerspruch zur Verwandlung des Men-
      schen, denn Neuwerdung bedeutet eine totale Umwandlung, kann also eine (unver-
      änderliche) Substanz nicht zulassen.
   3) Ein Fall der Lichtseele in eine widergöttliche Finsternis (und Materie) ist
      eigentlich nicht möglich, da Finsternis (und Materie) und ebenso die Seele ihre
      Konsubstantialität mit Gott bewahren.

   Dieser Widerspruch ist nur erklärbar durch die Spannung zwischen dem

---

92 vgl auch HAENCHEN 341 A 5.
93 auch im Artikel φῶς von CONZELMANN im ThWNT ist der Poimandres immer noch *der* Haupt-
    zeuge für die Entwicklung eines vorchristlichen, rein hellenistischen Lichtbegriffs,
    der dann von der christlichen Gnosis übernommen worden ist (vgl insbesondere IX
    320.32 - 321.22 + 324.20 ff.)

Ausdrucksmittel und dem Sinn der Gnosis. Die Lichtmetaphysik passt zur
gnostischen Erlösung nur mit dem, was sie intendiert, nicht aber mit
der eigentlichen ontologischen Bedeutung der Ausdrucksmittel[94]. Es
ergibt sich somit zwangsläufig, dass die Gnosis die Lichtmetaphysik
aus anderer Quelle übernommen hat.

2. Die Ausführungen unter 2.1.1. bis 3. haben gezeigt, dass die Licht-
vorstellung des Poimandres kaum jüdischer Herkunft sein kann. Auch die
Herleitung aus dem Iranischen (Reitzenstein und Klein[95]) bleibt pro-
blematisch, weil das Licht auch hier so wenig wie im übrigen Orient
vom naturhaften Substrat gelöst ist. Sonne (bezw Lichtkörper) und
Licht gehören nach altorientalischer Auffassung untrennbar zusammen[96].
Die Herleitung von Klein hat zudem die unlösbare Schwierigkeit, dass
er von einer Fünfzahl von Elementen ausgehen muss, die sich im Poimandres irgendwie auf eine Vierzahl reduziert hat[97].

Deutlicher als die bisherige, ausschliesslich theologisch geprägte Forschung soll nun gezeigt werden, dass die Gnosis die entscheidenden Grundlagen ihrer Lichttheologie einerseits dem griechischen Denken, andererseits dem Neuen Testament verdankt.

    2.1.5.1. Der griechische Charakter der gnostischen Lichtmetaphysik
    Der Sachverhalt hat einen kategorialen und einen historischen
Aspekt:

    1. Wie wir im Abs 2.1.3. gesehen haben, ist die Vorstellung vom
Licht als einer räumlichen Grösse charakteristisch für das griechische
Denken. Auch die Kategorie der Substanz, unter der das immaterielle,
also eigentlich nicht substrathafte Licht steht, kann nur dem Denken der
griechischen Philosophie entnommen sein, wobei die stoische Pneumalehre[98]
wohl entscheidende Anregungen gegeben hat. Auch die Identifizierung von
Gott mit dem Licht kann nur vom Griechischen her verstanden werden, und
zwar wegen eines sprachlichen Indizes: Das Anfügen von Attributen an
das Substantiv φῶς (im Poimandres εὔδιον, ἱλαρόν, ἥδιον codd) entspringt
der griechischen Auffassung vom Licht: das Licht ist nicht nur Medium
des Sehens, sondern selbst auch Gegenstand des Sehens. "Das unterscheidet die Griechen völlig von den Orientalen"[99]. Daher begegnen nur in der
griechischen Literatur Wendungen wie φάος ἱερὸν Hes op 339, ἡμέρας...
ἁγνὸν φάος Eur TGF 495 Snell, οὐράνιον φῶς Soph Ant 944, γλυκερὸν φῶς
Hom Od 16,23, ἡδὺ γὰρ τὸ φῶς βλέπειν Eur Iph Aul 1218 f., φέγγος ἱλαρὸν

---

94 vgl CONZELMANN in ThWNT IX 325 A 172
95 vgl KLEIN 87 A 1 (auch bezüglich Reitzenstein)
96 CONZELMANN ThWNT IX 309.14
97 KLEIN 89
98 KLEINKNECHT ThWNT VI 352.10
99 CONZELMANN im ThWNT IX 305.16

Aristoph ra 456 ua. Im AT dagegen hat אור mit einer einzigen Ausnahme[100]
nie ein Attribut. Der Poimandres steht also diesbezüglich besonders fest
in der griechischen Tradition. Nun ist zu bedenken, dass in einer theologisch geprägten Religion - und das ist die Gnosis in jedem Fall - Gott
nur fassbar ist, wenn er mit Attributen versehen werden kann, auch dann,
wenn letztere rein negativer Natur sind[101]. Die Identifikation von Gott
mit dem Licht hat theologisch nur dann einen Sinn, wenn Gottesprädikate
wie 'rein, heilig, unbeschreiblich, vollkommen, unvergänglich' (→ Apkr J
im Abs 2.1.1) auch auf das Licht übertragbar sind.

2. Die gnostische Lichtmetaphysik hat historisch ihren Ursprung
bei Platon, weil er zuerst - im Anschluss an Parmenides - eine spezifische Ontologie des Lichtes entfaltet hat. Das Sonnengleichnis im Staat
508a ff setzt die Idee des Guten in Analogie zur Sonne. Wie letztere für
die Welt des Werdens ist die Idee des Guten Grund und Ursprung für das
Sein und die Erkennbarkeit der Ideen. Als ἐπέκεινα τῆς οὐσίας (509b 9)
ist das ἀγαθὸν ιοῦ ὄντος τὸ φανότατον (518c 9), das τὸ πᾶσι φῶς παρέχον
(540a 8). Die Idee des Guten ist also selbst Licht und gewährt ihr Licht
den Ideen; die Erkenntnis setzt das Licht-Sein der Ideen voraus und umgekehrt erhellt die Erkenntnis das Sein. Der Mensch gewinnt somit Erleuchtung durch den Aufstieg zum Sein qua Licht (Höhlengleichnis). Platon
setzt jedoch niemals die Idee des Guten mit Gott gleich[102].

Erst Philon wandelt nun diese Lichtontologie Platons in theologische Aussagen um: Das Licht-Sein der göttlichen Welt ist Voraussetzung
des irdischen Lichts und damit des Sehens überhaupt, aber auch für die
(übernatürliche) Möglichkeit der Lichtschau im mystischen Aufstieg (op
mundi 71). So kann Philon om I 75 dann sagen: ὁ θεὸς φῶς ἐστιν...καὶ οὐ
μόνον φῶς, ἀλλὰ καὶ παντὸς ἑτέρου φωτὸς ἀρχέτυπον, μᾶλλον δὲ ἀρχετύπου
πρεσβύτερον καὶ ἀνώτερον. Diese Stelle ist eigentlich nichts anderes als
ein Versuch, die platonische Lichtontologie mit dem biblischen Schöpfergott zu verbinden. Dadurch gelingt es Philon, die Transzendenz Gottes in
einem Masse zu steigern, wie sie Platon niemals beabsichtigt hat. Dies
zeigt sich auch in den negativen Attributen, die Philon dem Licht gibt:
ἀσώματον conf ling 61, ἀγένητον ebr 208, ἀόρατον op mundi 31. In der
Schilderung des Aufstiegs zu Gott geht Philon im Ausdruck bis an die
Grenze der Behauptung der Vergottung[103], doch überschreitet er sie noch
nicht. Diesen letzten Schritt vollzieht erst die Gnosis, jedoch führt
nicht mehr die rationale Erkenntnis (im Sinne Platons) ins Licht, sondern
die Verwandlung in die überweltliche Lichtsubstanz.

Wie ist nun dieser Sachverhalt zu deuten? Gewiss ist, dass die
Gnosis nicht einfach Platon weiterentwickelt, denn sie geht primär aus

100 Eccl 11,7, doch hier liegt eindeutig griechischer Einfluss vor.
101 vgl die Zusammenstellung bei FESTUGIERE IV 303 f.
102 vgl KLEINKNECHT im ThWNT III 73,30.
103 Quaest in Ex frg 1 (ed R. MARCUS, Philo Supplement II, 1961, p. 258)

vom Erlösungsgedanken, der in dieser Form keinen Rückhalt im Platonismus hat. Andererseits liegen die Dinge auch nicht so, dass eine orientalische Lichtreligion und der Platonismus von verschiedener Seite her sich in ihrer geschichtlichen Entwicklung einander angenähert hätten[104]. Vielmehr griff die Gnosis die platonische Ontologie auf, um in dieser ihr spezifisches Erlösungsverständnis darzustellen. Dieser Vorgang kann ebenfalls als eine Paganisierung verstanden werden, insofern die heidnische Welt sich den Erlösungsgedanken nur mit den Kategorien der griechischen Philosophie klarmachen konnte. Darauf deutet m.E. die profane Bedeutung des Verbums σῴζω (→ Abs 13.1.5.): 'Bewahren der Integrität einer Person in einem gegebenen Zustand'. Den Bedeutungen 'Bewahren' und 'Integrität' entspricht die Kategorie der Substanz, während die Bedeutung 'gegebener Zustand' in der Kategorie des Raumes wiederkehrt.

Obige Ausführungen zeigen somit, dass auch in der christlichen Gnosis wesentlich ein griechisches Element enthalten ist, das die Kirche in ihrer Abwehr jeglicher Gnosis als heidnisches Relikt empfinden musste[105].

2.1.5.2. Die Beziehungen des Poimandres zum Joh-Ev und zum 1 Joh

Die eben erwähnten Zusammenhänge waren dem Autor des Poimandres wahrscheinlich kaum mehr bewusst; hingegen ist nicht zu übersehen, dass er in seinem Werk eine grösstmögliche Annäherung an die Lichttheologie der johanneischen Schriften des NT versucht[106]. Wir kommen somit noch auf den religiösen, bezw soteriologischen Aspekt der gnostischen Lichtmetaphysik zu sprechen:

Das Johannesevangelium vermeidet zwar die Gleichsetzung von Gott mit dem Licht; hingegen wird die Offenbarung Gottes in Jesus und Jesus selber als Licht bezeichnet[107]. Wie in der Gnosis scheint das Licht von oben in die Finsternis dieser Welt, doch wird letztere nicht als Gegenmacht empfunden. Es fehlt im Ev jegliche Konsubstantialität des Lichtes zwischen Gott und Christus und zwischen Christus und dem Menschen. Daher gibt es auch keine metaphysische oder kosmologische Spekulation über die Natur einer oberen Lichtwelt, weil sie für den Menschen nicht wesentlich ist. Erst der 1. Johannesbrief ist radikaler im Dualismus und steht der Gnosis näher. Hier heisst es nun ausdrücklich 1,5: ὁ θεὸς φῶς ἐστιν. Diese irdische Welt der Finsternis ist hier derjenige Bereich, von dem sich der Gläubige zu distanzieren hat[108]. Aber wieder fehlt auch im Johannesbrief die Konsubstantialität und die Spekulation

---

104 so CONZELMANN im ThWNT IX 321.21
105 vgl COLPE im RAC-Artikel 'Gnosis II', Sp. 642 ff.
106 Dies bemerkte schon CONZELMANN ThWNT IX 320.23: "Der urchr Lit steht dem hell Erbauungsschrifttum näher, vor allem die Hermetica", doch trat er nicht näher darauf ein.
107 CONZELMANN ThWNT IX 341.24

über das Wesen Gottes[109]. Der Poimandres entspricht nun dieser Theologie weitgehend: Er verzichtet ebenfalls auf eine Spekulation über das
Wesen Gottes mittels ausgedehnter Aeonenreihen, wie sie z.B. im Apkr J
ausgeführt ist, und auch die Konsubstantialität spielt - wie schon angedeutet - im soteriologischen Schlussteil nicht die Rolle, die man
vom ersten Ansatz her eigentlich erwartet. Jedoch ist es sehr unwahrscheinlich, dass der Evangelist in irgend einer Weise von der hermetischen Literatur abhängig ist, vielmehr sind die Verhältnisse umgekehrt:
die Gleichsetzung von Jesus mit dem Licht im Evangelium ist völlig von
der Tradition des AT und den Ansätzen der Synoptiker her erklärbar[110]
und bedarf der gnostischen Hypothese eigentlich nicht, während im Gegensatz dazu die Lichtvision im Poimandres nachträglich im Kap 6 erklärt
werden muss - ein Kapitel, das, wie wir sehen werden, sehr stark vom
Johannesevangelium beeinflusst ist. Ausserdem ist - ähnlich wie beim
Hirtenmotiv - die Lichttheologie des Poimandres etwas verblasst,
weil er sie im Gegensatz zum Evangelium nicht konsequent durchhält.

        Dies bedeutet ganz allgemein: der religiöse Gehalt in der gnosti-
schen Lichtmetaphysik ist vom Johannesevangelium übernommen worden
und nicht umgekehrt ins Evangelium hineingetragen worden. Darauf deutet
auch die Tatsache, dass das *ganze* Neue Testament - und nicht nur die
johanneischen Schriften - das Wort φῶς fast ausschliesslich im religiösen Sinn gebraucht und es so zum zentralen Begriff des Christentums
macht[111]. Eine genaue Analyse des Lichtbegriffs im Nag-Hammadi-Corpus
dürfte hier die entscheidenden weiteren Aufschlüsse geben.

2.2. Die Finsternis

2.2.1. Das Verhältnis der Finsternis zum Licht

        Das lange umstrittene ἐν μέρει γεγενημένον in 7.18 erklärte
Festugière[112] durch die Heranziehung eines Moderatuszitates bei Sim-
plicius und einer Jamblichstelle. Letztere lautet (myst VIII 3): "Gott
liess die Materie hervorgehen (παρήγαγεν) aus seinem Wesen, nachdem er
die ὑλότης gespalten hatte". Doch näher steht dem Poimandres eine Stelle
im NHC II 5, 99,22: "Die Materie ging nicht aus dem Chaos heraus, sondern blieb im Chaos, weil sie in einem Teil von ihm (ἐν μέρει) war".
Allerdings ist zuzugeben, dass die oben in A 87 vorgeschlagene Uebersetzung wesentlich eleganter ist, weil sie zur Erklärung keinerlei
Parallelstellen bedarf. In allen Fällen ist aber deutlich, dass die
Finsternis erst *sekundär* aus dem Licht entsteht, was ein klares Indiz

---

108 CONZELMANN ThWNT IX 346 A 370
109 vgl besonders das unreflektierte Nebeneinander von 1,5: ὁ θεὸς φῶς ἐστιν und 1,7:
     ὡς αὐτός (= ὁ θεός) ἐστιν ἐν τῷ φωτί.
110 vgl SPICQ III 683
111 so sagt SPICQ III 683: "On peut définir le christianisme comme une religion de la
     lumière" und III 691: "C'est le christianisme qui a donné a φῶς son titre de nob-

gegen die Herleitung aus dem Iranischen oder aus dem Schöpfungsbericht
des AT ist. Nach der Einteilung von Jonas[113] gehört der Poimandres vielmehr zum sog syrisch-ägyptischen Typus der Gnosis, bei dem die Finsternis in einer Bewegung von oben nach unten durch Emanation oder/und Fall
aus dem Licht entsteht. Dieser Typus ist der genuin gnostische, weil
im andern, dem sog iranischen Typus, das dualistische Weltschema vorgegeben und nachträglich gnostisch verwandelt worden ist[114]. Sieht man
aber näher zu, so macht man die Feststellung, dass auch die Finsternis
weitgehend den Kategorien des griechischen Denkens entspricht.

2.2.2. Der griechische Charakter der Finsternis

Zusammengefasst zeigt die Finsternis im Poimandres die folgenden
Eigenheiten:
- Das Licht hat gegenüber der Finsternis eindeutig die Priorität, denn
  in der 2. Vision (Kap 7), die eine Parallele zur ersten Vision darstellt, erscheint sie nicht mehr.
- Die Finsternis bildet gegenüber dem Licht keine aktive kosmologische
  Gegenmacht.
- Die Finsternis ist derjenige Bereich, den man hinter sich lässt, die
  ἄγνοια (vgl Kap 19, 13.17).
- Im Schlusshymnus (Kap 31 f), wo der Blick nur auf Gott gerichtet ist,
  fehlt die Finsternis bezeichnenderweise vollständig; nur in der Kosmologie und Anthropologie rückt sie stärker in den Blickpunkt, und zwar
  dann, wenn das irdische Licht dieser Welt mit dem himmlischen ver-
  glichen wird; dann kann das Tageslicht sogar als σκωτεινὸν φῶς (Kap 28,
  17.2) bezeichnet werden. Der Gegensatz ist also weniger derjenige
  zwischen Licht und Finsternis, sondern derjenige zwischen himmlischem
  und irdischem Licht.
Alle diese Bestimmungen finden sich nun auch im griechischen philosophischen Denken:
- Es geht nicht aus von einem Gegensatz Licht - Finsternis, obwohl die
  Orphik den mythischen Gedanken eines Urdunkels[115] kennt; aber dieser
  Ansatz wurde nicht weiter entwickelt.
- Es geht vielmehr aus vom Nachdenken über den Vorgang der Erleuchtung; d.h. es ist vornehmlich interessiert am Weg aus der Dunkel-
  heit ins Licht (vgl vor allem Parmenides B 1 und Platon, Resp 518a).
  Auch Platon kann dann das irdische Tageslicht als νυκτερινή τις ἡμέρα
  bezeichnen gegenüber der ἀληθινὴ ἡμέρα der Philosophie (Resp 512c 6).

---

lesse, éternel".
112 IV 41
113 Gnosis I 256 f, 283 f, 328-331.
114 CONZELMANN ThWNT VII 426.15 ff
115 Orph Fr 1 und 24 KERN

- Plutarch, de latenter vivendo Kap 6, zeigt auf engem Raum zusammengefasst die charakteristisch griechische Auffassung von Licht und Finsternis. Es seien daher aus diesem Kapitel einige bedeutsame Stellen
zitiert:

> "Das Entstehen des einzelnen Menschen ist nicht ein Weg ins Sein, wie einige
> sagen, sondern ein Weg zur Erkenntnis des Seins (εἰς γνῶσιν οὐσίας)." (1129f)
> "Auch der Zerfall (Tod) des Seienden ist nicht eine Vernichtung in das Nicht-
> Seiende, sondern vielmehr eine Wegführung ins Verborgene (τὸ ἄδηλον) desjeni-
> gen, das sich aufgelöst hat." (1130a)
> "Ich glaube aber, dass die Alten auch den Menschen selbst φὼς[116] genannt
> haben, weil jedem Menschen durch die Verwandtschaft ein starker Trieb ange-
> boren ist, zu erkennen und sich zu erkennen. Einige Philosophen[117] glauben,
> dass die Seele selbst ihrem Wesen auch Licht sei[118]." (1130b)

Die Plutarchstellen zeigen noch einmal die enge Bindung des Licht- (und
damit auch des Finsternis-) Begriffes an die Erkenntnisfähigkeit des
Menschen im griechischen Denken sowie den zweitrangigen Stellenwert der
Finsternis selber; diesen Sachverhalt hat die Gnosis und der Poimandres
wieder übernommen.

2.2.3. Der Finsternisbegriff im Joh-Ev und der Poimandres

In genauer Analogie zum Licht-Begriff zeigen nun das Joh-Ev und
der Poimandres wieder auffallende Uebereinstimmungen beim Begriff der
Finsternis, die wieder nur als Abhängigkeit des letzteren vom Evangelium
gedeutet werden können:
- Ausgangspunkt der Ueberlegungen ist das Erscheinen des Lichts in der
Welt, nicht ein vorgegebener Dualismus Licht - Finsternis.
- Die Finsternis ist Sphäre und Macht, jedoch nicht eine Substanz im
Menschen.
- Die Welt selbst ist Finsternis, jedoch herrscht kein kosmologischer
Dualismus in der Welt.
- Die Finsternis zeigt eine gewisse Aktivität: Die Welt ist Finsternis,
insofern sie sich gegen das Licht als solche behauptet. Durch das
Erscheinen des Lichtes wird die Welt zur Entscheidung für oder gegen
das Licht aufgerufen (vgl im Poimandres Kap 28, 17.2: ἀπαλλάγητε τοῦ
σκωτεινοῦ φωτός)[119].

---

116 Wortspiel (Plutarchs ?) mit φῶς.
117 = Heracleides Ponticus frg 100 WEHRLI; Begründung für die Zuweisung auf p. 93.
118 Nach F. WEHRLI (→ A 117) steht hier Plutarch in der Tradition eines unbekannten
    Platonikers.
119 Diese Zusammenstellung basiert auf CONZELMANN ThWNT VII 444 f, wo auch leicht
    die Belege zum Joh-Ev zu finden sind.

Drittes Kapitel

KOSMOGONIE II: DIE VIER ELEMENTE

(Corp Herm I 4-6, 8.1-9.2)

"Darauf wandelte sich die Finsternis in ein feuchtes Wesen, das unsäglich in Aufruhr war und einen Rauch von sich gab wie von Feuer und einen unsagbar kläglichen Laut zustandebrachte. Darauf kam aus ihm (dem feuchten Element) immer wieder unartikuliert ein Schrei, vermutlich die Stimme eines Feuers[120]. Vom Licht kam aber ein heiliger Logos über die feuchte Natur und ging in sie ein, und ein reines Feuer sprang aus ihr hervor hinauf zu Höhe; es war aber leicht und hitzig, zugleich ein aktives Element. Und die Luft folgte dem wehenden Feuer, da sie leicht und schnell war, indem sie von Erde und Wasser weg bis zum Feuer hinaufstieg, sodass es schien, dass sie an ihm (dem Feuer) hing. Erde und Wasser blieben für sich vermischt, sodass man <die Erde> nicht vom Wasser unterscheiden konnte. Sie waren aber in Bewegung durch das Wehen des Logos, der über ihnen schwebte in Gehorsam <gegenüber dem Licht>."

3.1. Erläuterung der Kosmogonie II

Die Umwandlung der Finsternis in Wasser (feuchte Natur) hat zahlreiche Parallelen im NHC, z.B. VII 1, 4.22: "Und aus der Finsternis wurde das Wasser zu einer Wolke. Und aus der Wolke empfing der Mutterschoss seine Gestalt." Nicht selten ist sogar die Wortverbindung Finsternis-Wasser[121]. In NHC II 5, 99.27 wird die Materie als grenzenlose Finsternis und Wasser ohne Grund bezeichnet; aus dieser Stelle wird heute besonders deutlich, dass dieses Finsternis-Wasser eine gnostische Uminterpretation von Gen 1,2 ist: וְחֹשֶׁךְ עַל־פְּנֵי תְהוֹם, allerdings wieder unter Zuhilfenahme von Kategorien der griechischen Philosophie. Der aufsteigende Rauch in der Vision ist ein Vorzeichen für die bevorstehende Geburt des Feuers, denn die Materie ist in Aufruhr und windet sich in Geburtswehen[122], der klagende Laut kann allerdings auch verstanden werden als Reaktion der Materie auf den Fall aus dem Lichtreich[123]. Hingegen ist die βοή der Hilferuf der Materie in der Stunde der Geburt, wobei der Schrei eigentlich die Stimme des Feuers ist, das sich der Materie zu entwinden trachtet. Ein heiliger Logos kommt nun als Geburtshelfer, worauf das Feuer aus der Materie herausspringt und seinen höchsten Platz im Kosmos einnimmt. Letztere Vorstellung ist seit Anaximandor A 10 dem griechischen Denken

---

120 πυρός ci REITZENSTEIN, φωτός codd. Die Konjektur ist notwendig, weil die φωνὴ φωτός eigentlich der Erlösungsruf an den Menschen ist (vgl Justin bei Hipp ref V 26,16, p. 129.10 W), der nicht mit der βοή zusammenpasst.

121 siehe SIEGERT p. 29

122 vgl NOCK-FESTUGIÈRE in A 12 ad loc: "La nature primordiale est comme en gésine". Das Motiv beruht auf der ὕλη ἀτάκτως κινουμένη bei Albinos did XII 2, p. 69 LOUIS; Diogenes Laertius III 69 weist diese Vorstellung Platon zu. Der Poimandres greift somit ein gängiges platonisches Motiv auf und wandelt es im Sinne der Gnosis um.

123 zur Klage als prinzipielles Element der Gnosis vgl ThWNT IX 325.7

durchaus geläufig. Dem Feuer folgt die Luft, während Erde und Wasser
als die schweren Elemente noch ungetrennt zurückbleiben. Sie werden
in Bewegung gehalten durch einen λόγος πνευματικός, der über ihnen
schwebt.

Aufs Ganze gesehen steht diese Kosmogonie durchaus auf heidnischem
Boden; sie besitzt eine recht grosse Aehnlichkeit mit dem Schöpfungs-
mythos am Anfang von Ovids Metamorphosen: zuerst herrscht eine dis-
cordia rerum (I 9), die dann von einem Gott und der melior natura (I 21)
in eine Ordnung gebracht wird.

3.2. Stoische Elemente in der Kosmogonie II

Scott[124] hat als erster darauf hingewiesen, dass dieser Kosmogonie
stoische Anschauungen zugrunde liegen, denn eine ganze Reihe von Begriffen ist stoischer Herkunft, wie die folgende Uebersicht zeigt:

Poimandres	SVF II
- 7.18: σκότος κατωφερής	- Wasser (162,17) und Erde (175,34; 177,36) sind κατωφερεῖς
- 8.7: πῦρ κοῦφον	- 175,20: κοῦφα πῦρ καὶ ἀήρ
- 8.7: πῦρ ἄνω εἰς ὕψος	- 175,32: πῦρ ἐπὶ τὴν ἄνω φορὰν ἔχειν τὴν ὁρμὴν
- 8.8: πῦρ δραστικὸν	- 177,37: "Die Stoiker sagen, von den Elementen seien die einen δραστικά, die anderen παθητικά; δραστικὰ seien Luft und Feuer."
- 8.9: τὸ πνεῦμα	- 112,35: τὸ πνεῦμα ἀέρος καὶ πυρὸς τὴν οὐσίαν ἔχει.

Auch die Kosmogonie selber zeigt teilweise eine Uebereinstimmung mit
der stoischen διακόσμησις, wie sie z.B. in SVF II 179,35 ff dargelegt
wird:

> "Ein und dasselbe sei Gott, Geist, Schicksal und Zeus; ...am Anfang sei er für
> sich selbst <als Feuer>, dann verwandle er sein ganzes Wesen durch das Stadium der
> Luft in Wasser. Und wie im Mutterleib der Same umschlossen wird, so bleibe er als
> σπερματικὸς λόγος der Welt im Feuchten zurück, indem er die Materie für sich brauch-
> bar macht für die Schöpfung des folgenden; dann schaffe er zuerst die vier Elemente
> Feuer, Wasser, Luft und Erde."

Diese Stelle erklärt einige Besonderheiten des Poimandres: das Wasser als den Ort der Schöpfung; die Vorzugsstellung des Feuers, die im
Kap 9 dann noch mehr verdeutlicht wird (der Νοῦς δημιουργὸς als θεὸς
τοῦ πυρὸς καὶ πνεύματος); teilweise auch den Logos, der als ordnende
und schaffende Vernunft die Elemente scheidet[125]. Auch der λόγος πνευματικὸς hat stoische Züge, wie SVF II 335,25 zeigt:

> "Es bewegt sie (sc die Materie) der Logos, indem er in ihr vorhanden ist, und
> bringt sie in eine Gestalt, weil sie nicht fähig ist, sich zu bewegen und sich
> eine Gestalt zu geben."

---

124 II 6; 123-126

3.3. Biblische und christlich-gnostische Elemente in der Kosmogonie II

Derselbe Scott[126] vermutete schon Spuren einer christlichen Ueberarbeitung im ganzen Poimandres; die folgenden Ausführungen sollen nun erstmals zeigen, dass biblische Elemente - im umfassendsten Sinn des Wortes - wesentlich zum Poimandres gehören.

1. Falls der Poimandres die stoische διακόσμησις vor Augen gehabt haben sollte, so hätte er den immerwiederkehrenden Vorgang in ein einmaliges Ereignis der Vorzeit umgewandelt; dies kann aber nur auf biblischen Einfluss zurückgehen.

2. Das Wasser als der Ort der Schöpfung kann - wegen des Begriffs Finsternis-Wasser - seinen Ursprung auch in Gen 1,2 haben.

3. Die Tatsache, dass Erde und Wasser noch eine Weile ungetrennt bleiben, ist von der stoischen Kosmologie her unverständlich, wohl aber aus dem Schöpfungsbericht von Gen 1 ableitbar.

4. Der Logos erscheint in 8.5 als personifiziertes Wesen. Nun hat schon das Judentum דָּבָר (= das Schöpfungswort) als substantielles Wesen gefasst[127], aber ungewöhnlich für das AT und das NT ist das Attribut ἅγιος[128]. Die Verbindung ἅγιος λόγος entwickelt sich erst bei den Kirchenvätern als Bezeichnung für Christus, z.B. Cl Al paed 1,7 (123.5 Stählin): ἅγιος θεὸς ᾿Ιησοῦς, ὁ λόγος; Athan Al gent 42 (M 25, 84B): ἅγιος ὁ τοῦ πατρὸς λόγος.

Nun könnte man allerdings das Adjektiv als Glossem eines christlichen Lesers auffassen; aber dann würde der Ausdruck εἰς ἀκοὴν in 8.13 völlig unverständlich: diese Wendung kann nur mit dem christologischen Hintergrund überhaupt verstanden werden: der Logos erfüllt seine Mission in Gehorsam gegenüber dem Lichtgott[129]. In dieselbe Richtung weist auch das schwierige Verb ἐπέβη: dieses Verb gebrauchen die Kirchenväter für die Beschreibung der Inkarnation des Gottessohnes, z.B. Athan Al inc 31.4 (M 25, 149D): ἐπιβαίνοντος αὐτῷ (sc τῷ σώματι) τοῦ λόγου[130]. An eine Art Inkarnation ist auch im Poimandres gedacht: der Logos kommt ja als Helfer[131] und bleibt eine Weile in der Materie inkarniert, bis er dann im Kap 10 erhöht wird in die Sphäre des Demiurgen. Dieser christologische Hintergrund wird nun heute evident durch die hermetische Parallelstelle im NHC VI 6, 55,24 ff:

"Je t'invoque, celui qui domine sur le royaume de la Puissance; celui dont le

---

125 Der von NOCK-FESTUGIERE in A 12 ad loc herangezogene Mythos von Epaphos (Aisch Prom 849 ff) ist daher von dieser Stelle zu trennen.
126 II 26
127 Sap 18,15; Philon agric 12,51
128 ἅγιος ist Lehnübersetzung für hebr קוֹדֶשׁ, weil ἱερὸς im Griechischen nicht auf Gott oder auf den Menschen angewendet werden konnte, vgl BURKERT 402 ff.
129 ἀκοὴ ist Lehnübersetzung für hebr שמע nach 1 Bασ 15,22; vgl NOCK-FESTUGIERE in A 15 ad loc. Zum Motiv des Gehorsam als christliches Element vgl Röm 5,19 und Phil 2,8.
130 vgl LAMPE sv Nr 4

Verbe se fait naissance de lumière, et dont les paroles (sont) immortelles,
éternelles, inaltérables."

Mit den 'paroles' sind hier die göttlichen Lehren gemeint (vgl im Poi-
mandres Kap 29, 17.7: τοὺς λόγους διδάσκων), sodass das personifizierte
'Verbe' nicht nur als Schöpfungswort, sondern auch als Offenbarungs-
wort zu verstehen ist. Nun kennt zwar schon das AT das personifizierte
Offenbarungswort in Ansätzen[132], aber niemals in Verbindung mit dem
Licht. Die hermetische Stelle setzt ganz eindeutig die Theologie des
Johannesprologs voraus; nur so wird das Nebeneinander der beiden Per-
sonen 'Gott' und 'Wort' in diesem Gebet überhaupt verständlich.

5. Auch der λόγος πνευματικός weist auf die Bibel zurück: hier handelt es sich um eine für die Gnosis typische Interpretation von Gen 1,2:
καὶ πνεῦμα θεοῦ ἐπεφέρετο ἐπάνω τοῦ ὕδατος. Diese Stelle wurde von der
Gnosis sehr häufig für ihre Zwecke uminterpretiert[133]; am nächsten
kommen dabei dem Poimandres die Sethianer (Hipp ref V 19,17, p. 120,
3 ff W):

> "Von oben, von jenem vollkommenen Licht, war ein Strahl in dem finsteren und
> furchtbaren Wasser festgehalten, der das πνεῦμα φωτεινὸν ist, τὸ ἐπιφερόμενον
> ἐπάνω τοῦ ὕδατος."

Im NHC ist der πνευματικὸς λόγος eine wichtige, nun allerdings negative
schöpferische Grösse im sog Tractatus Tripartitus, z.B. I 5, 193,15:

> "Die Mächte, welche der πνευματικὸς λόγος hervorgebracht hat, die hat er in die
> erste Ordnung gestellt."

Auch hier handelt es sich um eine Personifizierung von Gen 1,2, aber
in weiterentwickelter Form, bei der der Rückgriff auf das AT nicht mehr
bewusst ist. In derselben Art greift nun auch der Poimandres auf das
AT zurück: es handelt sich hier nur um eine (halbbewusste) Reminiszenz.

Die christlichen Elemente treten nun noch stärker hervor im Kap 6,
in dem Poimandres selber die Vision erklärt:

3.4. Die Deutung der Kosmogonie durch Poimandres selbst (Corp Herm I 6, 8.14-9.2)

> "Poimandres sagte zu mir: 'Hast du verstanden, was diese Schau auch will?' Und ich
> antwortete: 'Ich werde es gleich erkennen.' Er sagte: 'Jenes Licht bin ich, der
> Nus, dein Gott, der vor dem Feuchten, das aus der Finsternis erschienen ist,
> <da war>. Der aus dem Nus hervorgekommene lichthafte Logos ist der Sohn Gottes.' –
> 'Wie ist das zu verstehen?' sagte ich. 'Erkenne es auf folgende Weise: Was in dir
> sieht und hört, ist der Logos des Herrn, der Nus aber ist der Vatergott. Denn sie
> trennen sich nicht voneinander; ihre Vereinigung ist das Leben.' – 'Ich danke
> dir', antwortete ich.

Diese Deutung legt ihr Gewicht nicht auf den naturwissenschaftlichen
Gehalt der Kosmogonie, sondern nur auf den soteriologischen: Gott ist

---

131 Die Uebersetzung von DODD 116 A 3 'assail' und diejenige von NOCK-FESTUGIERE
    A 12 'saillir' ist daher nicht richtig.
132 Jes 9,7; 55, 10-11; Ps 107,20; 147,15
133 Uebersicht bei HAENCHEN 343 A 4; aus dem NHC kommt jetzt dazu II 5, 101,1: "Das
    Wort des Archonten (= des Weltschöpfers) offenbarte sich in einem Pneuma, das

vor der Schöpfung der Welt schon da und auch nachher ist er durch den
Logos mit dem Menschen verbunden. Dies wird nun auch mit stilistischen
Mitteln unterstrichen, die der Bibelsprache entlehnt sind: ὁ σὸς θεὸς
entspricht hebr אֱלֹהֶיךָ und spielt auf die Schutzfunktion an, die auch
im Namen Poimandres enthalten ist[134]; κύριος verwenden die LXX für die
Uebersetzung von Jahwe, dieser Sprachgebrauch ist auch vom Christentum
übernommen worden. Die folgenden Untersuchungen konzentrieren sich nun
auf den Logosbegriff des Poimandres:

3.4.1. Stoische Elemente im Logosbegriff

Der Logos trägt auch hier teilweise wieder stoische Züge: In der
Erklärung der Sinneswahrnehmung hatte die Stoa zwischen den Sinnesorga-
nen Auge und Ohr und dem sog ἡγεμονικόν, das sie oft mit dem νοῦς gleichgesetzt hat, je ein πνεῦμα angenommen[135]; dieses Pneuma hat der Poimandres offensichtlich mit dem Logos identifiziert. Diese Identifikation
ist aber sehr wahrscheinlich schon stoisch, vgl SVF II 310, 24: ὁ λόγος
τοῦ θεοῦ, ὁ μέχρι ἀνθρώπων καὶ τῶν ἐλαχίστων καταβαίνων, οὐδὲν ἄλλο
ἐστὶν ἢ πνεῦμα σωματικόν.

3.4.2. Christliche Elemente im Logosbegriff

Daneben trägt der Logos auch christliche Züge; diese ermöglichen
uns nun, definitiv die grossen Interpretationsschwierigkeiten des Kap 6
zu lösen, die die früheren Interpreten immer wieder beschäftigt haben:

1. Schon Nock-Festugiere[136] haben bereits den Logos des Poimandres mit dem johanneischen Logos in Verbindung gebracht: "Le logos est
principe actif, comme le Verbe johannique". Die Uebereinstimmungen gehen aber
wesentlich weiter, wie die folgende Zusammenstellung zeigen soll.

- Im Johannesevangelium ist nur im Prolog vom Logos die Rede, nachher
  wird Jesus nie als Logos bezeichnet. Der johanneische Prolog ist be-
  wusster Rückgriff auf Genesis 1, wie schon die Anfangsworte zeigen
  (ἐν ἀρχῇ = בְּרֵאשִׁית). Auch im Poimandres erscheint der Logos nur am Anfang und nur in der Kosmogonie.
- Im Evangelium ist der Logos nicht eine eigene Grösse neben oder ausser
  Gott; er ist aber auch nicht mit Gott identisch: indem Gott sich sei
  nem Schöpfungswerk zugewandt hat, ist er aus sich selbst in der Person des Logos herausgetreten. Dies gilt auch für den Poimandres hier
  im Kap 6 und wird noch deutlicher werden im Kap 8.

über dem Wasser hin und her ging."
134 der Ausdruck ist völlig ungriechisch; vgl BURKERT 410: "Nie wird (in der griechischen Religion) die Bindung eines Menschen an einen Gott so eng, dass sie sich
   durch ein besitzanzeigendes Fürwort ausdrücken liesse."
135 SVF II 227,23; 231,22; 232,25.
136 A 10 ad loc

- Der Logos ist im Johannesevangelium primär Ausdruck für die Einheit
  von Vater und Sohn ähnlich wie im Poimandres.
- Im Evangelium geht der Logos nicht in die Schöpfung ein etwa so, dass
  er in der Form der Vernunft den Dingen zugrunde liegt. Im Poimandres
  liegen die Dinge ähnlich, da der Logos auch von der Welt getrennt
  wird (Kap 10), jedoch nicht konsequent, weil der Poimandres teilweise
  wieder der stoischen Tradition folgt.
- Im Evangelium und im Poimandres ist der Logos eine geschichtlich
  einmalige Mittlergestalt zwischen Gott und der Welt; im Poimandres
  tritt der Logos diese Rolle dann an den Anthropos ab. Wir werden dann
  sehen, dass auch der Anthropos Züge von Christus trägt.

2. Nur hier im Kap 6 wird die Einheit zwischen Nus und Logos betont; sonst ist im Poimandres der Nus allein das Leben, zumal nachher
der Logos in der Feuersphäre untergebracht wird, dort vom Nus getrennt
bleibt und später im Poimandres keine Rolle mehr spielt. Diese Besonderheit kann nur durch christlichen Einfluss erklärt werden, der sich auch
im Sprachlichen spiegelt:

Ἕνωσις gebraucht Athenagoras († 177) als erster unter den Patres für die Einheit der göttlichen Personen[137], wobei er wohl bewusst
auf die stoische Bedeutung dieses ausgesprochen philosophischen Terminus
zurückgreift[138]. Allerdings ist auch mit der Möglichkeit zu rechnen,
dass der Sprachgebrauch des Poimandres unabhängig vom Christentum ist;
in diesem Fall läge dann eine Paganisierung christlicher Theologie vor.

Den Gegensatz Nus - Logos verwenden schon die Alexandriner[139]
für die Charakterisierung des Verhältnisses zwischen Gottvater und Gott-
sohn, z.B. Cl Al str 4.25 (320.18 Stählin): ὁ θεὸς δὲ ἄναρχος...ἀρχῆς
ποιητικός. Ἧ μὲν οὖν ἐστιν οὐσία...ᾗ δ' αὖ ἐστι νοῦς, τοῦ λογισμοῦ καὶ
κριτικοῦ τόπου· ὅθεν καὶ διδάσκαλος μόνος ὁ λόγος, υἱὸς τοῦ νοῦ πατρός,
ὁ παιδεύων τὸν ἄνθρωπον. Die Unterordnung des Logos unter den Nus ist
dabei vom Platonismus übernommen (vgl Albinos did IV 6, p. 17 Louis:
τὴν νόησιν ἀρχὴν εἶναι τοῦ ἐπιστημονικοῦ λόγου) und kehrt auch im NHC
VII 4, 85,25 (Lehren des Silvanus) wieder: "Der Nus ist der Führer (ἡγού-
μενος), der Logos aber der Unterweiser[140]".

3. Es besteht ein eminenter Widerspruch zwischen dem Λόγος φωτει-
νός als höchstem Wesen hier im Kap 6 und dem (stoischen) Feuer-Logos
im Kap 10, wo er bloss ein zweitrangiges Wesen ist. Die Schwierigkeit
löst sich, wenn man den christlichen Hintergrund mitberücksichtigt, zumal in diesem Kap das Soteriologische alles dominiert.

---

137 vgl LAMPE sv, Abschnitt B
138 vgl SVF II 156, 15 und inhaltlich 152, 31 ff
139 vgl LAMPE sv νοῦς, Abschnitt F 2
140 vgl dazu J. ZANDEE, "Les enseignements de Silvain" et le platonisme, in: MENARD,
    JACQUES-E.: Les Textes de Nag Hammadi..., Leiden 1973, p. 161

3.4.3. Die Synthese des stoischen und christlichen Logosbegriffs

Die Synthese von Stoischem und Christlichem im Logosbegriff, die
der Poimandres hier bringt, hat eine hermetische Parallele bei Zosimus
(= frg 21 Nock-Festugière IV p. 118,9), wo sich ebenfalls Stoisches
mit Christlichem verbindet:

> "Du wirst den Gottessohn schauen, der alles wird [stoisch] wegen der frommen
> Seelen [christlich], um die Seele aus dem Bereich der Heimarmene [stoisch]
> zu ziehen und sie zum unkörperlichen [christlich] <Gott> zu erheben. Sieh
> ihn, der alles wird, den Gott, den Engel, den dem Leiden unterworfenen
> Menschen [ἄνθρωπον παθητὸν wie Apg 26,23: παθητὸς ὁ Χριστός]. Denn weil er
> alles vermag, wird er alles, was er will, und er gehorcht seinem Vater [καὶ
> πατρὶ ὑπακούει: christlich], indem er durch jeden Körper geht [διὰ παντὸς
> σώματος διήκων: stoisch, vgl SVF II 306,21]. Indem er den Geist von jedem
> erleuchtet, liess er ihn aufsteigen (ἀνώρμησεν) in das Reich der Seligkeit,
> wo dieser Geist einst war, bevor er zum Körper wurde."

Festugière[141] athetiert καὶ πατρὶ ὑπακούει als christliche Interpolation,
aber dies würde die stilistische Ausgewogenheit des Satzes (Partizip -
Hauptsatz - Hauptsatz - Partizip) und den Sinn von διήκων zerstören
(das Partizip würde überflüssig); abgesehen davon enthält das ganze
Stück auch sonst christliche Elemente, die kaum herauslösbar sind. Nun
kommt dazu, dass eine Harmonisierung zwischen dem stoischen und dem
christlichen Logosbegriff nicht erst von der Hermetik, sondern bereits
von Justin versucht worden ist; so sagt dieser von Christus: "Er war
und ist der Logos, der jedem innewohnt" (1 ap 10,8) und "Er ist der
Logos, an dem das ganze Menschengeschlecht Anteil hat" (1 ap 46,2).
Justin zog auch schon die erkenntnistheoretischen Konsequenzen (1 ap
32,8): οἱ πιστεύοντες...ἐν οἷς οἰκεῖ τὸ παρὰ τοῦ θεοῦ σπέρμα, ὁ λόγος,
wobei hier bewusst auf den stoischen Fachausdruck σπερματικὸς λόγος[142]
angespielt wird. Aber auch andere christliche Theologen versuchten
einen analogen Ausgleich zwischen dem griechischen und dem johanneischen Logosbegriff, wenn sie auch nicht streng der stoischen Lehre
folgten, z.B. Cl Al prot 10 (71.24 Stählin): εἰκών...τοῦ θεοῦ ὁ λόγος
αὐτοῦ...εἰκὼν δὲ τοῦ λόγου ὁ ἄνθρωπος ὁ ἀληθινός, ὁ νοῦς ὁ ἐν ἀνθρώπῳ,
ὁ κατ' εἰκόνα τοῦ θεοῦ καὶ καθ' ὁμοίωσιν διὰ τοῦτο γεγενῆσθαι λεγό-
μενος[143]. Von daher darf der Satz 8.18 im Poimandres τὸ ἐν σοὶ βλέπον
καὶ ἀκοῦον, λόγος κυρίου auch im soteriologischen Sinne verstanden werden, jedoch muss das 'Sehen' und 'Hören' nicht unbedingt im übertragenen Sinn verstanden werden[144].

Zusammenfassend können wir sagen, dass im Logosbegriff des Poimandres der die Welt ordnende Logos der griechischen Philosophie sich
verbindet mit dem weltschöpferischen und erlösenden Logos des Johannesevangeliums, wobei die christlichen Theologen in dieser Synthese schon

---

141 I 267 A 1
142 vgl LAMPE sv σπερματικός Nr. 2
143 vgl LAMPE sv λόγος II A 2 und D; die von Clemens vertretene Theologie ist charakteristisch für die Alexandriner, vgl LAMPE sv εἰκὼν III B 1.
144 nur im übertragenen Sinn verstehen NOCK-FESTUGIERE A 16 ad loc die Stelle, da sie

vorangegangen waren. Damit gewinnt die in Abs 1.10.3. geäusserte These
an Wahrscheinlichkeit, wonach der Poimandres auf heidnischer Basis
eine Gegenposition gegen das (bereits theologisch gewordene) Christentum einnehmen möchte. Bei der Uebernahme übergeht der Poimandres die
Tatsache, dass λόγος im Johannesprolog auch im Sinne von 'Offenbarungswort' gemeint ist, und zwar wohl deswegen, weil diese Bedeutung dem
heidnischen Griechisch völlig fremd ist. Aus diesem Grund sind die
Aussagen des Poimandres weniger fundiert und wieder verblasst; daraus
wird nochmals deutlich, dass der Poimandres das Evangelium kopiert
und nicht etwa umgekehrt.

---

den stoischen Einfluss nicht berücksichtigen.

Viertes Kapitel

KOSMOGONIE III: GOTT ALS ἀρχέτυπον εἶδος
(Corp Herm I 7-8, 9.2-9.15)

" 'Also so nimm in deinem Geist das Licht wahr und erkenne dies!' Als er dies
gesagt hatte, schaute er mich eine über Gebühr lange Zeit an, sodass ich mich vor
seinem Antlitz fürchtete. Als er die Augen aufhob[145], schaue ich in meinem Geist
das Licht, das jetzt aus unzähligen Kräften besteht und das zu einem Kosmos ohne
Grenzen geworden ist. Und <ich sehe>, dass das Feuer von einer gewaltigen Kraft
umfasst wird und so festgehalten einen Standort erhalten hat. Dies erfasste ich in
meinem Geist, indem ich es sah kraft des Logos des Poimandres.
        Als ich noch voller Erstaunen war, sagte er wiederum zu mir: 'Du hast in deinem
Geist die Gestalt des Urbilds gesehen, das schon vorhanden war vor dem Anfang, der
ohne Ende ist.' Dies sagte Poimandres zu mir. Ich erwiderte: 'Woher kamen aber
die Elemente der Natur dazu?' Wiederum sagte jener darauf: 'Aus dem Willen Gottes,
der diesen schönen Kosmos nachahmte, indem er die Gestalt des Schöpfungswortes
annahm und auf ihn (den Kosmos) blickte, da er selber als Kosmos geschaffen war
durch seine eigenen Elemente und das Geschlecht der Seelen.' "

Reitzenstein wollte seinerzeit dieses Stück als Interpolation aussondern[146], da es offensichtlich auf einer anderen ontologischen Grundlage steht; Zielinski[147] sah dann als erster, dass dieser Kosmogonie
der platonische Idealismus zugrunde liegt, sodass sich tatsächlich ein
Widerspruch zur vorangegangenen Kosmogonie ergibt. Die nähere Betrachtung zeigt aber eine Menge von Bezügen zu den vorangegangenen und den
folgenden Kapiteln, sodass auch diese Kosmogonie als ein fester Bestandteil des Poimandres angeschaut werden muss. Haenchen[148] wies als erster
auf folgende Punkte hin: Die Vorstellung von den Kräften Gottes weist
voraus auf das Kap 26, wo sie dann im Soteriologischen eine wichtige
Rolle spielen wird. Gleichzeitig erlaubt sie dem Poimandres, das Verhältnis zwischen der Lichtwelt und der Feuersphäre zu bestimmen, das
bisher noch unklar geblieben war. Die erste Kosmogonie zeigte, wie es
vom göttlichen Urlicht zur (dem Menschen letzten Endes feindlichen) Materie kam, diese zweite, wie Gott sich in einer Fülle von Kräften entfaltet hat, ohne dass eine feindliche Gegenmacht auftrat. Diese Deutung
von Haenchen wird heute bestätigt durch den hermetischen Traktat NHC VI
6, in dem wir einem typisch hermetischen Topos begegnen: wir finden hier
ebenfalls zwei Visionen, bei denen die zweite die erste genauer eklärt;
p. 58, 17-20 sieht That die Ogdoas, in der die Seelen und die Engel
Hymnen singen, p. 59, 28-32 sieht dann That, dass die Seelen und Engel

---

145 d.h. "als er von mir wegblickte"; das Fixieren soll den Empfänger der Offenbarung
    zur Meditation zwingen, sodass er gleichzeitig in seinem Partner und in sich selbst
    die Vision schauen kann (vgl dazu A 17 ad loc bei NOCK-FESTUGIERE).
146 37 ff.: von 8.18 bis 9.15 einschliesslich
147 324
148 347 ff

die Enneas besingen[149]. Für den Poimandres bedeutet dies somit, dass
erst die zweite Vision die endgültige Aufklärung über die Verhältnisse
im göttlichen Lichtreich bringt. Die Finsternis und die Materie spielen
im Weltbild des Poimandres daher nur eine sehr untergeordnete Rolle.
Für den Verfasser bestand deshalb kein Widerspruch zwischen den Kosmo-
gonien, weil er sie im wesentlichen vom soteriologischen Standpunkt aus
betrachtete[150] und daher beide Male Gott als Licht in den Mittelpunkt
der Vision stellt. In beiden Visionen ist deshalb auch Nachdruck gelegt
auf den Vermittler zwischen Gott und dem Menschen, nämlich den Logos
und die βουλή. Es kommt dazu, dass - wie schon Scott bemerkt[151] - der
Platonismus seit dem 1. Jh. v. Chr. Elemente der stoischen Theologie
in sich aufgenommen hatte, sodass auch von daher nicht unbedingt ein
Widerspruch vorgegeben war.

4.1. Das göttliche Urlicht als Zentrum unzähliger Kräfte

Die klassische griechische Religion verbindet - wenigstens in Literatur und Philosophie - kaum je den Begriff δύναμις mit Gott[152]; δύναμις
ist dabei, wie der nachfolgende Satz 9.6 zeigt, im Sinne von 'Kraft' zu
verstehen. Erst im Hellenismus gewinnt der Begriff an Bedeutung, wobei
die Stoa mit ihrer Gleichsetzung von Gott mit Materie und Kraft[153] eine
entscheidende Anregung gegeben hat. Bei Philon werden die Kräfte Gottes
- entnommen aus κύριος τῶν δυνάμεων der LXX, die damit יְהוָה צְבָאוֹת über-
setzten - unter hellenistischem Einfluss zu Hypostasen verselbstständigt,
z.B. sacr AC 60: τὸν ἀνωτάτω εἶναι θεόν, ὃς ὑπερκέκυφε τὰς δυνάμεις
ἑαυτοῦ καὶ χωρὶς αὐτῶν ὁρώμενος καὶ ἐν αὐταῖς ἐμφαινόμενος. Philon verband dann selber seine Kräftelehre mit den platonischen Ideen in conf
ling 172:

> "Durch diese Kräfte wurde der körperlose und geistige Kosmos zusammengefügt, das
> Vorbild dieses sichtbaren Kosmos, indem er zusammengestellt wurde durch die un-
> sichtbaren Ideen, genauso wie dieser (sichtbare Kosmos) durch die sichtbaren
> Körper."

Auf derselben Grundlage steht auch der Poimandres[154], wobei er, wie auch
Philon, den Widerspruch zwischen der immanenten Kraft und der transzendenten Idee nicht mehr empfand. Dies war deswegen möglich, weil
Philon hinter den Ideenkosmos als letzten Seinsgrund Gott selber setzen
musste, sodass selbst die Ideen noch zu Hypostasen wurden[155].

---

149 Eine analoge Doppelvision auch in Corp Herm XIII 11 und 21.
150 Man beachte die einleitenden Imp des Präsens (νόει, γνώριζε), die einen allgemein
    gültigen Befehl ausdrücken.
151 II 7; vgl auch NILSSON II 395, Abschnitt III 1. Der philosophische Synkretismus
    beginnt spätestens mit Poseidonios.
152 GRUNDMANN ThWNT II 289,15 ff und BURKERT 283: "Im Griechischen wird Aussage und
    Vorstellung (sc über die Götter) so strukturiert, dass eine individuelle Person
    erscheint, die ihr eigenes, plastisches Sein hat."
153 z.B. SVF II 308.35
154 der genaue Beweis erfolgt dann im Abs 12.6.8.
155 das Nähere siehe unten im Abs 4.3.1.

4.2. Die Abgrenzung zwischen der Feuer- und Lichtsphäre

Im Poimandres hat nun eine μεγίστη δύναμις die Aufgabe, das Feuer aufzufangen, das seiner Natur nach aufwärts strebt, und es zum Halten zu bringen. Dieser Kraft entspricht im valentinianischen System der sog Horos, der das Pleroma, d.h. die eig Gotteswelt, nach aussen abschirmt[156]. Aehnlich wie beim Begriff ἔννοια in 7.2 zeigt der Poimandres auch hier keine Hypostasierung. Durch diese Abgrenzung wird die Feuersphäre von der göttlichen Welt getrennt und damit der Platz für den Demiurgen des Kap 9 vorbereitet. Trotz dieser Abgrenzung ist aber die Feuersphäre keineswegs als böse oder gottfeindlich zu verstehen, ebensowenig der Demiurg, wie unsere Analysen noch zeigen werden.

4.3. Das Licht als κόσμος νοητός

4.3.1. Die Begriffe ἀρχέτυπον εἶδος und κόσμος νοητός

Das Adjektiv ἀρχέτυπος, ein verbales Rektionskompositum mit passiver Bedeutung, ist nachklassisch und hat denselben Sinn wie das ebenfalls nachklassische πρωτότυπος[157]: 'zuerst geprägt, ursprünglich'. Bei Philon erscheint das Wort dann erstmals verbunden mit der platonischen Ideenlehre, doch lässt der Gebrauch des Wortes bei Plotin und bei Cicero den Schluss zu, dass der Begriff schon der mittleren Akademie geläufig war[158]. Die Substantivbildung τὸ ἀρχέτυπον (εἶδος) ersetzt dabei das εἶδος παραδείγματος νοητὸν καὶ ἀεὶ κατὰ ταὐτὰ ὂν des platonischen Timaios (48e 6)[159]. Eine für Philon charakteristische Stelle ist op mundi 16:

> "Weil Gott in seinem Geist zum voraus wahrnahm, dass eine schöne Nachahmung nicht entstehen kann ohne ein schönes Vorbild..., wenn sie nicht gestaltet ist im Hinblick auf eine ἀρχέτυπον καὶ νοητὴν ἰδέαν, schuf er, als er diesen sichtbaren Kosmos erschaffen wollte, vorher τὸν νοητὸν (κόσμον), um mit einem körperlosen und somit dem gottähnlichsten Vorbild den körperhaften Kosmos auszuarbeiten..., damit er soviele sinnlich wahrnehmbare Arten umfasse, wie in jenem geistigen Kosmos geistige Arten sind."

Philon konnte auf Grund seines jüdischen Glaubens unmöglich eine (ewige) Ideenwelt neben Gott zulassen. So machte er, wie die Stelle zeigt, die letztere zu einer Schöpfung Gottes, wobei der Begriff ἀρχέτυπος ihm dabei sehr entgegenkam, da er auch schon ein Geschaffen-Sein implizierte. Dies dürfte der Grund sein für das häufige Vorkommen des Wortes bei Philon.

Möglicherweise ist Philon der Schöpfer des Begriffs κόσμος νοητός, eventuell auf Grund einer platonisierenden Interpretation von Gen 1,2: ἡ δὲ γῆ ἦν ἀόρατος καὶ ἀκατασκεύατος[160], doch ist es nach Boyancé[161] wahr-

---

156 Irenäus adv haer I 2,2
157 vgl auch ἀρχέγονος neben πρωτόγονος
158 HUELLEN in HWPh sv 497,1
159 vgl M. BALTES, die Weltentstehung des platonischen Timaios nach den antiken Interpreten, Leiden 1976, Bd I 33, A 39.
160 SASSE ThWNT III 877,7 ff
161 P. BOYANCE, Etudes philoniennes. Revue des Etudes Grecques 76 (1963, p. 79-82. Auch in: C. ZINTZEN, Der Mittelplatonismus, Wege der Forschung LXX, Darmstadt 1981, p. 36

scheinlicher, dass bereits die Platon-Kommentatoren den Begriff aus dem
'überhimmlischen Ort' des Phaidros (247c), der Politeia (517b) und des
Timaios (30c 7) ableiteten. Wichtiger für uns ist, dass Philon dem Begriff bereits einen religiösen Gehalt gegeben hat, indem nach seiner
Auffassung Gott es bestimmten auserwählten Menschen, wie z.B. Mose,
ermöglichte, diese Welt der Archetypen zu schauen, vgl vit Mos I 158:

> "Er (Mose) soll in das Wolkendunkel, wo Gott war, hineingegangen sein
> [vgl Ex 20,21], das heisst in die unsichtbare und körperlose und vorbildhafte
> Wesenheit des Seienden, indem er kennenlernte, was von einem sterblichen
> Wesen nicht geschaut werden darf."

4.3.2. Der Begriff κόσμος νοητός im Poimandres

Im Poimandres erscheint der Begriff κόσμος νοητός nicht explizit,
er ist aber im Kap 7 und 8 vorausgesetzt, wie verschiedene Wendungen
verraten:

Τὸ φῶς κόσμον ἀπεριόριστον γεγενημένον (9.5)
Τὸν αἰσθητὸν κόσμον (9.19)
Τὸν καλὸν κόσμον ἐμιμήσατο (9.14)

In den herm Def I 4, p. 363 heisst es dann von Gott:

> "Dieu (est) le monde intelligible, la Monade immobile, le monde invisible,
> le bien intelligible, invisible et indicible."

Der platonische Hintergrund erklärt auch die vielen Wendungen mit
dem Begriff νοῦς, die in diesen beiden Kapiteln gehäuft auftreten:

Νόει τὸ φῶς   (9.2)
Θεωρῶ ἐν τῷ νοΐ μου (9.4)
Διενοήθην   (9.8)
Εἶδες ἐν τῷ νῷ   (9.10)

Später heisst es dann im Kap 22 dazu, dass der Nus-Gott selbst in jeden
guten Menschen eingeht und ihn vor jedem Bösen bewahrt. Der Gläubige
schaut also in seinem νοῦς, der zugleich identisch ist mit dem Nus-Gott
(→ A 145), das Heil. Wir werden dann sehen, dass sich hier die platonische Ontologie mit christlichen Vorstellungen verbunden hat (→ Abs 11.3.).

4.3.3. Die Identifikation von Gott mit dem κόσμος νοητός

Lässt Philon also die Ideenwelt von Gott zuerst erschaffen, so
bezeichnet er doch auch Gott selber als ἀρχέτυπον τοῦ φωτός (som I 75;
→ Abs 2.1.5.1.) oder als ἀρχέτυπος αὐγή (cher 97), bemerkenswerterweise
nur dann, wenn Gott als Licht gefasst ist. Hier steht Philon in einer
platonischen Tradition, die auf das Sonnengleichnis der Politeia zurückgeht (508a ff): Platon hatte hier die Idee des Guten den anderen Ideen
übergeordnet, das genaue Verhältnis zwischen der Idee des Guten und den
Einzelideen aber offengelassen. In der Nachfolge Platons wurde dieses
Problem eifrig diskutiert und schliesslich dadurch gelöst, dass man die
Ideen als urbildliche Gedanken Gottes interpretierte, am klarsten formuliert durch Albinos did IX 1, p. 51 Louis: "Die Idee ist auf Gott bezogen sein Denken". Diese Lösung lief letzten Endes auf eine Gleich-

setzung der Idee des Guten mit den anderen Ideen hinaus, sodass dadurch
der Dualismus in der Ideenwelt Platons wieder entfiel. Der Urheber dieser Lösung lässt sich heute wohl kaum mehr bestimmen, doch ist Philon
ein Exponent dieser Entwicklung und durch Albinos ist der Gedanke im
2. Jh. n. Chr. definitiv in den Platonismus eingeführt worden.

Auch die Kirchenväter verwenden den Begriff ἀρχέτυπος, doch wird
er erst seit dem 4. Jh. auch auf Gott bezogen. Hingegen ist den Alexandrinern der Zusammenhang desselben mit dem Begriff κόσμος νοητός immer
bewusst[162] und sie gebrauchen letzteren geradezu als Bezeichnung für den
Himmel[163]. Den soteriologischen Aspekt finden wir am deutlichsten bei
Origines, z.B. Jo I 25, p. 31,1 Preuschen: ὁ δὲ σωτήρ...τοῦ νοητοῦ κόσμου ἐστι φῶς. Hierin berührt sich Origines mit NHC X 1, 41,5: "Do not de-
sire to give power to the sense-perceptible world. Are you (pl.) not at-
tending to me, who have received salvation from the intelligible world?"
Wie Philon beharren auch die Kirchenväter auf der Vorstellung, dass der
κόσμος νοητός in Gott selber ist, oder von Gott geschaffen sei. Daher
wendet sich Ironäus adv haer II 7 (M 7, 730B 5) energisch gegen die Lehre der Valentinianer, dass Gott die Welt de alienis archetypis geschaffen habe.

Wegen des soteriologischen Aspekts schliesst der Poimandres wohl
kaum unmittelbar an Philon an, weil der Begriff κόσμος νοητός bei letzte-
rem noch nicht mit dem Erlösungsgedanken verbunden ist. Vielmehr ist
der Poimandres abhängig von der christlichen Gnosis oder von den alexandrinischen Kirchenvätern. Wir treffen hier somit die gleiche Beziehung
an wie beim Begriff αὐθεντία.

4.3.4. Der Voranfang des Anfangs ohne Ende

Auf den Timaios geht inhaltlich auch zurück der Ausdruck τὸ προάρχον τῆς ἀρχῆς ἀπεράντου: die Ideen sind vor dem Anfang dieser sinnlich
wahrnehmbaren Welt schon da, welche letztere nach Platon einmal einen
Anfang ohne Ende genommen hat. Wieder im Gegensatz zu den Valentinianern[164] ist der Begriff τὸ προάρχον nicht hypostasiert, doch weist das
Vorkommen bei ihnen nochmals auf die platonische Tradition. Haenchen
glaubte für diese Stelle feststellen zu können[165], dass der Poimandres
hier nicht mehr der ursprünglichen Vorstellung Platons folge, wonach
die Ideenwelt jenseits von Raum und Zeit zu denken ist. Obiger Ausdruck
widerspricht aber dieser These wenigstens für die Kategorie Zeit. Bezüglich Raum ist zu bedenken, dass in einer Vision das Licht unmöglich
jenseits des Raumes erscheinen konnte. Der Ausdruck ist wahrscheinlich

---

162 so Cl Al str 5.14 (387.21 STAEHLIN)
163 vgl LAMPE sv νοητός I B
164 vgl NOCK-FESTUGIERE A 21 ad loc
165 348

schon in seiner ursprünglichen Bedeutung gemeint, erhält aber durch die
religiöse Einkleidung einen anderen ontologischen Sinn.

4.4. Der Wille Gottes
4.4.1. Die Deutung der βουλὴ θεοῦ

Die βουλὴ θεοῦ ist eine alte crux interpretum, die bis heute nie
ganz befriedigend gelöst werden konnte. Reitzenstein[166] deutete sie als
eine Göttin, die neben dem höchsten Gott steht und von ihm den Logos als
Samen empfängt, um so die Welt zu schaffen. Ihm folgten Kroll[167] und
Jonas[168], wenn auch mit Modifikationen. Dodd[169] verwarf vollständig die
These Reitzensteins und berief sich auf die βουλὴ und σοφία τοῦ θεοῦ
in den LXX: Die βουλὴ ist nach ihm die personifizierte "Counsel of God".
Haenchen[170] folgte im wesentlichen wieder Reitzenstein, erblickte aber
in der Textstelle eine Vermischung von platonischer und stoischer Tradition. Demgegenüber hat Nilsson mit Recht daran festgehalten[171], dass
hier keine Personifikation vorliegt, weil die weiteren Stellen im Poimandres dem widersprechen:

Ἅμα δὲ τῇ βουλῇ ἐγένετο ἐνέργεια. (Kap 14, 11.15)

Ἐλύθη ὁ πάντων σύνδεσμος ἐκ βουλῆς θεοῦ. (Kap 18, 13.4)

θεός, οὗ ἡ βούλησις τελεῖται ἀπὸ τῶν ἰδίων δυνάμεων. (Kap 31, 18.1)

Allerdings folgte er dann doch wieder Reitzenstein, weil er den nachfolgenden Relativsatz etwas gewaltsam auf die φύσις in der vorangehenden
Frage bezog. Festugiere[172] erblickte in der βουλὴ θεοῦ den Nus selber,
wobei er zur Begründung eine Moderatusstelle heranzog; doch spielt in
dieser das Wollen Gottes - im Gegensatz zum Poimandres - nur eine untergeordnete Rolle. (Die ganze Uebersicht bietet ein eindrückliches Beispiel für den mächtigen Einfluss Reitzensteins bis in die entgegenge-
setztesten Positionen hinein!)

Wir können nun heute zeigen, dass Dodd im Prinzip das Richtige
gesehen hat, doch dürfen wir den Begriff nicht personifizieren. Zwar
spricht auch Platon im Timaios vom Willen Gottes:

"Er (der Ordner der Welt) wollte, dass alles ihm selbst möglichst ähnlich
werde." (29e 2)
"Indem Gott wollte, dass alles gut und, soviel wie möglich, nichts schlecht
sei, brachte er alles Sichtbare, da er es nicht in Ruhe, sondern in ordnungs-
loser Bewegung vorfand, aus der Unordnung zur Ordnung." (30a 1)
"Indem er also den Kosmos dem schönsten unter allem Gedachten und in jeder
Beziehung Vollkommenen möglichst ähnlich machen wollte, stellte er ihn
zusammen als *ein* sichtbares lebendiges Wesen." (30 d)

---

166 45 f
167 27 f
168 247 f
169 131 f
170 350
171 II 586 A 6
172 IV 38 + 42 f

Dennoch besteht ein fundamentaler Unterschied zwischen dem griechischen
und dem biblischen Willensbegriff, den bemerkenswerterweise die heidnische Antike selber schon gesehen hat, nämlich Galen, de usu partium
IX 14 (p. 905 f. Helmreich):

> "Und dies ist der Punkt, in dem sich unsere Meinung und diejenige Platons
> und der anderen Griechen, die auf richtigen Wegen Untersuchungen über die
> Natur angestellt haben, von der Meinung des Mose unterscheiden. Ihm (Mose)
> genügt nämlich das blosse Wollen Gottes, die Materie in einen Kosmos zu ver-
> wandeln: die Materie ist dann sofort in einen Kosmos umgewandelt. Er glaubt
> nämlich, dass Gott alles möglich ist, sogar wenn er Asche zu einem Pferd
> oder einem Rind machen will. Wir aber (die Griechen) erkennen es nicht auf
> diese Weise, sondern wir meinen, dass es gewisse Dinge gibt, die von Natur
> aus unmöglich sind, und dass Gott überhaupt nicht solche Dinge unternimmt,
> sondern einfach unter den Dingen, die entstehen können, das Bessere auswählt."

Der griechische Willensbegriff ist offenbar immer an das Objekt
des Willens gebunden (ontologischer Willensbegriff); Gott wählt wie ein
Künstler aus dem Vorhandenen das Beste für seine Schöpfung aus. Der
biblische Willensbegriff hingegen ist nicht gebunden an das Material,
er waltet souverän, wobei das Wollen Gottes zugleich das Tun beinhaltet
(dynamischer Willensbegriff). Dadurch wird nach biblischer Auffassung
der Wille Gottes zum eigentlichen Agens der Schöpfung. Wir sehen nun
sofort, dass trotz der platonischen Grundlage der Poimandres diesem
alttestamentlichen Willensbegriff zuzuordnen ist, denn Gott erscheint
hier niemals als der Künstler, der aus einem Stoff etwas gestaltet. Zudem wird im folgenden (10.9; 10.12; 11.15) immer wieder das Wollen Gottes betont, weil sein Wille zugleich sein Tun ist und in ihm auch ein
soteriologisches Element enthalten ist; dieses letztere ist nur möglich
im biblischen Willensbegriff[173].

4.4.2. Der Wille Gottes und der Logos

Mit dem biblischen Hintergrund erklärt sich auch der Logos: er
ist das Schöpfungswort, das der Wille Gottes als Werkzeug benutzt. Das
Schöpfungswort kommt im Poimandres noch einige Male vor; so gleich anschliessend in 9.17, dann in 13.7 und vor allem in 18.5: ἅγιος εἶ, ὁ
συστησάμενος τὰ ὄντα.

Die Verbindung der βουλὴ θεοῦ mit dem Logos konnte natürlich
aus Gen 1 herausgelesen werden, doch hat schon Philon den Logos als
Werkzeug Gottes bezeichnet (migr Abr 6; cher 127) und damit Gott und
Schöpferwort in eine theologische Systematik gebracht. Aber erst bei den
Kirchenvätern wird die Verbindung häufiger, weil mit dem christologi-
schen Hintergrund von Logos die beiden Begriffe in eine Antithese tre-
ten: Wird das Schöpferwort personifiziert, so muss der aktiv wirkende
Wille zurücktreten und umgekehrt. Bei Cl Al prot I 5,2 (6.8 Stählin)

---

173 vgl noch SCHRENK in ThWNT III 54, 7 ff. SCHRENK nimmt für das *ganze* Corp Herm den
   biblisch-christlichen Sprachgebrauch an bez des Willensbegriffs.

wird der Wille nur nebenbei erwähnt: ἡρμόσατο τόδε τὸ πᾶν κατὰ τὴν
πάτριον τοῦ θεοῦ βούλησιν ὁ τοῦ θεοῦ λόγος oder der Wille wird mit dem
Logos identifiziert, prot XII 120,4 (85.7 Stählin): ὁ λόγος θεοῦ, βρα-
χίων κυρίου, τὸ θέλημα τοῦ πατρός. Origines verwendet die βουλή nur
bildhaft, wenn vom Wort als Sohn Gottes die Rede ist, princ IV 4,1
(782 G-K): ex invisibili et incorporeo deo verbum et sapientiam genitam
dicimus absque ulla corporali passione, velut si voluntas procedat e
mente. Nec absurdum videbitur, cum dicatur 'filius caritatis' (Kol 1,13),
si hoc modo etiam voluntatis putetur[174]. Noch bei Athanasius wird deutlich, wie die Theologen darum rangen, in dieser Antithese eine Lösung
zu finden: in der oratio II contra Arianos (II 31; M 26, 213A) bezeichnet er den Logos als den Willen des Vaters und wehrt sich gegen eine
falsche Auffassung durch den Zusatz τὸ γὰρ δόξαν καὶ βουληθὲν εὐθὺς
ἐγίνετο τῷ λόγῳ καὶ ἀπηρτίζετο[175].

Von diesem theologischen Problem ist im Poimandres natürlich
nichts zu spüren, da der Logosbegriff bei ihm nicht christologisch vor-
belastet war (hier zeigt sich deutlich, dass der Poimandres von der heidnischen Seite aus den biblisch-christlichen Logosbegriff übernommen hat).
Er ist daher in diesem Punkt wohl von den Patres unabhängig, doch hat
die Diskussion unter ihnen eine grosse Tradition begründet, die durchaus den Verfasser des Poimandres dazu inspirieren konnte, nun seinerseits βουλὴ θεοῦ und λόγος miteinander zu verbinden.

4.4.3. Der Wille Gottes als (geistiger) Kosmos

Der Wille Gottes ahmte nun - so heisst es im Poimandres weiter -
den schönen Kosmos nach, d.h. die Ideenwelt, die in Gott selber angelegt ist. Das folgende Partizip κοσμοποιηθεῖσα ist im Hinblick auf Corp
Herm IX 6, 99.2 ὀργανοποιηθὲν = 'als Werkzeug geschaffen' wohl als ef-
fektiver Aorist Passiv zu verstehen: 'als Kosmos geschaffen', nicht
ingressiv 'zum Kosmos werdend', weil die Schaffung der Welt dann Sache
des Demiurgen und der Planeten ist. Diese Deutung hat eine Stütze in den
obenstehenden Ausführungen über den κόσμος νοητός (→ Abs 4.3.2. und
4.3.3.) sowie bei den Doketen, Hipp ref VIII 9,3 (228.6 W): κεκόσμητο
μὲν ἀνενδεῶς πᾶσα ἡ νοητὴ φύσις, φῶς δὲ ἦν ἅπαντα ἐκεῖνα τὰ νοητὰ καὶ
αἰώνια.

Auch die στοιχεῖα, die in unserem Zusammenhang zunächst befremden,
lassen sich mit dem Timaios erklären. In 48 b-c legt Platon dar, dass
die vier Elemente vor der Erschaffung der Welt je eine besondere Erscheinungsform hatten, die aber vom Menschen nur sehr schwer zu erfassen

---

174 vgl G-K p. 785 A 8: "Weil die Zurückführung des Sohnes auf den Willen des Vaters
die Wesenseinheit beider gefährden könnte, begrenzt Origines den Willensbegriff
durch den der göttlichen Liebe."
175 Die Zusammenstellung basiert auf C-M EDSMAN, Schöpferwille und Geburt Jk 1, 18;
in: Zeitschrift für die neutestamentliche Wissenschaft 38 (1939), 35 ff.

ist. In 56b 2 heisst es dann: "Es soll die festgewordene Form der Pyramide das Element und der Same des Feuers sein". Aus dieser Stelle wird deutlich, dass Platon das Wort στοιχεῖον für die *Vorform* der vier späteren Elemente gebraucht. Der Autor des Poimandres hat wohl kaum den Timaios gelesen; aber die Tatsache, dass Platon die Elementenlehre des Empedokles in seine Kosmologie eingebaut hatte, erlaubte es den Späteren, dieselbe auch mit der platonischen Ontologie zu verbinden.

Der umstrittene[176] Ausdruck γεννημάτων ψυχῶν stammt stilistisch aus der Bibelsprache, wie 17.18 γεννήματα ἀγαθῶν und Mt 3,7: γεννήματα ἐχιδνῶν (im AT: γεννήματα δικαιοσύνης Hosea 10,12) zeigen; inhaltlich entspringt er der platonischen (und stoischen) Kosmologie, da nach dem Timaios (30b 8) der Kosmos ein ζῷον ἔμψυχον ist, also aus den Elementen und aus Seelen besteht.

Der Poimandres verbindet somit an unserer Stelle die platonische Ontologie mit der biblischen βουλὴ θεοῦ, um trotz der Transzendenz Gottes die Verbindung des Gläubigen mit Gott zu sichern.

---

176   siehe dazu den textkritischen Apparat bei NOCK-FESTUGIERE ad loc.

Fünftes Kapitel

KOSMOGONIE IV: DER DEMIURG UND DIE HEIMARMENE

(Corp Herm I 9)

"Der Gott Nus, der mannweiblich und Leben und Licht ist, brachte durch ein Wort
einen anderen Nus als Schöpfer hervor, der als Gott des Feuers und der wehenden
feurigen Luft gewissermassen sieben Verwalter schuf, die in Kreisen den sichtbaren Kosmos umgeben, und ihre Verwaltung wird Schicksal genannt."

Die Fortsetzung des Poimandres bringt nun einen langen Lehrvortrag
- unterbrochen nur gelegentlich durch Fragen des 'Schülers' - bis zum
Kap 26, wo Poimandres den Offenbarungsempfänger verlässt. Die beiden
Lichterscheinungen sind somit die einzigen Visionen im Poimandres, abgesehen von der Selbstoffenbarung des Poimandres selber (doch steht diese auf einer anderen Ebene). Haenchen erklärt diesen Wechsel mit stilistischen Gründen[177]: Abnutzung des Motivs von der Verwandlung in
Licht, Poimandres kann nicht gut von sich selber in der 1. Person reden.
Diese Gründe können aber nicht recht überzeugen, besonders weil im
slav Henoch Kap 24 ff Gott Henoch gegenüber durchaus in der 1. Person
von seiner Erschaffung der Welt berichtet. Der Grund für den Stilwech-
sel liegt im Inhaltlichen: die beiden Lichterscheinungen hatten primär
soteriologische Funktion; jetzt muss ein Vortrag darüber erfolgen, wie
der Mensch seiner Verbindung mit Gott verlustig gegangen ist. Hier hat
somit eine Vision keinen Platz mehr.

5.1. Das 'Gebären Gottes'

5.1.1. Die Mannweiblichkeit Gottes

Die Mannweiblichkeit ist seit der Orphik als Attribut eines Gottes belegt[178], kommt aber auch in der Stoa vor (Chrysipp), bei den Neu-
pythagoreern (Nikomachos), bei den Neuplatonikern (Proklos), drang auch
ins Judentum ein, erlebte aber ihre grösste Ausbreitung in der Gnosis[179].
Norden[180] erblickte in ihr eine orientalische Vorstellung, während Festugière[181] sie als eine unter stoischem Einfluss stehende pythagoreische
Spekulation betrachtete. Allerdings ist sie auch im Ritus und im Mythos
belegt[182], sie muss somit nicht unbedingt theologischer Spekulation ent-
sprungen sein. Mit Sicherheit kann gelten, dass die Gnosis diese Vorstellung übernommen und in ihrem Sinn umgedeutet hat: sie ist ein Zeichen

---

177 351
178 frg 21a KERN, frgg 55/56 K, frg 81 K.
179 siehe KROLL 52 ff; NOCK-FESTUGIERE A 24 ad loc; für das Judentum Od Sal 14,2; 19,2
180 229
181 IV 43
182 siehe BURKERT 337 mit weiterführender Literatur in A 44

der Entweltlichung, der Befreiung vom Eros. Eine Stelle bei den Naassenern zeigt dies sehr deutlich (Hipp ref V 7, 13; p. 82, 1-10 W): Hier
wird die Liebe der Grossen Mutter zu Attis und dessen Entmannung und
Tod als Rückkehr des Menschen zur geistigen Welt gedeutet, wobei der
Mensch, nunmehr weder männlich noch weiblich, als neuer Mensch, als
mannweiblich bezeichnet wird. Der Begriff der Mannweiblichkeit wird also
geradezu auf sein Gegenteil, auf die Geschlechtslosigkeit angewendet.
Im Poimandres ist allerdings davon nichts zu spüren; der Begriff dient
hier vor allem dazu, die nachfolgende Genealogie zu erklären.

5.1.2. Gott ist Leben und Licht

Normalerweise wird Gott im Poimandres nur als Licht bezeichnet;
hier wird aber zusätzlich noch der Begriff Leben eingeführt, weil Gott
jetzt im folgenden Leben, d.h. den Demiurgen schafft[183]; dieselbe Verbindung begegnet uns dann wieder im Kap 12, 10.15, wo Gott dann den
Menschen hervorbringt. In Kap 32, 19.6 heisst es dann: εἰς ζωὴν καὶ φῶς
χωρῶ. Hier ist der Ausdruck fast als Name gebraucht, wie unsere Analyse
noch zeigen wird (→ 14.5.8.). Daher ist für den Poimandres noch bedeutsam, dass die christliche Epigraphik diese Formel häufig in der Form
des Kreuzes verwendet, besonders in Syrien[184]:

$$\begin{matrix} & \Phi & \\ Z & \Omega & H \\ & \Sigma & \end{matrix}$$

Den soteriologischen Aspekt dieser Formel beleuchtet sehr schön Cl Al
prot XI 114, 2 (80.18 Stählin): "Jenes Licht (d.h. Christus) ist das
ewige Leben, wer jenes Lichtes teilhaftig ist, lebt". Sehr vieles deutet
somit daraufhin, dass der Poimandres auch hier auf gnostisch Christliches zurückgreift, das seinen Ursprung im Johannesevangelium hat.

5.1.3. ἀπεκύησε λόγῳ

Der Ausdruck ἀπεκύησε λόγῳ hat eine auffallende Parallele im NT
Jak 1,18: βουληθεὶς ἀπεκύησεν ἡμᾶς λόγῳ ἀληθείας <ὁ πατήρ>. Da die NT-
Stelle selber unklar ist, wurde sie schon früher einmal von C-M Edsman
(→ A 175) untersucht. Wir können somit darauf zurückgreifen, doch müssen
wir dem Material aus sprachlichen Gründen eine andere Deutung geben. Das
Verbum ἀποκυέω ist ausgesprochen nachklassisch und wird im profanen
Griechisch und in der LXX immer nur zur Bezeichnung des konkreten Ge-
burtsvorgangs verwendet, d.h. grammatisches oder logisches Subjekt ist
immer eine Frau. Dasselbe gilt für Philon, auch dann, wenn die Verwendung übertragen ist: es liegt dann immer eine Allegorese über die Geburts-

---

183 so HAENCHEN 353
184 vgl BULTMANN ThWNT II 842 A 66 mit weiterführender Literatur sowie SPICQ III 683
   A 3, wo auch neuere Literatur verzeichnet ist.

geschichten der Gen oder eine daran anschliessende Terminologie vor. Die
Kirchenväter verwenden das Verb selten, häufiger nur Irenäus zur Darstellung der valentinianischen Systeme: Das Subjekt kann dann immer noch
ein weibliches Prinzip sein wie Sige oder Achamoth-Sophia oder dann ein
(feminines Zahlenabstraktum) wie die Ogdoas. Im NHC finden wir nur ein
einziges Beispiel (III 1, 15,15), das wegen der Parallele Irenäus haer
I 29,4 auf unser Verb zurückgehen könnte; bei Irenäus handelt es sich um
ein Referat des Systems der Barbelognostiker:

> "Der (d.h. der Heilige Geist) habe, als er sah, dass alles übrige einen Paar-
> genossen hatte, er aber ohne Paargenossen war, einen gesucht, mit dem er sich
> vereinige, und da er den nicht fand, habe er ernst gemacht, sich ausgedehnt
> und in die unteren Teile geschaut, in der Erwartung, dort einen Paargenossen
> zu finden. Als sie[185] den nicht fand, tat sie einen Sprung... . Dann gebar sie
> (ἀπεκύησεν) ein Werk, in dem Unwissenheit und Vermessenheit war. Dieses ihr
> Werk soll der Proarchon sein, der diese Schöpfung gemacht hat."

Angesichts dieser Sachlage scheint es mir nicht möglich - so wie
es Edsman tut -, das Verb dem gnostischen Sprachgebrauch zuzuweisen,
zumal der Poimandres wegen der späteren Datierung für den Jakobusbrief
nicht mehr als Hauptzeuge in Frage kommt. Das Verb bezeichnet offenbar
primär nur den konkreten Vorgang des Gebärens (daher der Geschlechts-
wechsel in der zitierten Irenäusstelle!). Das Verb erklärt sich im Poimandres somit in erster Linie aus der Mannweiblichkeit Gottes[186]. Andererseits scheint an einigen Stellen ἀποκυέω auch das Gebären unter Ab-
sehung, ja Negierung der vorangehenden Zeugung zu bezeichnen, so in der
oben zitierten Irenäusstelle und dreimal bei Justin (1 ap 32,14; 46,5;
2 ap 6,5), wo über die Menschwerdung Christi und seine Geburt durch die
Jungfrau (!) gesprochen wird. Das Verb würde dann in Poimandres und im
Jakobusbrief - ganz in Sinne des biblischen Monotheismus - das Schaffen
Gottes aus eigener Kraft bezeichnen; dies würde auch den Zusatz λόγῳ
erklärbar machen, der niemals als christliche Interpolation ausgesondert
werden darf[187]. Er schafft die notwendige Distanz Gottes zum Demiurgen
und fehlt in 10.16, weil der Mensch Gott näher steht als die Schöpfung.

In einem Punkt ist allerdings Edsman Recht zu geben, sofern man
die Gnosis auch als eine Paganisierung des christlichen Glaubens auffasst: Die heidnische Welt konnte sich die Existenz eines Gottes nur
mittels der natürlichen Abstammung von einem anderen Gott klarmachen, wie
das die griechischen Göttergenealogien sehr deutlich zeigen. Vom Motiv
her gesehen ist die Geburt des Demiurgen (und später des Menschen) im
Poimandres als ein typisch heidnisch-gnostisches Charakteristikum zu
betrachten.

---

185 d.h. der Heilige Geist; Geist (רֻחַ) ist im Hebräischen Femininum.
186 so NOCK-FESTUGIERE in A 26 ad loc.
187 so DODD 133 A 1; aber dann ist nicht einzusehen, warum der christliche Leser
   nicht auch in 10.16 interpoliert hat.

5.2. Der Demiurg

Vor allem Festugière[188] hat eindringlich den (mittel)platonischen
Hintergrund der Demiurgengestalt im Poimandres herausgearbeitet. Hauptzeuge ist für uns Numenios, der in frg 12 des Places einen δημιουργικὸν
θεὸν von einem πρῶτος θεός unterscheidet. Letzterer ist untätig (frg 12),
der Gott des Seins (frg 16), der erste Gott, ja die Idee des Guten
(frg 20), der Vater des Demiurgen (frg 12). Der Demiurg hingegen regiert,
indem er durch den Himmel geht (frg 12), er ist der Gott des Werdens
(frg 16), der zweite Nus (frg 17), das Gute (frg 20). Besonders das frg
20 zeigt, wie Numenios auf Grund einer Systematisierung seine Theologie
gewonnen hat: er verband die Aussage des Timaios über den Demiurgen
(ἀγαθὸς ἦν 29e 1) mit der Idee des Guten im Staat. Platon selber lässt
die Herkunft des Demiurgen bekanntlich offen. Auch der direkte Vergleich
mit dem Timaios zeigt die grosse Aehnlichkeit zwischen dem Poimandres
und Platon: Auch im Timaios ist der Demiurg Schöpfer der Planeten
(38c ff) und hat, da er nur Unsterbliches schaffen kann (41a 7 ff),
nichts zu tun mit der Erschaffung der Tiere und des Menschen. Ein be-
zeichnender Unterschied besteht darin, dass der Poimandres den Demiurgen nie als Gott bezeichnet; dies ist wohl zu erklären aus der moni-
stischen, jüdisch-christlichen Tendenz, die besonders auch in der βουλὴ
θεοῦ zum Ausdruck kam.

Ein kurzer Blick auf die ganz anders konzipierte Demiurgengestalt
in den gnostischen Systemen der Kirchenväter und im NHC[189] zeigt nochmals den ausgesprochen platonischen Charakter des Demiurgen im Poimandres: In der übrigen Gnosis ist er zwar auch Herrscher über die Feuersphäre und über die Planeten, aber er ist dort völlig negativ bewertet:
er kann dann geradezu als ἀπ' ἀρχῆς ἀνθρωποκτόνος[190] und die von ihm
geschaffenen Gestirne als θεοὶ τῆς ἀπωλείας[191] bezeichnet werden. Typische Züge des Demiurgen sind der Wahn, dass er allein existiere und
keiner über ihm sei, die Unwissenheit über seine Schöpfung (er weiss
nicht, was er tut), das Prahlen mit seiner Schöpfung ("Ich bin Gott, und
es gibt keinen anderen Gott ausser mir"), die Zurechtweisung von oben
sowie seine Herkunft durch einen Fehltritt der Sophia. Alle diese Züge
fehlen vollständig im Poimandres. Hier wird er nur als Gott des Feuers
und des Pneumas bezeichnet, d.h. der Poimandres verbindet hier die
platonische mit der stoischen Tradition[192].

---

188 IV 92 ff; über Numenios vor allem 123 ff.
189 eine vergleichende Uebersicht zwischen NHC und Patristik, bei der das NHC die
    Kirchenväter im wesentlichen bestätigt, bei JONAS 381 ff.
190 Hipp ref V 17,7 (115.10 W)
191 Hipp ref V 16,6 (112.2 W)
192 vgl oben Abs 3.2 und SVF I 42,9: deus ipse ignis, sowie SVF II 217,13: πνεῦμα
    πυροειδές.

5.3. Die sieben Verwalter

Hinter den sieben Verwaltern verbergen sich natürlich die (in der
Antike bekannten) fünf Planeten sowie Sonne und Mond, die in Kreisen
die (stillstehend gedachte) Erde umgeben. Die Gleichsetzung vor allem
der Planeten mit bestimmten Göttern (vorzüglich des Olymps) beginnt in
Ansätzen bei Platon (wohl unter Einfluss von Syrien her) und bei Aristoteles und hat sich spätestens seit dem 3. Jh. n. Chr. allgemein
durchgesetzt[193]. Von grosser Bedeutung in dieser Entwicklung war die
Stoa, weil sie die Elemente der Natur und teilweise auch die Planeten
mit den Göttern der Mythologie in Verbindung brachte:

> "Sie haben Sonne, Mond und die anderen Planeten und auch die Fixsterne zu Göttern
> erhoben. Sie nennen nämlich die Luft Hera, das Feuer Hephäst, die Sonne Apollo,
> den Mond Artemis, den Morgenstern Aphrodite und den Abendstern Hermes[194]".

In der Gnosis weitverbreitet ist dann die Anschauung, jeder Planet un-
terstehe einem Archon oder sei selber ein solcher, wobei letzterer meist
ein Geschöpf des Demiurgen ist. Bei Philon finden wir den ersten Ansatz
zu dieser Vorstellung; er bezeichnet spec leg I 13 Sonne, Mond und
Sterne als ἄρχοντας οὐκ αὐτεξουσίους, ἀλλ' ἑνὸς τοῦ πάντων πατρὸς ὑπάρχους. Die Bezeichnung διοικήτης im Poimandres ist wohl vom folgenden
διοίκησις beeinflusst und unterstreicht den stoischen, nicht aber den
gnostischen Charakter der Verwalter; das Wort kommt auch bei Bardesanes[195] und im NHC[196] je einmal vor.

5.4. Die Heimarmene

Mit der Erwähnung der Heimarmene erreicht die Darstellung des Poimandres einen ersten Höhepunkt, der auch durch den feierlichen Ausdruck
καὶ ἡ διοίκησις αὐτῶν εἱμαρμένη καλεῖται 9.20 unterstrichen wird. Dadurch wird nun jene Sphäre abgegrenzt, in der dann das Verhängnis über
den Menschen hereinbrechen wird; jedoch wird die Heimarmene hier und
auch weiterhin nicht negativ bewertet, denn wir befinden uns immer noch
in einer Kosmogonie, die von Gott gewollt und damit gebilligt ist. Dass
hier die stoische Heimarmene gemeint ist, zeigt der Ausdruck διοίκησις,
weil die Stoa dieses Wort und dessen Ableitungen gerne im Zusammenhang
mit der Heimarmene verwendet hat[197]. Der stoische Schicksalsbegriff ist
vom Poimandres mit Absicht gewählt, weil bekanntlich erst die Stoa jene
Lehre aufgestellt hat, wonach auf dem Menschen eine unerbittliche
Schicksalsnotwendigkeit lastet, der gegenüber er keinerlei Freiheit mehr
besitzt. Dieser stoische Schicksalsbegriff entstand durch die vollstän-

---

193 W. und H. GUNDEL in RE 20, 2, p. 2115, 20 ff.
194 Philon decal XII 13; vgl auch SVF II 305, 20 ff (Zenon), wo der Ausgangspunkt
   zu dieser Lehre dargestellt ist.
195 Patrologia Syriaca II 576 (ed F. NAU)
196 III 5, 143, 16
197 SVF I 24, 35; II 264, 19; 264, 15; 169, 33; 297, 8 (εἱμαρμένη als κόσμου διοίκησις)

dige Identifizierung der Kausalität mit der Vorsehung (schon Zenon in
SVF I 45,2). Der tiefere Grund für diese Identifikation, die uns heute
als schwer verständlich erscheint, ist eigentlich erst durch die Kate-
gorialanalyse Nicolai Hartmanns aufgedeckt worden[198], ohne dass allerdings Hartmann auf die Stoa Bezug genommen hat. Weil die Ergebnisse
Hartmanns die spätere 'Personalisierung' des stoischen Schicksalsbe-
griffs, die auch im Poimandres sichtbar wird, verständlich machen können, seien sie hier kurz zusammengefasst:

Es ist nicht so sehr die Kausalität, die dem Menschen die Freiheit
nimmt, sondern die Finalität. Die Kausalität ist eben ablenkbar, weil
sie nur von der Vergangenheit her determiniert ist, gegenüber der Zukunft aber offen ist. Der Finalprozess hingegen ist von der Zukunft her
bestimmt und jedes Ablenken würde ihn zerstören. Nun ist aber der Finalprozess ein reiner Bewusstseinsprozess[199] und damit an ein persona-
les Wesen gebunden. Das bedeutet somit, dass nur eine Person mit ihrer
Vorsehung die Freiheit des Menschen beeinträchtigen kann.

Für die Stoa ergab sich somit zwangsläufig, dass sie einerseits die
Kausalität mit der Vorsehung identifizieren musste, andererseits, da
ihr Pantheismus jede Vorstellung von einem personalen Gott eigentlich
unmöglich machte, zu einer 'Personalisierung' ihres Gottesbegriffs kommen musste; nur so konnte sie ihren Schicksalsbegriff retten, auf den
ihr alles ankam. Die Stoa hat deshalb auch astrologische Elemente
(die Planeten als Gestirnsgötter) in ihre Theologie aufgenommen; der
genaue Zeitpunkt ist zwar umstritten[200], spätestens aber bei Seneca
liegen solche Einflüsse vor:

Ex horum (quinque siderum) levissimis motibus fortunae populorum dependent et
maxima ac minima proinde formantur. (cons ad Marc 18,3)
Fata nos ducunt et, quantum cuique temporis restat, prima nascentium hora dis-
posuit. (de prov 5,7)

Wir können somit sagen: je stärker - wie hier im Poimandres, aber auch
sonst in der Gnosis - das personale Element hervortritt, umso stärker
wird die unerbittliche Notwendigkeit des Schicksals betont und die
Freiheit des Menschen beschränkt.

---

198 Ethik, 1935[2], p. 589 ff; Teleologisches Denken, 1966[2], p. 64 ff und 119 ff.
199 Diese Einsicht hatte schon Aristoteles, Met 1032 b 15-18, auf den HARTMANN
      selber Bezug nimmt.
200 NILSSON II 259 nimmt astrologische Einflüsse schon für Zenon an; vgl noch
      GUNDEL in RE 7, p. 2631,4 ff (Artikel 'Heimarmene').

Sechstes Kapitel
DIE VEREINIGUNG DES LOGOS MIT DEM DEMIURGEN
(Corp Herm I 10)

"Sofort sprang nun der Logos Gottes aus den nach unten strebenden Elementen
heraus in die reine Schöpfung der Natur und vereinigte sich mit dem Schöpfer-
Nus (denn er war ihm wesensgleich). Und es blieben die unteren Elemente der
Natur ohne Logos zurück, sodass sie nur noch Materie waren."

Die Vereinigung des Logos mit dem Demiurgen hat allen Interpreten
bis heute Schwierigkeiten bereitet, sofern sie überhaupt darauf ein-
gingen. Stellvertretend sei Nilsson[201] zitiert: "Diese Kosmogonie
ist konfus; warum der Logos mit den niederen Elementen vereint ist,
bis der Demiurg erscheint und zusammen mit ihm den Kreislauf der Natur
in Bewegung setzt, bleibt unklar." Der christliche Einfluss löst aber
auch hier jede Schwierigkeit: wir haben hier eine heidnische Form der
'Erhöhung' oder gar der 'Himmelfahrt' des Logos in die göttliche Sphäre
vor uns. Der Wortgebrauch von ὁμοούσιος weist nämlich eindeutig in den
christlichen Bereich. Das Wort ist spätgriechisch und kommt nur bei den
Kirchenvätern und den Neuplatonikern vor[202]. Letztere gebrauchen es nie
in einem spezifisch religiösen Sinn mit Ausnahme von Plotin IV 7,10,
wo von der Wesensgleichheit der Seele mit dem Göttlichen die Rede ist;
diese Stelle hat somit keinen Zusammenhang mit dem Poimandres.

Bei den Gnostikern der Kirchenväter wird das Wort nur für die Be-
ziehung *deus - salvatus* gebraucht[203]. Ausnahmen bilden
Basilides[204]: υἱότης τριμερής, κατὰ πάντα τῷ οὐκ ὄντι θεῷ ὁμοουσία·
Valentin[205]: Wesensgleichheit zwischen Demiurg und Schöpfung;
Secundus[206]: Wesensgleichheit zwischen der Μονὰς und dem ῞Εν· sowie der
Manichäismus[207]: μέρος ὁμοούσιον τοῦ πατρὸς τὸ γέννημα.

Im ersten wie im letzten Beispiel dürfte christlicher Einfluss vorliegen, denn die Kirchenväter gebrauchen das Wort nur für die Beziehung
deus - salvator, und zwar schon Origines, Ps 54,5[208]:

ὁ υἱὸς τοῦ πατρός, ὁ ὁμοούσιος βασιλεύς, ἀλλὰ δούλου μορφὴν φέρων,

sowie Tertullian, adv Praxeam IV 1:

ceterum, qui Filium non aliunde deduco, sed de substantia Patris, nihil facientem
sine Patris voluntate, omnem a Patre consecutum potestatem, quomodo possum de
fide destruere monarchiam, quam a Patre Filio traditam in Filio servo?

---

201 II 586 f.
202 im NHC ist das Wort nicht belegt
203 vgl LAMPE sv II A
204 bei Hipp ref 7,22 (198.26 W)
205 bei Iren adv haer I 5,1 (M 7, 492B)
206 bei Hipp ref 6, 37 (168.16 W)
207 bei Arius, epistula ad Alexandrum Alexandrinum M 26. 709A
208 PITRA, analecta sacra III p. 56

Diese Stelle zeigt deutlich, dass unter den christlichen Theologen
die Diskussion um die Wesensgleichheit des Sohnes mit dem Vater schon
lange vor dem arianischen Streit des 4. Jh. im Gange war. Im Konzil von
Antiochien im Jahre 269 wurde der Gebrauch des Wortes zum erstenmal
verurteilt[209]. Da ὁμοούσιος innerhalb des Corp Herm nur hier im Poimandres einmal vorkommt, können wir hier mit Bestimmtheit eine Reminiszenz an die Auseinandersetzung der christlichen Theologen annehmen.

Ein Einwand liegt allerdings auf der Hand: Warum vereinigt sich der
Logos nicht mit dem Licht-Nus? Hiefür gibt es wohl zwei Gründe: zum
einen muss der Logos qua Vernunft mit dem Demiurgen die Ordnung der
Sternbewegungen garantieren, andererseits hätte eine Rückkehr zum
Licht-Nus die Stelle so stark in die christliche Tradition überführt,
dass der Poimandres sich einem Missverständnis ausgesetzt hätte. Hier
wird deutlich, dass der Autor des Poimandres nicht als Christ heidnisches Gedankengut übernehmen will, sondern umgekehrt als Heide sich
die christliche Theologie aneignen möchte. Durch die Abbiegung des
christlichen Motivs wird der Zusammenhang mit der christlichen Theologie absichtlich verschleiert, ein Phänomen, das wir dann auch im
Schlussteil des Poimandres wieder antreffen werden.

---

209 vgl LAMPE sv II B 1.

Siebtes Kapitel

KOSMOGONIE V: DIE ERSCHAFFUNG DES ANIMALISCHEN LEBENS
(Corp Herm I 11)

"Der Schöpfer-Nus, der die Kreise <der Planeten> umfasst und sie mit Sausen
herumdreht, brachte im Verein mit dem Logos seine Schöpfungen in Drehung und
liess sie sich drehen von einem unbegrenzten Anfang zu einem grenzenlosen Ende
(denn <die Kreisbewegung> beginnt dort <wieder>, wo sie aufhört[210]). Ihr Kreisen
brachte nun, wie es der <höchste> Nus wollte, aus den unteren Elementen Lebewesen ohne Vernunft hervor (denn sie hatten nicht mehr den Logos in sich), die
Luft aber brachte Vögel, das Wasser Wassertiere hervor. Denn Erde und Wasser
sind voneinander getrennt, wie es der <höchste> Nus wollte und die Erde brachte
aus sich hervor, was sie hatte, nämlich vierfüssige und kriechende, wilde und
zahme Tiere."

Die Ausführungen des Poimandres versuchen hier, das griechische
Weltbild mit der biblischen Schöpfungsgeschichte zu vereinen; dabei
dominiert aber die platonisch-aristotelische Kosmologie:

1. Im Timaios schafft der Demiurg die Planeten (sowie Mond und Sonne)
als Erzeuger der Zeit, die in verschiedenen Kreisbewegungen die Erde
umgeben (38c 2 ff). Dann bildet er aus Feuer ein Göttergeschlecht, das
als Sterne an den Himmel versetzt wird (40a ff). Es entstehen so die
Fixsterne und die Planeten, von denen letztere gegenüber den Fixsternen
eine tiefere Rangordnung einnehmen, da ihre Bewegungen nicht regelmäss-
sig sind. Die Göttlichkeit der Sternenwelt kommt nach Platon vor allem
- aber nicht nur - in der Kreisbewegung zum Ausdruck, und dies klingt
im Poimandres wieder an im feierlichen Ausdruck ἀπ' ἀρχῆς ἀορίστου εἰς
ἀπέραντον τέλος. Der Logos im Poimandres soll dabei - durchaus im Sinne
Platons, wenn auch in dieser Form erst stoisch - die ewige, d.h. rationale Ordnung im Weltall garantieren.

2. Andererseits greift der Poimandres auch jenes bekannte Weltbild
von Aristoteles auf, das den Kosmos in eine supra- und sublunare Sphäre
teilt[211]. Alle Körper im oberen Kosmos bestehen aus dem ersten Element,
dem sog πρῶτον σῶμα; im unteren Kosmos sind die vier Elemente, die mit
ihren Bewegungen den Bereich des Werdens und Vergehens bilden. Die letzte
Ursache aller Veränderungen ist dabei in der Rotation des Himmel zu
suchen. Für den Poimandres ist vor allem von Bedeutung, dass der Platoniker Attikos[212] - neben anderen - Aristoteles bereits die Gleichsetzung

---

210 Der Gedanke geht sehr wahrscheinlich auf Aristoteles zurück (cael 283b 26), aber
Ascl 40, p. 351.19 zeigt, dass er in der Hermetik durchaus geläufig war. Möglicherweise ist er aber noch älter, vgl Alkmeon 24, B 2 DIELS.
211 Es wird zwar von Aristoteles im erhaltenen Werk nirgends explizit dargestellt,aber
vielfach von ihm vorausgesetzt, z.B. meteor 229a 11-13; 342a 17-35; vgl auch
DUERING, Aristoteles, 1966[1], p. 386 und 545.
212 bei Eusebius praep ev XV 12,2.

der Heimarmene mit dem Lauf der Gestirne zuschrieb. Die sublunare
Sphäre ist der Ort, wo die Lebewesen (und später auch der Mensch) nur
ihren Trieben gehorchen und daher unfrei sind. Gegenüber Aristoteles
zeigt der Poimandres allerdings eine Besonderheit: nur Wasser und Erde
sind ohne Anteil am Logos. Dies erklärt sich durch die oben im Kap 3.4.
festgestellte stoisch-christliche Interpretation des Logos: der Logos
muss zu dem ihm wesensverwandten Feuer (und Pneuma) zurückkehren.

Die Einzelheiten der Tierschöpfung erklären sich am besten aus
Corp Herm frg 26, III 19-23 (Nock-Festugière IV p. 86 f): Diejenigen
Lebewesen, die einen grösseren Anteil an Feuer und Luft erhalten haben,
werden zu Vögeln; diejenigen, die viel Wasser und Erde, nur ein Mittel-
mass Luft und nur wenig Feuer besitzen, werden zu vierbeinigen Tieren;
die Reptilien entstehen dadurch, dass sie im Unterschied zu den Vier-
beinern kein Feuer haben, während die Wassertiere aus sehr viel Wasser,
aber wenig Erde bestehen und ohne Feuer und Luft sind. Die genaue Herkunft dieser Theorie zu ermitteln, ist nicht leicht; sie steht aber eindeutig in einer Tradition, die irgendwie von Empedokles herkommt.

3. Diese rein griechische Schöpfung wird zweimal unterbrochen durch
καθὼς ἠθέλησεν ὁ Νοῦς. Da der Ausdruck einmal im Zusammenhang mit der
Trennung von Land und Wasser steht, liegt hier wohl eine Wiederaufnahme
der βουλὴ θεοῦ vor, die sich uns als biblisch erwiesen hat. Der Nus ist
somit der höchste Nus, nicht der Demiurg, sodass die ganze Kosmogonie
sich nochmals als von Gott gewollt herausstellt. Auch sonst bestehen
einige sprachliche Anklänge (aber nicht mehr!) an Gen 1, wie Dodd festgestellt hat[213]:
διακεχώρισται 10.11 - διεχώρισεν Gen 1,4 + 7;
<ἡ γῆ> ἐξήνεγκεν 10.13 - ἐξήνεγκεν ἡ γῆ Gen 1,11;
πετεινὰ 10.11 - auch Gen 1,20;
τετράποδα 10.14 - auch Gen 1,24;
ἑρπετὰ 10.14 - auch Gen 1,24.
Da aber auch sachliche Unterschiede bestehen (der Poimandres erwähnt die
Pflanzen nicht und die Vögel entstehen bei ihm aus der Luft), ist der
Sachverhalt klar: der Poimandres will seine in echt griechischer Weise
naturwissenschaftlich geprägte Schöpfung auf die Stufe des biblischen
Schöpfungsberichts heben.

---

213 143 f.

Achtes Kapitel

ZUSAMMENFASSUNG UND GESCHICHTLICHE EINORDNUNG

1. Die Kosmogonie des Poimandres beruht im wesentlichen auf einem
religiös gefärbten Platonismus, bei dem der sprachliche Einfluss von
Philon vielfach spürbar ist. Dennoch besteht kein unmittelbarer Zusammenhang mit ihm; vielmehr greift der Poimandres auf die Sprache der
christlichen Gnosis und der Kirchenväter (vorzugsweise der Alexandriner)
zurück, die ihrerseits von Philon beeinflusst ist. Auch Aristoteles
mit seinem Weltbild von der sublunaren Sphäre passt in diesen Zusammenhang: er erscheint hier so, wie ihn die Antike etwa seit dem Mittelplatonismus (vgl unten Punkt 3) vorzugsweise gesehen hat, nämlich als
Vollender Platons.

2. Von der Stoa übernahm der Poimandres vor allem den Heimarmene-
gedanken, obwohl die Platoniker des Mittelplatonismus diesen im Prinzip
ablehnten[214]. Doch gingen sie nie soweit, das Wirken einer Heimarmene
grundsätzlich zu leugnen; der Platoniker Gaios und seine Schule (Albinus,
Apuleius u.a.) z.B. schränkten die Heimarmene auf die sinnlich wahr-
nehmbare Welt ein, in der die Gestirngötter das Geschehen bestimmen,
während im Reiche des Geistes, der obersten Gottheit, von der auch der
menschliche Nus stammt, das freie Ermessen und Wollen regiert. Der
Mensch hat somit die Willensfreiheit, unabwendbar sind nur die Folgen
seiner Handlungen, weil sie dem Kausalnexus unterliegen[215]. In diese
Konzeption von der Heimarmene passt nun sehr genau auch der Poimandres.

Ein stoisches Element ist auch der Logos. Nun konnten wir feststellen, dass für den Poimandres nicht die stoische, sondern die platonische Kosmologie die Grundlage seiner Theologie bildet. Der Logos hat
somit die Bedeutung eines Demiurgen; daher wird auch - in Anlehnung an
das christliche Vorbild - seine Wesensgleichheit mit dem platonischen
Demiurgen hervorgehoben. Im folgenden hat dann auch der Anthropos de-
miurgische Funktionen; der Logos, der Demiurg und der Anthropos erschaffen also, ausgehend von der Lichtgottheit, je die Elemente, den Kosmos
und die Menschheit. Dem entsprechend erscheint auch der Lichtgott immer
wieder unter einem anderen Aspekt: zuerst als Nus und persönlicher
Schutzgott (wegen des christologischen Hintergrunds des Logosbegriffs),
dann als geistiger Kosmos und zuletzt als Vater von allem (10.15). Trotz

---

214 Albinos did XXVI, p. 125 LOUIS; Origines princ III 1,1, p. 463 G-K; Apuleius de
   Platone I 12; Plutarch de stoic repugn 47 (1056 D).
215 so POHLENZ 357; siehe dazu auch die oben in A 214 genannten Stellen von Albinos
   und Apuleius.

der verschiedenen Herkunft des Materials zeigt der Poimandres eine
straffe Komposition in der Kosmogonie, zu der auch die Anthropogonie
gehört, da sie - wie wir sehen werden - nicht als separater Abschnitt
verstanden werden darf.

3. Die schon von Scott festgestellte Mischphilosophie aus Platon,
Aristoteles und Stoa ist ein genaues Spiegelbild des philosophischen
Eklektizismus des 2. nachchristlichen Jahrhunderts. So versuchte auch
Albinos eine Harmonisierung zwischen Platon und Aristoteles, während
Celsus eine solche zwischen Platon und der Stoa unternahm, indem er
die stoische Logoslehre übernahm. Maximus von Tyros zeigt Einflüsse
von allen drei Philosophenschulen, während Numenios den Platonismus
zu einem System umgestaltete, das alle Philosophenschulen umfassen konnte. Diesen Tendenzen folgt der Poimandres sehr getreulich, auch wenn
ihm nicht eine bestimmte literarische Abhängigkeit nachgewiesen werden
kann.

4. Der biblische Einfluss drückt sich aus im Gedanken von der ein-
maligen Schöpfung und in der βουλὴ θεοῦ, d.h. das AT ist mit denjenigen
Motiven vertreten, durch die die Souveränität Gottes zum Ausdruck kommt.
Tiefgreifender ist der Erlösungsgedanke, der in zwei Formen auftritt:
einerseits in der Annäherung an die johanneische Licht- und Logostheologie, andererseits in der Uebernahme der Theologie der frühen Kirchenväter, vor allem bezüglich der Synthese zwischen dem stoischen und dem
johanneischen Logosbegriff, der Unterordnung des Logos unter den Nus
(Subordinatianismus), der Verbindung des Logos mit dem Willen Gottes
sowie des soteriologischen Hintergrundes des κόσμος νοητός.

5. Dem gegenüber ist das gnostische Element eher bescheiden: es
äussert sich in der Identität von Gott mit dem Licht und in der Depra-
vierung des Lichtes zur Finsternis, aus der dann die Elemente entstehen. Auch das Motiv von der Geburt des Feuers und vom Gebären Gottes
kann als (heidnisch-)gnostisch bezeichnet werden[216]. Es fehlt aber im
Poimandres jegliche negative Kosmologie und jegliche Spekulation über
das Wesen Gottes. Die Kosmogonie enthält somit nicht, wie in der übrigen
Gnosis, auch die Soteriologie; das Soteriologische zeigt sich nur in
den beiden Visionen und in der Uebernahme von Begriffen, die vom Johannesevangelium, von der christlichen Gnosis und von der Theologie
der (alexandrinischen) Kirchenväter her einen soteriologischen Gehalt
erhalten haben.

6. Scott und vor allem Dodd[217] haben versucht, die Kosmogonie des
Poimandres von Gen 1 her zu verstehen. Haenchen[218] konnte dann zeigen,
dass die Konzeption des Poimandres mit der Bibel nichts zu tun hat.

---

216 vgl dazu die Nag-Hammadi-Texte bei RUDOLPH 81 ff.
217 99-144
218 340-356

Auch der Hinweis von Pearson[219] auf slav Hen Kap 24 + 28-30 trifft nicht
zu, weil das Henochbuch hier in der Tradition des biblischen Schöpfungsberichtes steht. So fehlt im Hen beispielsweise völlig die stoische
Kosmologie, der Heimarmenegedanke und die platonische Ontologie. Wir
müssen nun heute sagen: Vom Stoff her gesehen waren Scott, Dodd und
Pearson sicher im Unrecht, aber von der Idee her gesehen haben sie
noch immer recht, denn es ist unverkennbar, dass der Poimandres von
seiner philosophisch konzipierten Kosmogonie aus sich den religiösen
Gehalt des biblischen Schöpfungsberichtes aneignen möchte. Dieser Vorgang muss wieder als eine Paganisierung der christlichen Theologie verstanden werden; bezüglich des Logosbegriffes liegt sogar eine Repaganisierung vor.

7. Das geringe Auftreten gnostischer Elemente, die späte Datierung
sowie die Abhängigkeit vom christlichen Einfluss verunmöglichen es nun,
im Poimandres weiterhin eine heidnische Gnosis zu erblicken, die als
Vorform der christlichen zu gelten hätte. Umgekehrt folgt der Poimandres der Entwicklung der christlichen Gnosis, womit sich das Problem
der Entstehung der Gnosis in neuer Form stellt. Unsere Untersuchungen
des Lichtbegriffs deuten dabei daraufhin, dass die Gnosis gerade auch
im Erlösungsgedanken vom Johannesevangelium abhängig ist, und nicht von
einer ausserchristlichen, heidnischen Erlösungsidee.

---

219 339

Neuntes Kapitel

ANTHROPOGONIE

(Corp Herm I 12-17)

"Der Nus, der Vater von allem, Leben und Licht, gebar einen Menschen, ihm gleich, den er lieb gewann wie ein eigenes Kind. Denn er <ist> sehr schön, da er das Ebenbild des Vaters besitzt. Denn in der Tat begann auch Gott seine eigene Gestalt zu lieben <und> übergab <ihm> alle seine Schöpfungen. Und als der Mensch die Schöpfung des Demiurgen kennengelernt hatte, die im Vater <angelegt> ist, wollte er selbst auch schöpferisch tätig sein, und es wurde ihm vom Vater erlaubt. Als er in die Sphäre des Demiurgen gekommen war, um die ganze Macht zu erhalten, nahm er die Schöpfungen seines Bruders wahr; sie aber (die sieben Lenker der Planeten) gewannen ihn lieb, jeder liess ihn teilhaben an seinem Rang[220]. Und, nachdem er ihr Wesen erkannt hatte und teilgenommen hatte an ihrer Natur, wollte er den Umkreis der Kreise aufbrechen und die Macht desjenigen erkennen, der auf dem Feuer liegt[221].

Und der Mensch, welcher jede Vollmacht über die Welt der sterblichen und vernunftlosen Lebewesen besass, bückte sich[222] durch die Harmonie[223] <der Sphären>, indem er das Gewölbe[224] aufbrach und zeigte der [nach] unte<re>n [strebenden] Natur seine schöne Gottesgestalt. Als diese ihn erblickte in seiner Schönheit, an der man sich nicht satt sehen konnte, <und als sie sah>, wie er die ganze Wirksamkeit der Verwalter und die Gestalt Gottes in sich trug, lächelte sie in Liebe, da sie das Bild der schönsten Gestalt, nämlich des Menschen, im Wasser und dessen Schatten auf der Erde erblickte. Als er aber die ähnliche Gestalt erblickte, die in ihr (der Natur) im Wasser lag, geriet er in Liebe zu ihr und wollte daselbst wohnen. Zugleich mit dem Wunsch geschah die Verwirklichung und er nahm Wohnung in der vernunftlosen Gestalt. Die Natur aber empfing den Geliebten und umschlang ihn ganz und sie vermischten sich; denn sie waren Liebende.

Und deswegen ist im Gegensatz zu allen Lebewesen auf der Erde der Mensch zweifach: sterblich wegen des Körpers, unsterblich wegen des wesenhaften Menschen. Obwohl er nämlich unsterblich ist und über alles Macht besitzt, erleidet er Sterbliches, da er dem Schicksal unterworfen ist. Obwohl er oberhalb der Harmonie (des Sphärenschicksals) steht, ist er ein Knecht in der Harmonie[225] geworden. Mannweiblich, entstanden aus einem mannweiblichen Vater, und ohne Schlaf von einem Vater ohne Schlaf wird er beherrscht <von Liebe und Schlaf>[226]."

Mit der Schaffung des Menschen erreicht die Kosmogonie des Poimandres ihren Höhepunkt und Abschluss; denn entgegen dem Gliederungsschema von Nock-Festugière[227] beginnt hier nicht ein neuer Abschnitt, da die Anthropogonie die vorausgehende platonische Ontologie voraussetzt. Auch wird in unmittelbarer Fortsetzung von Kap 11 sehr stark die biblisch-monistische Tendenz betont: der Nus bleibt trotz des Demiurgen oberster Herr der Schöpfung und übergibt jetzt seine Machtfülle seinem Sohn. Im folgenden sollen zuerst die einzelnen Motive behandelt werden, worauf dann auch noch auf die Probleme um die Gesamtdeutung des Stücks eingegangen werden muss.

220 nach REITZENSTEIN, Gnomon 3, 1927, 271: Rang innerhalb der hierarchischen Abfolge der Planeten.
221 gemeint ist offenbar: die Macht des Demiurgen, insofern sie sich auf die sublunare Sphäre und auf den Menschen bezieht; diese kennt der Anthropos noch nicht.
222 παρέκυψεν, mit dem Nebensinn 'um nach etwas zu schauen'.
223 vgl noch die weiteren Uebersetzungsvorschläge bei NOCK-FESTUGIERE A 39 ad loc, die jedoch wegen der positiven Kosmologie weniger plausibel sind.

9.1. Der Mensch als Ebenbild Gottes

Der Mensch ist gottgleich; dies bedeutet aber nicht eine Wesensidentität, sondern nur eine Gleichheit, wie sie z.B. zwischen einem Bild und
seinem Original besteht. Nur so ist der sonst sinnlose Relativsatz 10.16
οὗ ἠράσθη ὡς ἰδίου τόκου überhaupt verständlich: obwohl Gott den Menschen selber geschaffen hat, besteht auch zum Anthropos noch eine gewisse Distanz, der Nus ist nicht identisch mit seinem Sohn (hier zeigt
sich ebenfalls die monistische Tendenz des Poimandres). Auch der Sprachgebrauch von ἴσος, besonders in den LXX und im NT[228], weist in dieselbe
Richtung. Wir dürfen als nicht von der Menschengestalt des Anthropos
auf eine solche des Nus schliessen und ebensowenig ist die Liebe Gottes
zum Menschen ein Narzissmus[229], sondern sie ist vielmehr Ausdruck der
Freude über die Offenbarung seiner selbst. Denselben Tatbestand zeigt
auch der Sprachgebrauch von εἰκών, das hier ganz im griechischen Sinn
verwendet ist: Nach Platon Tim 92c 6 ist ὅδε ὁ κόσμος eine εἰκών τοῦ
νοητοῦ <ζῴου>, aber wieder nicht mit ihm identisch. Das Bild bedeutet
nach griechischer Auffassung das Sichtbarmachen und Offenbar-Werden des
Wesens einer Sache; im Bild tritt sozusagen das Wesen einer Sache in Erscheinung (daher die echt griechisch empfundene Freude des Nus über sein
Ebenbild). Dementsprechend kann in Corp Herm VIII 2 + 5 der Kosmos als
das Ebenbild Gottes, der Mensch als das Ebenbild des Kosmos bezeichnet
werden, eine Konzeption, die dem Timaios wesentlich näher steht als diejenige des Poimandres. Bedeutsam ist noch, dass der Bildgedanke einen
ausgesprochen monistisch-optimistischen Hintergrund hat[230], was wieder
die positive Kosmologie unterstreicht. In diesem Zusammenhang darf auch
die Schönheit des Anthropos als typisch griechischer Gedanke gewertet
werden. Auch μορφή hat eine ähnliche Bedeutung: es bezeichnet die einem
Wesen eigentümliche Gestalt, die - im Gegensatz zu εἶδος - individuelle
Erscheinungsform eines Wesens und wird gerne im Zusammenhang der Epiphanie eines Gottes gebraucht[231]. Dem gegenüber ist im AT und im Judentum kein Raum für positive Aussagen über die Gestalt Gottes, der Poimandres bewegt sich auch hier in den Bahnen der griechischen Gottesvorstellung.

---

224 κύτος ist Konjektur SCOTTS (für κράτος der codd) unter Hinweis auf Corp Herm XVI
    8, 234.21: τὸ πᾶν...ἀέρος κύτος. Möglicherweise kann aber κράτος gehalten werden,
    vgl den textkritischen Apparat bei NOCK-FESTUGIERE ad loc.
225 ἐναρμόνιος = ἐν ἁρμονίᾳ· in dieser Bedeutung ist das Adjektiv ein Hapax legomenon,
    möglicherweise wegen einem Wortspiel mit dem vorangehenden Substantiv.
226 Die Textlücke ist ergänzt nach NOCK-FESTUGIERE im Apparat.
227 I p. 4
228 STAEHLIN ThWNT III 352.11 ff
229 so HAENCHEN 357
230 KLEINKNECHT ThWNT II 386 f
231 BEHM ThWNT IV 754.6 ff

9.2. Die Ermächtigung des Menschen

Die weiteren Ausführungen des Poimandres im Kap 13 haben nun alle nur den Zweck, die Macht des Menschen - man ist fast versucht zu sagen: seine Herrlichkeit - in ungewöhnlichem Masse zu steigern. Der Nus übergibt ihm alle seine Schöpfungen; hier liegt - entsprechend der biblisch-monistischen Tendenz - wohl eine Reminiszenz an Gen 1,28 f vor[232]. Der Mensch sieht nun im Vater[233] die Schöpfung - κτίσις in der Bedeutung von Schöpfung ist ebenfalls Sprachgebrauch der LXX[234] -, weil der Vater ja das ἀρχέτυπον εἶδος des Kosmos ist. Diese Schau erregt in ihm die Schöpferlust, die nun - im Gegensatz zur übrigen Gnosis - nicht als eine negative Grösse[235] gewertet ist, sondern im Gegenteil zur Machtsteigerung des Menschen dient; daher wird sie ihm auch vom Vater zugestanden. Wie beim Demiurgen fehlen auch dem Anthropos die für den gnostischen Demiurgen typischen Züge der Unwissenheit (bezüglich der Hierarchien über ihm) und der Ueberheblichkeit. Um nun die ganze ἐξουσία zu erhalten, geht er in die Sphäre des Demiurgen. Ἐξουσία hat hier nach dem Zusammenhang die Bedeutung 'von Gott stammende Vollmacht' und 'Wissen' (wegen κατενόησε und καταμαθών); diese Verbindung kommt nur noch vor im NT Mk 1,22 ἦν διδάσκων ὡς ἐξουσίαν ἔχων· hier liegt sicher christlicher Einfluss vor[236].

9.3. Der Mensch in der Sphäre des Demiurgen

In der Sphäre des Demiurgen wird der Mensch durch die Planetengaben weiter in seiner Machtfülle gesteigert, vgl im Kap 14, 11.10 den Ausdruck ἐνέργειαν τῶν διοικητόρων. Diese Planetengaben sind daher - entgegen der üblichen gnostischen Auffassung[237] - durchaus positiv zu werten. Der Interpret darf nicht zum Verständnis dieser Stelle das Kap 25 heranziehen, wo von 'negativen' Planetengaben die Rede ist[238]. Dort liegt eine andere Tradition vor, weil nicht mehr von 'Verwalter', sondern von ζῶναι gesprochen wird. Weiter ist zu bedenken, dass hier im Kap 13 immer noch das aristotelische Weltbild im Hintergrund steht, in dem die Planetensphäre den Bereich des Göttlichen und Ewigen darstellt.

---

232 Auch die Orphik kennt dieses Motiv: Zeus übergibt seinem Sohn Dionysos die Herrschaft; dieser verliert sich bei der Betrachtung seines Ebenbildes im Spiegel, wodurch es zur Anthropogonie kommt (→ Abs 9.4.3. Punkt 4). Wegen der christlichen Züge am Anthropos (→ Abs 9.8.) ist aber der Bezug auf die Bibel wahrscheinlicher.
233 Die Lesart ἐν τῷ πατρὶ der codd ist mit FESTUGIERE III 86 A 2 beizubehalten. Von den von FESTUGIERE herangezogenen Beispielen passt allerdings nur das erste, Kol 1,15.
234 FOERSTER ThWNT III 1026.37 ff
235 vgl als Musterbeispiel das Evangelium veritatis NHC I 3, wo die ganze Schöpfung eine πλάνη ist, geschehen wegen der Unwissenheit um den Vater.
236 Dies bemerkte schon REITZENSTEIN (p. 48 A 3), ohne dass er jedoch den richtigen Schluss daraus ziehen konnte. Vgl noch Abs 14.5.10.
237 vgl JONAS 183-185
238 Unsere Analyse des Kap 25 wird auch zeigen, dass die 'negativen' Planetengaben anders zu verstehen sind, als es auf den ersten Blick erscheint (→ Abs 12.5.4.6.). Die Planetengaben sind vom astrologischen Weltbild bestimmt und daher wertneutral.

Die Vorstellung von positiven Planetengaben ist in der Kaiserzeit
durchaus geläufig, z.B. bei Servius in Aen XI 51:

> Superis autem debemus omnia, donec vivimus, ideo quia, ut dicunt physici, cum
> nasci coeperimus, sortimur a Sole spiritum, a Luna corpus, a Marte sanguinem,
> a Mercurio ingenium, a Iove honorum desiderium, a Venere cupiditates, a Saturno
> humorem: quae omnia singulis reddere videntur exstincti.

Während an dieser Stelle die Gaben teils physischer, teils psychischer
Natur sind, sind sie bei einer analogen Makrobstelle (in somn I 12, 14)
rein psychischer Natur: Saturn gibt das λογιστικὸν und θεωρητικόν,
Jupiter das πρακτικόν, Mars das θυμικὸν usw. (Abgesehen vom astrologischen Element haben wir hier vor uns die rein griechische Vorstellung
von der Ausstattung des Menschengeschlechts durch die Götter, etwa in
der Art des Protagorasmythos im gleichnamigen Dialog Platons: Prometheus
stiehlt dem Hephäst und der Athene ihre Kunst samt dem Feuer und gibt
sie den Menschen (321d); später schenkt Zeus durch Hermes Recht und
Scham als Grundlage der staatlichen Gemeinschaft (322a). Auch der Pan-
doramythos Hesiods (op 60 ff; 80 f) gehört hierher.)

Der Poimandres weicht nun allerdings in charakteristischer Weise
von den beiden oben zitierten Stellen[239] ab: Bei ihm fehlt der *Abstieg*
von einer Sphäre zur anderen oder die *Wanderung* der Seele durch die
Sphären. Da nun die beiden Stellen ohnehin gegenüber dem Poimandres
jünger sind, gehört er offensichtlich nicht in diese Tradition, sondern
orientiert sich mehr an einem rein astrologisch bestimmten Modell[240].
Dies erklärt, warum der Poimandres keine näheren Angaben über die
Planetengaben macht; letztere konnten als bekannt vorausgesetzt werden.

9.4. Die Vereinigung des Menschen mit der Physis

9.4.1. Die Vollmacht des Menschen vor dem Fall

Vor der Vereinigung mit der Physis betont der Poimandres noch
einmal die ausserordentliche Macht des Menschen (Kap 14, 11.6-10).
Dazu dienen auch stilistische Mittel wie das - wegen seiner altertümli-
chen Bildung - feierlich wirkende διοικήτωρ sowie das Substantiv ἐνέργεια. Letzteres wird im Hellenismus und bei Philo zur Bezeichnung der
kosmischen und physischen Kräfte verwendet, die sich im Menschen und
seiner Umwelt auswirken[241]. Das AT und noch mehr das NT engen den Sprachgebrauch ein auf die Wirksamkeit nur von überirdischen Wesen (Gott, δαίμονες, Σατανᾶς), sodass man fast von einem Fachausdruck sprechen kann.
In vorchristlicher Zeit ist der Bezug auf Gott sehr selten[242], sodass
der sehr häufige Gebrauch dieses Wortes bei den Kirchenvätern eindeutig
auf das NT zurückgeht. Der Ausdruck des Poimandres in Zeile 10 πᾶσαν

239 Sie wurden erstmals von BOUSSET (Gött Gel Anz 1914, p. 735) in einen Zusammen-
     hang mit dem Poimandres gebracht.
240 siehe dazu die näheren Ausführungen in Abs 12.5.4.6.
241 BERTRAM ThWNT II 649.37 ff
242 vgl BAUER sv

ἐνέργειαν ἐν ἑαυτῷ ἔχοντα τῶν διοικητόρων kann somit vom christlichen
Sprachgebrauch angeregt worden sein, zumal die profanen Zeugnisse aus
der Kaiserzeit sehr spärlich sind[243]. Doch ist auch zu berücksichtigen,
dass die Sprache der Astrologen dieses Wort sehr gerne benützt,
um die Wirkung der Gestirne auf den Menschen zu beschreiben[244]. Dieser
Sprachgebrauch lässt sich durchaus in Verbindung mit Aristoteles bringen, doch sind die Zwischenglieder wegen des Verlustes der hellenistischen Literatur schwer nachzuweisen: In Met 1048b 29 ff stellt Aristoteles die ἐνέργεια der κίνησις gegenüber; κίνησις ist ein Prozess ohne
Ziel, ἐνέργεια eine κίνησις, insofern sie ein Ziel hat, d.h. ein Zustand
der Aktivität auf ein Ziel hin. Die Uebertragung auf Gott findet sich
in Met 1072a 25: (vom unbewegten Beweger) ἔστι τι ὃ οὐ κινούμενον κινεῖ
ἀΐδιον καὶ οὐσία καὶ ἐνέργεια[245].

Anders ist die Verwendung des Wortes in Zeile 15: ἅμα τῇ βουλῇ
ἐγένετο ἐνέργεια. Hier steht das Wort im spezifisch aristotelischen Sinn
von 'Wirklichkeit' als Gegenbegriff zu δύναμις (Met 1047a 30 - b2). Zugleich begegnen wir hier nochmals dem biblischen Willensbegriff, da das
Ineinander von göttlichem Willen und dessen Ausführung für das AT
typisch ist[246].

9.4.2. Der Eros und die Physis

Mit einem Lächeln in Liebe versucht nun die Physis, den Menschen
zu sich herunterzuziehen. Hier klingt das gnostische Motiv von der Gefährlichkeit der Liebe an, die den Menschen an die Welt fesselt. Am
krassesten zeigt sich dieses in einer mandäischen Stelle (Lidz Ginza R
120):

> "רוהא[247] und die Planeten begannen Pläne zu schmieden und sprachen: 'Auf,
> wir wollen eine Feier veranstalten, auf, wir wollen ein Trinkgelage ver-
> anstalten! Wir wollen Mysterien der Liebe treiben und die ganze Welt ver-
> führen!' "

Entsprechend fordert z.B. der Manichäismus die sexuelle Askese als Gegen-
massnahme[248]: Enthaltung von der Ehe, den Liebesfreuden und der Kind-
zeugung, damit nicht die Kraft durch die Erbfolge der Geschlechter län-
ger in der Materie weile. Neben der Geschlechtsliebe ist es auch die
Sinnenliebe sowie die Liebe zum Dasein überhaupt, die den Menschen gefangen hält. Dieser umfassenderen Konzeption begegnen wir im 1 Joh 2,15:

---

243 Ps-Kallisthenes (um 200 n. Chr.) 1, 30.4 KROLL: τὴν τοῦ θεοῦ ἐνέργειαν. DITTEN-
BERGER, Orientis Graeci inscriptiones, 1903 ff, p. 262, 4: περὶ τῆς ἐνεργείας
θεοῦ Διὸς (3. Jh. n. Chr.). Sallust περὶ θεῶν καὶ κόσμου Kap 3, p. 4,8 NOCK und
Kap 4, p. 4,17 NOCK (4. Jh. n. Chr.)
244 vgl NOCK-FESTUGIERE I p. 141 f. Der religiöse ἐνέργεια-Begriff würde eigentlich
gerade für die Spätantike eine Sonderbehandlung verdienen.
245 vgl noch KROLL 200-204
246 vgl Jes 46, 10-11 und DODD 129
247 aram. Geist, d.h. der Demiurg, also das Gegenprinzip zum höchsten Gott.
248 bei Alexander von Lykopolis, Kap 3, p. 4 BRINKMANN

"Habet nicht lieb die Welt noch was in der Welt ist! Wenn jemand die Welt
lieb hat, ist die Liebe zum Vater nicht in ihm. Denn alles, was in der Welt
ist, die Lust des Fleisches und die Lust der Augen und die Prahlerei in der
Lebensweise, stammt nicht vom Vater, sondern es stammt von der Welt."

Gegenüber diesen Zeugnissen nimmt der Poimandres eigentlich eine
andere Haltung ein: Der Eros ist hier noch in echt griechischer Weise
als positive Macht gefasst, denn das Unheilvolle der Vereinigung wird
erst durch die Interpretation des Kap 15 klar. Der Poimandres gibt erst
durch diese Deutung dem Mythos eine Richtung in malam partem. Auch die
'Verurteilung' des Eros im Kap 18, 13.9-11 und Kap 19, 13.16 behandelt
den Eros nicht als dämonische Macht, sondern eher als ontologisches
Prinzip, weil neben ihm gleichberechtigt die πλάνη tritt. Der Poimandres fordert deshalb auch nicht die sexuelle Askese mit der kategorischen Ausschliesslichkeit des Manichäismus.

Die Physis selber hat im Poimandres die Rolle einer Verführerin,
wie sie für die gnostischen Spekulationen typisch ist, z.B. in der sog
Baruch-Gnosis des Justin[249]: Edem, das weibliche Prinzip im System, ist
halb Jungfrau, halb Schlange und weckt die Begierde in Elohim (motivgeschichtlich der Weltschöpfer des AT). Aus ihrer Vereinigung entsteht
dann die Welt und der Mensch. Auch hier wird das Unheilvolle der Begegnung erst später klar, im Unterschied zum Poimandres jedoch durch den
Fortgang des Mythos selber: Edem gerät in Hass über Elohim, der sie im
Stich gelassen hat. Der Vergleich zeigt sehr schön die Eigenart des
Poimandres: Der Anthropos lässt sich von der Physis gerade nicht ver-
führen, sondern er fällt einem Irrtum zum Opfer[250]. Zum Motiv des Irrtums ist der ἐρώμενος in Platons Phaedr 255d 6 heranzuziehen: ὥσπερ ἐν
κατόπτρῳ ἐν τῷ ἐρῶντι ἑαυτὸν ὁρῶν λέληθεν. Wie bei Platon weiss auch
der Anthropos nicht, wie ihm geschieht.

9.4.3. Das Motiv des Spiegelbildes

Das Motiv des Spiegelbildes[251], weit verbreitet in der Gnosis,
kennt im wesentlichen die folgenden vier Typen:

1. *Ein im Wasser gespiegeltes Ebenbild gewinnt reale, selbstständige Existenz und löst sich vom Abgespiegelten.* Dieser Typ findet
sich u.a. bei den Mandäern (Lidz Ginza R 173): Abathur (ein abgestiege-
nes Lichtwesen) schaut in das schwarze Wasser und aus seiner Spiegelung
entsteht Ptahil, der Demiurg[252]. Dieser Typ ist sicher nicht griechischen Ursprungs und kommt für den Poimandres nicht in Frage.

---

249 Hipp ref V 26, 1 ff (126.29 ff W)
250 NILSSON II 587 A 3 unter Hinweis auf Kap 19: τὸ ἐκ πλάνης ἔρωτος σῶμα.
251 es ist vorbereitet durch das Linien- und Höhlengleichnis in Platons Staat.
252 weitere Beispiele: Ophiten bei Iren haer I 30,5; Apkr J 26,15-36,15; Gnostiker
    bei Plotin II 9, 10, 23; NHC III 3, 75.5.

2. *Ein im Wasser gespiegeltes Ebenbild dient schöpferischen Kräften als Vorbild für die Gestaltung des Menschen.* Im NHC II 4, 87.13 blickt die Unvergänglichkeit in das Wasser, die ἐξουσίαι verlieben sich in das Ebenbild, doch können sie es nicht erreichen; darauf bilden die Archonten den Menschen aus Staub und nach dem Bild Gottes, das sich im Wasser gezeigt hatte[253]. Dieser Typ geht zurück auf die Menschenschöpfung in Gen 1 und 2 und hat ebenfalls mit dem Poimandres nichts zu tun.

3. *Allegorische Deutung des Narzissmythos auf das Eingehen in die Materie bei Plotin I 6,8:*

> "Denn wenn einer diese (die Schönheiten der sichtbaren Welt) begierig ergreifen will als etwas Wahrhaftiges, wie einer, als ein schönes Eigenbild sich ihm auf dem Wasser zeigte, es ergreifen wollte, wie irgendwo ein Mythos, wie mir scheint, dunkel andeutet, dann aber in die Tiefe der Strömung versank und verschwand..., der wird...mit seiner Seele in dunkle Tiefen versinken."

Plotin verwendet den Mythos durchaus sinngemäss als Beispiel für die Gefährlichkeit, im Irdischen sein Ziel zu erblicken[254]. Während nun aber im Narzissmythos die unstillbare Selbstliebe die Ursache für den Tod der Hauptgestalt bildet, fällt im Poimandres der Anthropos einer Täuschung zum Opfer: Er glaubt im Wasser einen zweiten Anthropos zu finden. Der Poimandres passt somit zum Narzissmythos nur in der Form der Ausdeutung durch Plotin. Aber auch so haben wir noch Schwierigkeiten: Bei Plotin ist von einem Versinken in den Untergang die Rede, im Poimandres begründet der Anthropos mit der Physis das Menschengeschlecht. Der Narzissmythos hat offensichtlich mit dem Poimandres nichts zu tun; die Allegorese Plotins hat auch keine Parallelen in der gesamten übrigen Literatur.

4. *Neuplatonische Deutung eines orphischen Dionysosmythos.* Nach einem orphischen Mythos überwältigten die Titanen das neugeborene Dionysoskind dadurch, dass sie ihm Spielzeug und u.a. auch einen Spiegel gaben; mit diesem Spiegel beschäftigt, wurde es von ihnen gefesselt, zerstückelt und verteilt[255]. Der Neuplatonismus deutete diese Zerstückelung als Schaffung der Welt: Dionysos erblickte im Spiegel sein Abbild und schritt dann zur Schaffung der Welt[256]. Das im Spiegel erscheinende Ebenbild ist ein Gleichnis für die noetische Welt, die nach Platon[257] erst die Schöpfung der Welt ermöglicht. Die Deutung dieses Mythos durch Plotin IV 3, 12, 1 kommt nun dem Poimandres am nächsten:

> "Als die menschlichen Seelen ihre Abbilder dort (d.h. auf der Erde) erblickt hatten wie im Spiegel des Dionysos, gelangten[258] sie dorthin, nachdem sie von

---

253 ein weiteres Beispiel im Apkr J 48, 1 ff
254 vgl CHR. ELSAS, Neuplatonische und gnostische Weltablehnung in der Schule Plotins. Berlin 1975, p. 204.
255 frg 34, 209, 210, 211, 212-15 KERN
256 Proklos in Tim II 80,20 D und I 336,29 D.
257 Tim 39e 7
258 Das Motiv des 'Aufspaltens' stammt aus der ψυχογονία des Timaios (41d 4 ff); von da her war die Uebertragung auf den Dionysosmythos gegeben.

oben her aufgebrochen waren; aber auch sie wurden nicht von ihrem Ausgangspunkt und ihrem Nus abgeschnitten[259]. Sie kamen nämlich nicht mit ihrem Nus,
sondern sie gelangten zwar bis zur Erde, ihr Kopf hat aber über dem Himmel
einen festen Halt."

Unklar bleibt bei Plotin der Vergleich mit dem Spiegel des Dionysos,
erst Damaskios in Phaed I 129 Westerink gibt den entscheidenden Hinweis:
ὁ γὰρ Διόνυσος, ὅτε τὸ εἴδωλον ἐνέθηκε τῷ ἐσόπτρῳ, τούτῳ ἐφέσπετο καὶ
οὕτως εἰς τὸ πᾶν ἐμερίσθη. Offenbar wurde in der neuplatonischen Schul-
tradition der Narzissmythos mit dem Dionysosmythos verbunden (wobei
letzterer allerdings dominierte), und dieser Tradition steht auch der
Poimandres nahe. Aber wieder dürfen wir die Eigenständigkeit des Poimandres nicht übersehen: Er spricht nicht von einem Spiegel des Dionysos,
denn seine Darstellung ist völlig in sich verständlich. Die Schaffung
der Seele erfolgt nicht durch Zerstückelung, sondern durch genealogische
Abfolge. Nur im Poimandres kommt das Motiv des Irrtums vor; dafür fehlt
bei ihm der Bezug des Spiegelbilds auf die noetische Welt. Das heisst
somit: der Poimandres hat offenbar auch nichts zu tun mit dieser neuplatonischen Tradition, sondern er hat sich vom allgemein verbreiteten
Spiegelmotiv bloss anregen lassen zu einer *Darstellung sui generis*.

9.5. Der Mensch als ein dem Schicksal unterworfener Sklave

Das Kap 15 unterbricht die Anthropogonie, da der Poimandres wegen der
bisherigen positiven Kosmologie die negativen Konsequenzen der Liebe
des Anthropos darstellen muss, und zwar in Antizipation des Kap 19 ff.
Haenchen[260] charakterisiert dieses Kap als bewegende Klage; vergleicht
man es aber mit einer analogen Stelle in der manichäischen Kosmogonie[261]:

"Er (Jesus) zeigt ihm (dem Adam) die Väter in der Höhe und sein eigenes Selbst,
hineingeworfen in alles, vor die Zähne der Panther und Elephanten, verschlungen
von den Verschlingern, verzehrt von den Verzehrern, gefressen von den Hunden,
vermischt und gefesselt in allem, was ist, gefangen im Gestank der Finsternis",

so zeigt sich doch ein gewaltiger Unterschied. Hier im Poimandres spricht
keine Weltverachtung und kein Welthass, auch keine Weltangst, sondern
nur ein rein menschliches Bedauern darüber, dass es mit dem Menschen
so weit hat kommen müssen. Dahinter steht eigentlich der griechische
ἔλεος-Begriff, wie ihn Aristoteles in seiner Poetik (1453a 4) definiert
hat: ἔλεος περὶ τὸν ἀνάξιον <δυστυχοῦντα>, d.h. es liegt ein Missver-
hältnis vor zwischen den objektiven Lebensumständen eines Menschen und
dem, was ihn an Leiden trifft. Das war offenbar der tiefere Sinn der
Machtsteigerung des Menschen in den Kapp 13 und 14 und wird im Kap 15
nun zusätzlich hervorgehoben durch die antithetische Gedankenführung.

---

259 Dies ist Plotins eigene These, dass die Seele immer im Geist bleibt; sie setzt eine
    einfachere Version voraus, wonach die Seelen abgeschnitten, zerteilt werden und
    fallen (W. BURKERT).
260 360
261 REITZENSTEIN-SCHAEDER 346 f.

Auch der Ausdruck οὐσιώδης ἄνθρωπος weist in dieselbe Richtung: er ist keineswegs wertend im Sinne einer negativen Kosmologie gemeint, da er ebenfalls im Asklepios vorkommt[262], der zu den sog optimistischen Traktaten gehört:

> Solum enim animal homo duplex est; et eius una pars simplex, quae, ut Graeci aiunt, οὐσιώδης, quam vocamus divinae similitudinis formam; est autem quadruplex (d.h. die 4 Elemente enthaltend), quod Graeci ὑλικόν, nos mundanum dicimus, quo circumtegitur illud, quod in homine divinum esse iam diximus.

Der Sache nach geht diese Unterscheidung auf Platon zurück: in der Resp 589a 7 wird vom τοῦ ἀνθρώπου ὁ ἐντὸς ἄνθρωπος gesprochen. Dieser sog innere Mensch ist nach dem Kontext die Vernunft, deren Aufgabe es ist, den mutartigen Teil der Seele und den vielteiligen dritten Seelenteil (= die Triebe) zu beherrschen. Im Anschluss daran bezeichnet dann Philon den νοῦς als ὁ ἐν ἡμῖν πρὸς ἀλήθειαν ἄνθρωπος (plant 42) oder als ὁ ἄνθρωπος ἐν ἀνθρώπῳ (congr 92). Aehnlich wie Philon spricht dann auch der Poimandres im Kap 18 und 21 vom ἔννους ἄνθρωπος, der den Menschen zur Wahrheit (= zur Erlösung) führt. Ebenso unterscheiden auch die Markosier in echt platonisierender Tradition einen interior homo, d.h. einen filius a Patre, der beim Tod in die obere Welt emporsteigt, vom Körper, der in der Welt zurückbleibt und die Seele dem Demiurgen zurückgibt[263]. Im Unterschied zu Platon ist aber der Dualismus in der Gnosis radikaler, weil der Gegensatz zwischen Geist und Materie spielt; diese Entwicklung ist aber ebenfalls von Platon angebahnt worden: Im Timaios gab Platon die Seelentrichotomie auf zugunsten der Dichotomie; nur noch das λογιστικόν ist unsterblich, das θυμοειδές und das ἐπιθυμητικόν sind losgelöst vom noetischen Seelenteil als sterbliche Teile in die Brust und den Bauch des Menschen verlegt (69e ff). Dies bedeutet innerhalb der Seelenlehre Platons eine gewaltige Aufwertung des Noetischen.

Vom Timaios her gesehen ist es nun leicht verständlich, warum in der Hermetik οὐσιώδης die Bedeutung von θεῖος oder ἀθάνατος angenommen hat[264], während es sonst die reale Existenz (auch einer individuellen Person) bezeichnet. Diese Bedeutungsentwicklung ist ebenfalls von Platon beeinflusst, weil bei ihm οὐσία oft das unveränderliche Sein im Gegensatz zum Werden und Vergehen bezeichnet[265].

Auch in der Abwertung des Schlafes zeigt sich platonischer Einfluss. Hatte Homer noch das Beglückende am Schlaf hervorgehoben und folgerichtig ihn als Herrn aller Götter und Menschen bezeichnet[266], so hat dann vor allem Platon in der Resp[267] festgehalten, dass im Schlaf das θηριῶδές

---

262 Kap 7 (NOCK-FESTUGIERE II 304.1)
263 Iren haer I 21, 5; zum Ganzen vgl JOACH JEREMIAS ThWNT I 366,17 ff.
264 vgl Corp Herm II 4, IX 5, XIII 14
265 Phaed 65d-e; Resp 359a-b; soph 232c; Tim 29c; Aristoteles Met 1003b 5-10; part an 640a 18; 641b 32-33; 646a 25-26.
266 vgl BALZ ThWNT VIII 545,30 ff mit Stellenbelegen
267 503d, 537b, 571c, 572b.

τε καὶ ἄγριον über das λογιστικὸν καὶ ἥμερον gewinne und der Mensch ein Tummelplatz unkontrollierter Begierden werde. Konsequenterweise war wenig Schlaf eine Grundforderung im Ordensleben der Akademie. Ganz im Sinne Platons spricht auch der Poimandres im Kap 27 vom ὕπνος ἄλογος. Die Uebertragung des Gedankens auf Gott findet sich ausserhalb des Poimandres noch in den Act Thom 60 (177.9 Lipsius-Bonnet): ὁ ἄϋπνος καὶ τοὺς ἐν ὕπνῳ διεγείρων, ὁ ζῶν καὶ ζωοποιῶν τοὺς ἐν τῷ θανάτῳ κατακειμένους, und 66 (182.17 - 183.1 L-B): καθευδόντων ὑμῶν ἐν τῷ ὕπνῳ τούτῳ τῷ καταβαροῦντι τοὺς καθεύδοντας αὐτὸς ἄϋπνος ὢν διαφυλάσσει. Daraus können wir entnehmen, dass der Poimandres hier zu gleichen Teilen von der platonischen Tradition und von der christlichen Gnosis abhängig ist[268].

9.6. Das Eingehen des Menschen in die Materie als göttliches Wollen

Wie ist nun der 'Mythos' vom Anthropos zu deuten? Die Forschung hat ihn bis heute als Fall des Menschen in die Materie aufgefasst, wobei besonders Festugière ihn dahingehend interpretierte, dass im Poimandres persönliche Schuld und äussere Notwendigkeit zusammen den Fall des Menschen verursachen[269]. Demgegenüber müssen wir nun doch aufgrund der obigen Einzelinterpretation diese Deutung stark modifizieren; in Auseinandersetzung mit Festugière halten wir an folgendem fest:

1. Das ἠβουλήθη κατανοῆσαι in 11.5 ist nicht im Hinblick auf Plotin II 9, 11, 21 als τόλμα und ἀλαζονεία zu verstehen, sondern es gehört als positive Eigenschaft zur ἐξουσία des Anthropos. Auch die negative Wertung der Neugier in Asklepios 14 und in der Κόρη Κόσμου 22 (Corp Herm frg 23, p. 7, 11 ff) darf hier nicht zu Erklärung herangezogen werden.

2. Der Eintritt in die Sphäre des Demiurgen ist kein malum, weil diese Sphäre immer noch zum göttlichen Bereich gehört (aristotelisches Weltbild!) und der Mensch gerade nicht die negativen Eigenschaften der Planeten erhält. Der Poimandres schildert daher den Gang des Anthropos durch die Sphären nicht als sukzessiven Fall in die Materie, sondern als eine Art 'Reise', die erst am Schluss mit einem Unglück endet.

3. Die Vereinigung mit der Physis ist nicht das (negativ zu wertende) Verlangen nach der Materie, wie es z.B. bei Numenios zum Ausdruck kommt (frg 11,20 des Places: ἐπορεξάμενος τῆς ὕλης), denn der Anthropos fällt einem Irrtum zum Opfer. Auch die von Festugière herangezogenen Plotinstellen[269], in denen von magischen oder starken Kräften die Rede ist, mit denen die Seele herabgezogen wird, passen nicht auf den Poimandres, weil hier der Mensch der Verführung durch die Physis gerade nicht erliegt.

---

268 Die Gnosis konnte hier anschliessen an ψ 120,4: ἰδοὺ οὐ νυστάξει οὐδὲ ὑπνώσει ὁ φυλάσσων τὸν Ἰσραήλ. Dabei ist die im AT mehr dynamisch zu verstehende Aussage im Griechischen auf charakteristische Weise ins Ontologische erhoben.
269 III 93 ff

4. Wir dürfen aber auch nicht im συνεχωρήθη 10.21 eine Notwendigkeit erblicken, die zum Fall des Menschen führen muss. Das Verb besagt nur eine Möglichkeit, keine Notwendigkeit. Im Poimandres ist aber auch nicht die Rede von einer ῥοπὴ αὐτεξούσιος (Plotin VI 8, 5, 26) oder von einer bewussten Absonderung der Seele aus Ermüdung (Plotin IV 8, 4, 11).

Das bedeutet nun: Wohl steht im Hintergrund des Anthropos-'Mythos' die platonische Ontologie, aber der 'Mythos' enthält auch wesentliche Elemente, die sich nicht auf den Platonismus zurückführen lassen. Der Anthropos steht eigentlich diesseits der Alternative Schuld oder Notwendigkeit. Sein Eingehen in die Materie ist ebenso sehr göttliches Wollen wie tragisches Verhängnis. Es ist zu beachten, dass der Poimandres ausdrücklich sagt ἠβουλήθη αὐτοῦ οἰκεῖν 11.14 und dies gleich anschliessend mit dem biblischen Willensbegriff in Verbindung bringt: ἅμα τῇ βούλῃ ἐγένετο ἐνέργεια. Im Poimandres fällt somit nicht so sehr ein verführbarer Mensch, sondern ein unverführbarer Gott. Um dies noch besser zu verstehen, vergleichen wir am besten den 'Mythos' mit den Parallelen aus der übrigen Gnosis. Da diese aber meist im Zusammenhang mit dem sog Urmenschmythos besprochen werden, müssen wir auch kurz auf diesen eintreten.

9.7. Der Urmenschmythos
9.7.1. Der Urmensch in der bisherigen Forschung

W. Bousset hat als erster den Poimandres in einen grösseren Zusammenhang gestellt und gelangte dabei auf Grund des ihm damals bekannten Materials zu folgender Theorie: Es hat einen uralten Mythos gegeben, in welchem berichtet wurde, dass die Welt durch das Opfer des Urmenschen entstanden, aus seinem Leib gebildet sei[270]. In dem Masse, als sich die griechische Gedankenwelt mit orientalischen Phantasien vermählte, hat dieser Mythos eine neue Wendung bekommen. Aus dem am Anfang der Weltschöpfung geopferten Urmenschen wird nun der Protanthropos, der Erstgeborene der Gottheit, der zweite Gott, der im Anfang der Weltentstehung in die Materie hinabsinkt oder in die Materie hinabgelockt wird und so den Anstoss zur Weltentwicklung gibt[271]. Dieser Mythos liegt nun nach Bousset auch im Poimandres vor, allerdings in einer anthropologischen Wendung, weil nun nur noch die Entstehung des Menschen und nicht mehr die der Welt aus dem Fall des Urmenschen abgeleitet wird.

Diese Theorie Boussets hat dann R. Reitzenstein von philologischer Seite zu beweisen versucht[272]: Es gab eine vorchristliche, auf iranischem Boden ausgebildete Lehre, welche die Seele oder den inneren Menschen als Gottwesen fasst, das aus der Lichtwelt in die Materie herab-

---

270 BOUSSET 215
271 BOUSSET 216
272 die Stellenbelege aus dem Werk von REITZENSTEIN sind gesammelt bei SCHENKE 20 ff.

gesendet und aus ihr wieder befreit und zurückgerufen wird. Der Urmensch
ist der zuerst Erlöste und dann der Erlöser für das ganze übrige menschliche Geschlecht. Reitzenstein kam so zum Begriff des salvator salvandus
bzw salvatus.

Diese Thesen Boussets und Reitzensteins haben in der Forschung
eine grosse Nachwirkung gehabt und wurden vor allem von den Neutesta-
mentlern weitgehend übernommen, so von Bultmann, W. Bauer, Dibelius,
Cullmann, Schmithals u.a.[273]. Demgegenüber ist eine Gegenposition nur
in Ansätzen entwickelt worden, bemerkenswerterweise aber meistens im
Zusammenhang mit der Poimandresinterpretation. So hält Ed. Meyer[274] den
Anthropos für eine Weiterbildung von Philons himmlischem Menschen.
Aehnlich ist auch die Auffassung Scotts[275]: Die Gestalt des Anthropos
ist von jüdischen Denkern übernommen worden, die ähnlich wie Philon
Spekulationen über einen himmlischen Menschen angestellt hätten. Der
himmlische Mensch dieser jüdischen Philosophen aber verdankt seine Entstehung einer Kombination von platonischen Gedanken mit den Aussagen
der Genesis. Auch Nilsson[276] nimmt an, dass der Anthropos-Mythos durch
die Einführung des philonischen Anthropos in die dualistische Gedankenwelt der Gnostiker entstanden sei. Den iranischen Ursprung zweifelt er
sehr stark an, hält aber die Herkunft aus dem Orient für den Anthropos
Philons für höchst wahrscheinlich, der Anthropos sei ja eine Erlösergestalt. All diesen Thesen steht entgegen die Dissertation von K. Steur
aus dem Jahre 1935[277], nach welcher keinerlei Beziehung zwischen der
Anthroposgestalt des Poimandres und der philonischen Exegese von Gen
1,26 besteht.

Eine programmatische Gegenposition zu Bousset-Reitzenstein hat erst
G. Quispel vorgetragen[278]. Der Anthropos-Mythos war ursprünglich Sophia-
Mythos und ist im jüdischen Raum entstanden. Er hatte ursprünglich die
folgende (hypothetische) Gestalt: Gott schafft aus dem Chaos die sieben
Archonten durch die Vermittlung seiner חָכְמָ. Diese wirft ihr Schatten-
bild auf die Urwasser des תֹּהוּ וָבֹהוּ. Darauf bilden die Archonten die Welt
und den Körper des Menschen, der auf der Erde wie ein Wurm herumkriecht.
Die חָכְמָה schenkt ihm dann den Geist[279]. Später tritt dann der gnostische Anthropos an die Stelle der Sophia[280]. Diese jüdischen Urmensch-
spekulationen sind noch zusätzlich beeinflusst von der platonischen
Lehre von einem Fall der Seele in diese Welt von Geburt und Tod und
von der Fesselung der Seele an den Leib[281].

---

273 ein guter Ueberblick bei SCHENKE 28 ff.
274 Ursprünge und Anfänge des Christentums, 1921-23, II 375 + 377.
275 4 f.
276 II 581 f.
277 Poimandres en Philo, Diss Nijmegen 1935
278 Eranos-Jahrbuch XXII 1953, 195-234
279   "   "   "   "   202
280   "   "   "   "   214

H.M. Schenke[282] hat dann versucht, unter Einbeziehung der Nag-Hammadi-
Texte den Urmenschmythos auf eine andere Basis zu stellen. Er machte
dabei klar, dass hinter dem gnostischen Urmenschen eine ganz neue Anthropologie und Theologie steckt, die mit aller Deutlichkeit in NHC II 3,
71, 35 ff ausgesprochen wird:

> "Gott schuf den Menschen und die Menschen schufen Gott. So ist es auch in der
> Welt, da die Menschen Götter schaffen und sie ihre Schöpfungen verehren. Es
> würde sich ziemen, dass die Götter die Menschen verehren, wie es der Wahrheit
> entspricht."

Der Mensch hat nach gnostischer Auffassung auf Grund seiner Herkunft
eine gottgleiche Stellung, d.h. er ist letzten Endes identisch mit
Gott[283]. Zwischen Gott und dem innersten Kern des Menschen besteht eine
Wesensgleichheit. Der Begriff Urmensch bedeutet somit zweierlei: 1. den
ersten irdischen Menschen und 2. den Gott 'Mensch'. Diese Theologie
von einem Gott 'Mensch' ist nach Schenke ein Produkt vor- oder neben-
christlicher jüdischer (oder samaritanischer) Gnosis, aus deren allego-
rischen Exegese von Gen 1,26 sich mit der Zeit der Urmenschmythos entwickelt hat[284].

Eine mehr ideengeschichtliche Herleitung hat dann C. Colpe[285] versucht. Der gnostische Urmensch hat seinen Ursprung in der Makrokosmos-
Mikrokosmos-Idee, derzufolge der Kosmos in seinem Aufbau nach Analogie
des Menschen verstanden wird. In der gnostischen Weiterbildung ist er
teils zu einem universalen Pleroma spiritualisiert (z.B. im Apkr J),
teils innerhalb dieses Pleroma zu einer zentralen Hypostase konzentriert
(z.B. im Poimandres). Als Hypostase ist er oberster oder bester Teil
im Makro- wie im Mikrokosmos, bzw oberster oder bester Teil der Weltseele und der Menschenseele, Himmelsmensch im Kosmos und innerer Mensch
im äusseren Erdenmenschen.

9.7.2. Der Vergleich mit den Parallelen

Es kann hier nicht darum gehen, die schwierigen Probleme um den
Urmenschmythos nochmals grundsätzlich aufzurollen, zumal wegen der
Quellenlage dies mehr den Theologen als den klassischen Philologen an-
geht. Aus diesem Grund wurde oben auch nicht auf die Kritik[286] einge-
treten, die bisher von den einzelnen Forschern schon geäussert worden
ist. Vielmehr soll hier nachgeholt werden, was die Forschung bisher ver-
säumt hat, nämlich ein *genauer* Vergleich des Poimandres mit seinen
Parallelen. Dieser Vergleich ist notwendig, weil der Poimandres trotz

281 Eranos-Jahrbuch XXII 1953, 219
282 69
283 vgl dazu G. QUISPELS Auffassung von der Gnosis als Religion der Selbsterlösung,
   in: Eranos-Jahrbuch XXII 1953, 234.
284 vgl insbesondere SCHENKE 72 ff.
285 ThWNT VIII 416.14 ff
286 Grundlegend ist immer noch das Buch von C. COLPE, die religionsgeschichtliche
   Schule (→ Bibliographie).

der Nag-Hammadi-Funde immer noch die Hauptgrundlage für den Urmenschmythos darstellt. Die Reihenfolge der nachstehenden Untersuchungen ist
nicht chronologisch, sondern beginnt mit denjenigen Texten, die dem
Poimandres am nächsten stehen, um dann zu den fernerstehenden fortzu-
schreiten.

9.7.2.1. Die Naassenerpredigt (Hipp ref V 7,3 - 9,9)

Nach der Rekonstruktion von Schenke[287] hat die Anthropologie der
Naassener etwa folgende Gestalt (in Klammer die Seiten- und Zeilenangabe
nach der Ausgabe von Wendland):

Der Vater des Alls heisst Adamas, ἀρχάνθρωπος (86,7; 88,1). Er gebiert (ἐγέννη-
σεν) einen Sohn (97,24 - 98,3), der dem Vater wesensgleich ist (κατὰ πάνθ' ὁμοούσιος;
91,5) und ebenfalls ἀρχάνθρωπος (86,9) genannt wird. In der unteren Welt formen die
vielen Kräfte, die unter dem Demiurgen Esaldaios stehen, eine Gestalt, nämlich Adam,
den ersten irdischen Menschen nach dem Bild des Vaters des Alls (80, 6-8). Diese
Gestalt ist aber noch ohne Leben (80,6). Der Sohn des Vaters steigt nun von der oberen
Welt herab, kommt unerkannt an den zwischen der oberen und unteren Welt sich befinden-
den Gewalten (= Planeten) vorbei und nimmt Wohnung in dem ihm und seinem Vater ähnlichen Gebilde (91,17 - 92,1). Dieser Körper erweist sich aber als Falle, der herabge-
kommene Urmensch ist in ihm wie in einem Grabe gefangen (93,13). Der Sohn wird aber
auch noch durch die Vermehrung des Adams in unzählige Teile zerspalten. So stehen sich
gegenüber der ἀχαρακτήριστος ἄνθρωπος (92,5; 93,3) in der oberen Welt (= der Vater
des Alls) und der κεχαρακτηρισμένος ἄνθρωπος (93,3; 91,23) in der unteren Welt
(= Sohn des Allvaters).

Mit dem Poimandres zeigen sich hier folgende Gemeinsamkeiten:
- *Der Vater gebiert einen Sohn,* aber im Unterschied zum Poimandres
  herrscht hier ausdrücklich eine vollständige Wesensgleichheit, d.h.
  schon der Vater ist 'Mensch'. Wir dürfen daher nicht mit Schenke[288]
  den Rückschluss ziehen, dass auch im Poimandres der Nus identisch mit
  dem Anthropos ist. Es ist nicht gesichert, ob der Poimandres überhaupt in den Umkreis der gnostischen Theologie von Gott 'Mensch'
  gehört. Dasselbe zeigten auch die sprachlichen Untersuchungen im
  Abs 9.1.

287 57 ff. Nach dem neuesten Rekonstruktionsversuch der Naassenerschrift von JOSEF
    FRICKEL, Hellenistische Erlösung in christlicher Deutung, Leiden 1984, p. 51-58
    ist die Bezeichnung Gottes als des oberen Menschen sowie die Knechtung des (in-
    karnierten) oberen Menschen durch die Seele grundlegender Bestandteil der an-
    fänglichen Anthropos-Lehrschrift, die dann von dem Naassener und christlichen Anthro-
    pos-Gnostiker überarbeitet worden sei. Das Problematische an diesem Rekonstruk-
    tionsversuch ist immer noch die von FRICKEL übernommene These REITZENSTEINS, dass
    die heidnische Urfassung sowie die gnostische Ueberarbeitung vorchristlich sein
    müssen. In Wirklichkeit zeigt aber die Terminologie der von FRICKEL rekonstruier-
    ten Urfassung (p. 214 ff), dass auch in ihr bereits christliche Elemente ent-
    halten sind, denn die Bezeichnung Gottes als des oberen Menschen oder als Mensch
    Adamas sowie der Begriff Sohn des Menschen kann nur aus der Theologie des NT
    entwickelt worden sein. Damit sei nicht bestritten, dass die Naassenerpredigt
    nicht auch verschiedene Schichten enthält, die aus späterer Ueberarbeitung
    stammen. In unserem Fall greifen wir aber besser zur älteren Rekonstruktion von
    SCHENKE, da wir nicht das genaue Verhältnis des Poimandres zur Naassenerpredigt
    untersuchen möchten, sondern durch den Vergleich nur die Eigenart des Poimandres
    besser herausstellen wollen.
288 46

- *Der Sohn nimmt Wohnung in der Materie,* aber mit anderer Begründung: Da
die Naassenerpredigt die Menschenschöpfung von Gen 2 voraussetzt, ist
wohl an ein Analogon zum Einhauchen des göttlichen Atems in den Menschen gedacht; im Poimandres hingegen beruht die Inkarnation auf dem
göttlichen Wollen und dem Eros. Im Poimandres vermittelt der Anthropos durch sein Eingehen der Physis auch die menschliche Gestalt, er
ist nicht bloss gestalterisches Vorbild. In diesem Punkt steht der
Poimandres der Bibel fern.
- *Die Schaffung der einzelnen Menschen geschieht durch genealogische
Abfolge*[289], nicht durch Zersplitterung auf einzelne Körper wie im oben
erwähnten Dionysosmythos. Hier dürfen wir vermuten, dass der Anthropos
Züge des biblischen Adam trägt.
Daneben zeigt der Poimandres viele Besonderheiten, deren gemeinsamer
Hintergrund die positive Kosmologie ist gegenüber der negativen der
Naassener.

9.7.2.2. Das hermetische Fragment bei Zosimus[290]

Zusammengefasst finden wir hier folgende Anthropologie:

Es wird ebenfalls unterschieden zwischen einem äusseren Menschen (= Thot = Adam)
und einem inneren Menschen (= Licht; Wortspiel mit φῶς und φώς). Als 'Licht' in dem
von der Heimarmene durchwehten Paradies war, suchten die Archonten ihn zu überreden,
den von ihnen aus den 4 Elementen gebildeten Adam anzuziehen. Da 'Licht' arglos war,
wandte er sich nicht ab; sie dagegen rühmten sich nun, ihn geknechtet zu haben.

Neben der Unterscheidung innerer - äusserer Mensch, die für die
Hermetik charakteristisch ist (→ Abs 9.5.), findet sich auch das Motiv
von der *Arglosigkeit des Menschen,* das Poimandres und Zosimus gemeinsam
ist; aber wieder zeigt sich ein Unterschied: im Poimandres findet keine
Uebertölpelung statt, was wieder die positive Kosmologie desselben
unterstreicht. Bei Zosimus fehlt eine genaue Bestimmung des 'Lichtes' in
seinem Verhältnis zum höchsten Gott, sodass es auch hier fraglich ist,
ob dieses Fragment zur Gott 'Mensch'-Theologie gehört.

9.7.2.3. Die Schrift 'Wesen der Archonten' (NHC II 4, 87, 11 ff)

In der Schrift 'Wesen der Archonten' wird die Entstehung des
Menschen wie folgt geschildert:

Der höchste Gott, die sog Unvergänglichkeit, spiegelt sich in den Wassern der
Tiefe. Die Archonten verlieben sich in dieses Spiegelbild. Da sie es aber nicht erreichen können, weil es etwas rein Geistiges ist, versuchen sie es mit einer List: sie
bilden einen dem Spiegelbild ähnlichen Körper aus Erde, um es in diesen vermöge der
Aehnlichkeit hineinzulocken und darin festzuhalten. Die List gelingt: das inzwischen
in den Himmel zurückgekehrte Spiegelbild Gottes steigt in den Leib hinab und bildet,
ihn ihm gefangen, den geistigen Teil und das Lebensprinzip des Menschen.

Diese Stelle, die auch etwas Licht wirft auf das Uebertölpelungs-
motiv bei Zosimus, erinnert in folgendem an den Poimandres:

---

289 Dazu tritt in der Naassenerpredigt noch die 'Spaltung' in den oberen und den
    unteren Menschen, die allerdings im erhaltenen Text nicht explizit erwähnt wird.
290 bei M. BERTHELOT, les alchimistes grecques II p. 230,17 - 233,2)

- *Ein Spiegelbild zeigt sich im Wasser,* jedoch ist es im Poimandres
nicht auch gestalterisches Vorbild (vgl Abs 9.7.2.1.); dadurch wird
die Distanz Mensch - Gott wesentlich weniger betont als in der Nag-
Hammadi-Schrift.
- *Ein untergeordnetes Wesen verliebt sich in das Spiegelbild, kann es
aber nicht erreichen;* im Poimandres fehlt aber das Motiv der List,
obwohl auch hier eine Täuschung vorkommt: der wesentliche Grund für
das Herabkommen ist das persönliche Wollen des Anthropos und sein Eros.
Auch in dieser Schrift ist nicht ausdrücklich von einem Gott 'Mensch'
die Rede.

9.7.2.4. Die sog 'Titellose Schrift' (NHC II 5, 108, 2 ff)

In der sog Titellosen Schrift findet sich eine Stelle, die eine
gewisse Verwandtschaft mit dem Poimandres aufweist:

> Das höchste Wesen heisst hier nun ausdrücklich 'Mensch'. Um den unwissenden
> Demiurgen Jaldabaoth von der Existenz dieses Menschen zu überzeugen, erscheint ihm
> und seiner Paargenossin Pronoia der Gott 'Mensch' in Gestalt eines Boten, genannt
> Licht-Adam. Die Pronoia verliebt sich in ihn, doch jener verweigert sich ihr. Aus
> diesem Liebesverhältnis, dessen Art auf Grund der Darstellung nicht recht klar wird,
> entspringt der Eros und die Pflanzenwelt. Nach zweitägigem Aufenthalt kehrt der
> Licht-Adam ins Lichtreich zurück.

Die Gemeinsamkeit mit dem Poimandres besteht darin, dass *das
hinabsteigende Wesen der Verführung nicht erliegt,* wieder ist aber die
Begründung anders: während in der Nag-Hammadi-Schrift der Licht-Adam die
Finsternis hasst (psychologischer Grund), sieht der Anthropos die Physis
in seiner Arglosigkeit gar nicht, d.h. er kann von seinem Wesen her gar
nicht verführt werden. Wegen der ausgesprochen negativen Kosmologie verschleiert die Titellose Schrift absichtlich das Liebesverhältnis; der
Poimandres macht das nicht, weil er den Eros als positive Grösse auffasst.

9.7.2.5. Die Baruch-Gnosis des Justin (Hipp ref V 23-27)

Die sog Baruch-Gnosis ist der Forschung eigentlich erst durch
E. Haenchen[291] erschlossen worden: es handelt sich hier um ein selbst-
ständiges gnostisches System, das griechische, jüdische und christliche
Einflüsse gleichwertig nebeneinander zeigt. Obwohl es nicht zum Umkreis
der Urmensch-Theologie gehört, lohnt sich ein Vergleich mit dem Poimandres (in Klammer Seiten- und Zeilenangabe der Ausgabe von Wendland):

> Das System von Justin kennt 3 Prinzipien (ἀρχαὶ τῶν ὅλων ἀγέννητοι):
> 1. Der Gute als höchstes göttliches Wesen (126,30) 2. Elohim (127,7) = der Vater alles
> Gezeugten (126,32) 3. Edem (halb Jungfrau, halb Schlange) = die Mutter Erde (127.3).
> Elohim und Edem sind im Gegensatz zum Guten nicht mit der Kraft der Vorhersehung
> begabt (126,32) und schaffen in Unwissenheit um die Existenz des Guten die Welt: Sie
> vereinen sich in Liebe, woraus 24 Engel entstehen, die das Paradies bilden (127,
> 9-20). Die 12 Engel Elohims nehmen von der besten Erde, d.h. vom oberen Teil Edems

---

291 Das Buch Baruch, ein Beitrag zum Problem der christlichen Gnosis, in: Gott und
Mensch, Tübingen 1965, p. 299-334.

und schaffen daraus Adam (127,28); Edem legt in ihn die Seele, Elohim sein Pneuma (128,3). Nachdem nun Elohim im Einvernehmen mit Edem die Welt geschaffen hat, fährt er mit seinen Engeln in die Himmelshöhe, um zu sehen, ob der Welt noch etwas fehle (129,1). Dabei lernt er nun den höchsten Gott kennen (129,6), er erhält Eingang zum Guten, der ihm den Platz zu seiner Rechten anweist (129,14) und so Elohim bei sich behält. Die verlassene Gattin, im Glauben über die vermeintliche Untreue ihres Gatten, lässt nun das Pneuma im Menschen dasselbe leiden, was er sie leiden lässt (129,20 ff). So kommt es zum Sündenfall des Menschen, der -motivgeschichtlich betrachtet- im Anschluss an Gen 2 und 3 erzählt wird (130,5 ff).

Obwohl das äussere Geschehen vom Poimandres sehr verschieden ist, da es sich stärker am AT orientiert, ergeben sich von der inneren Struktur her folgende wichtige Gemeinsamkeiten:

- Es ist der *Eros,* der zur Entstehung der Welt, bezw des Menschen führt, wobei der Poimandres allerdings den Anthropos nicht von der Physis verführten lässt.

- Die *Arglosigkeit* ist ein besonderes Merkmal des Anthropos, bezw von Elohim. Sie führt dazu, dass der Gipfel des Liebesglücks in Wahrheit die Katastrophe beinhaltet, wobei letzterc im Poimandres wesentlich weniger hervorgehoben wird. Noch wichtiger ist: Elohim trägt Züge des alttestamentlichen Gottes und von Christus (vgl das Sitzen zur Rechten des Vaters!), wir müssen daher auch beim Anthropos christliche Züge vermuten.

- *Die Tat als solche wird aber nicht verurteilt,,* nur die negativen Folgen werden später klargestellt. Dadurch wird der Schuldcharakter der Tat verschleiert oder verschoben, und zwar in der Baruch-Gnosis ins Psychologische, im Poimandres ins Ontologische (Struktur des Menschen). Justin und der Poimandres versuchen offenbar ganz bewusst, den biblischen Begriff der Sünde zu vermeiden.

9.7.2.6. Die Konsequenzen für die Poimandresinterpretation

1. In der Reihe der Urmenschmythen basiert die Anthropologie des Poimandres *als einzige* auf einer positiven Kosmologie. Der Vergleich der Parallelen bestätigt somit die in Abs 9.6.2. gegebene Deutung. Die positive Kosmologie hat zur Folge, dass der Poimandres die Distanz zwischen Mensch und Gott weniger betont; er steht hierin der Bibel näher als der Gnosis.

2. Der Poimandres intendiert nicht die vollständige Wesensidentität zwischen Nus und Anthropos; daher ist es ihm möglich, die Machtfülle des letzteren zu steigern. Zum göttlichen Wesen des Anthropos gehört seine Nicht-Verführbarkeit und seine Arglosigkeit, die irgendwie mit der christlichen Sündlosigkeit verwandt ist.

3. Nur im Poimandres vermittelt der Anthropos selber durch sein Eingehen in die Materie der Physis die Gestalt des Menschen. Alle anderen Versionen folgen hier streng der Menschenschöpfung von Gen 1. Der Poimandres verbindet hier die platonische Seelenlehre (wegen des Begriffs-

paares innerer - äusserer Mensch) mit dem biblischen Adam (wegen der
genealogischen Abfolge des Menschengeschlechts).

4. Die Inkarnation ist nicht eine Schuld des Anthropos, sondern
ein tragisches Verhängnis, basierend auf seinem göttlichen Wollen. Die
Parallelen bestätigen ebenfalls die in Abs 9.6.4. gegebene Deutung.
Der Schuldcharakter seiner Tat, die vom Adamsmotiv her zu erwarten wäre,
wird nicht berührt oder zumindest umgangen, dadurch dass der Eros in
echt griechischer Weise gefasst ist: er ist kein Narzissmus, sondern
Freude am ihm ähnlichen Ebenbild.

Bevor wir nun diese Besonderheiten weiter verfolgen können,
müssen wir aber noch einmal auf den Urmenschmythos zurückkommen:

9.7.3. Die Konsequenzen für den Urmenschmythos

1. Der Poimandres ist immer noch die Hauptquelle für den Urmenschmythos, aber er stellt gerade in manchem einen Sonderfall dar. Es ist
daher sehr fraglich, ob es überhaupt einen Sinn hat, den 'Urmenschmythos'
als eine Urform zu postulieren.

2. An künstlerischer Qualität übertrifft der Poimandres die Paral-
len bei weitem. Nur bei ihm sind die einzelnen Motive derart miteinander verknüpft, dass das Geschehen sich in logischer Konsequenz aus den
verwendeten Begriffen, bzw aus der vorangegangenen Kosmogonie entwickelt.
Dies sei hier erstmals an einigen Zügen gezeigt:

- Da im Poimandres der Anthropos nicht völlig identisch mit dem Nus ist,
  ist seine Eigenentwicklung (sein Eingehen in die Materie) in sich verständlich, während der analoge Vorgang in der Naassenerpredigt wegen
  der völligen Wesensidentität eigentlich nicht motiviert ist und nur
  aus der Anlehnung an Gen 2 erklärt werden kann.
- Beim Passieren der Planetensphäre ist es im Poimandres aus der Natur
  der Sache heraus gegeben, dass die Verwalter dem Anthropos ihre Gaben
  mitgeben, während das Vorbeischleichen des Anthropos in der Naassenerpredigt nur in der theologischen Konzeption seinen Grund hat.
- Die Nicht-Verführbarkeit des Anthropos erklärt sich im Poimandres aus
  seinem göttlichen Wesen heraus, in der Titellosen Schrift psychologisch: der Licht-Adam hasst die Finsternis.
- Der Poimandres verwendet das Spiegelbild durchaus seiner Natur gemäss
  im Dienste der Schönheit und des Eros, während die Parallelen es zum
  blossen Vorbild entwerten, das unter Umständen, wie in der Naassenerpredigt, sogar fehlen kann.
- Der Wille des Anthropos, auf der Erde zu wohnen, entspringt zwangsläufig der Schönheit seines Spiegelbildes, während das Ueberlisten
  bei Zosimus und im Wesen der Archonten seinen Grund nur im Theologischen hat und auch durch ein anderes Motiv hätte ersetzt werden können.

- Die Physis ist für den Anthropos deswegen gefährlich, weil sie ihrer
  Natur nach ἄλογος ist, während Edem in der Baruch-Gnosis aus psychologischen Gründen das Pneuma im Menschen verfolgt.
Die Parallelstellen arbeiten somit vorwiegend mit psychologischen, d.h.
anthropomorphen Gründen oder mit Anleihen beim AT, was seinen letzten
Grund in der theologischen Konzeption hat; dadurch erklärt sich auch das
Collagenhafte ihrer Darstellung: die einzelnen Motive könnten gegenseitig ausgetauscht werden. Die künstlerischen Qualitäten des Poimandres
hingegen lassen darauf schliessen, dass der Verfasser voll über die
klassische griechische Bildungswelt und deren Form- und Stilprinzipien
verfügt; das bedeutet natürlich keineswegs, dass er auch seiner Nationa-
lität und Abstammung nach ein Grieche sein muss.

    Das heisst nun aber: dem Poimandres lag offenbar nicht ein Mythos
mit einer festen Struktur als Vorlage vor, sondern nur ein Motiv, das
eine völlige Freiheit der Gestaltung zuliess. Den von der Forschung für
die Gnosis postulierten Urmenschmythos gibt es nicht; es gibt nur eine
allgemeine Anthropologie, die - in eine Erzählung umgesetzt - erklärt,
wie der Mensch in diese Existenz gekommen ist; dabei folgen die verschiedenen gnostischen Richtungen - wie jetzt die Nag-Hammadi-Texte
ganz eindeutig zeigen - in ihrer überwältigenden Mehrheit der Menschenschöpfung von Gen 1 und 2, wandeln aber auch hier die Grundelemente
immer wieder sehr stark ab. Nur die künstlerischen Qualitäten des Poimandres haben eigentlich die Forschung dazu verführt, einen Urmenschmythos zu postulieren.

9.8. Biblische und christliche Elemente beim Anthropos

Die Anthropologie des Poimandres ist völlig in sich verständlich und
bedarf der Urmenschhypothese nicht. Nicht zufällig wurden die Gegenthesen
zum Urmenschmythos vom Poimandres aus entwickelt. Nur zwei Einflüsse
sind deutlich spürbar, die platonische Lehre vom Fall der Seele und der
biblische Adam. Hier hat G. Quispel sicher das Richtige gesehen, auch
wenn sein Sophia-Mythos immer noch von der Konzeption Reitzensteins ausgeht.

    Diese Verbindung von heidnischen (d.h. platonischen und stoischen)
Elementen mit dem biblischen Adam hat innerhalb der Hermetik eine genaue
Entsprechung im oben im Abs 9.7.2.2. zitierten Fragment von Zosimus.
Mit dem Begriff 'Paradies' und dem Namen Adam nimmt es eindeutig Bezug
auf die Menschenschöpfung von Gen 2. Somit folgt auch die Hermetik wie
die meisten Nag-Hammadi-Texte in der Anthropologie dem biblischen Vorbild,
zieht aber im Gegensatz zum NHC auch philosophische Vorstellungen gleichwertig mit heran. Allgemeine Basis aller gnostischen Adamsspekulationen
ist dabei, dass der erste Mensch unsterblich war; dies widerspricht je-

doch der Konzeption des AT, denn Gen 3,19:

> "Im Schweisse deines Angesichts sollst du dein Brot essen, bis du wieder zur
> Erde kehrst, von der du genommen bist; denn Erde bist du, und zur Erde musst du
> zurück."

zeigt, dass der Mensch schon vor dem Sündenfall als sterbliches Wesen
gedacht war. Die Unsterblichkeit Adams ist erst eine Vorstellung des
hellenistischen Judentums, z.B in Sap 2, 23: ὁ θεὸς ἔκτισεν τὸν ἄνθρωπον
ἐπ' ἀφθαρσίᾳ καὶ εἰκόνα τῆς ἰδίας ἀιδιότητος ἐποίησεν αὐτόν· φθόνῳ δὲ
διαβόλου θάνατος εἰσῆλθεν εἰς τὸν κόσμον. An dieser Stelle wird unter
griechischem Einfluss die Gottesebenbildlichkeit des Menschen von Gen 1
in seine Unsterblichkeit uminterpretiert[292]. Dieser Gedanke hat im
Judentum zahlreiche Parallelen, und zwar überall dort, wo der Tod als
Strafe für die Sünde aufgefasst wird, z.B. Sir 25, 24[293]. Es kann kein
Zweifel sein, dass die gnostische Anthropologie und auch der Poimandres
letzten Endes von dieser hellenistisch-jüdischen Konzeption ausgegangen
sind.

9.8.1. Christliche Elemente beim Anthropos

Dennoch sind damit noch nicht alle Probleme um den Anthropos gelöst. Der Vergleich mit der Baruch-Gnosis im Abs 9.7.2.5. deutete schon
an, dass der Anthropos des Poimandres auch christliche Züge an sich
trägt:

Im System des Justin entspricht Elohim einerseits dem gnostischen
Demiurgen, da durch ihn die Welt und der Mensch geschaffen werden
(129, 1 W); andererseits ist er auch Adam (der erste Mensch) selber, da
er sein Pneuma in das erste Menschenpaar legt (in 130, 25 W heisst es
ausdrücklich vom Menschen: ἡ μὲν γὰρ ψυχή ἐστιν ᾿Εδέμ, τὸ δὲ πνεῦμα
᾿Ελωείμ, ἑκάτερα ὄντα ἐν πᾶσιν ἀνθρώποις). Zugleich trägt er aber auch
Züge von Christus: er steigt zu seinem Vater auf, um eine ἐξομολόγησις
abzulegen, und er darf zu seiner Rechten sitzen (129, 6 W). Noch ent-
scheidender ist aber, dass Elohim durch sein Aufsteigen den anderen
Menschen, die auch aufsteigen wollen, den Weg gewiesen hat (130, 17 W).
Ganz analog zur Himmelfahrt Christi fällt somit auch in der Baruch-Gnosis
eine Gesamtentscheidung für alle Menschen durch die Entscheidung eines
Einzelnen[294]. Dies bedeutet allerdings nur eine Uebertragung christlicher Züge auf Elohim und keine Identifikation, weil im System später
Jesus selber als Erlöser auftritt - allerdings konsequenterweise im Auf-
trag Elohims (131, 17 W).

---

292 Im rabbinischen Judentum dagegen wird die Ebenbildlichkeit nicht ins Metaphysische,
    sondern bezeichnenderweise ins Ethische uminterpretiert: Ebenbild-Sein heisst
    Gottes-Würdig-Sein; vgl KITTEL ThWNT II 391 ff und 392, 17.
293 weitere Beispiele in Bar 23,4 und 4 Esr 3,7; die Parallelen aus dem Midrasch und
    dem Talmud sind verzeichnet in ThWNT I 294, 39 f.
294 vgl HAENCHEN (→ A 292) 318 und 322.

Diese Uebertragung hat nun ihre Wurzeln in der Identifikation
von Adam und Christus innerhalb der frühchristlichen Theologie. Ausgangspunkt ist dabei Paulus, z.B. im 1 Kor 12,12: Christus ist der Leib, dessen Glie-
der die einzelnen Christen bilden. Paulus hat aber auch bekanntlich Adam als
ersten Menschen Christus als dem letzten oder zweiten Menschen gegen-
übergestellt, so 1 Kor 15, 45: "Der erste Mensch, Adam, wurde zu einer lebendigen Seele, der letzte Adam zu einem lebendig machenden Geist". Allerdings ist die
Reihenfolge der Erschaffung nach Paulus umgekehrt: der letzte Adam wurde
zuerst erschaffen (Kol 1,15). Das mit Gegensätzen arbeitende Denken des
Apostels[295] vollzog aber noch keine Identifikation.

Letztere wurde in die Wege geleitet durch die Deutung der Erschaffung von Mann und Frau nach Gen 1 auf das Verhältnis von Christus und
Kirche, so erstmals im Eph 5, 29-32 und dann im 2 Cl 14,2: "Der Mann ist
Christus, das Weib die Kirche". Diese Deutung muss so geläufig gewesen sein,
dass der Anthropos und die Ekklesia als letzte Syzygie der ersten Ogdoas sogar im System der Valentinianer erscheinen konnte[296].

Bei Origines Jo 1.18 (23.7 Preuschen; M 14.56A) heisst es dann,
nunmehr ohne den Bezug auf die Kirche: οὐ μόνον πρωτότοκός ἐστιν (sc
Christus) πάσης κτίσεως, ἀλλὰ καὶ ᾿Αδάμ. ...ὅτι δὲ ᾿Αδάμ ἐστι φησὶν ὁ
Παῦλος. In princ IV 3,7 (p. 751 G-K) erscheint dann diese Christus-
Adam-Theologie in Verbindung mit der platonischen Seelenlehre:

"Alle (d.h. oἱ νοητοὶ ᾿Ισραηλῖται) lassen sich zurückführen auf Adam, der wie
der Apostel sagt (1 Kor 15, 45), Christus ist. Denn jeglicher Ursprung der
Geschlechter, die tiefer stehen als der Gott des Alls, hat bei Christus an-
gefangen; er ist nach dem Gott und Vater des Alls in der gleichen Weise Vater
jeder Seele, wie Adam Vater aller Menschen ist."

Die Uebereinstimmung in der theologischen Grundstruktur mit derjenigen
des Poimandres ist hier derart verblüffend, dass kaum ein blosser Zufall vorliegen kann: Der Poimandres ist die Antwort der heidnischen
Seite auf die platonisierende christliche Theologie des Origines.

Auch Methodios von Olympos († 311 n. Chr.) kennt - obwohl er sonst
den Spiritualismus des Origines bekämpft - diesen Gedanken, symp 3,4
(p. 96 Musurillo-Debidour; M 18.65A):

"Wohlan, lasst uns nun prüfen, wie er (sc der Apostel) im rechten Glauben
den Adam auf Christus zurückgeführt hat, indem er meinte, dass dieser (Adam)
nicht nur Typus (Röm 5,14) und Ebenbild von jenem (Christus) sei, sondern dass
Christus ebendas und auch Adam geworden sei, weil der Logos, der vor den Aeonen
schon existiert hat, in ihn eingegangen sei (ἐγκατασκῆψαι). Denn es geziemte
sich, dass das Erstgeborene Gottes und sein Sprössling und das Eingeborene,
nämlich seine Weisheit, Mensch geworden ist, indem sie sich mit dem zuerst
geformten und dem ersten und dem zuerst geborenen Menschen vermischte. Es war
nämlich sehr passend, dass der Erste der Aeonen und der erste der Erzengel, als
er mit den Menschen in Verbindung treten wollte (μέλλοντα συνομιλεῖν), Wohnung
nahm (εἰσοικισθῆναι) beim ältesten und ersten Menschen der Menschheit, nämlich
bei Adam."

---

295 vgl das grundlegende, aber immer noch zu wenig bekannte Buch von H. LEISEGANG,
    Denkformen, Berlin 1951, p. 89 ff.
296 Iren haer I 11,1

Bedeutsam ist noch, dass sich Methodios vorgängig unserer zitierten
Stelle gegen Andersdenkende zur Wehr setzt, die keinerlei Identifikation
zwischen Adam und Christus vornehmen wollen (symp 3,3). Das heisst somit, dass im 3. nachchristlichen Jahrhundert diese Christus-Adam-Theologie zumindest eifrig diskutiert worden ist.

9.8.2. Entsprechungen im NT zum Anthropos

Auf Grund dieser Voraussetzungen überrascht es nun nicht, dass zu
den Wesenszügen des Anthropos eine ganze Reihe von Entsprechungen im
NT gefunden werden können:

- Die *Gottgleichheit* begegnet auch in Phil 2,6: "(Christus), der, als er in
  Gottes Gestalt war, es nicht für einen Raub hielt, wie Gott zu sein (εἶναι ἴσα θεῷ),
  sondern sich selbst entäusserte, indem er Knechtsgestalt annahm." Im Poimandres
  wie im NT hat die Gottgleichheit denselben Sinn: sie ist Ausdruck des
  Κύριος-Seins. Origines hat dann (platonisierend) die Stelle dahingehend
  interpretiert, dass nicht der Logos Gottes, sondern die Seele vom
  himmlischen Ort herabgestiegen sei, sich der ewigen Majestät entäus-
  sert und einen menschlichen Leib angenommen habe[297].

- Die *Liebe Gottes zum Sohn* ist vor allem das grosse Thema des Joh.Ev,
  z.B. 3, 35: "Der Vater liebt seinen Sohn und hat ihm alles in seine Hand gegeben."[298]

- Das *schöpferische Wollen* des Anthropos hat seine Entsprechung im
  Johannesprolog, wo λόγος auch im Sinne von 'Schöpfungswort' zu verstehen ist (vgl Vers 3: πάντα δι' αὐτοῦ ἐγένετο).

- Im 2 Kor 4,4 und Kol 1,15 wird Christus als *Ebenbild Gottes* bezeichnet,
  wobei offenbar Paulus die Ebenbildlichkeit des Menschen in Gen 1
  jetzt auf Christus bezieht. Kol 1,15 haben auch die Patres eifrig besprochen[299] und auch sie brachten die Stelle häufig mit Gen 1,26 in
  Verbindung[300].

- Der ἐξουσία des Anthropos entspricht Mt 28, 18: ἐδόθη μοι πᾶσα ἐξουσία
  ἐν οὐρανῷ καὶ ἐπὶ γῆς. Diese Stelle hat schon Scott[301] zur Erklärung
  von Kap 14, 11.6 herangezogen.

- Sogar die *Schönheit* des Anthropos korrespondiert in auffallender Weise
  mit der Vorstellung eines schönen Christus in der alten Kirche (z.B.
  Cl Al str 2,5 p. 123.18 Stählin: ὁ σωτὴρ...καλός...ὡς ἀγαπᾶσθαι μόνος
  πρὸς ἡμῶν τὸ καλὸν τὸ ἀληθινὸν ἐπιποθούντων)[302]. Dabei vertritt sie
  dieses Theologumenon weitaus häufiger als das Bild von einem hässli-
  chen Christus, das von Jes 53 her gesehen eigentlich gefordert wäre.

---

297 princ IV 4,5 (799 G-K); vgl auch die A 34 daselbst.
298 weitere Stellen sind: 5,20; 10,17; 15,9 und 17,24.
299 vgl LAMPE sv εἰκὼν IV C.
300 vgl Cl Al oben in Abs 3.4.3 und Origines princ I 2, 5-6.
301 II 41
302 vgl BERTRAM ThWNT III 555, 20 ff.

Mit diesem christologischen Hintergrund verstehen wir nun die
verschiedenen Eigenheiten des Anthropos besser: so seine Gottgleichheit, das Sohnesverhältnis, seine ἐξουσία (Vollmacht), seine Schuldlosig-
keit beim 'Fall', sein göttliches Wollen und letzten Endes die positive
Kosmologie, die in auffallendem Gegensatz zu allen übrigen Urmenschdar-
stellungen steht. Diese christlichen Züge bedeuten aber nicht, dass der
Anthropos eine Erlösergestalt ist oder - religionsgeschichtlich betrachtet - eine solche gewesen sein muss, wie Reitzenstein vermutete[303].
Es handelt sich hier bloss um eine *Adaptierung*, da der Poimandres einfach Christliches in sein platonisches Weltbild einbauen möchte. Wieweit
nun in den oben zitierten Parallelen bei der Gestalt des 'Licht' (Abs
9.7.2.2.) oder des Licht-Adam (Abs 9.7.2.4.) auch eine solche Adaptierung vorliegt oder wieweit sie die christliche Identifikation von
Christus mit Adam widerspiegeln, müsste im einzelnen noch untersucht
werden. Auch der Begriff salvator salvandus ist durch das Ergebnis unserer Untersuchungen neu zur Diskussion gestellt. Nur bei der Baruch-
Gnosis ist die Adaptierung jetzt schon gesichert; jedoch kennt diese
Gnosis im Unterschied zum Poimandres einen Erlöser in der Gestalt von
Jesus, transformiert letztere aber judaisierend in eine Prophetengestalt
um[304], sodass sich auch hier letzten Endes wie im Poimandres eine Art
Paganisierung ergibt.

9.9. Die Entstehung der sieben Menschen (Corp Herm I 16-17)

"Darauf <sagte ich: Lehre mich alles>[305], oh Nus; denn ich selbst begehre
nach dem Wort. Poimandres sagte: Dies ist das Geheimnis, das bis auf den heutigen
Tag verborgen geblieben ist. Die Physis vereinigte sich mit dem Anthropos und
brachte ein in jeder Beziehung wunderbares Wunder hervor; da der Anthropos das
Wesen der Harmonie der sieben (Planeten) besass, konnte die Physis nicht warten[306],
sondern gebar sogleich sieben Menschen, entsprechend dem Wesen der sieben Verwalter, welche mannweiblich waren und sich aufrecht bewegten.
Darauf sagte ich: Oh Poimandres, ich bin jetzt in eine grosse Begierde geraten und verlange zu hören. Berichte ausführlich darüber[307]! Und Poimandres sagte:
Schweig also, ich habe dir die erste Rede noch nicht zu Ende geführt. Siehe, ich
schweige, antwortete ich.
Es geschah nun, wie ich sagte, die Geburt dieser Sieben auf diese Weise: die
Erde war nämlich weiblich und das Wasser das zeugende Element, vom Feuer[308] war das
reifende Element, vom Aether nahm die Physis das Pneuma und brachte die Körper her-
vor entsprechend der Gestalt des Anthropos. Der Anthropos verwandelte sich aus
Leben und Licht in Seele und Geist, und zwar aus Leben in Seele, aus Licht in
Geist[309]. Und alles, was im sichtbaren Kosmos vorhanden war, blieb in diesem Zu-
stand bis ans Ende einer Weltperiode und bis zum Beginn der Existenz der einzelnen
Arten."

---

303 Poimandres 81
304 vgl HAENCHEN (→ A 291) 330: Jesus ist bei Justin bloss Verkünder der Heilsbot-
   schaft, er vergibt keine Sünden und ist auch nicht der (praeexistente) mensch-
   gewordene Gottessohn.
305 Ergänzung der Textlücke nach REITZENSTEIN
306 Erklärung durch HAENCHEN 361: Die Physis kann das aus Feuer und Pneuma bestehende
   Wesen des Anthropos nicht ertragen, das er aus der Planetensphäre mitgebracht hat.
307 ἐκτρέχειν = 'davonlaufen' ist hier in Analogie zu Heliod aeth 3,1 (παράτρεχειν)
   im Sinne von 'zu rasch und zu wenig ausführlich erzählen' zu verstehen (F.GRAF).

Reitzenstein versuchte seinerzeit[310] vor allem auf Grund dieses
'Mythos' von den sieben Menschen, die Urmenschhypothese aus dem Iranischen abzuleiten. Dennoch kann auch dieser Teil im wesentlichen aus
griechischen Elementen und aus dem Vorangegangenen erklärt werden. Auch
die dialogischen Unterbrechungen sind nicht dazu da, um verschiedene
Traditionen einzuführen und so die Widersprüche zu verschleiern[311]:
Wenn es zuerst heisst, der Anthropos habe der Physis Feuer und Pneuma
vermittelt, so dient dies nur zur Erklärung, warum die Erde sofort sieben
Menschen hervorbringt[306], und steht nicht im Widerspruch zum folgenden,
wo die Entstehung des Menschen auf Grund der vier Elemente und des
Wesens des Anthropos geschildert wird. Denn auch die zweite Stelle setzt
immer noch die (stoische) Vorstellung von der Göttlichkeit des Pneumas
und des Feuers voraus. Die Unterbrüche sind eher psychologisch bedingt:
Durch das Kap 15 wurde der Anthroposmythos unterbrochen und der Schüler
bittet daher Poimandres, jetzt ja nicht abzubrechen. Die zweite Unter-
brechung deutet die grosse Erregung des Offenbarungsempfängers an, da
Poimandres jetzt den Zusammenhang zwischen dem Anthropos und dem gegenwärtigen Menschen enthüllt.

9.9.1. Der Begriff Mysterium

Das Wort μυστήριον ist anfänglich eine Festbezeichnung wie᾽Ανθεστήρια,
Πλυντήρια und steht daher zuerst nur im Plural: τὰ μυστήρια. Da die
strikte Geheimhaltung ein besonderes Merkmal dieser Art Feiern war,
konnte das Wort - jetzt auch im Singular - auch auf den Inhalt des
Festes bezogen werden: das, 'was nicht ausgesprochen werden darf' oder
'was nicht ausgesprochen werden kann'[312]. Unter dem Einfluss der Philosophie (seit Platon) wird das Wort immer mehr zum ontologischen Begriff
und bedeutet dann nicht mehr das kultische Ereignis der Begegnung mit
der Gottheit, sondern den göttlichen Seinsgrund der Welt[313]. Im Hellenismus verflacht das Wort dann auch zur blossen Bedeutung 'Geheimnis'[314].
Bei Paulus, der innerhalb des NT dieses Wort bei weitem am häufigsten
gebraucht, erhält es dann den Sinn von 'ein Stück Geheimlehre oder
Geheimmythos', und zwar im engen Zusammenhang mit dem Kerygma. Μυστήριον
ist dann 'eine in der Sphäre Gottes vorbereitete und in dieser Welt
zur Erfüllung gebrachte Geschichte'[315]; das Mysterium ist dabei nicht
- wie im Kult - schon selbst die Offenbarung, sondern die Offenbarung

---

308 Nach der Verbesserung von NOCK-FESTUGIERE im Apparat.
309 Randnotiz NORDEN p. 333: vgl Gen 2,6 : καὶ ἐγένετο ὁ ἄνθρωπος εἰς ψυχὴν ζῶσαν.
    Vgl auch 1 Kor 15, 45 (→ Abs 9.8.1.). Die sprachlichen Anklänge an die Bibel sind
    hier ganz eindeutig.
310 REITZENSTEIN-SCHAEDER 18 ff.
311 HAENCHEN 361
312 vgl BURKERT 413
313 BORNKAMM ThWNT IV 814.35 ff.
314 BORNKAMM ThWNT IV 817.9 ff

enthüllt das Mysterium als ein solches[316]. Dieser paulinischen Bedeutung
des Wortes kommt nun der Poimandres sehr nahe. In der Gnosis bezeichnet
μυστήριον die geheimen, göttlich-menschlichen Offenbarungen, die den
Frommen seines transzendenten Ursprungs versichern und ihn seiner Bestimmung zuführen[317]. Die alexandrinische Theologie hat dann diesen
Sprachgebrauch aufgegriffen und bezeichnet nun die Wahrheiten der christlichen Religion als Mysterien, z.B. Cl Al paed 3.1 (236.27 Stählin):
μυστήριον ἐμφανές· θεὸς ἐν ἀνθρώπῳ καὶ ὁ ἄνθρωπος θεός. In diesem Beispiel ist der Zusammenhang mit dem Kerygma bereits am Verblassen. Es ist
somit auffällig, wie der Poimandres in seinem Sprachgebrauch der urchristlichen Literatur näher steht; dies kann nur als eine bewusste Angleichung an letztere verstanden werden.

9.9.2. Die Siebenzahl der Menschen

Obwohl in der Mythologie die Siebenzahl der Kinder ein weitver-
breitetes Motiv ist[318], liegt hier im Poimandres wohl nicht dieses Mythologem vor; die Siebenzahl ist eher von der Planetenzahl her bestimmt,
ohne dass der Poimandres genauer darüber reflektiert. Es wird nicht gesagt, dass es sieben Arten von Menschen gibt (joviale, saturnische
usw.), aber auch nicht, dass die sieben 'Elemente' Erde, Wasser, Feuer,
Pneuma, Physis, Leben und Licht den Menschen konstituieren[319]. Die Siebenzahl soll nur andeuten, dass auch die Nachkommen des Anthropos noch
unter der Bestimmung der Planeten und damit der göttlichen Welt stehen.
Dies wird nahegelegt vor allem durch das folgende:

9.9.3. Der aufrechte Gang und die Mannweiblichkeit

Das Attribut μετάρσιος (= μετέωρος) lässt zuerst an Corp Herm
frg 23, 16 (p. 5.22) denken, wo Gott den Seelen einen Ort ἐν μεταρσίῳ...
τῆς ἄνω φύσεως zuweist, also in der Atmosphäre. Doch widerspricht dem
die Vorstellung, dass die sieben Menschen bereits einen Körper besitzen.
In einer Analogie zu einer Philonstelle (op mundi 51) ist daher eher
an den aufrechten Gang zu denken: ᾗ δὲ (ὁ ἄνθρωπος) μετέωρον <καὶ> ἀπὸ
γῆς ἀνώφοιτον ἐξῆρται τὸ σῶμα, λέγοιτ' ἂν ἐνδίκως ἀεροπόρον εἶναι. Diese Vorstellung geht in ihrer philosophischen Ausdeutung auf Platon zu
rück (Tim 90a), bei dem der aufrechte Gang das äussere Merkmal für die
Erhabenheit des Menschen und für seine Beziehung zur Götterwelt darstellt. In hell-röm Zeit war der Gedanke sehr verbreitet; die für uns

---

315 BORNKAMM ThWNT IV 826. 25 + 39
316 BORNKAMM ThWNT IV 827.10 ff
317 BORNKAMM ThWNT IV 818.30 ff
318 Sieben Kinder haben z.B. Thetis, Aiolos, Nestor, oder die Γῆ in der Anthropo-
    gonie der Orphik (frg 144 KERN). Dazu ist noch heranzuziehen ROSCHER, die hippo-
    kratische Schrift von der Siebenzahl, Paderborn 1913, p. 1-15.
319 gegen HAENCHEN 362; auch mit slav Hen 30, 8-9 (PEARSON 339) hat der Poimandres
    nichts zu tun, weil dort eine andere Tradition vorliegt.

wichtigsten Vertreter sind Cicero, Sallust, Seneca, Plutarch, Galen,
aber auch die Kirchenväter[320]. Zusammen mit dem Begriff der Mannweiblichkeit ergibt sich somit, dass nach der Meinung des Poimandres auch
die sieben Menschen noch Anteil an der göttlichen Welt haben und noch
diesseits von Eros und Tod stehen: das Verhängnis bricht erst in Kap 18
über den Menschen herein. Dies wird unterstrichen durch den Ausdruck
θαῦμα θαυμασιώτατον in 12.6.

9.9.4. Die Erschaffung des Menschen

Mit einer stoisch gefärbten Vier-Elementelehre schildert der Poimandres nun die Erschaffung des Menschen, wobei das Ganze überhöht wird
durch die christlich-gnostischen Elemente Licht und Leben, die sich in
Geist und Seele umwandeln. Den Grundtypus der hermetischen Anschauungen
können wir jetzt aus den herm Def II 1 (p. 363) ersehen:

> "L' intellect est le bien invisible, l' âme est le mouvement nécessaire adapté
> à tout corps. Le corps est, (à partir) des quatre qualités, un assemblage uni-
> que et bien tempéré de chaud, de froid, de sec et d' humide. De chaud, (c'est-
> à-dire) de feu; de froid (c'est-à-dire) d'air; de sec, (c'est-à-dire) de terre;
> d' humide, (c'est-à-dire) d'eau."

Der stoische Einfluss zeigt sich vor allem im Pneuma, dessen Funktion in Corp Herm X 13 dargestellt wird: τὸ δὲ πνεῦμα διῆκον (stoischer
Ausdruck!) διὰ φλεβῶν καὶ ἀρτηριῶν καὶ αἵματος κινεῖ τὸ ζῷον καὶ ὥσπερ
τρόπον τινὰ βαστάζει. Das Pneuma ist somit der materiell gedachte feuri-
ge Lufthauch, der den ganzen Organismus durchdringt, zusammenhält, bewegt, belebt und beseelt[321] und auch die seelischen und geistigen Funktionen des Menschen ermöglicht[322]. Der stoische Hintergrund erklärt
somit, warum die Physis das Pneuma dem Aether entnimmt. Allerdings zeigt
der Poimandres auch wieder eine markante Abweichung von der Stoa, insofern bei ihm unter dem christlich-gnostischen Einfluss ψυχή und νοῦς
als geistige Funktionen vom Pneuma abgetrennt sind; diese Besonderheit
hat ihren letzten Grund im Gedanken von der Auserwähltheit, der dann im
Abs 11.3. noch besprochen werden muss.

Im Gegensatz aber zur oben zitierten hermetischen Lehre versteht
der Poimandres die übrigen Elemente Erde[323], Wasser und Feuer nicht als
konstitutive Bausteine des menschlichen Körpers, sondern als schöpferische Prinzipien, die einerseits auf der menschlichen Grunderfahrung beruhen, andererseits den Naturspekulationen der Vorsokratiker recht nahe
kommen. Die Verehrung der Erde als Göttin ist in der klassischen griechi-

---

320 KROLL 319 f; für die Patres vgl A. WLOSOK, Laktanz und die philosophische Gnosis,
    1960, p. 6 uö. Die Verfasserin untersucht das Motiv vor allem bei Philon, in der
    Hermetik, bei Clemens von Alexandrien und Laktanz.
321 KLEINKNECHT ThWNT VI 352, 20 ff.
322 vgl SVF II 226, 14-31
323 ⟨γῆ⟩ ist allerdings ein Zusatz von NOCK, der aber durch eine analoge Korrektur im
    Codex B gestützt wird; andernfalls ist die Physis Subjekt. Da sich letztere aber
    mit dem Anthropos verbindet und nicht mit dem Wasser, ist die Korrektur von NOCK
    aller Wahrscheinlichkeit nach doch richtig.

schen Religion nur wenig bezeugt[324]; häufiger ist die Vorstellung der
Erde als Allmutter in der Literatur (vor allem bei Aischylos und Euripides), wobei philosophische Gedanken miteingeflossen sind[325]. Die Vorstellung vom zeugenden Wasser findet sich auch noch bei Aetius I 3, 20
(= Dox Graeci p. 287, 16 Diels), wo bei der Deutung des Empedoklesfrag-
mentes B 6 (= A 33) das Wasser als Sperma bezeichnet wird. Jedoch ist
die Verbindung von Feuchtigkeit und Zeugung eine durchaus naheliegende,
realistische Assoziation. Das Feuer, das im Text als reifendes Element
erscheint, ist wohl als Sonne zu deuten; diese Gleichsetzung wurde besonders von der Stoa gefördert[326]. Die Physis schliesslich erscheint
hier in einem ähnlichen Licht wie im Lied des Mesomedes (2. Jh. n. Chr.),
nämlich als kosmische Grösse (ἀρχὰ καὶ πάντων γέννα, πρεσβίστα κόσμου
μᾶτερ).

9.9.5. Die Weltperiode

Auch uber die Einzelheiten der Weltperiode schweigt sich der Poimandres wieder aus; daher wurden zur Erklärung ua die platonische[327],
die stoische[328] oder die philonische[329] Lehre von einer periodischen
Weltvernichtung und Weltzerstörung herangezogen. Eine eindeutige Zuweisung ist aber nicht möglich, da der Poimandres wohl absichtlich allgemein bleiben will: er verwendet den Gedanken in einem neuen Sinn, nämlich um den Punkt zu bezeichnen, von dem aus die Entwicklung der Welt
eine neue Richtung nehmen wird. In diesem Sinn darf unsere Stelle ver-
glichen werden mit der ähnlich allgemein gehaltenen Stelle bei Vergil,
Buc IV 4 f: Ultima Cumaei venit iam carminis aetas; magnus ab integro
saeclorum nascitur ordo.

9.10. Zusammenfassung und Einordnung

1. Auch die Anthropogonie basiert auf der oben schon für die Kosmogonie
   festgestellten platonisch-stoischen Mischphilosophie (→ Abs 8.3.).
   Die Anthropogonie setzt die platonische Ontologie und eine stoisch
   beeinflusste Kosmologie voraus.
2. Im Anthropos ist auch der biblische Adam enthalten, wobei ἄνθρωπος
   in diesem Fall Lehnübersetzung ist für das hebr אָדָם, das nach dem
   biblischen Sprachgebrauch als Kollektivbegriff aufzufassen ist
   ('Menschheit', nicht: 'einzelner Mensch').

---

324 vgl BURKERT 272
325 vgl NILSSON I 460 f.
326 vgl SVF IV 67 (= Index sv ἥλιος)
327 Tim 22c: periodische Weltzerstörung und -erneuerung durch Feuer oder Wasserflut
328 vgl vor allem POHLENZ 79 f.
329 Philon ist dabei in vit Mos II 53 und aet mund 43, 12 und 44, 8 eindeutig von
    Platon abhängig, doch hatte er auch Anhaltspunkte in der Sintflutgeschichte
    des AT. SCOTT (II 49 A 2) hat diese Stelle des AT zur Erklärung des Poimandres
    herangezogen, doch HAENCHEN (362 A 1) bezeichnet dies mit einem gewissen Recht
    als Gespenstseherei.

3. Kategorial gesehen verbindet der Anthropos im Poimandres das Menschen-
   verständnis des AT und des Griechentums miteinander. Er ist zugleich
   ein Wesen, das primär auf Gott bezogen ist (Gen 1) und gleichzeitig
   ein Teil des Kosmos (Timaios!), da er in die Physis als ψυχή und νοῦς
   eingeht.

4. Der Anthropos zeigt aber auch christliche Züge, ohne dass er eine
   Erlösergestalt darstellt. Dabei spiegelt er Entwicklungen der frühen
   christlichen Theologie wider, die auf eine Identifizierung von Christus mit Adam hinausliefen und die - von Paulus ausgehend - vorzugsweise in Alexandrien gepflegt wurden. Es verstärkt sich immer
   mehr der Eindruck, dass Alexandrien auch der Abfassungsort des Poimandres sein muss.

5. Ein Problem bietet nun aber das gnostische Element. Es war schon in
   der Kosmogonie nur am Rande vertreten (→ Abs 8.5.); auch Rudolph[330]
   kam zum selben Ergebnis: "Erst aus diesem Akt (der Erschaffung des Menschen)
   und seinen weiteren Folgen wird der gnostische Charakter des Stücks (des Poimandres) offensichtlich". Sieht man nun aber näher zu, so stellt man über-
   raschend fest, dass auch in der Anthropogonie das gnostische Element
   nur andeutungsweise vorhanden ist. Zur Verifizierung ziehen wir am
   besten die Systematik von Rudolph[331] selber heran:

   5.1. Charakteristisch gnostisch ist die Dreiteilung des Menschen
   in Pneuma, Psyche und Hyle, wobei nur das Pneuma der Erlösung fähig
   ist. Im Poimandres hingegen gehört auch die Seele zum göttlichen
   Teil des Menschen, da er unter platonischem Einfluss nur die Zwei-
   teilung Geist - Materie kennt.

   5.2. Charakteristisch gnostisch ist das akosmische Ich, das als
   Pneuma, Nus oder Seele bezeichnet wird. Die Gnosis (= Erlösung) ist
   nun einerseits eine Funktion dieses Ichs, das allein die Gnosis überhaupt ermöglicht, und sie hat andererseits nur gerade dieses akosmische Ich zum Objekt. Auf den Poimandres trifft nun aber nur der erste
   Punkt zu - und auch dies nur bedingt, wie vor allem die Missionspredigt im Kap 27 und 28 zeigen wird. Der zweite Punkt fehlt ganz,
   weil der Poimandres über das Verhältnis zwischen dem Noῦς als Gott
   und dem νοῦς im Menschen nicht reflektiert und darüber deswegen auch
   keine Identitätsformel aufstellt. Es fehlt auch das Motiv des Leidens
   oder der Erlösungsbedürftigkeit auf Seiten des νοῦς im Menschen, etwa
   in der Art der Baruch-Gnosis, wo Edem das Pneuma (des Elohim) im
   Menschen mit ihrem Hass verfolgt. *Der zu Erlösende ist im Poimandres
   der Mensch schlechthin.* Auf diesen ausserordentlich wichtigen Tatbestand hat Colpe zum erstenmal aufmerksam gemacht[332], und wir

---

330 98
331 98-112
332 die religionsgeschichtliche Schule p. 15 A 3.

müssen bei der Behandlung der Soteriologie nochmals auf ihn zurückkommen (→ Abs 12.0.).

5.3. Auch die gnostische Gott 'Mensch'-Theologie hat im Poimandres
keinen Rückhalt, da wir ebensowenig wie bei der Ebenbildlichkeit
des Menschen in Gen 1 von der Gestalt des Anthropos auf die Gestalt
des Nus rückschliessen können.

Auf ein ähnliches Resultat kam nun auffallenderweise der japani-
sche Philologe Y. Shibata[333], obwohl er von anderen Voraussetzungen
ausging: Er verglich den Poimandres mit Corp Herm X und konnte daraus erschliessen, dass - entgegen der Ansicht von Jonas - das charakteristisch Gnostische im Poimandres nicht in der Anthropogonie,
sondern in der Kosmogonie enthalten ist, da die - von uns allerdings
bestrittene - negative Bewertung der Sternenwelt im Poimandres den
wesentlichen Unterschied zu Corp Herm X bilde. Auch diese Untersuchung deutet somit darauf hin, dass die Anthropogonie des Poimandres im wesentlichen nicht gnostisch bestimmt ist. Auf gnostischen
Einfluss gehen zurück die Gefährlichkeit des Eros, das Spiegelmotiv
sowie der Gegensatz äusserer - innerer Mensch (οὐσιώδης ἄνθρωπος).
Diese Motive geben aber der Anthropogonie nur ein gnostisches Kolorit, jedoch nicht mehr.

---

333 Journal of Classical Studies, Tokyo 28 (1980), 77-87. Das folgende basiert auf der
   mündlichen Uebersetzung von ISAO UCHIDA, Kikyogaoka, Japan.

Zehntes Kapitel

DAS HEILIGE WORT GOTTES

(Corp Herm I 18)

"Höre nun noch den restlichen Punkt, den du zu hören wünschest. Nachdem die
Weltperiode erfüllt war, wurde das Band aller Dinge nach dem Willen Gottes gelöst.
Alle mannweiblichen Lebewesen wurden zugleich mit dem Menschen voneinander gelöst
und es entstand das Männliche auf der einen und das Weibliche auf der anderen
Seite. Gott aber sprach sofort in einem heiligen Wort: 'Wachset in Wachstum und
mehret Euch in Fülle, alle ihr Schöpfungen und geschaffenen Werke. Und der mit dem
Geist begabte Mensch soll sich selber als unsterbliches Wesen wiedererkennen und
auch die Liebe, die die Ursache des Todes ist, und alles Seiende[334]!' "

Das Kap 18 nimmt - was bisher übersehen worden ist *die* zentrale
Stellung im Poimandres ein: Es bildet den Abschluss der Kosmo- und
Anthropologie und bildet zugleich deren Höhepunkt, da nun Gott persön-
lich in die Entwicklung eingreift. Gleichzeitig haben wir hier nun den
Uebergang zur gegenwärtigen Menschheit: mit der Auflösung der Mannweiblichkeit beginnt die Herrschaft des Eros und des Todes. Daher bestimmen
die Aussagen des Kap 18 nun auch die weiteren Kapitel des Poimandres,
in denen die Probleme um die richtige Lebenswahl und um die Erlösung
dominieren.

Um nun diese zentrale Stellung zu verdeutlichen, wählt der Poimandres
auch stilistische Mittel: 1. Das Kap 18 steht genau in der Mitte des
ganzen Traktats, denn die Kapp 1-17 umfassen 125 Zeilen (nach der Text-
gestaltung von Nock-Festugière) und genau soviele Zeilen haben auch die
Kapp 19-32. 2. Nur hier findet sich innerhalb des Poimandres ein Zitat,
während sonst die übrige gnostische Literatur mit solchen nicht geizt,
sogar dann, wenn das Zitat gewaltsam dem Zusammenhang angepasst werden
muss. Wegen dieses Zitates nimmt der Poimandres auch Ungereimtheiten in
Kauf - doch ist dies durchaus üblich in der Zitierpraxis der Gnostiker:
So spricht hier der Gott des AT und nicht der Nus; aber diesen Widerspruch empfand der Poimandres sicher nicht mehr, weil schon in den vorangegangenen Kapiteln der Nus auch Züge des biblischen Schöpfergottes
trug[335]. Schwerwiegender ist eher die Inkonsequenz beim Motiv der Mannweiblichkeit, die jetzt allen Lebewesen und nicht nur den göttlichen
Wesen zugesprochen wird. Der Sinn davon ist wohl der, dass der Eros und
der Tod als allmächtige kosmische Grössen dargestellt werden sollen,
sodass sich daraus zwangsläufig die Frage nach der Erlösung ergibt.

---

334 Die Konstruktion ist zeugmatisch, ἀναγνωρισάτω passt nur zum ersten Objekt.
335 Man muss also nicht mit REITZENSTEIN (50 A 3) einen vorzeitlichen Gott annehmen,
    der genealogisch vor dem Nus liegt. Eine solche Annahme hat keinerlei Rückhalt
    im Text.

Das Kap 18 zeigt auch, dass der Schöpfergott zugleich der Erlösergott
ist, weil jetzt zum erstenmal angedeutet wird, wie der Mensch wieder
zu seiner Unsterblichkeit zurückfinden kann. Diese Konzeption steht im
Widerspruch zur gnostischen Auffassung, die hier prinzipiell trennen
muss. Die Identität wird aber im Poimandres bis zum Schluss aufrecht-
erhalten, was ihn wieder in die Nähe der biblischen Auffassung bringt.

10.1. Die Aufspaltung in Geschlechter

Wegen des Verbs διελύετο 13.5. liegt bei der Trennung der Geschlechter
wahrscheinlich eine Reminiszenz an Platon symp 189c 3 ff vor, weil das
Verb auf die (hermaphroditische) Mannweiblichkeit nicht passt. Die Art
der Reminiszenz ergibt sich aus Eusebius praep ev XII 12, wo der Kirchen-
vater die Symposionstelle in Beziehung bringt mit der Erschaffung der
Eva in Gen 2, 20-22 und dabei von Platon sagt, dass er die Mosesstelle
nicht verstanden hätte. Auch die rabbinische Tradition hat die Platon-
stelle gekannt und dabei sogar den Begriff ἀνδρόγυνον ins Aramäische
übernommen (אַנְדְּרוֹגִינֹס)[336]. Wir können somit voraussetzen, dass auch dem
Poimandres diese Beziehung irgendwie bekannt war, da sie von der jüdischen und christlichen Exegese gefördert wurde.

10.2. Das Zitat Gen 1,28

Die einleitende Verbindung ἁγίῳ λόγῳ (λόγος = Befehl, Weisung) kommt
in dieser Form im AT und NT nicht vor; nur ψ 104, 42: ὅτι ἐμνήσθη τοῦ
λόγου (Verheissung) τοῦ ἁγίου αὐτοῦ τοῦ πρὸς Ἀβραὰμ ist eine Vorstufe
dazu. Erst die apostolischen Väter verwenden diese Wendung als Einleitung eines Bibelwortes, so 1 Cl 13,3 (mit Zitat von Lk 6, 36) und 56,3
(mit Zitat von ψ 117,18). Auch Origines und Athanasius Alexandrinus
kennen diesen Sprachgebrauch, sodass wir für den Poimandres christlichen
Einfluss annehmen dürfen[337].

Das Zitat Gen 1,28 entspricht genau dem Wortlaut der LXX, mit Ausnahme der Zusätze ἐν αὐξήσει und ἐν πλήθει; diese fehlen im griechischen
wie im masoretischen Text, aber auch bei den Kirchenvätern, wenn sie
diese Stelle zitieren. Ausser im Poimandres finden sie sich nur noch in
Corp Herm III 3, 46.10, d.h. in einem Traktat, wo deutlich ein pleona-
stischer Stil zu beobachten ist: εἰς τὸ αὐξάνεσθαι ἐν αὐξήσει καὶ πληθύ-
νεσθαι ἐν πλήθει. Diese Zusätze sind nicht mit Dodd[338] als Wiedergabe
des hebr inf abs zu interpretieren, da dieser beim Imperativ dieser Verben nie steht. Die Wendung ἐν πλήθει weist eher auf hebr בְּרֹב[339], doch

---

336 vgl dazu N. OSWALD, Urmensch und Erster Mensch. Zur Interpretation einiger merk-
      würdiger Adam-Ueberlieferungen in der rabbinischen Literatur, Diss Berlin 1970,
      186-193.
337 vgl LAMPE sv ἅγιος B 5.
338 164
339 vgl OEPKE ThWNT II 534 ff und BLASS-DEBRUNNER §§ 195 und 219.

steht bei diesem Substantiv in den LXX fast immer noch ein Genetivat-
tribut. Auch fehlt im Hebräischen ein Aequivalent zu ἐν αὐξήσει, da das
entsprechende Substantiv פְּרִי zum Konkretum geworden ist. Aus diesem Tatbestand lassen sich nun die folgenden Schlüsse ziehen:

- Der Autor des Poimandres beherrschte bestimmt nicht das Hebräische.
  Etwaige Einflüsse aus der rabbinischen Literatur - sie werden von der
  Forschung für den Schlusshymnus angenommen (→ Abs 14.1.) - kann der
  Poimandres nur auf dem Umweg über die griechische Synagoge erhalten
  haben.
- Der Poimandres benutzte kaum eine die Genesisworte paraphrasierende
  oder erweiternde griechische Uebersetzung[340], da eine solche nicht zu
  belegen ist.
- Er war aber auch nicht vertraut mit dem besonderen Sprachgebrauch der
  LXX. Einflüsse der LXX im sprachlichen Bereich sind bei ihm nur dann
  vorhanden, wenn sie Allgemeingut[341] geworden sind.
- Die Zusätze stammen wohl vom Verfasser selber, der mit diesen *unechten
  Semitismen* dem Bibelzitat ein grösseres Gewicht verleihen wollte.

     Wie ist nun dieses Genesis-Zitat zu verstehen? Haenchen[342] fasste es
nicht als Schöpfungssegen auf, so wie es im AT[343] eigentlich gemeint ist,
sondern als Fluch der Vergänglichkeit über die ganze Schöpfung. Das Zitat erscheint hier somit radikal umgedeutet, ein Vorgehen, wie es in
der gnostischen Literatur allenthalben anzutreffen ist[344]. Unsere bisherigen Untersuchungen zeigen nun aber, dass wir nicht so weit gehen
dürfen. Zwar ist der Tod das furchtbare Verhängnis für die Welt, aber
das schliesst für den Poimandres wegen der eindeutig positiven Kosmologie einen Schöpfungssegen Gottes nicht aus. Die Ambivalenz ist hier
dieselbe wie im Johannesevangelium (Prolog!): Die Welt ist zwar Finsternis, da sie von Gott abgefallen ist, und doch hält Gott, auch in ihrem
Abfall, an ihr fest. Der Eros (und damit der Tod) gehen nach der Formulierung des Poimandres 13.4 unmittelbar auf den Willen Gottes zurück und
sind nicht, wie sonst in der gnostischen Literatur, ein Werk eines untergeordneten Demiurgen. Auch hier ist somit wieder eine Nähe zur Bibel
festzustellen.

   10.3. Die Wiedererkennung als Gnosis
     Mit der Aufforderung zur Selbsterkenntnis der eigenen Göttlichkeit
haben wir das bisher eindeutigste gnostische Element vor uns. Diese Stelle erinnert - was bis jetzt kaum je bemerkt worden ist - auffallend an

---

340 so SCOTT II 53
341 Der Abs 14.2.3. wird zeigen, dass auch für den Verfasser des Poimandres die LXX
    bereits als christliches Buch zu gelten hat.
342 363
343 die weiteren Stellen im AT: Gen 1,22; 8,17; 9,1; 9,7.
344 vgl RUDOLPH 111

Cicero, som Scip 26: Tu vero enitere et sic habeto non esse te
mortalem, sed corpus hoc; nec enim tu is es, quem forma ista declarat,
sed mens cuiusque is est quisque, non ea figura, quae digito demonstrari
potest: DEUM TE IGITUR SCITO ESSE. Die Bezeichnung 'deus' ist an dieser
Stelle nicht mehr eine mehr oder weniger unverbindliche Auszeichnung
eines hervorragenden Staatsmannes, sondern hier ist der stoische Gedanke von der Emanation der menschlichen Seele aus der göttlichen Weltseele
in den religiösen Glauben transformiert - auch wenn der Satz vielleicht
nicht die persönliche Ueberzeugung des Skeptikers Cicero widergibt. Die
Stelle stellt offensichtlich eine Vorstufe zur Gnosis dar; es fehlt ihr
noch die Einbettung in den Erlösungsgedanken.

In der sprachlichen Formulierung weicht der Poimandres wieder auffallend von den Parallelen[345] ab. Während diese den Vorgang der Gnosis mit
den Verben γνωρίζω oder γιγνώσκω bezeichnen, verwendet der Poimandres
als einziger - auch innerhalb des Corp Herm - das Verbum ἀναγνωρίζω.
Dieses Verb, das vor allem bei Platon und Aristoteles häufiger vorkommt,
hat als Objekt immer eine Person, niemals einen ontologischen Sachverhalt. Es bedeutet daher soviel wie 'eine Person wegen der Verwandtschaft
oder der Bekanntschaft mit ihr wiedererkennen'. Die Wahl gerade dieses
Verbums bringt den Poimandres wieder in auffallende Nähe zum Christentum, und zwar wegen Cl Al prot X 99,3 (72.10 Stählin): Καθαροὺς εἰς
οὐρανοὺς ἀναβῆναι δεῖ. Ἄνθρωπος εἶ, τὸ κοινότατον, ἐπιζήτησον τὸν δημι-
ουργήσαντα σέ· υἱὸς εἶ, τὸ ἰδιαίτατον, ἀναγνώρισον τὸν πατέρα. Das Verb
betont also die persönliche Beziehung zwischen Gott und dem Menschen.
Wegen der besseren Uebersicht soll dieses Problem aber erst nach dem
Abschluss der Untersuchungen in einem Sonderabschnitt (→ Abs 15) noch
weiter verfolgt werden.

Der platonische Hintergrund von <ὁ> ἔννους <ἄνθρωπος> wurde oben im
Abs 9.5. schon dargelegt. Auch das Adjektiv zeigt deutlich den Einfluss
des philosophischen Sprachgebrauchs. Bedeutet es normalerweise einfach
'vernünftig' im Gegensatz zu νήπιος (z.B. Aisch Prom 444), so erhält es
bei Platon den Sinn von 'νοῦς besitzend', z.B. Tim 30b, wo der Kosmos
als ζῷον ἔμψυχον und ἔννουν bezeichnet wird. Ueber den christlichen
Hintergrund des Begriffes νοῦς muss dann in Abs 11.3. noch gesprochen
werden.

10.4. Der Eros als Ursache des Todes

Die Ausführungen des Abs 9.4.2. zeigten bereits, dass der Poimandres
den Eros nicht als eine dämonische Macht versteht, sondern eher als
ontologisches Prinzip. Wegen des Verbs ἀναγνωρισάτω ist wohl auch nicht
an den urzeitlichen Eros des Anthropos gedacht, sondern wegen Kap 19,

---

345 verzeichnet in A 47 bei NOCK-FESTUGIERE ad loc.

13.16: ὁ δὲ ἀγαπήσας τὸ ἐκ πλάνης ἔρωτος σῶμα, οὗτος μένει ἐν τῷ σκότει
vielmehr an den ἔρως <σώματος>, wobei der Genetiv als subiectivus und
obiectivus verstanden werden muss. Dazu treten nun die folgenden grundsätzlichen Ueberlegungen: Das griechische Denken verstand den Tod eher
als ein vom Schicksal verhängtes Phänomen, das zu bewältigen dem Menschen aufgegeben ist - etwa durch das καλῶς ἀποθνῄσκειν des Helden[346]
oder durch das gedankliche Einordnen in einen grösseren Zusammenhang
innerhalb der Welt. Letzteres war vor allem der Weg der Philosophie,
z.B. in Platons Phaidon 66e/67a: der Tod gehört als Naturvorgang zur
Sphäre des Gegebenen und trifft daher nur den Leib, das Leben hingegen
ist ein Sich-Frei-Machen vom Leib[347]. Ungriechisch ist eigentlich die
Frage nach der Ursache der Existenz des Todes in der Welt; die griechische Literatur kennt daher keine aitiologischen Mythen bezüglich des
Todes. Diese Fragestellung entstammt vielmehr dem Juden- und dem Christentum, wo der Tod niemals als Naturvorgang 'neutralisiert', sondern
als Folge der Sünde des Menschen aufgefasst wird[348]. Damit wird nun die
Poimandresstelle verständlich: sie ist die heidnische Antwort auf die
jüdisch-christliche Ueberzeugung von der Sünde als der Ursache des Todes;
der Poimandres setzt nun den Eros an die Stelle der Sünde, da letztere
für das Heidentum nicht akzeptabel war. Damit gelangt er allerdings
zu einer tiefgreifenden Umwertung des paganen Erosbegriffes, die
nur dadurch erklärt werden kann, dass er hier ganz bewusst auf das
christlich-gnostische Erbe zurückgreift. Von christlicher Seite ist hier
heranzuziehen die schöne Stelle bei Ign R 7,2: ὁ ἐμὸς ἔρως ἐσταύρωται
καὶ οὐκ ἔστιν ἐν ἐμοὶ πῦρ φιλόϋλον. Es ist allerdings fraglich, ob der
Poimandres sich voll der Konsequenzen bewusst war, die seine Umwertung
des Erosbegriffes nach sich zieht; sein Erosbegriff bleibt trotz allem
ambivalent und er fordert auch nicht eine sexuelle Askese mit der Radikalität des (späteren) Manichäismus (→ Abs 9.4.2.)

---

346 BULTMANN ThWNT III 9 A 14 mit Stellenbelegen
347 vgl dazu BULTMANN ThWNT III 10
348 BULTMANN ThWNT III 15 A 67 mit Stellenbelegen

Elftes Kapitel
DAS SCHICKSAL DES MENSCHEN
(Corp Herm I 19-23)

11.1. Die unmittelbaren Wirkungen des heiligen Wortes

"Als er dies gesagt hatte, veranlasste die Pronoia mit Hilfe der Heimarmene und
der Harmonia die (geschlechtlichen) Vereinigungen und erzeugte so die Generationen,
und alles vermehrte sich gemäss seiner Art, und derjenige, der sich selber wieder-
erkannt hat, ist zum auserwählten Guten gelangt; derjenige aber, der seinen
Körper liebt, der aus dem Irrtum der Liebe entstanden ist, bleibt irrend in der
Finsternis, indem er mit seinen Sinnen[349] das erleidet, was zum Tode gehört."
(Corp Herm I 19)

11.1.1. Pronoia und Heimarmene

Es ist eine Haupteigentümlichkeit der Gnosis, dass sie Pronoia
und Heimarmene streng scheidet. Die Heimarmene ist für sie die tyrannische Macht, die den Gnostiker an diese Welt fesselt, die Pronoia das
Wirken der jenseitigen Gottheit, die in diese Welt hineingreift, um
den in der Heimarmene gefangenen Gläubigen zu retten[350]. Am konsequen-
testen hat Markion diese Trennung durchgeführt: für ihn ist die Pronoia
die erlösende, barmherzige Güte des jenseitigen Gottes, die Heimarmene
das harte Gesetz des alttestamentlichen Schöpfergottes. Wenn nun der
Poimandres die Pronoia mit der Heimarmene koordiniert und diese ihrerseits mit der Harmonia der Planetensphäre verbindet, so folgt er damit
eindeutig nicht der gnostischen, sondern der (spät)stoischen Tradition,
die wir oben im Abs 5.4. besprochen haben. Wir dürfen daher nicht mit
Haenchen[351] das Wirken dieser Schicksalsmächte als hartes Verhängnis
im Sinne der Gnosis interpretieren.

11.1.2. τὸ περιούσιον ἀγαθόν

Die Wendung περιούσιον ἀγαθόν bot bisher der Interpretation einige Schwierigkeiten, die jetzt aber unter der Berücksichtigung des
christlichen Einflusses restlos beseitigt werden können. Im Gegensatz
zu περιουσία (= Ueberfluss, Reichtum) ist das Adjektiv erst nachklassisch und wurde von den LXX verwendet, um den typisch jüdischen Begriff
des עַם סְגֻלָּה (= λαὸς περιούσιος) wiederzugeben[352]. Da סְגֹל eigentlich

---

349 Die übliche Bedeutung von αἰσθητῶς ist passivisch: 'auf eine Art und Weise, die
   mit den Sinnen wahrgenommen werden kann'. Die aktivische Bedeutung 'mit (oder: in)
   seinen Sinnen' (Gegensatz: νοητῶς) ist selten, kommt aber vor bei Philon (vgl NOCK-
   FESTUGIERE in A 50 ad loc) und bei den Kirchenvätern (Cl Al und vorzüglich bei
   Origines; vgl LAMPE sv Nr. 1)
350 vgl JONAS 172-178 (auch für Markion)
351 363
352 PREISKER in ThWNT VI 57 f.

'anhäufen' bedeutet, ist das griechische Wort nicht unpassend: der Ausdruck meint soviel wie 'das Volk, das Gottes reicher Besitz ist' oder
'das Gottes Kronschatz bildet'[353]. Daraus entwickelte sich dann theologisch der bekannte Begriff des auserwählten Volkes. Die Bedeutung
'auserwählt' muss auch im Poimandres gemeint sein, weil die profane
Bedeutung 'reich, vermögend' keinen Sinn ergibt. Es zeigt sich aber ein
wichtiger Unterschied zwischen dem AT und dem Poimandres: Im Judentum
ist das Auserwählt-Sein eine vergangene Tat Gottes, woraus sich für den
frommen Juden der Gehorsam gegenüber dem Gesetz ergibt, im Poimandres
ist es ein zukünftiges Ereignis. Dieses letztere geht nun eindeutig
auf christlichen Einfluss zurück, denn erst im NT wird nun der Begriff
λαὸς περιούσιος auf das zukünftige Volk Gottes bezogen, das er für sich
auserwählen wird (Tt 2,14). In der Linie des NT stehen dann auch 1 Cl
64 (ἐκλεξάμενος ἡμᾶς δι' αὐτοῦ εἰς λαὸν περιούσιον) und die Kirchenväter[354]. Der Ausdruck τὸ περιούσιον ἀγαθὸν entspricht daher in seiner
Struktur genau der Verbindung ὁ τῆς αὐθεντίας νοῦς: er enthält Platonisches (ἀγαθὸν) und Christliches und damit wieder in nuce das Grundanliegen des Poimandres.

11.1.3. Die Abwertung des Körpers

Die Abwertung des Körpers hat im Griechentum eine lange Tradition,
bei der bekanntlich Platon die entscheidende Rolle spielt[355]. Für den
Poimandres ist dabei festzuhalten, dass er über die Vorstellungen des
Platonismus nicht hinausgeht. Seine Abwertung ist fast ausschliesslich
erkenntnistheoretisch bedingt: Der Körper verhindert mit seinen Sinneswahrnehmungen die Erkenntnis Gottes (vgl Kapp 22; 24; 27-29). Der Poimandres entspricht hier genau den (platonisch beeinflussten) Vorstellungen von Origines princ I 1,7 (117 G-K), wonach der Geist (mens) das Wesen der Gottheit wahrnehmen kann, maxime si expurgatior ac segregatior
sit a materia corporali. Aus diesem Grund betont der Poimandres auch
in den folgenden Kapiteln 20-22, dass der Erkennende, und nicht so sehr
der die Offenbarung-Empfangende gerettet wird - dies im Gegensatz zur
Haltung der Missionspredigt in den Kapp 27-29.

Die Wortverbindung ἐκ πλάνης ἔρωτος begegnet innerhalb der gesamten griechischen Literatur nur hier. Auf Grund der früheren Untersuchungen zum Eros-Begriff dürfte letzterer auch hier paganisierend die ἁμαρτία
umschreiben, die nach jüdisch-christlicher Auffassung die Ursache des
Todes ist, wobei das Moment des Verfehlens nun im profanen πλάνη zusätzlich ausgedrückt wird.

---

353 DEBRUNNER in ThWNT VI 57.13
354 vgl LAMPE sv περιούσιος
355 Die beste Uebersicht mit allen Stellenbelegen bietet jetzt SCHWEIZER im ThWNT
    VII 1025-42; daneben auch KROLL 342 ff.

Der Ausdruck μένει ἐν τῷ σκότει geht wohl auf den johanneischen
Sprachgebrauch zurück, weil erst durch den Evangelisten das auch im
klassischen Griechisch mögliche μένειν ἐν zum Ausdruck eines unlösbaren
Immanenzverhältnisses zwischen Gott und dem Gläubigen gesteigert worden
ist[356], das der Evangelist auch für die 'Gegenseite' anwenden konnte:
"Ich bin als Licht in die Welt gekommen, damit jeder, der an mich glaubt,
nicht in der Finsternis bleibt (J 12, 46)". Aehnlich im 1 Joh 3, 14:
"Wer <seine Brüder> nicht liebt, bleibt im Tod".

11.2. Ein heidnischer 'Katechismus' über Schuld und Erlösung

" 'Worin sündigen die Unwissenden so sehr, fragte ich, dass sie der Unster-
lichkeit beraubt werden?' - 'He du, du scheinst nicht über das nachgedacht zu haben, was du eben hörtest. Sagte ich dir nicht, du sollest in deinem Geist aufmerksam sein?' - 'Doch, doch; ich erinnere mich jetzt und sage dir zugleich Dank.' -
'Wenn du aufmerksam gewesen bist, so sage mir, weswegen verdienen die dem Tode
Verfallenen den Tod?' - 'Weil die abscheuliche Finsternis die Ursache des individuellen Körpers ist, die Finsternis, aus der das Feuchte <entstand>, aus welchem
seinerseits der Körper in der wahrnehmbaren Welt besteht, aus welcher der Tod ge-
tränkt wird.' - 'Du hast es richtig verstanden, mein Lieber. Warum aber gilt
DERJENIGE, DER SICH SELBER ERKENNT, GELANGT ZU I H M[357], wie das Wort Gottes
sagt?' - Ich antwortete: 'Weil der Vater von allem aus Licht und Leben besteht,
aus dem seinerseits der Anthropos entstand.' - 'Du antwortest richtig; Licht und
Leben ist Gott und Vater, aus dem der Anthropos entstand. Wenn du nun lernst, dass
dieser aus Licht und Leben besteht und dass du aus diesen <Elementen> bestehst,
so wirst du wieder zum Leben gelangen.' Dies sagte Poimandres." (Corp Herm I 20-21)

In diesen beiden Kapiteln ändert sich nun sehr stark der Stil des
Poimandres; auf die Frage nach der Schuld wird der Offenbarungsempfänger
wie ein Schüler angefahren, der nicht aufgepasst hat, und er muss nun
die richtige, quasi auswendig gelernte Antwort aufsagen. Diese Szene
kann ihr Vorbild im heidnischen Schulbetrieb haben, da Festugière nachweisen konnte[358], dass die Hermetik stilistisch den hellenistischen
Philosophieunterricht widerspiegelt. Möglich ist aber auch, dass der
Poimandres sich am damaligen kirchlichen Unterricht der κατηχούμενοι
orientiert hat, da wir den Traktat ja in die Blütezeit der alexandrinischen Katechetenschule setzen müssen.

11.2.1. Die Frage nach der Schuld

Im Satz τί τοσοῦτον ἁμαρτάνουσιν...οἱ ἀγνοοῦντες, ἵνα στερηθῶσι
τῆς ἀθανασίας 13,18 bereitet die Bedeutung von ἵνα einige Schwierigkeiten. Im NT und später kann ἵνα die Funktion des potentialen Konsekutiv-
satzes übernehmen; jedoch sehr selten und umstritten ist die konsekutive Bedeutung in Sinne eines *realen* Folgesatzes[359]. Im letzteren Fall

---

356 vgl HAUCK ThWNT IV 580.14; zu beachten ist auch, dass innerhalb des NT 59 % aller
    Stellen mit μένω auf die johanneischen Schriften entfallen.
357 αὐτός (hebr הוא) für 'Gott' ist Sprachgebrauch der späteren Schriften der LXX (Sap
    7,17; Sir 15,12; 1 Makk 3,22) und kommt einmal auch im NT vor (Hb 13,5).
358 Revue des Etudes Grecques 55, 1942, 77-108.
359 BLASS-DEBRUNNER-REHKOPF § 391,5.

kann ἵνα durchaus in der finalen Grundbedeutung verstanden werden. Die
einzige Stelle, die sprachlich wie inhaltlich dem Poimandres nahe steht,
ist J 9,2: (Frage der Jünger) τίς ἥμαρτεν, οὗτος ἢ οἱ γονεῖς αὐτοῦ, ἵνα
τυφλὸς γεννηθῇ; (Antwort von Jesus) οὔτε οὗτος οὔτε οἱ γονεῖς αὐτοῦ, ἀλλ'
ἵνα φανερωθῇ τὰ ἔργα τοῦ θεοῦ ἐν αὐτῷ. Die konsekutive Bedeutung ist
möglicherweise durch das Wortspiel mit der finalen der Antwort veranlasst
doch hat schon früher die jüdische Theologie den Unterschied zwischen
Absicht und Folge verwischt, indem auf der göttlichen Ebene als Absicht
erscheint, was für den Menschen nur Folge sein kann (dies gilt ganz besonders für die häufige Formel ἵνα πληρωθῇ). Die Vermutung ist deshalb
nicht von der Hand zu weisen, dass der Poimandres hier ganz bewusst den
johanneischen Sprachgebrauch nachahmt, zumal letzterer bevorzugt ein
ἵνα nach einem vorausgehendem Demonstrativum (οὗτος oä) setzt, um dann
einen explikativen Nachsatz anzuschliessen[360]. Sachlich transponiert
der Poimandres damit den christlichen Sündenbegriff auf die Ebene der
griechischen Philosophie, da ἁμαρτάνειν hier soviel wie ἀγνοεῖν ist.

11.2.2. Der Tod im Kosmos

Ebenfalls Schwierigkeiten bereitet der Satz (ὁ αἰσθητὸς κόσμος),
ἐξ οὗ θάνατος ἀρδεύεται 13.25. Das Verb muss sicher beibehalten[361] werden, da vorher von der ὑγρὰ φύσις die Rede ist, doch das Subjekt θάνατος
bleibt singulär[362]. Vom Inhalt her gesehen ist jedoch soviel klar, dass
der Poimandres hier gerade nicht die typisch gnostische Gleichsetzung[363]
des Kosmos mit dem Tod vollzieht[364], sondern den letzteren nur als einen
Aspekt der Welt, wenn auch als den wichtigsten, betrachtet.

11.3. Der Nus als Hüter der Frommen

" 'Aber sage mir noch, fragte ich, wie gelange ich zum Leben, mein Nus?
Gott sagt: DER MIT DEM GEIST BEGABTE MENSCH SOLL SICH SELBER ERKENNEN! Haben denn
nicht alle Menschen einen Geist?' - 'Still davon, he du da! Ich selber, der Nus,
komme zu den Heiligen, Guten, Reinen und Barmherzigen, d.h. zu den Frommen, und
meine Gegenwart wird ihnen eine Hilfe, und sie erkennen sofort alles und sie machen
sich den Vater gewogen durch ihre Liebe zu ihm, und danken ihm, indem sie lob-
preisen und Hymnen singen, in Liebe zu ihm hingewendet[365]. Bevor sie den Körper
dem nur diesem eigenen[366] Tod übergeben, verabscheuen sie die Sinneswahrnehmungen,

---

360 vgl STAUFFER ThWNT III 324.12
361 NOCK-FESTUGIERE (im kritischen Apparat ad loc) ziehen hier heran Mark Aurel V 4:
ἐξ οὗ (d.h. soviel wie die Erde) βόσκομαι καὶ ἀρδεύομαι.
362 Möglicherweise schwebte dem Autor vor: θάνατος φύεται, wobei der Tod wie eine
Pflanze bewässert wird (W. BURKERT).
363 dafür zwei typische Beispiele: ῀Ον γεννᾷ ἡ μήτηρ, εἰς θάνατον ἄγεται καὶ (= das
heisst) εἰς κόσμον, ὃν δὲ ἀναγεννᾷ Χριστός, εἰς ζωὴν μετατίθεται καὶ εἰς Ὀγδοάδα
(Cl Al exc ex Theod 80).
Δύο ὁδοὶ παρετέθησαν ἐνώπιόν σου, ἡ ζωὴ καὶ ὁ θάνατος· ὁ οὖν θάνατός ἐστιν ὁ κόσμος,
ἡ δὲ ζωή ἐστιν δικαιοσύνη (Athan Al virg 18).
364 anders NOCK-FESTUGIERE in A 51 ad loc.
365 wegen des Zusammenhanges muss hier die Konjektur τεταμένοι von W. KROLL eingesetzt
werden; sie hat jetzt eine Bestätigung durch den herm Hymnus NHC VI 7, 63,35:
καρδία πρὸς [σὲ] ἀνατεταμένη.

da sie deren Wirkungen kennen; besser: ich selber, der Nus, lasse es nicht zu, dass die <den Menschen> anfallenden Wirkungen des Körpers sich vollziehen können. Als Türhüter schliesse ich die Zugänge vor den schlechten und schädlichen Wirkungen, indem ich die schlechten Gedanken herausschneide.' " (Corp Herm I 22)

Nock-Festugière haben zur Erklärung dieses Kapitels den δαίμων πάρεδρος herangezogen[367], der bei Justin 1 ap 18.3 erwähnt wird. In der griechischen Welt findet sich seit Platon[368] der Gedanke von einem Daimon, der den Menschen sein Leben lang begleitet. Die Stoa hat dann diesen Daimon mit dem νοῦς im Menschen und im All identifiziert, so Poseidonios frg 147 Theiler und Philon, de providentia 2, 16. Bei Mark Aurel V 27 ist dieser Daimon des Menschen ein Teil, den Zeus von sich selbst (ἀπόσπασμα ἑαυτοῦ) dem Menschen mitteilt; er ist Logos und Nus des Menschen selbst. Mark Aurel steht dabei noch in einer Entwicklungslinie, die der späten Stoa eigen ist: dieser Daimon ist zugleich persönlicher Schutzgeist (vgl Epiktet, diss 1,14,12: "Zeus hat einem jeden seinen je eigenen Dämon als Schützer beigegeben")[369].

Dennoch müssen wir hier diese Tradition vom Poimandres trennen; sie hat möglicherweise auf ihn eingewirkt, sie ist aber nicht primär gemeint. Der Poimandres vermeidet nämlich die Bezeichnung des Nus als Dämon im Gegensatz zur Bezeichnung Strafdämon im Kap 23 und die einleitende Frage - die im Asklepios 7 (303.21) wiederkehrt - zeigt deutlich, dass es hier primär um das Thema des Auserwähltseins geht, das als solches dem Griechentum fremd ist. Auch die unmittelbar darauf folgende Antwort: εὐφήμει weist darauf hin, dass die Frage ein Thema berührt hat, das als Geheimnis zu gelten hat, da es einen Gnadenakt des Νοῦς betrifft. Dieses Motiv findet sich auch im übrigen Corp Herm, wenn auch mit Variationen. Dem Poimandres steht am nächsten Corp Herm IX 5 (98.12), wo über das Verhältnis von αἴσθησις und νόησις reflektiert wird: Jeder Mensch hat Sinneswahrnehmung und geistige Erkenntnis, aber nur ein Teil der Menschen zieht einen Nutzen aus letzterer: das sind die μετὰ τοῦ ἀγαθοῦ οὐσιωδῶς ὑπὸ τοῦ θεοῦ σῳζόμενοι (98.17). In Corp Herm IV 3 hat Gott allen Menschen die Vernunft gegeben, nicht aber den νοῦς. Letzterer ist ein Gnadengeschenk, wobei der Mensch sich allerdings darum bemühen muss (vgl 50.8: ἆθλον und 50.11: ἡ δυναμένη ψυχή). In Asklepios 7 und in Corp Herm X 7-8 und 15 scheint die Grundlage die zu sein, dass alle Menschen den Nus haben, aber nicht alle zur Gnosis gelangen[370], sondern einige der Täuschung durch die Sinne folgen und so zum Tier absinken. In Askle-

---

366 ἴδιος (nachklassisch) = οἰκεῖος (vgl BLASS-DEBRUNNER-REHKOPF § 286). Mit Recht bemerkt HAENCHEN 365 A 1, dass ἰδίῳ betont ist: der Tod betrifft nur den Körper, nicht das Eigentliche des Menschen. Der Gedanke ist platonisch, vgl Phaed 106e sowie Abs 10.4.
367 in A 55 ad loc.
368 vgl BURKERT 281 mit Stellenbelegen; doch steht auch Platon, wie BURKERT vermerkt, bereits in einer älteren Ueberlieferung.
369 vgl noch ZINTZEN im RAC sv 'Geister', B IIIc, Sp 642-44.
370 vgl NOCK-FESTUGIERE II 364 A 61.

pios 18 ist der sensus ausdrücklich als Himmelsgeschenk bezeichnet, aber nicht jede mens ist tanti beneficii capax (317.13).

Wie Nock-Festugière mit Recht bemerken[371], verbindet hier die Hermetik die griechische, philosophisch geprägte Anthropologie vom νοῦς als der vorzüglichsten Eigenschaft des Menschen mit der nicht griechischen Lehre vom Geist als Gnadengeschenk. Den logischen Widerspruch haben die Hermetiker wohl nicht bemerkt; er findet sich aber auch bei Paulus, der einerseits vom Πνεῦμα θεοῦ spricht, andererseits vom πνεῦμα des Einzelnen in der Gemeinde, vorzüglich bei Briefformeln (z.B. Phil 4, 23). Von verschiedenen Ansätzen aus können wir nun zeigen, dass der Νοῦς πυλωρὸς des Poimandres auch christliche Züge trägt:

1. Der Vergleich mit den anderen Stellen im Corp Herm zeigt, dass der Poimandres die Trennung zwischen den Frommen und Unfrommen radikaler vollzieht, andererseits die Gemeinschaft Gottes mit den Frommen besonders betont. Letzteres war schon angedeutet im Kap 2, 7.10: σύνειμί σοι πανταχοῦ, eine Aussage, die sich uns im Zusammenhang mit der Analyse des Namens Poimandres als eminent christlich herausgestellt hat.

2. Das NT kennt im allgemeinen eine trichotomische Anthropologie[372]: Der Mensch besteht aus Leib, Seele und Geist (νοῦς), wobei letzterer auch mit πνεῦμα bezeichnet werden kann[373]. Alle Menschen haben νοῦς, nur die Christen aber πνεῦμα, d.h. Anteil am Πνεῦμα Gottes und Christi. Analog sind die Verhältnisse in der Hermetik, nur mit anderen Vokabeln: alle Menschen haben den λόγος, nur einzelne aber Anteil am Νοῦς (vgl besonders Corp Herm IV 3). Da der Poimandres trotz seiner Dichotomie hier eine enge Verbindung zu den übrigen Hermetica zeigt, dürfen wir hier auf christlichen Einfluss schliessen. Der Poimandres hat auch dieselbe Doppeldeutigkeit beim Wort νοῦς wie das NT bei πνεῦμα.

3. A. Skrinjar S.J. verglich in einem (lateinisch geschriebenen) Aufsatz aus dem Jahr 1968[374] die Hermetik mit der Theologie des 1 Joh. An beiden Orten ist die Rede von einem göttlichen Geist, der in den Menschen eingeht. An Unterschieden hält er für den 1 Joh fest:

> "Verumtamen Spiritum omnes Christiani habent, ab initio, extra ecstasim, sine illa praeparativa hermetica-mystica recollectionis, silentii, aspirationis... Spiritus in 1 Joh docet de omnibus, docet adversus haereticos rectam Christologiam, intellectum nullo modo supplantat, sed elevat et instruit." (p. 232)

Betrachten wir nun diese Unterschiede genauer, so fällt auf, dass sie wohl für das übrige Corp Herm zutreffen, nicht aber für den Poimandres. Es fehlt hier im Kap 22 die Ekstase, die spezielle Vorbereitung auf die Offenbarung, die Ersetzung des menschlichen νοῦς durch etwas ganz Neues.

---

371 I p. 138, Appendice B (aber nicht zum Poimandres!)
372 Die Lehre von der Auserwähltheit ist primär religiös, nicht wissenschaftlich-anthropologisch; der Begriff Anthropologie ist daher im übertragenen Sinn gemeint.
373 HANSE ThWNT II 819.9 ff
374 in: Verbum Domini 46, 1968, 231-33

Im Poimandres fehlt nur die antihäretische Tendenz des 1 Joh; sonst
zeigt er aber deutlich eine Nähe zur christlichen Pneumalehre.

4. C. Colpe hat in seiner Abgrenzung des paulinischen Pneumabegriffs
vom gnostischen Pneuma-Selbst folgende Bestimmungen für Paulus herausgestellt[375]:

> "Das Pneuma vergöttlicht also nicht, sondern rechtfertigt und wird damit zur Norm,
> die der Mensch nicht nur geschenkt erhalten hat, sondern die er sich auch selbst
> zu eigen machen muss: *'Wenn wir im Pneuma leben, so wollen wir auch im Pneuma
> wandeln (Gal 5,25)'*. Das Pneuma ist so sehr jenseitig-endzeitliche Gabe und so
> wenig dem Menschen von vornherein als Platzhalter der Lichtwelt eingepflanzt,
> dass der Mensch, ohne dass Gott es ihm gibt, nicht einmal um Erlösung beten könnte:
> ...Gott muss das Pneuma dem Menschen ins Herz senden (Gal 4,6)."

Auch im Poimandres ist hier im Kap 22 nicht mehr die Rede von einer
göttlichen νοῦς-Substanz, die bloss noch erweckt zu werden braucht
(wie es eigentlich das Kap 17, 12.21 erwarten lässt), sondern der Nus
muss selber im Menschen Platz nehmen, um ihn zu retten. Dem paulinischen
Rechtfertigungsgedanken entspricht im Poimandres das ethische und religiöse Verhalten der Frommen. Der Vergleich zeigt deutlich: der platonische νοῦς ersetzt im Poimandres paganisierend das christliche πνεῦμα.
Nur ist für Paulus auch das Pneuma Gott untergeordnet (1 Kor 6,11),
während der Poimandres hier keinen Unterschied macht; andererseits folgt
er dann doch wieder den christlichen Vorstellungen, wenn der Nus in
14.15 vom 'Vater' spricht.

5. Schon Reitzenstein bemerkte die grosse Aehnlichkeit zwischen dem
Nus des Poimandres und dem Schutzengel im Pastor Hermae[376]. Dieser
Schutzengel sagt von sich:

> "Ich wurde gesandt vom überaus ehrwürdigen Engel (d.h. Christus), damit ich bei
> dir wohne die restlichen Tage deines Lebens." (vis V 2)
> "Ich bin <gesetzt> über die Busse und gebe allen, die Busse tun, Einsicht."
> (m IV 2,2)

Reitzenstein deutete diese Beziehung als Abhängigkeit des Pastor vom
Poimandres, doch zeigten unsere Untersuchungen im Abs 1.7.2.3., dass
die Abhängigkeit nur in der umgekehrten Richtung liegen kann. Die Untersuchung der Anthropogonie ergab auch, dass wir den Poimandres in die
Zeit des Origines setzen müssen; er ist somit in jedem Fall gegenüber
dem Pastor die jüngere Schrift[377]. Die Unterschiede zwischen dem Poimandres und dem Pastor sind grösser als zwischen ihm und dem 1 Joh
(es fehlt der Aspekt der μετάνοια im Poimandres), sodass der Pastor
auch kaum das unmittelbare Vorbild sein kann. Vielmehr rekurrieren
beide Schriften auf dieselbe, christliche Basis.

---

375 im RAC sv 'Gnosis II', D IIc, Sp 605.
376 p. 11/32
377 In neuerer Zeit griff J. SAVIGNAC (Etudes Theologiques et Religieuses 35, 1960,
    165-167) das Problem der Beziehung zwischen den beiden Schriften wieder auf, doch
    leiden seine Ausführungen darunter, dass er stillschweigend den Nus des Poimandres
    mit dem Gott Hermes gleichsetzt, was aber nicht gesichert ist.

6. Auch einige sprachliche Besonderheiten weisen nun auf christlichen Einfluss hin. Ἱλάσκομαι (14.15), das dem hebr כפר entspricht, kann nur im Griechischen auch dann verwendet werden, wenn die Gottheit nicht zürnt oder der Mensch keine Sünde begangen hat. Das Verb nähert sich dann der Bedeutung von θεραπεύειν[378]. Andererseits ist für das griechische Denken die Beseitigung der Befleckung wichtiger als die Begütigung der Gottheit selber[379]. Ἱλάσκονται τὸν πατέρα hat somit auch biblische Züge; aber für einen Juden ist ein Akkusativobjekt πατέρα undenkbar (übliche Objekte sind in den LXX κύριον oder πρόσωπον κυρίου). Das Verb vereinigt somit in sich griechisches und christliches Empfinden. Eindeutig christlich beeinflusst muss ἐνθυμήσεις sein, denn nur im NT (Mt 9,4; 12,25; Apg 17,29; Hb 4,12) und im Pastor Hermae (m 4, 1, 2-3) hat das sonst neutrale Wort den Nebensinn des Bösen und Törichten. Das Partizip ἐκκόπτων verweist wahrscheinlich auf Mt 5,30: εἰ ἡ δεξιά σου σκανδαλίζει σε, ἔκκοψον αὐτήν[380], wo das Verb durch die Ethik Jesu eine bisher ungewohnte Radikalisierung erfahren hat ('mit der Wurzel ausrotten'). Die Verbindung εὐχαριστοῦσιν εὐλογοῦντες ist eindeutig eine typisch christliche Formel, wie dann im Abs 13.2.2. gezeigt werden soll.

11.4. Der Strafdämon

"Denjenigen, die nicht nach dem Geist leben, den Schlechten und Bösen, den Neidischen, Habgierigen, Mördern und Gottlosen aber bin ich fern und mache dem Strafdämon Platz, der die Schärfe des Feuers anlegt und so den Gottlosen spürbar in seinen Sinnen befällt[381], und ihn noch mehr zu ungesetzlichen Taten rüstet, damit er noch mehr Strafe erhält. <Der so vom Dämon geplagte Mensch> hört nicht auf, nach unermesslichen Begierden zu verlangen, indem er unablässig gegen die Finsternis kämpft - diesen <Menschen>[382] also peinigt er und vermehrt auf ihm das Feuer." (Corp Herm I 23)

---

378 BUECHSEL ThWNT III 314,35 ff
379 BUECHSEL ThWNT III 311,33
380 auf diese Stelle verweist auch FESTUGIERE III 116 A 3.
381 Das θρώσκει der codd ist wegen des folgenden Adv αἰσθητικῶς sinnvoller als die Konjektur τιτρώσκει von NOCK; es macht auch das ὁπλίζει verständlicher. Dem steht entgegen, dass θρώσκω ein ausgesprochen poetisches Wort ist. Immerhin findet es sich, (virtuell) mit dem Akkusativ verbunden, einmal bei Sophokles, Trach 1026 in einer durchaus vergleichbaren Situation (Herakles klagt über seine unheilbare Krankheit): θρώσκει δ' αὖ, θρώσκει δειλαία| διολοῦσ' ἡμᾶς| ἀποτίβατος ἀγρία νόσος. Da auch das unverdächtige ἀκορέστως ein ausgesprochen poetisches Wort ist, ist die Lesart der codd doch beizubehalten.
382 Wegen des harten Subjektswechsels konjiziert hier NOCK τοῦτο für das τοῦτον der codd. Dadurch wird der Sinn des Satzes dahingehend verändert, dass der Mensch durch sein eigenes Laster sich selber bestraft. Dieser Gedanke findet sich schon bei den Pythagoreern (nach F. CUMONT, Lucrèce et le symbolisme pythagoricien des Enfers, Revue de Philologie 44, 1920, 230 ff), ist häufig bei Philon, ist aber allgemein bekannt geworden vor allem durch die Stoa (vgl E. NORDEN, Jahrbuch für Philologie, Suppl 18, p. 331) und durch die Epikureer (vgl Lukrez III 978 ff, wo die Hadesstrafen in Laster des Diesseits umgedeutet werden). Dennoch ist m.E. die Konjektur nicht nötig, weil 1. der Gedanke der Selbstbestrafung zwar im Corp Herm vorkommt (X 20; XIII 7), jedoch nicht ausdrücklich mit dem τιμωρὸς δαίμων verbunden wird und 2. auch in 15.4 ein abrupter Subjektswechsel vorliegt. Die Lesung der

War der Νοῦς πυλωρὸς vor allem durch christliche Vorstellungen bestimmt, so treten nun beim τιμωρὸς δαίμων die antik-griechischen Elemente in den Vordergrund. Dies zeigt sich auch im Sprachgebrauch: das
NT vermeidet das Wort δαίμων, weil die Griechen in den δαίμονες immer
göttliche Wesen erblickten[383]. Paulus formuliert daher Röm 1,28 den
Gedanken des Poimandres bezeichnenderweise ganz anders: Gott übergab die
Gottlosen εἰς ἀδόκιμον νοῦν. Der Pastor Hermae spricht daher s VI 3,
2-4 von einem ἄγγελος (nicht: δαίμων) τῆς τιμωρίας; doch muss nicht unbedingt ein unmittelbarer inhaltlicher Zusammenhang mit dem Poimandres
bestehen, weil beide Schriften hier auch unabhängig voneinander eine
volkstümliche Anschauung aufgreifen konnten.

Die Anschauung vom Strafdämon lässt sich in der griechischen Literatur der Kaiserzeit relativ gut verfolgen. Bei Plutarch quaest Rom Kap 51,
277A findet sich eine Lehre von Anhängern des Chrysipp, wonach böse
Dämonen herumgehen, die die Götter als Strafdämonen gegen unfromme und
ungerechte Menschen benützen; dabei erwähnt Plutarch, dass auch einige
Römer in analoger Weise die Laren als erinyenhafte und strafende Dämonen
auffassten. In den oracula Chaldaica frg 90 des Places können die χθόνιοι
κύνες, die aus dem Schoss der Erde heraus die Menschen anfallen, ebenfalls als Strafdämonen aufgefasst werden[384]. Auch Plotin greift diese
Vorstellung auf in IV 8, 5, 23 f (τιννύμενοι δαίμονες), wenn auch nur
im Vorbeigehen, und ebenso kennt sie auch Jamblich myst II 7 (τιμωροὶ
δαίμονες).

Wie die Plutarchstelle noch andeutet, stecken - religionsgeschichtlich gesehen - hinter diesen Strafdämonen die Erinyen der klassischen
griechischen Religion, die Fackeln und Geisseln schwingend auf der
Oberwelt die Verbrecher jagen (z.B. Orestes) oder im Hades unten die
Sünder bestrafen (z.B. Sisyphos). Diese Erinyen sind offenbar im Hellenismus durch Strafdämonen abgelöst worden[385], wobei Platon und Xenokrates hier bekanntlich die entscheidenden Grundlagen für diese Entwicklung gegeben haben. Im Phaed 108b 3 findet sich eine Stelle, die in nuce
die Vorstellung des Poimandres enthält - allerdings mit dem Unterschied,
dass Platon hier an einen persönlichen Daimon denkt: ἡ δὲ ἐπιθυμητικῶς
τοῦ σώματος ἔχουσα <ψυχὴ>...βίᾳ καὶ μόγις ὑπὸ τοῦ προστεταγμένου δαίμονος
οἴχεται ἀγομένη. In Resp 615e 4 ist die Rede von ἄνδρες ἄγριοι, διάπυροι
ἰδεῖν, die die Sünder in der Unterwelt peinigen und in den Hades werfen.

---

codd unterstreicht die Bedeutung dieses τιμωρὸς δαίμων, der durch die Konjektur
sonst überflüssig würde.

383 vgl FOERSTER ThWNT II 20.9
384 so ZINTZEN (→ A 369) Sp 646 und H. LEWY, Chaldaean Oracles and Theurgy, 1956,
p. 259 mit A 3.
385 Eine Darstellung dieser Entwicklung von Homer bis zur Apokalypse Petri findet sich
in A. DIETERICH, Nekyia, 54-62. Im pseudoplatonischen Dialog Axiochos haben wir
372a eine Zwischenstufe, bei der die Erinyen durch die Ποιναί abgelöst sind.

Xenokrates hat dann die Dämonologie Platons im symp 202d in dem Sinne
systematisiert, dass er zwischen guten und bösen Dämonen unterschied[386];
dabei sind sie als persönliche δαίμονες im moralischen Sinn zu verstehen, nicht als Schicksalsdämonen. Diese philosophisch geprägte Dämonen-
lehre hat wahrscheinlich dazu geführt, dass die Strafdämonen ihre Verbindung zur Unterwelt - wie hier im Poimandres - verloren haben, während
beispielsweise die κολάζοντες ἄγγελοι der Apokalypse Petri[387] unter
jüdisch-christlichem Einfluss noch deutlich diese Verbindung bewahren.

Die Rolle des Feuers wird am ehesten durch die Parallele Corp Herm
X 21 klar:

> "Die Seele wird auf diese Weise bestraft. Wenn der νοῦς zum Dämon wird, erhält er
> - so ist die Ordnung - einen Körper aus Feuer für den Dienst an Gott, er geht ein
> gerade in die gottloseste Seele und martert sie mit den Peitschen, die für die
> Sünder bestimmt sind".

An dieser Stelle lebt die alte Vorstellung von den Erinyen - wenn auch
verwandelt - noch weiter; der Vergleich zeigt, dass wir im Poimandres
nicht unbedingt auch eine Feuergestalt für den Strafdämon annehmen dürfen. Der Poimandres kann sich bei seiner Konzeption auch an der biblischen Vorstellung vom Feuer als Strafmittel Gottes orientiert haben[388].
Der Vergleich mit Corp Herm X 21 zeigt zusätzlich noch eine weitere
Besonderheit des Poimandres: Während sonst in der Hermetik der Nus auch
die Rolle des Strafenden übernimmt - so auch Corp Herm XII 4 -, hat er
im Poimandres mit der Bestrafung des Menschen nichts zu tun. Dies ist
ohne Zweifel eine Konsequenz des Auserwähltheits-Gedankens und hat seinen letzten Grund im (christlichen) Hirtenmotiv. Kategorial gesehen
verbindet hier der Poimandres in seiner Konzeption des Bösen die biblische Auffassung mit der griechisch-philosophischen: Das Böse ist im AT
und NT eine Verletzung der personalen Beziehung zwischen Gott und dem
Menschen, nach philosophischer Auffassung ein substantiales Defizit[389],
d.h. im Falle des Poimandres die Abwesenheit des Νοῦς (als Gott) und von
νοῦς (als Funktion des Menschen).

Eine Sonderbehandlung verdient noch der Ausdruck ἀκορέστως σκοτομαχῶν
in 15.5. Das Verb ist ein Hapax legomenon und dürfte daher eine Neubildung des Poimandres sein. Wegen der Wendung ἐν τῷ σκότει πλανώμενος in
13.16 handelt es sich hier wohl um eine Angleichung des profanen σκια-
μαχεῖν an den christlichen, bezw johanneischen Sprachgebrauch (von σκότος), ähnlich wie in 14.15 das ἱλάσκονται τὸν πατέρα (→ Abs 11.3.6.).
Im profanen Verb ist das Substantiv immer als Objekt des μαχεῖν aufgefasst; das ganze Kompositum bezeichnet zumeist einen nutzlosen Kampf,

---

386 frg 23/24 HEINZE; vgl BURKERT 488. Zur Auffassung als Personaldämon vgl frg 83
    HEINZE und NILSSON II 256.
387 zitiert in: DIETERICH, Nekyia, p. 4, Zeile 45
388 vgl LANG, ThWNT VI 935.25 ff; 942 ff; 948.15 ff.
389 Die klassische Darstellung ist Plotins Abhandlung I 8 Περὶ τοῦ τίνα καὶ πόθεν
    τὰ κακά.

der ohne Aussicht auf Erfolg geführt wird[390]. Das Adverb ἀκορέστως kann
dann im eigentlichen Sinn ('unersättlich'), aber auch übertragen als
'unablässig' verstanden werden. Bemerkenswert ist noch die inhaltliche
Parallelstelle im Pastor Hermae (m XII 1), wo gezeigt wird, dass der dem
Menschen angeborene Hang zu bösen Begierden einen ständigen Ansatzpunkt
für die Mächte des Bösen darstellt, sodass der Christ einen ständigen
Kampf zu führen hat. Auch dies weist auf einen christlichen Hintergrund
für die fragliche Poimandresstelle.

11.5. Zur Ethik des Poimandres

Im Rückblick scheinen die Kapp 18-23 bezüglich der ethischen Konzeption ein sehr widersprüchliches Bild zu bieten. In Kapp 18-19 wurde gewarnt vor der Liebe zum Körper, während in Kapp 20-21 das blosse Wissen
um die Metaphysik des Menschen zum Heil genügt. In den Kapp 22-23 hingegen scheinen eine Reihe von Tugenden und Lastern Gewähr dafür zu bieten,
dass der Fromme in einem Gnadenakt erlöst wird, bezw der Unfromme der
Strafe anheimfällt. Bei näherer Betrachtung ergibt sich aber doch eine
innere Einheit in der Ethik des Poimandres: Das sehr drastische Verb
μυσάττονται in 14.18 zeigt, dass die Abkehr von der Sinneswahrnehmung
das Grundanliegen des Poimandres darstellt. Diese führt allein zur Gotteserkenntnis (vgl Abs 1.3.) und hat zur Konsequenz die Abkehr vom ἔρως.
Auch die Tugend- und Lasterkataloge in 14.12 bezw 14.22, mit denen der
Poimandres die christliche[391] Tradition wieder in die heidnische[392] zu-
rückführt, widersprechen dem nicht. Schon ein flüchtiger Vergleich zeigt,
dass im Poimandres die Tugenden und Laster wenig konkret sind, was nur
bedeuten kann, dass nicht so sehr eine Entscheidung zwischen verschiedenen Werten gefordert ist, sondern bloss eine engere Beziehung zu
Gott[393]. Bezeichnenderweise steht am Anfang der Lasterreihe der ἀνόητος
14.22, der im Gegensatz steht zum ἔννους in 13.10. Der *Vernünftige* ist
somit der Fromme, der nicht im Nächsten den Zugang zu Gott sucht, sondern
allein in der individuellen Erleuchtung im νοῦς und durch den Νοῦς. Dieses Beiseiteschieben der konkreten Ethik ist ein Charakteristikum der
Hermetik und zeigt sich besonders deutlich in der Missionspredigt der
Kapp 27-28, obwohl - wie die Untersuchungen dann zeigen werden dort
der christliche Einfluss besonders dominant ist. Die Haltung der Herme-

390 vgl dazu Platon, ap 18d; Resp 520c sowie Numenios frg 25 des Places, Zeile 144
    (p. 70)
391 bezeichnend ist ἐλεήμοσι in 14.13: das ist nicht platonisch-stoisch, sondern
    jüdisch-christlich.
392 Den schnellsten Zugang zur antiken und christlichen Tradition bietet jetzt das
    ThWNT X 1 (Registerband) unter den Stichworten 'Tugendkataloge' bezw 'Lasterkata-
    loge'. Die neueste Literatur ist verzeichnet bei GRESE 127 A 391 und 112 A 300.
393 Ein in der Haltung analoges Beispiel findet sich in der Sektenregel von 1 Qumran
    4, 9-11 (vgl ThWNT VI 551, 45): Gesinnung und innere Haltung gegenüber Gottes
    Geboten sind wichtig, nicht so sehr die ethische Tat.

tik hat ihre Wurzeln einerseits in der intellektualistischen Ethik des
Platonismus[394], andererseits in der individualistischen Ethik der
hellenistischen Philosophie (vorzüglich der Stoa), die - jede Sozial-
philosophie eigentlich ausschliessend - ins Religiöse transformiert in
die Gnosis eingegangen ist[395]. Der Poimandres insbesondere versucht,
diese philosophische Ethik mit der christlichen Gnadenlehre zu vereinen;
jedoch liegt nicht eine Synthese vor, sondern nur eine Adaption christlicher Theologie.

---

394 so PRUEMM 600
395 vgl COLPE (→ A 375) Sp. 547

"Du hast mich über alles gut belehrt, wie ich es wollte, oh Nus. Berichte mir
nun aber noch über den Aufstieg, wie er sich zuträgt! - Darauf antwortete Poimandres: Zunächst übergibst du bei der Auflösung des materiellen Körpers den Körper
selber der Verwandlung, und die sichtbare Gestalt, die du besassest, wird unsicht-
bar, und deinen Charakter, <jetzt> unwirksam <geworden>, übergibst du dem Dämon
und die Sinneswahrnehmungen des Körpers gehen zu ihren Quellen zurück, indem sie
Teile werden und <dann später> wieder einmal zu ihrer Wirksamkeit zusammentreten.
Und das 'Gemüt' und die Begierde gehen in die vernunftlose Natur zurück.

Und so bricht <der Mensch> nunmehr auf, hinauf durch die Harmonie der Sphären,
und der ersten Zone (Mond) gibt er die Fähigkeit zu wachsen und abzunehmen, der
zweiten (Merkur) das Ausdenken von schlechten Taten, jetzt eine unwirksame List,
der dritten (Venus) den Trug der Begierde, jetzt unwirksam, der vierten (Sonne)
die Zurschaustellung[396] der Herrschergewalt, jetzt frei von Habgier, der fünften
(Mars) die gottlose Verwegenheit und die unbesonnene Dreistigkeit, der sechsten
(Jupiter) die schlechten Begierden nach Reichtum, jetzt unwirksam und der siebten (Saturn) die hinterlistige Lüge.

Und dann, entblösst von den Wirkungen der Harmonie (der Sphären) gelangt <der
Mensch> zur Welt der Ogdoas, <jetzt> im Besitz seiner eigenen Kraft, und besingt mit
den wahrhaft Seienden den Vater. Es freuen sich aber die Anwesenden über dessen An-
kunft und, den Anwesenden gleichgeworden, hört er auch einige Kräfte oberhalb der
Welt der Ogdoas mit lieblicher Stimme Gott besingen. Dann gehen sie in Reih und
Glied hinauf zum Vater und übergeben sich den Kräften und, nachdem sie Kräfte ge-
worden sind, gelangen sie zu Gott. Dies ist das gute Ende für diejenigen, die die
Erkenntnis erhalten haben: vergöttlicht zu werden."

12.0. Die Voraussetzungen der bisherigen Forschung

Um in der sehr komplexen Eschatologie[397] des Poimandres einen Ausgangspunkt für die Interpretation zu gewinnen, stellen wir vorerst die Voraussetzungen zusammen, mit denen die bisherige Forschung dieses Stück
gedeutet hat:

Festugière[398] erblickte in dieser Eschatologie die Ontologie des
Timaios, nach welcher allein das λογιστικόν im Menschen unsterblich ist,
während das θυμοειδές und das ἐπιθυμητικόν zur sterblichen Natur des
Menschen gehören[399]. Festugières Auffassung wird jetzt gestützt durch
den hermetischen Traktat NHC VI 6, 52, 1: "O mon père, tu m'as promis
hier d'introduire mon intellect (= νοῦς) dans l'Ogdoade". Nach der üblichen hermetischen Auffassung scheint somit nur der νοῦς Zutritt zu Gott
zu haben. Colpe[400] hingegen stellte bezüglich der Soteriologie des
Poimandres fest: "Der zu Erlösende ist im Poimandres der Mensch schlecht-

---

396 προφανία ist Hapax legomenon; Uebersetzung im Anschluss an NOCK-FESTUGIERE im Apparat ad loc. (vgl auch den Herrschertitel Ἐπιφανής).

397 Im Poimandres handelt es sich nur um die Eschatologie des Einzelnen, da er - entsprechend der griechischen Weltauffassung - ein Ende der Welt im Sinne der jüdisch-
christlichen Apokalyptik nicht kennt.

399 III 124 ff.

hin. Ueber das Verhältnis des erlösenden Νοῦς zum νοῦς, der im erlösungs-
bedürftigen Menschen enthalten ist, wird nicht reflektiert, eine Identitätsformel nicht aufgestellt." Noch weiter in dieser Richtung ging
dann Jansen[401], und zwar unabhängig von Colpe:

> "Der Mensch oder, wie geradezu gesagt wird, der Körper ist es, der nach einer
> Veränderung, die ihn unsichtbar macht, dieses Aufsteigen unternimmt, nicht die
> Psyche, nicht die scintilla animae. Obgleich die endliche Erlösung darin besteht,
> dass der Mensch eine δύναμις wird, eine Kraft in Gott, wird dennoch die Vorstel-
> lung von einer individuellen Existenz bewahrt. Das ergibt sich aus dem Umstand,
> dass der Mensch während seines Zusammenseins mit anderen in der achten Sphäre
> Hymnengesang hört...Wir müssen dabei festhalten, dass hier das endliche Heil
> dem ganzen Menschen gilt, und zwar dem gereinigten Menschen."

Ein gewichtiges Argument für diese Deutung ist eine sprachliche Eigenheit dieser Kapitel: Während das Kap 24 in der 2. Pers sg gehalten ist,
tritt in den beiden folgenden Kapiteln die 3. Pers sg auf, ohne dass
ein Subjekt genannt wird. Reitzenstein ergänzte daher folgerichtig in
der Zeile 16 <ὁ ἄνθρωπος>, doch ist diese Konjektur nicht absolut notwendig. Möglicherweise greift der Poimandres in den beiden letzten
Kapiteln auch auf eine andere motivgeschichtliche Tradition zurück, was
ebenfalls den harten Subjektswechsel erklären könnte. Jedenfalls muss
nun eine genaue Détailanalyse die Lösung dieser Probleme bringen.

12.1. Die Auflösung des Körpers

Im Satz 15.10 παραδίδως αὐτὸ τὸ σῶμα εἰς ἀλλοίωσιν ist ἀλλοίωσις ein
ausgesprochener Begriff der Philosophensprache: er bezeichnet die Veränderung im Gegensatz zur οὐσία, z.B. bei Platon Phaed 78d 6: ἕκαστον
δ' ἔστι ἀλλοίωσιν οὐδεμίαν ἐνδέχεται, und ist bei Aristoteles dann zum
Fachausdruck geworden: die ἀλλοίωσις ist eine μεταβολὴ κατὰ τὸ πάθος
(Met 1069 b 12). Bei Mark Aurel finden wir dann ausgeprägt den Gedanken
vom Tod als einer λύσις τῶν στοιχείων (II 17,4; IV 5), wie überhaupt die
μεταβολὴ das grundlegende Phänomen der Natur ist (II 17,5; VII 18).
Daher ist auch im Poimandres die ἀλλοίωσις als Zerfall des Körpers in
seine Elemente zu verstehen; ebenso auch die ἀνάλυσις τοῦ σώματος τοῦ
ὑλικοῦ in 15.9, denn sonst bleibt das Attribut ὑλικοῦ unverständlich[402].
Auch παραδίδως = 'du gibst her (und hast danach nicht mehr)' weist in
dieselbe Richtung. Die Wendung παραδιδόναι τὸ σῶμα εἰς ἀλλοίωσιν als
Ganzes ist wohl eine Paganisierung von παραδιδόναι τὸ σῶμα εἰς θάνατον,
eine Ausdrucksweise, die besonders in der christlichen Literatur weitverbreitet war[403].

---

400 → A 332
401 162
402 anders FESTUGIERE III 126 A 1, der den Ausdruck im Sinne einer Trennung von Leib
   und Seele versteht.
403 vgl BAUER sv παραδίδωμι 1b und LAMPE sub eodem vocabulo E 1.

12.2. Der Charakter und der Dämon

Der schwierige Satz τὸ ἦθος τῷ δαίμονι ἀνενέργητον παραδίδως ist am ehesten vom Ausdruck δόλον ἀνενέργητον in 15.18 her zu verstehen. Dort gibt der Mensch das Betrügen, jetzt unwirksam geworden, dem Planeten Merkur zurück. Dementsprechend muss hier τὸ ἦθος als der Inbegriff des individuellen empirischen Charakters verstanden werden, der den ἐνέργειαι der δαίμονες[404] ausgesetzt ist und so zum Bösen verführt werden kann, während derjenige, der nach dem νοῦς lebt, dem Dämon keinen Platz zum Wirken lässt. Das Wort ἦθος meint daher hier auch soviel wie βίος[405], die individuelle Lebensführung, die beim Tod ebenso verschwindet wie das εἶδος, die sichtbare äussere Gestalt. Der Dämon, dem der Sterbende seinen Charakter übergibt, dürfte daher der persönliche δαίμων sein, wie er z.B. bei Platon Phaed 107d 7 erwähnt wird: ὁ ἑκάστου δαίμων, ὅσπερ ζῶντα εἰλήχει. Es besteht hier somit auch keine Beziehung[406] des Poimandres zum bekannten Heraklitfrg B 119: ἦθος ἀνθρώπῳ δαίμων.

12.3. Die Sinneswahrnehmungen und ihre Quellen

Die Frage, wohin die einzelnen Sinne des Menschen nach dem Tode zurückkehren, ist von Festugière - sicher zutreffend - damit beantwortet worden, dass hier im Poimandres die fünf Elemente als Ursprungsort der fünf Sinne anzunehmen sind. Bei Aetius[407] finden wir eine damals offenbar verbreitete Lehre von einem physischen Zusammenhang zwischen Sinnesorgan und Element: das Auge stammt aus dem Aether, das Ohr aus der Luft, der Geruchssinn aus dem Feuer, der Geschmackssinn aus dem Wasser und der Tastsinn aus der Erde. Dazu passt, dass die Hermetik die Sinneswahrnehmungen als körperliche Grössen aufgefasst hat, z.B. im Asclepius Kap 27 (333.11): haec est ergo mors, corporis dissolutio et corporalis sensus interitus[408]. Aetius führt als Schöpfer dieser Lehre Pythagoras und Platon an; gesichert ist jedoch nur, dass sie bei Aristoteles[409] vorkommt, mit der Aenderung, dass bei ihm der Aether nicht miteinbezogen ist und dementsprechend das Auge dem Wasser zugewiesen wird. Schon Platon hat allerdings im Timaios versucht, die einzelnen Sinneswahrnehmungen mit Hilfe der 4 Elemente zu erklären; er verknüpft dabei das Auge mit dem Feuer (67c), den Geschmackssinn mit der Erde (68d), das Ohr mit der Luft (67b), ohne jedoch diese Elemente als Ursprung der Sinne zu betrachten. Sicher steht hier Platon seinerseits unter dem Einfluss von Empedokles, der im Frg B 109 das alt überlieferte similia similibus mit seiner 4-Elementelehre verknüpft.

---

404 vgl Corp Herm XVI 13: δαίμονος γὰρ οὐσία ἐνέργεια.
405 vgl auch BULTMANN ThWNT II 836, 29 f.
406 so die Vermutung von NOCK in A 60 ad loc.
407 Dox Graec IV 9, 10, p. 397 b 26 DIELS.
408 vgl auch KROLL 289
409 de anima 425a 3; de sensu 438b 19.

Die anschliessende Partizipkonstruktion μέρη γινόμεναι καὶ πάλιν
συνανιστάμεναι εἰς τὰς ἐνεργείας ist ebenfalls von Festugière definitiv
geklärt worden[410]: die Sinne bilden beim Menschen ein Ganzes, das nach
seinem Tode zerfällt, aber so, dass die Sinne später bei einem anderen
Menschen wieder zusammentreten können, da die Elemente ja unvergänglich
sind. In diesem kleinen Nachsatz zeigt sich deutlich das positive Interesse des Griechen an der Welt, keinesfalls aber die gnostische Weltverachtung.

12.4. Θυμός und ἐπιθυμία

Θυμός und ἐπιθυμία, die beide in die vernunftlose Natur zurückkehren,
sind wohl die beiden Seelenteile, die Platon im Timaios vom λογιστικὸν
der Seele (Resp 439d 5) abgetrennt und als sterbliches γένος τῆς ψυχῆς
(Tim 69e 4) der Brust bezw dem Bauch zugewiesen hat (Tim 69e 4 - 70c 1).
Dieser Rückgriff auf den Platonismus ist hier durchaus berechtigt, weil
nach der bisherigen Theologie nur der reine νοῦς zu Gott aufsteigen kann.
Der Poimandres zeigt somit im Kap 24 eine konsequente Weiterführung der
Gedanken des Kap 22: Da die Sinneswahrnehmungen den Aufstieg zu Gott
verhindern, müssen sie zuerst den Menschen verlassen; weil sie aber
auch den θυμός und die ἐπιθυμία im Menschen aktivieren und dadurch den
Charakter des Menschen bestimmen, müssen auch letztere der Auflösung
anheimfallen.

12.5. Der Aufstieg durch die Planeten[411]
12.5.1. Die kategorialen Voraussetzungen des Planetenbildes

Die ältere Forschung[412] nahm für die Lehre von den sog Planeten-
lastern ohne weiteres die babylonische Herkunft in Anspruch, während die
jüngere Forschung auf dieses Thema gar nicht mehr eintrat. Bei näherem
Zusehen ergibt sich aber, dass auch hier die Voraussetzungen dem griechischen Kulturraum entstammen, sodass wir nochmals auf das Problem
zurückkommen müssen. Als Ausgangspunkt können uns heute die Forschungsergebnisse B.L. van der Waerdens dienen[413]: "Die Astronomie des Anaxi-
mandros und aller späteren griechischen Astronomen ist in erster Linie
geometrisch. Die Griechen stellten sich die Bahnen der Sonne, des Mondes
und der Planeten als Kreise im Raum vor oder dachten sich rotierende
Sphären, die die Planeten bei ihrer Bewegung mitnehmen." Dem gegenüber
ist die babylonische Astronomie ausschliesslich arithmetisch[414], sie

---

410 III 129
411 Im folgenden sollen zur Vereinfachung unter dem Begriff 'Planet' auch Sonne und
    Mond mitverstanden werden, da der Poimandres natürlich vom geozentrischen Welt-
    bild ausgeht.
412 BOUSSET, Gött gel Anz 1905, p. 735 ff; E. de FAYE, Gnostiques et Gnosticisme
    1925², p. 459; CUMONT, Lux perpetua p. 185 f.
413 B.L. van der WAERDEN, Erwachende Wissenschaft, Basel 1968, Bd II, p. 255
414 vgl auch van der WAERDEN in: DER KLEINE PAULY, sv 'Astronomie', Sp. 664

kennt daher kein räumliches Modell des Planetensystems, keine einander
übergeordneten Planetensphären und dementsprechend auch keinen Aufstieg
durch die Planeten hindurch. Die Vorstellung des Poimandres basiert auf
dem Weltbild der Astronomen: die Planeten laufen in sieben konzentri-
schen Kugelschalen um die Erde, wobei sie ihrerseits von den Fixsternen
in der 8. Sphäre umkreist werden[415]. In diesem Weltbild sind Elemente
der pythagoreischen Astronomie, von Platon und Aristoteles sowie der
hellenistischen Astronomie enthalten. Auf die Pythagoreer geht bekanntlich die Kreisbewegung der Gestirne zurück, die von Eudoxos von Knidos
zum System der homozentrischen Sphären (Anzahl: 26)[416] erweitert worden
ist, um die Unregelmässigkeit der Planetenbewegung erklären zu können.
Dieses System basiert auf einer Konzeption Platons, der im Timaios
(38 d ff) die Planeten nach bestimmten Zahlengesetzen in 'Kreisen'
angeordnet hatte. Aristoteles erhob dann dieses vorerst noch rein geome-
trische Modell zur physikalischen Realität, indem er die einzelnen Sphären (Anzahl: 55) als aus Aether bestehend annahm und dadurch die einzelnen sieben Planeten in einem einheitlichen geozentrischen System zusam-
menfasste. Die Gestirne bewegen sich nach ihm in der Weise, dass die
einzelnen Sphären in Bewegung sind, während die Gestirne selbst unbewegt
bleiben und nur wegen der Sphärenbewegung in Bewegung gesetzt werden,
weil sie in den einzelnen Sphären eingeschlossen sind[417]. Da aber dadurch die veränderliche Helligkeit der Planeten nicht erklärt werden
konnte, wurde das eudoxisch-aristotelische System in der Folgezeit wieder fallengelassen. Im 3./2. Jh. v. Chr. wurde dann das Modell der
acht Sphären entwickelt, bei dem die Unregelmässigkeiten der Planeten-
bewegungen durch die Exzenter- und Epizykeltheorie erklärt werden konnten. Bei der Entwicklung dieses Modells muss Hipparch[418] massgeblich
mitbeteiligt gewesen sein; seine Lebenszeit (ca 160 - 125 v. Chr.)
fällt zusammen mit der Blütezeit der griechischen Astrologie in Aegypten.
     Der Aufstieg durch die Planetensphären erscheint in der griechi-
schen Literatur offenbar erstmals im Hermesgedicht von Eratosthenes
(etwa 284 - 202 v. Chr.), wobei allerdings nur der Gott, nicht die Seele
diesen Aufstieg vollzieht[419]. In einem Varrofragment[420] ist die Rede
von einem Buch des Orpheus namens Λύρα, nach welchem die Seelen nicht

415 vgl E. BOER in: DER KLEINE PAULY, sv 'Astrologie', Sp. 885, 7-13.
416 vgl J. MAU in: DER KLEINE PAULY, sv 'Eudoxos 1.', Sp. 409, 42 ff.
417 vgl DUERING (→ A 211) 368.
418 Für Hipparch ist zwar nur die Berechnung der Sonnen- und Mondbahn bezeugt (vgl
     J. MAU in: DER KLEINE PAULY, sv 'Hipparchos 6.', Sp. 1155, 12 ff), doch muss
     der Ausbau des ganzen Modells schon sehr bald nach Hipparch erfolgt sein, weil
     er bei Cicero schon fertig vorliegt (vgl somn Scip 17: Novem tibi orbibus vel
     potius globis connexa sunt omnia).
419 Die spärlichen Fragmente (ediert von E. HILLER, Eratosthenis carminum reliquiae,
     Leipzig 1872, p. 1 f und J.U. POWELL Collectanea Alexandrina, Oxford 1925, 58 f)
     lassen leider keinen eindeutigen Rückschluss zu. G. KELLER, Eratosthenes und die
     alexandrinische Sterndichtung, Diss. Zürich 1946 erblickt in diesem Gedicht eine
     alexandrinisch gelehrte Version des homerischen Hymnos und nicht einen Vorläufer

ohne Musik aufsteigen können: Dicunt tamen quidam liram Orphei cum VII cordis
fuisse, et caelum habet VII zonas, unde theologia assignatur. Varro autem dicit librum
Orfei de vocanda anima liram nominari, et negantur animae sine cithara posse ascendere.
Nock deutet allerdings den Ausdruck de vocanda anima im Sinne von de evocan-
da anima; dies kann sich aber nur auf die - auch in pythagoreischen
Kreisen gepflegte - Totenbeschwörung beziehen, und nicht auf einen Aufstieg durch die Sphären. Der Zusammenhang mit der Gestalt des Orpheus
spricht sehr für diese Deutung von Nock, sodass auch hier eine nähere
Beziehung dieses Fragmentes zum Poimandres sehr fraglich ist.

        Der Begriff ζώνη[421] im Poimandres entstammt dem Sprachgebrauch der
Astrologen, denn er begegnet nur bei Vettius Valens häufiger und macht
dort durchaus den Eindruck eines Fachausdruckes[422]. Damit stimmt überein,
dass auch sonst das Kap 25 von astrologischen Motiven bestimmt ist.

12.5.2. Die Planeten und ihre Eigenschaften

        Babylonisch ist somit im Poimandres eigentlich nur die Grundlage,
nämlich die Verknüpfung der einzelnen Planeten mit einem bestimmten Gott
und die Uebertragung der Eigenschaften dieses Gottes auf den Planeten[423].
Die Identifikation der einzelnen Zonen ist - abgesehen von Mond und
Sonne - allerdings nur dann möglich, wenn man auf den griechischen Charakter des einzelnen Gottes zurückgreift, wobei in den meisten Fällen
der Poimandres auch die mythologische Erscheinungsform des Gottes mit-
einbezieht.

        Die Zone des Wachsens und Abnehmens ist natürlich wegen seiner
Phasen dem Mond zuzuweisen; bei Vettius Valens I 1, p. 1,14 Kroll heisst
es: Ἡ δὲ Σελήνη σημαίνει ζωήν, σῶμα, <μορφήν>, πρόσωπον, θέαν, also
Dinge, die der Veränderung unterworfen sind.

        Die zweite Zone gehört Merkur wegen der bekannten, aber immer
liebenswürdigen, heimlichen Schlauheit dieses Gottes, die besonders im
Mythos vom Rinderdiebstahl zu Tage tritt[424]. Bei Vettius Valens I 1,
p. 4.4 Kroll: Ὁ δὲ τοῦ Ἑρμοῦ σημαίνει κλοπὴν.., κέρδος.., ποικιλεύεσθαι.

        Die dritte Zone gehört der Venus als Göttin des Eros und der
(trügerischen) Begierde; dieses letztere kommt im Mythos u.a. darin zum
Ausdruck, dass Aphrodite als Verführerin des Paris letzten Endes die
Ursache des trojanischen Krieges ist. Bei Vettius Valens I 1, p. 3.16
Kroll: Ἡ δὲ Ἀφροδίτη ἐστὶ μὲν ἐπιθυμία καὶ ἔρως.

---

        der hermetischen Literatur.
420 zitiert und besprochen von A.D. NOCK in: The classical Review 41, 1927, 169-171.
421 zu verstehen als Uebertragung des konkreten Begriffs auf das zweidimensionale
        geometrische 8-Sphärenmodell.
422 Ein typisches Beispiel: IV 26, p. 202.30 KROLL: μονομοιρία δὲ γίνεται οὕτως·
        ἐν ᾧ ἐὰν ἡ Σελήνη ζῳδίῳ ᾖ, αὐτὸς γίνεται πρῶτος κύριος τοῦ ζῳδίου καὶ λήψεται,
        εἶτα κατὰ ζώνην οἱ ἄλλοι.
423 vgl NILSSON II 274
424 vgl BURKERT 244 f.

Die vierte Zone ist diejenige der Sonne, die wegen ihrer beherr-
schenden Stellung am Himmel als Symbol herrscherlicher Gewalt zu gelten
hat. Bei Vettius Valens I 1, p. 1.4 Kroll: Ὁ Ἥλιος σημαίνει βασιλείαν,
ἡγεμονίαν, προστασίαν ὀχλικήν, πατέρα, δεσπότην.

Die fünfte Zone gehört dem Mars als dem Gott der (kriegerischen)
Kühnheit und Dreistigkeit, die besonders in der Verführung der Aphrodite
durch Ares bei Homer, Od VIII 266 ff in Erscheinung tritt. Bei Vettius
Valens I 1, p. 2.35 Kroll: Ὁ δὲ τοῦ Ἄρεος σημαίνει βίας, μοιχείας.

Die sechste Zone wird erst durch Vettius Valens I 1, p. 2.24 Kroll
Ὁ δὲ τοῦ Διὸς σημαίνει εὐπορίας, καρπῶν εὐφορίας, χρήματα, οἰκονομίας
als Bereich des Jupiters ersichtlich: astrologisch gesehen bedeutet
Jupiter Reichtum. Dahinter steckt wohl die alte Vorstellung vom Ζεὺς
Κτήσιος (Zeus als Hüter des Hauses ist auch Beschützer des Hausvorrates
und dessen Erwerbs[425]) und vom Ζεὺς Μειλίχιος: Zeus ist der Spender des
Reichtums[426]. Sehr bezeichnend dafür ist die Geschichte in Xenophons
Anabasis (VII 8, 1), in der Xenophon auf den Rat eines Sehers diesem
Zeus ein Opfer darbrachte, um aus seiner Geldnot befreit zu werden.

Die siebte Zone schliesslich gehört dem Saturn in seiner negativen
Eigenschaft als heimtückischer Uranosentmanner und Kinderfresser (bezeichnend auch sein Epitheton ἀγκυλομήτης bei Homer Il II 205 und Od
XXI 415). Bei Vettius Valens I 1, p. 2 Kroll: Ὁ τοῦ Κρόνου ποιεῖ τοὺς
ὑπ' αὐτὸν γεννωμένους βασκάνους, ἀποκρύπτοντας τὴν δολιότητα, ὑποκρινο-
μένην τὴν ὅρασιν ἔχοντας.

12.5.3. Die Reihenfolge der Planeten

Die Reihenfolge Mond, Merkur, Venus, Sonne, Mars, Jupiter und Saturn wird bei Makrob I 19,2 auch als das System der Chaldäer bezeichnet,
doch ist damit die babylonische Herkunft noch nicht erwiesen. Wie nämlich Boll[427] gezeigt hat, lässt sich diese Reihenfolge weder in den
babylonischen noch in den ägyptischen Texten oder Denkmälern nachweisen.
Erst die Griechen kennen seit späthellenistischer Zeit[428] diese Planeten-
ordnung, die auf den Umlaufzeiten beruht und sich später in der Kaiserzeit als das System der Astrologie durchgesetzt hat. Die ältere Forschung[429] schrieb auf Grund einer Stelle bei Ptolemaios[430] diese Ordnung
den Pythagoreern vor Platon zu; jedoch hat W. Burkert[431] eindringlich
nachgewiesen, dass die Notiz bei Ptolemaios unmöglich auf diese Pytha-

425 vgl NILSSON I 403 f.
426 vgl NILSSON I 411 f.
427 vgl RE VII, Sp. 2570.50 ff und O. NEUGEBAUER, The exact sciences in antiquity.
    Providence 1957², p. 168 ff.
428 Die frühesten Zeugnisse sind Archimedes (bei Makrob som Scip 1, 19, 2; 2, 3, 13),
    Hipparch (nach P. TANNERY, Recherches sur l'histoire de l'astronomie ancienne.
    Paris 1893, p. 127), Nechepso-Petosiris frg 2 RIESS (= Plinius nat hist II 88)
    und Cicero som Scip 6, 17. Vgl auch BURKERT (→ A 18) p. 297, A 121, der diese
    Ordnung auch für Poseidonios und Varro annimmt.
429 BOLL RE VII Sp. 2568.34; BOYANCE, Etudes sur le songe de Scipion. Essais d'histoire

goreer gehen kann, vielmehr müssen diese dieselbe Reihenfolge gekannt
haben wie später Platon und Aristoteles[432]: Mond, Sonne, Venus, Merkur,
Mars, Jupiter und Saturn. Die späthellenistische Ordnung dürfte somit
ihren Ursprung - ebenso wie das 8-Sphärenmodell - in der Blütezeit
der griechischen Astronomie und Astrologie im Aegypten des 3. und 2.
Jh. v. Chr. haben. Aber auch so entspricht sie ganz dem griechischen
Denken: denn der Gedanke, die Umlaufszeit als Kriterium für die Ordnung
der Planeten zu verwenden, basiert auf der charakteristisch griechischen
Art, sich den Kosmos als räumliche Grösse vorzustellen. Die Erwähnung
der Chaldäer bei Makrob besagt somit nur, dass diese Reihenfolge mehrheitlich von den Astrologen benutzt worden ist.

        Im Rückblick zeigt es sich also sehr deutlich, dass das Kap 25
des Poimandres in seinen astronomischen und astrologischen Voraussetzungen ganz auf griechischem Boden steht.

12.5.4. Der Vergleich mit den Parallelen

        Um nun die Eigenart des Planetenaufstiegs besser zu verstehen,
führen wir wieder - was bis jetzt noch nie unternommen worden ist -
einen Vergleich mit den Parallelstellen durch. Wir gehen nicht chronologisch vor, sondern beginnen mit den Texten, die dem Poimandres am
nächsten stehen. Da die Texte nicht zahlreich sind, ziehen wir die
Folgerungen erst am Schluss dieses Abschnittes.

12.5.4.1. Die Ophiten bei Origines c Cels VI 30 + 31

        Bei den Ophiten finden wir die typisch gnostische Auffassung
der Planetenwelt: Das Reich der Hebdomas ist eine gegengöttliche und
unmenschliche Welt, die als tyrannische Macht den Menschen beherrscht[433].
Die Planetengesichter, die Origines erwähnt (Löwe, Stier, Drache, Adler,
Bär, Hund, Esel) haben die Funktion, diese Planeten als böse dämonische
Mächte zu disqualifizieren. Die Seele muss daher bei ihrem Aufstieg die
Wächter dieser Planeten mittels Beschwörungsformeln (die der Gläubige
auswendig zu lernen hatte) um Durchlass bitten. Als Beispiel sei die
Anrede an den Wächter der siebten Zone (Saturn) zitiert (VI 31):

> "O du, erster und siebenter, Jaldabaoth, entstanden um mit Dreistigkeit
> (πεποίθησις) zu herrschen, Ich, höchster Logos des reinen Geistes, vollendetes
> Werk für Sohn und Vater, ich trage zum Kennzeichen das Symbolon des Bildes des
> Lebens, ich habe geöffnet die Türe für die Welt, die du für deinen Aion ge-
> schlossen hattest, ich gehe - wiederum frei - an deiner Herrschaft vorbei;
> die Gnade sei mit mir, ja Vater, sie sei mit mir!"

Dieses Beispiel zeigt klar, dass bei den Ophiten der spezifische Charak-

_____

        et de psychologie religieuses. Paris 1936, p. 62 f. Van der WAERDEN in RE XXIII 2
        Sp. 1809
430   synt 9,1
431   (→ A 18) 297-299
432   entscheidend ist das Eudemfrg 146 WEHRLI; vgl BURKERT (→ A 18) 298.
433   vgl RUDOLPH 76 f.

ter der Planeten schon sehr verblasst ist; andererseits widersprechen
aber auch die magischen Praktiken[434] dem eigentlichen Selbstverständnis
der Gnosis, da ja γνῶσις Erkenntnis und Erlösung zugleich ist[435].

12.5.4.2. Die Planeten in der mandäischen Gnosis

Die mandäische Literatur kennt besonders eindrucksvolle Zeugnisse
für den gnostischen Seelenaufstieg. Die Seele muss dabei auf ihrer Reise
von der Gemeinde auf Erden mit Gebeten und Zeremonien begleitet werden;
andererseits kann sie nur durch das Eingreifen der Lichtwelt gerettet
werden:

> "Mein Mass ist vollendet, und ich scheide ab,
> die Sieben stellten sich auf dem Wege gegen mich auf.
> Sie hielten die Tore vor mir zu,
> um mich auf dem Weg gefangenzunehmen.
> Die Bösen sprechen über mich:
> 'Wir wollen ihn <vom Licht> abschneiden und bei uns zurücklassen.'
> Da erhob ich meine Augen zur Höhe
> und schaute aus und blickte zum Haus des Lebens.
> Das Leben gab mir Antwort aus den Früchten,
> der Glanz gab mir Antwort von weither.
> Dem Grossen Leben gefiel es
> und es sandte zu mir den Sohn des Lebens.
> Es sandte den Mann zu mir,
> der mich seinen Ruf hören liess.
> Er öffnete mir die Türen und kam,
> spaltete das Firmament und gab sich kund.
> Er öffnete die Türen und kam,
> er öffnete die Tore vor mir und trieb die Sieben von meinem Weg.
> Er bekleidete mich mit Glanz
> und hüllte mich mit Licht ein.
> Er gab mir einen Kranz des Glanzes,
> und meine Gestalt erstrahlte mehr als alle Welten."
>
> (Lidz Ginza L III 56)

Der Charakter der einzelnen Planeten ist hier völlig verschwunden,
dafür tritt ihr antigöttliches Wesen umso stärker hervor. Gerade in
dieser 'Pauschalisierung' zeigt sich die radikale Weltverachtung der
Mandäer. Sie kennen daneben auch überirdische Purgatorien, in denen die
sündigende (d.h. nicht zur Gnosis gelangte) Seele gereinigt wird; doch
wird auch mit der Möglichkeit gerechnet, dass einzelne Seelen verloren-
gehen und endgültig der Vernichtung durch die Finsternis anheimfallen[436].

12.5.4.3. Der hermetische Traktat NHC VI 6

Im neugefundenen Nag-Hammadi-Traktat VI 6 haben wir erstmals
einen Text vor uns, der uns ein tieferes Verständnis für die hermetische
Eschatologie eröffnet. Obwohl der Traktat in Inhalt und Form Corp Herm
XIII näher steht als dem Poimandres, ergeben sich doch auch Berührungen
mit dem letzteren. Den Inhalt können wir nach Mahé[437] und im Hinblick

---

434 Beispiele dafür bei RUDOLPH 188 ff.
435 so RUDOLPH 187
436 vgl RUDOLPH 198
437 Ogdoade 55-57

auf unseren Vergleich folgendermassen zusammenfassen:

1. Vorspiel: That erinnert seinen Vater Hermes an ein Versprechen, seinen (des That)
   νοῦς bis zur Ogdoas und Enneas erheben zu lassen. Hermes erklärt sein Einver-
   ständnis, ihm diese Möglichkeit zu eröffnen. (52, 1-13)
2. Theoretische Erörterungen: That muss mit seinen Brüdern, die die Stimme des
   Hermes schon gehört haben und deshalb bereits eingeweiht sind, darum beten,
   den göttlichen Geist zu empfangen. Des weitern fordert Hermes That auf, sich
   an sich selber zu wenden und sich der Fortschritte zu erinnern, die er in
   seinem Geist schon gemacht hat. (52,14 - 55,5)
3. Gebet: Hermes und That bitten in einem gemeinsamen Gebet um die Gnade der Ogdoas,
   indem sie erstmals den Namen Gottes in geheimnisvoller Form aussprechen.
   (55,6 - 57,27)
4. Die erste Vision: Hermes (und dann auch That) werden von Freude erfüllt beim
   Kommen der Δυνάμεις. Sie sehen die Ogdoas und hören den Gesang daselbst.
   (57,28 - 58,22)
5. Die zweite Vision: Nach einem Hymnus auf Hermes sieht That in einer zweiten
   Vision durch seinen Dialogpartner hindurch die Ogdoas und die Wesen, die
   die Enneas besingen. (58,22 - 60,1)
6. Dankgebet an Gott: Hermes empfiehlt That, Schweigen über das Geschehene zu bewahren und zu Gott zu beten bis ans Ende seines Lebens. Im nun folgenden
   Dankgebet wird der Name des Gottes ein zweites Mal in mystischer Form angerufen. (60,1 - 61,17)
7. Epilog: Der ganze Dialog wird in einem Buch und dann auf Stelen festgehalten,
   die auch Verfluchungsformeln (gegen missbräuchliche Verwendung) enthalten.
   (61,18 - 63,32)

Im Vergleich mit dem Poimandres können wir hier folgende Eigenheiten
beobachten:

- In beiden Traktaten ist die Ogdoas nur dem νοῦς zugänglich, doch
  wird dieser Tatbestand im Poimandres wohl absichtlich verschleiert,
  indem beim Uebergang zum Kap 25 trotz des grammatikalischen Subjektswechsels kein neues Subjekt genannt wird.

- Der Aufstieg zur Ogdoas ist ein Akt der Gnade (55,15), d.h. das
  Heil ist göttliche Weisheit und Erweckung des νοῦς im Menschen
  (57, 23-25). Im Poimandres tritt dieser Aspekt im Kap 22 hervor,
  aber nicht im Zusammenhang mit dem Aufstieg durch die Sphären zur
  Ogdoas.

- Der Zugang zur Ogdoas ist durch Gebet und Anrufung Gottes einleit-
  bar (56, 27-28); daraus wird ersichtlich, dass der Mensch sich der
  Gnade der Ogdoas auch verschliessen kann. Dieser Aspekt fehlt im
  Poimandres völlig.

- Die Ogdoas erscheint im Traktat innerhalb einer Vision mit eindeutig
  soteriologischer Bedeutung; die Vision ist eine Vorwegnahme der
  Himmelfahrt nach dem Tode. Im Poimandres fehlt dieser Aspekt; daher
  wirkt der Uebergang zum Thema des Sphärenaufstiegs am Anfang von
  Kap 24 etwas unvermittelt.

- Der Durchgang durch die Hebdomas erscheint im Traktat als progressio
  moralis zur Erreichung der Vision:

  "Déjà nous avons atteint l'Hebdomade, car nous sommes pieux, nous gouvernant
  dans ta loi et ta volonté, nous l'accomplissons toujours. En effet nous avons
  marché dans ta voie et nous avons laissé derrière nous [la malice, afin que
  nous] fassions advenir [la] con[temp]lation". (56, 27 ff)

Die Hebdomas kann somit von jedem Menschen von sich aus erreicht, d.h.
hinter sich gelassen werden. Leider ist der Text verdorben bei der Angabe, was der Fromme bei der Durchschreitung der Hebdomas hinter sich
lässt, doch soviel ist klar, dass der Traktat die Konzeption des Poimandres voraussetzt, weil die Durchschreitung der Hebdomas nur von ihm her
verständlich wird.

Für den Poimandres ergibt sich somit folgendes: Der Aufstieg zur
Ogdoas ist ein 'natürlicher' Vorgang, der weder als Gnade Gottes noch
irgendwie als vom Menschen 'erzwingbar' dargestellt wird. Zwar fehlt auch
im Poimandres der Aspekt der Gnade oder das Gebet (bezw die Meditation)
oder die Anrufung Gottes nicht ganz; sie erscheinen aber nicht im Zusammenhang mit dem Aufstieg zur Ogdoas. Dazu tritt nun noch eine sprachliche Besonderheit: Beim Passieren der Sphären spricht der Poimandres
nicht von 'zurückgeben' (ἀποδίδωσιν) der einzelnen ἐνέργειαι, sondern
nur von 'geben' (δίδωσιν); er orientiert sich offenbar an der im Griechischen durchaus geläufigen Wendung τὰ σώματα διδόναι, die im Zusammenhang mit dem Heldentod verwendet wird[438]. Im NT wird die Formel zum
Ausdruck des Glaubenszeugnisses, wobei der Aspekt des Opfertodes immer
noch mitenthalten ist[439]. Der Poimandres betont also nicht so sehr das
Ablegen von negativen Eigenschaften, sondern den Sterbevorgang als solchen, bei dem das Glaubenszeugnis mitgemeint ist; dieses letztere wird
im Kap 32, 19.6 f dann auch ausdrücklich gesagt: πιστεύω καὶ μαρτυρῶ·
εἰς ζωὴν καὶ φῶς χωρῶ.

12.5.4.4. Die gnostischen Lehren von der Planetenseele

Neben dem Sphärenaufstieg gibt es eine ganze Reihe von gnostischen
Texten, die von der Erschaffung der menschlichen Seele durch die Pla-
neten berichten. Dieses Motiv von der 'Planetenseele' wurde in seiner
Bedeutung für die Gnosis vor allem von Jonas[440] herausgearbeitet und
von ihm für die Interpretation des Poimandres verwendet[441]. Die kürzeste
Fassung finden wir in der Pistis Sophia Kap 131:

> "Es kneten die fünf grossen Archonten (= Planeten ohne Sonne und Mond) der
> grossen Heimarmene die Hefe (sc des grossen Lichtes) miteinander, teilen sie
> und machen sie zu verschiedenen Seelen, damit ein jeder von ihnen *seinen* Teil
> in die Seele lege."

In der gnostischen Trichotomie Körper - Seele - Pneuma muss daher der
Gläubige auch die Seinsstufe der Seele ablegen, weil die Psyche in ihrem rationalen und irrationalen Teil dem Kosmos zugeordnet ist (→ Abs
9.10.5.1.). Nur das Pneuma ist der Erlösung fähig[442]. Dementsprechend

---

438 so Thuk II 43,2 von den gefallenen Athenern
439 Mk 10,45; Lk 22,19. Vgl auch BUECHSEL ThWNT II 168.30 und BAUER sv δίδωμι 6, 384.
440 181 ff
441 205-210
442 Die beste Uebersicht mit den wichtigsten Belegstellen findet sich jetzt bei DIHLE
    ThWNT IX 657 ff, wo auch die sehr stark schwankende Terminologie besprochen ist
    (659, 1-27). Die Nag-Hammadi-Texte sind besprochen von TROEGER ibidem 659-661.

werden auch die Planeten in irgend einer Weise diffamiert[443], da sie
der Seele ihre Eigenschaften mitgeben.

12.5.4.5. Die 'heidnische' Lehre von der Planetenseele

Neben dieser gnostischen Lehre gab es auch eine 'heidnische',
der wir schon im Abs 9.3 begegnet sind und die sich mehr an astrologischen Vorstellungen orientiert; entsprechend der Auffassung der Astrologie sind hier die Planetengaben teils negativ, teils positiv aufgefasst. Negativ sind sie z.B. bei Servius in Aen VI 714:

> Unde etiam mathematici (die Astrologen) fingunt, quod singulorum numinum
> potestatibus corpus et anima nostra connexa sunt ea ratione, quia cum des-
> cendunt animae, trahunt secum torporem Saturni, Martis iracundiam, libidinem
> Veneris, Mercurii lucri cupiditatem, Iovis regnis desiderium; quae res fa-
> ciunt perturbationem animabus, ne possint uti vigore suo et viribus. [444]

Positiv bei demselben Servius in Aen XI 51[445]. Bei Makrob in somn I 11
erfahren wir auch, wie die Planeten der Seele ihre Eigenschaften mitgeben:

> "Denn in den einzelnen Sphären, welche dem Himmel unterstellt sind, wird
> sie (die Seele) mit einer ätherischen Hülle umkleidet, sodass sie durch diese
> schrittweise der Gemeinschaft mit dieser irdischen Bekleidung geneigt
> gemacht wird. Und deswegen kommt sie durch ebensoviele Tode, wie sie Sphären
> durchschreitet, zu dem, was auf der Erde Leben genannt wird."

Jonas[446] hat seinerzeit diese 'heidnische' Version als die ältere bestimmt, von der die gnostische abhängig sei, indem sie aufgrund
ihrer radikalen Weltverachtung die Planeten endgültig zu negativen
Grössen abwertete. Der These von Jonas ist fast die ganze bisherige,
vorwiegend theologisch geprägte Forschung gefolgt. Auffallend ist nun
aber, dass alle Zeugnisse für diese 'heidnische' Lehre in die nachgno-
stische Zeit und in den Umkreis des Neuplatonismus fallen; so ist der
Einfluss von Porphyrios auf Makrob (und damit wohl auch auf Servius)
gesichert. Wir können daher durchaus die 'heidnische' Lehre auch als
Paganisierung der christlich-gnostischen auffassen, bei der die heidnische Welt unter dem Einfluss von Plotin einerseits die positive
Kosmosfrömmigkeit bewahren, andererseits aber auch den gnostisch bestimmten Erlösungsgedanken nicht preisgeben wollte. In dieses Bild
passt auch der Poimandres, da wir im Verlaufe unserer Untersuchungen
immer wieder auf eine Paganisierung christlicher Vorstellungen gestos-
sen sind und wir ihn ebenfalls zeitlich spät ansetzen müssen (nicht
vor 200 n. Chr.).

---

443 vgl oben das Beispiel der Ophiten im Abs 12.5.4.1. Ein weiteres, sehr krasses
   Beispiel findet sich im Apkr J 49,9 - 50,11 (Bezeichnung der Planeten mit Namen
   von Tieren, die allgemein verabscheut werden).
444 vgl auch Arnobius adv gentes II 16: "Während wir zu den menschlichen Körpern
   fallen und eilen, schliessen sich uns aus den kosmischen Sphären die Ursachen an,
   durch die wir schlecht und immer schlechter werden." Ebenso II 28.
445 zitiert im Abs 9.3.
446 183 f

12.5.4.6. Die Konsequenzen

Der Vergleich mit den Parallelen ergibt nun einige Konsequenzen, die alle als Neuerungen innerhalb der bisherigen Forschung anzusehen sind:

1. Der Poimandres ist auch in seinem Kernstück, der Soteriologie, nicht gnostisch bestimmt. Wie wir im Abs 9.5. schon sahen, fehlt ihm die typisch gnostische Weltverachtung, die ihn hätte dazu bringen können, die Planeten in irgend einer Form zu diffamieren. Der Poimandres steht eigentlich *diesseits* der Alternative positive oder negative Kosmologie und zeigt daher eine grössere Nähe zur (profan-) griechischen Antike als zur Gnosis - wenigstens in diesem soteriologischen Abschnitt. Auch Boussets Einteilung[447] der Hermetika in dualistische, monistische und gemischte Traktate, die sich heute allgemein durchgesetzt hat, passt eigentlich nicht auf den Poimandres, insbesondere nicht dessen Zuweisung zu den dualistischen (d.h. pessimistischen) Schriften. Der hermetische Traktat NHC VI 6 zeigt dies an zwei Eigenheiten sehr deutlich:

1.1. Obwohl hier das Eingehen in die Ogdoas das höchste Ziel für den Gläubigen darstellt, fehlt jede abwertende Aeusserung über die Welt und ihre Repräsentanten. In der Beschwörungsformel des Schlusses (63, 16-24) erscheinen die 7 Archonten gleichberechtigt neben den 4 Elementen und den 3 Gottheiten der Hermetik:

> "Je conjure, quiconque lira ce livre saint, par le ciel et la terre et le feu et l'eau, par les sept ousiarques et l'Esprit démiurgique, qui est en eux, par le Dieu inengendré (Ἀγέννητος), Celui-qui-s'engendre-lui-même (Αὐτογέννητος) et l'Engendré (Γέννητος), qu' il respècte ce qu' a dit Hermès."

1.2. In 56, 17 ff findet sich der geheimnisvolle Name Gottes:
α ωω εε ωωω ηηη ωωωω <ιιιι> ωωιιιωω[ω] υυόόο ωωωωωω υυυυυυ ωωωωωωω ωωωιιιωωω. Derselbe findet sich auch in den Zauberpapyri, aber in vereinfachter Form: α εε ηηη ιιιι οοοοο υυυυυυ ωωωωωωω; Reitzenstein vermerkt dazu[448]: "Das bedeutet..., dass in den sieben Sphären oder Planeten 28 Teilgötter, in jeder folgenden einer mehr als in der vorausgehenden walten; alle zusammen bilden den einen Gott." Die kompliziertere Form im hermetischen Traktat erklärt sich dadurch, dass eine ständig um 1 grösser werdende Anzahl ω zwischen die einzelnen Sphären gesetzt worden ist, um die Ueberlegenheit der Ogdoas über die einzelnen Sphären zu symbolisieren[449]. Das Ganze bedeutet für uns, dass die Planeten einen wesentlichen Bestandteil der hermetischen Gottheit ausmachen und gerade nicht als widergöttliche Macht aufgefasst worden sind.

2. Der Poimandres hat somit auch nichts zu tun mit der gnostischen Auffassung von der Planetenseele; es fehlt ihm die charakteristi-

---

447 dargestellt in der Rezension von J. KROLL, die Lehren des Hermes Trismegistos, in: Gött Gel Anz 176 (1914) 749.
448 266
449 vgl MAHE, Hermès I p. 106 (Kommentar ad locum).

sche gnostische Trichotomie. Er steht vielmehr den heidnisch-astrologi-
schen Vorstellungen näher, wobei auch hier eine gewisse Eigenständigkeit
zu beobachten ist: er stellt die 'Planetenlaster' unter den einheitlichen
Gesichtspunkt der Begierde und interessiert sich nicht dafür, wie der
Mensch die Eigenschaften der Planeten erhält (Fehlen des Gewandmotivs),
sondern nur für die *Transformation* als solche.

3. Weil der Poimandres offenbar von astrologischen Voraussetzungen ausgeht, ergab sich für ihn auch kein Widerspruch zwischen dem Kap
13 (positive Planetengaben) und dem Kap 25 (negative Planetengaben):
Nach der Auffassung der Astrologie können die Sterne Gutes wie Böses
bedeuten, ohne dass sie deswegen in irgend einer Weise qualifiziert
werden müssten - das zeigen die Charakterisierungen der Planeten bei
Vettius Valens I 1 sehr deutlich.

4. Der Poimandres legt bei seiner Schilderung des Sphärenaufstiegs
das Gewicht auf den Vorgang als solchen, der als natürlicher Prozess
nach dem Tode zu verstehen ist, bei dem der Mensch die Begierden ablegt.
Hier berührt sich der Poimandres auffallend mit der spiritualisierten
Auferstehungslehre des Origines: der geistige Leib verfällt nicht mehr
den Leidenschaften von Fleisch und Blut[450]. Im System des Origines sind
es auch νόες, die beim Fall zu Seelen und Körpern werden[451] und deren
Fall durch Christus rückgängig gemacht wird[452]. Andererseits verlangte
die kirchliche Tradition die Auferstehung des Leibes, der Origines mit
dem Rückgriff auf den Begriff des σῶμα πνευματικὸν[453] entgegenkommen
konnte. An gewissen Stellen aber von περὶ ἀρχῶν schimmert - trotz der
glättenden Uebersetzung von Rufin - die eigentliche Meinung von Origines
noch durch, nämlich dass nur die νόες in den Himmel zurückkehren können, so II 11,7 (p. 457 G-K). Das dritte Buch schliesst Origines bekanntlich so, dass er die Alternative Körperlosigkeit oder geistiger Körper
offen lässt.

5. Daraus ergibt sich: Bei der Schilderung des Aufstiegs durch
die Planeten geht der Poimandres ontologisch vom Platonismus aus, wobei
Servius und Makrob (und damit auch Porphyrios) ihm am nächsten stehen.
In diesem Punkt ist Festugière durchaus recht zu geben. Andererseits
versucht der Poimandres durch den Verzicht auf die Nennung eines Sub-
jekts diesen Tatbestand zu verschleiern, um auch die christliche Auferstehung in seine Darstellung miteinzubeziehen: es ist auch an die Erlösung des ganzen Menschen gedacht, so wie es Colpe formuliert hat
(→ Abs 12.0). Der astrologisch geprägte Aufstieg zur Ogdoas ist somit
die heidnische Version der christlichen, spiritualisiert aufgefassten
Auferstehung, genauso wie das System des Origines die christliche

450 princ II 10,3 (p. 425 G-K)
451 princ I 5,3 (p. 203 f G-K)
452 princ I 2,4 (p. 129 G-K)
453 1 Kor 15,44

Adaptierung der platonischen Seelenlehre darstellt. Wegen dieser Paganisierung christlicher Eschatologie steht hier der Poimandres auch im
Gegensatz zu NHC VI 6, wo in echt gnostischer Interpretation der Auferstehung[454] die Gnosis als Erleuchtung mit der Auferstehung identisch
ist.

12.6. Das Eingehen in Gott

Das Kap 26 ist von Festugière besonders eingehend untersucht worden,
wobei er zahlreiche Parallelen aus dem Heidentum, Judentum und Christentum zusammengestellt hat, um die verschiedenen τόποι herauszuarbeiten[455].
Wir können heute auf diese Untersuchungen zurückgreifen, achten aber
konsequenter als Festugière auf die sprachliche Form.

12.6.1. Die Ankunft in der Ogdoas

Der Ausdruck γυμνωθεὶς ἀπὸ τῶν τῆς ἁρμονίας ἐνεργημάτων 16.4 stammt
wohl, wie Festugière 131[456] zeigt, aus dem Umkreis des Platonismus; jedoch müssen wir ausdrücklich daran festhalten, dass der Poimandres auch
jetzt - und überhaupt im ganzen Kapitel - kein konkretes Subjekt nennt.

Die Wendung γίνεται ἐπὶ + Akk (16.5) ist in der Klassik selten,
häufig aber in der Kaiserzeit (Festugière 131) und gehört der Umgangs-
sprache an. Möglicherweise will der Poimandres damit den umgangssprach-
lichen Ton des Evangeliums nachahmen[457].

Der Ausdruck φύσις ὀγδοατικὴ statt Ὀγδόας in 16.5 ist sicher eine
Anlehnung an den philosophischen Sprachgebrauch, da dort φύσις ein
überaus geläufiges Wort ist. Nach Festugière 132 bedeutet es hier soviel
wie 'Welt'.

Bei der Partizipkonstruktion τὴν ἰδίαν δύναμιν ἔχων erwog Festugière 132 die Uebersetzung 'forces, pouvoir' für δύναμις, und zwar im
Anschluss an Servius in Aen VI 714[458]. Er dachte aber auch an 'qualité
essentielle' im Hinblick auf Proklos el theol 209 (οἰκεῖον εἶδος). Die
Wendung hat nun Parallelen im hermetischen Traktat NHC VI 6:

> 55,18: "Le don de l' Ogdoade s'étende jusqu' à nous, et chacun (de nous) re-
> çoive de lui ce qui est sien (= τὸ ἴδιον)."
> 57,10: "Reconnais l'Esprit qui est en nous (= τὸ Πνεῦμα τὸ ἴδιον)."
> 57,24: "Sauve ce qui est en nous (= τὸ ἴδιον)."

Diese Parallelen zeigen, dass der erste Uebersetzungsvorschlag der richtige ist, weil die platonische Begrifflichkeit in diesem Zusammenhang
eigentlich fehlt. Δύναμις hat hier dieselbe Bedeutung wie ἐνέργεια im

---

454 vgl 2 Tm 2,18
455 III 131 - 174
456 Der Einfachheit halber wird im folgenden nur noch mit der Seitenzahl auf die in
    A 455 genannte Stelle bei Festugière verwiesen.
457 In der folgenden Missionspredigt Kapp 27-30 finden sich dann etliche Anklänge an
    den Sprachgebrauch des NT.
458 "..ne possint uti vigore suo et viribus." Das ganze Zitat in Abs 12.5.4.5.

Kap 25[459] und ist nur gesetzt, um den Erlösten besser von den Planeten
abzuheben, d.h. ἰδία δύναμις kontrastiert mit den von den Planeten ge-
borgten δυνάμεις (→ Kap 13).

12.6.2. Der Gesang der Seligen

Im Satz ὑμνεῖ σὺν τοῖς οὖσι τὸν πατέρα wollte Festugière 132 A 2
das schwierige τοῖς οὖσι der codd durch τοῖς ὁσίοις ersetzen. Der Ausdruck οἱ ὄντες wird nun aber durch das NHC erklärt: er bezeichnet als
Fachausdruck der Gnosis die Erlösten:

I 5, 65,12: "Dadurch hat er (d.h. der Sohn) ihretwegen gelitten, die sind,
    indem er sich in ihr Denken gesät hat."
VII 3, 77,10: "Alle ἐξουσίαι nämlich...wünschen mit diesen (den Aeonen) in der
    Schöpfung der Welt zu sein, damit die, die nicht existieren
    (οἱ μὴ ὄντες) von denen, die existieren (οἱ ὄντες), die sie über-
    sehen haben, gepriesen werden. Obwohl sie (= οἱ μὴ ὄντες) nicht
    gerettet wurden, wünschen sie allezeit, dass sie entstehen, da
    sie die Unauflösbaren sind."
VIII 1, 2,25: "Wie kommen diejenigen, die sind (οἱ ὄντες), die aus dem Aeon
    sind, der zu den Seienden gehört, aus dem unsichtbaren Geist und
    aus dem ungeteilten Selbst-Entstandenen, welches die drei unge-
    borenen Gleichheiten sind?"
XI 3, 66,36: "Ewiges Leben, der ungeteilte und dreifach-mächtige Geist, der
    in denen ist, die sind."

Alle diese Beispiele weisen auf eine christliche (!) Gnosis hin.

Mit dem Gesang der Seligen begann Festugière (133-137) seine aus-
gedehnten motivgeschichtlichen Untersuchungen. Auch bei diesem Motiv
handelt es sich um einen Topos der religiösen Literatur. Allerdings ist
die sprachliche Ausdrucksweise doch sehr verschieden, sodass wir den
Poimandres genauer einordnen können. Im Griechentum sind typisch die
Wendungen χορὸς ἀθανάτων und (παιᾶνα) ᾆδειν; auch fehlt die charakteristisch biblische Ich-Du-Beziehung zwischen Mensch und Gott[460], die im
Wort πατέρα des Poimandres enthalten ist. In der jüdischen Apokalyptik
preisen nur die Erzengel (und nicht auch Neu-Ankommende) Gott, der nur
als κύριος angesprochen wird. Das Judentum kennt auch nicht die Aufnahme
der Auserwählten in den Himmel; dieses Motiv hat erst die christliche
Apokalyptik (Apk 19, 1+8), aber auch hier wird nicht vom 'Vater' gesprochen. So treffen wir erst in der *christlichen Gnosis* das Beispiel,
das dem Poimandres sprachlich am nächsten kommt, Valentin bei Hipp ref
VI 31,8 (159, 22 W): ἀνέδραμεν...ὁ Χριστὸς πρὸς τὸν Νοῦν καὶ τὴν Ἀλήθειαν
ἐντὸς τοῦ ὅρου μετὰ τῶν ἄλλων αἰώνων δοξάζων τὸν Πατέρα. Aehnlich heisst
es auch bei Origenes or 2,4 (GCS II p. 302.13; M 14.421B): οὐδὲ γὰρ
δύναται ἡμῶν ὁ νοῦς...συμφώνως ὑμνεῖν τὸν πατέρα ἐν Χριστῷ, ἐὰν μὴ κτλ.
Der Sprachgebrauch weist somit eindeutig auf eine christliche Herkunft
des Motivs hin.

---

459 vgl NOCK-FESTUGIERE I 140 und III 9 A 8.
460 → A 134

12.6.3. Die Aufnahme unter die Seligen

Im Heidentum wird die Aufnahme unter die Seligen im allgemeinen durch eine Uebertragung der irdischen Begrüssungsszene in das Jenseits dargestellt. Daher sind hier Verben wie δεξιόομαι, καταφιλέω, καλέω oder excipere typisch. Dem gegenüber zeigt der Poimandres den Topos unter einem anderen Aspekt: im Vordergrund steht die Mitfreude der bereits Erlösten über die Erlösung des Neu-Angekommenen. Dieses συγχαίρειν fehlt auch in der jüdischen und christlichen Apokalyptik, weil nach jüdischer Auffassung der Empfänger der Offenbarung nur vorübergehend in den Himmel aufgenommen werden kann. Das dem Poimandres sprachlich am nächsten stehende Beispiel ist - wie Festugière 144 selber bemerkt - wiederum christlich: Aperiantur ei (= animae) caeli, collaetentur illi angeli[461]. Das collaetari steht sicher in Verbindung mit 1 Kor 12,26: εἴτε δοξάζεται μέλος, συγχαίρει πάντα τὰ μέλη, wobei hier die μέλη die einzelnen Mitglieder der christlichen Gemeinde bezeichnen[462].

12.6.4. Die Assimilation an die Seligen

Festugière 144 zog zur Erklärung des ὁμοιωθεὶς τοῖς συνοῦσιν 16.7 zwei Stellen aus Corp Herm X 16 und 18 heran: Der νοῦς bekleidet sich mit einem Gewand aus Feuer. Beim Motiv der vestitio handelt es sich ebenfalls um einen Topos der heidnischen, jüdischen und christlichen Eschatologie, doch bleibt die Erklärung Festugières fraglich, da der Poimandres nicht ausdrücklich von einem 'Gewand' spricht. Hingegen gibt uns jetzt der hermetische Traktat NHC VI 6 ein tieferes Verständnis dieser Assimilation; sie ist unbedingt notwendig, um zur Schau Gottes zu gelangen:

> 58,6: "Je (That) vois celui, qui me donne le mouvement par une sainte extase. Tu me donnes puissance. Je me vois moi même."
> 58,15: "Je (Hermès) t'ai dit, o mon enfant, que je suis l'Intellect (= Νοῦς).- (That:) J'ai contemplé (Dieu); il est impossible à la parole de révéler cela.- (Hermès:) En effet, toute l'Ogdoade, o mon enfant, avec les âmes, qui (sont) en elle et les anges chantent des hymnes en silence. Mais à moi, l'Intellect, ils sont intelligibles."

That sieht im Augenblick der Ekstase in Hermes (= Νοῦς) sich selbst, weil er selbst zum νοῦς geworden ist. Gleichzeitig ist es nur dem Νοῦς-Gewordenen möglich, den Lobgesang zu hören. Auffallend ist, dass auch hier wie im Poimandres die Art und Weise der Assimilation nicht näher geschildert wird, nur das soteriologische Element ist wichtig. Wir müssen daher annehmen, dass die Hermetik hier die platonische ὁμοίωσις θεῷ in ihre religiösen Vorstellungen übernommen hat.

---

461 FESTUGIERE zitiert diese Stelle aus dem Ordo commendationis animae; sie ist mir selber unzugänglich.
462 Nicht unmittelbar mit dem Poimandres verwandt ist der Ruf εὑρήκαμεν συγχαίρομεν in den Isismysterien nach der Wiederauffindung des toten und zerstückelten Osiris (A. DIETERICH, eine Mithrasliturgie, 1923 [3. Aufl] XI 174, p. 216). Aus Athenagoras suppl 22 φασὶ μυστικῶς ἐπὶ τῇ ἀνευρήσει τῶν μελῶν ἢ τῶν καρπῶν ἐπιλεχθῆναι τῇ

12.6.5. Der Gesang über der Ogdoas

Auch das Heidentum kennt - wie Festugière 149 zeigt - den Gesang
auf der Insel der Seligen, aber unbekannt ist hier das Hören eines besonderen Gesanges, der *über* dem Ort der Seligen erklingt und zum persönlichen Schauen Gottes hinführt. Die genaue Entsprechung zum Poimandres
ist wieder christlich, nämlich Martyrium Perpetuae et Felicitatis Kap 12
(p. 40.30 Knopf-Krüger):

> Et venimus prope locum, cuius loci parietes tales erant, quasi de luce aedifi-
> cati; et ante ostium loci illius angeli quattuor stabant, qui introeuntes
> vestierunt stolas candidas. Et introivimus et audivimus vocem unitam dicentem:
> 'Agios, agios, agios' sine cessatione. Et vidimus in eodem loco sedentem quasi
> hominem canum, niveos habentem capillos, et vultu iuvenili.

12.6.6. Die παραπομπὴ zum Vater

Festugière 150 bemerkt zum Satz καὶ τότε τάξει ἀνέρχονται πρὸς τὸν
πατέρα, dass hier sich christliche mit heidnischen Vorstellungen vereinen. Heidnisch ist das feierliche Einholen (παραπομπὴ) einer hochge-
stellten Persönlichkeit oder der Kultstatue oder der heiligen Geräte
eines Gottes in die Stadt in Form einer Prozession[463]. Ebenso gehört
hierher die Wagenfahrt der Götter zum überhimmlischen Ort in Platons
Phaidros (247 a ff). Christlich hingegen ist das Abholen des Erlösten
durch die Engel, z.B. in Mart Perp et Fel Kap 11 (p. 40.14 Knopf-Krüger):

> Passi, inquit, eramus et exivimus de carne et coepimus ferri a quattuor angelis
> in orientem, quorum manus nos non tangebat. Ibamus autem non supini sursum
> versi, sed quasi mollem clivum ascendentes.

Die Engel fehlen zwar im Poimandres (nicht aber im hermetischen Traktat
NHC VI 6!), aber πρὸς τὸν πατέρα zeigt deutlich den christlichen Hintergrund.

12.6.7. Die παράδοσις

Beim Ausdruck εἰς δυνάμεις ἑαυτοὺς παραδιδόασιν erwog Festugiere
151 - unter Heranziehung von Asclepius 28 - das Motiv des Totengerichts,
an das sich die Seele ausliefert[464]. Jedoch hat im Poimandres der Gedanke des Totengerichts unmöglich Platz. Im Pastor Hermae s IX 10,6 finden wir wieder die Stelle, die dem Poimandres am nächsten kommt: (Hermas
zum Pastor) Παράδος οὖν, φημι, αὐταῖς (= ταῖς παρθένοις = ταῖς δυνάμεσι
τοῦ υἱοῦ τοῦ θεοῦ) με. Der Ausdruck unterstreicht den eigenen Willen des
Auserwählten; das Eingehen in Gott ist nicht ein passives Geschehen-
Lassen.

Ἴσιδι· εὑρήκαμεν, wird deutlich, dass die Mitfreude an Isis gerichtet ist, und
nicht an den auferstandenen Osiris. Bei Firmicus Maternus err prof rel II 9: cum
veram viam salutis inveneris, gaude et tunc erecta sermonis libertate proclama:
εὑρήκαμεν συγχαίρομεν, ist der Ruf christlich umgedeutet, aber auch jetzt noch
nicht auf die christliche Gemeinde bezogen.

463 τάξει ist dazu der formelhafte Ausdruck, wie FESTUGIERE 151 A 1 zeigt.

464 vgl insbesondere die hermetische Stelle bei Lydus, de mensibus IV 149, zitiert
bei NOCK-FESTUGIERE II 334.

12.6.8. Die δυνάμεις Gottes

Mit den δυνάμεις Gottes kommen wir auf ein Thema zurück, das wir oben im Abs 4.1. schon gestreift hatten. Vor allem Festugière hat diesem Motiv eine eingehende Darstellung gewidmet (158-166); ich fasse hier seine Thesen kurz zusammen:

1. Die δυνάμεις sind völlig aus den heidnischen religiösen Anschauungen erklärbar; so spricht beispielsweise Julian oratio IV 142 C ff von den δυνάμεις des Sonnengottes, die er dann wie folgt erklärt: Helios vereinigt in sich die Kräfte von Zeus (143 D), Apollon (144 D), Dionysos (144 A) und von Asklepios (144 B). Diese Vorstellung hat ihre Wurzeln in der Stoa SVF II 305.17 ff[465]:

   > "Gott ist der Demiurg des Alls und gleichsam der Vater von allem, und zwar allgemein und im Bezug auf denjenigen Teil von ihm, der alles durchdringt <und> mit vielen Bezeichnungen angerufen wird je nach seinen δυνάμεις."

   Es folgt dann im stoischen Fragment die Lehre, dass Zeus bald Dis, Zen, Athena, Hera, Hephaistos, Poseidon oder Demeter genannt werde.

2. Auch das Judentum spricht von einem κύριος τῶν δυνάμεων (= Lehnübersetzung der LXX für יְהוָה צְבָאוֹת); aber hier sind die Kräfte Gottes immer nur Gott untergeordnet, niemals Gott gleichgesetzt wie im Poimandres.

3. Die Kräfte-Lehre von Philon basiert teils auf dem AT, teils auf Poseidonios[466]. Die Gemeinsamkeiten zwischen dem Poimandres und Philon beschränken sich nur auf den hellenistischen Aspekt von Philons Lehre (Kräfte als Hypostasen Gottes). Es ist daher nach Festugière unwahrscheinlich, dass der Poimandres von Philon abhängig ist, da er das hellenistische Element auch von der heidnischen Seite hätte haben können.

4. Philons Lehre ist in sich widersprüchlich: bald sind die Kräfte Gottes mit Gott identisch, bald sind sie von Gott geschaffen und daher von ihm abhängig[467]. Diese Widersprüchlichkeit treffe auf den Poimandres nicht zu.

Gegen diese Thesen Festugières erheben sich nun aber doch schwerwiegende Bedenken:

ad 1. Die δυνάμεις Gottes der heidnischen Religion entstammen dem Versuch der Philosophie, hinter den verschiedenen Aspekten einer Gottheit (später: mehrerer Gottheiten) die verbindende Einheit zu sehen. Die einzelne δύναμις ist eigentlich konkret gedacht und repräsentiert eine bestimmte Wirkungsweise des Gottes. Eine solche δύναμις kann nun von ihrem Wesen her nicht das soteriologische Ziel des Gläubigen sein in dem Sinne, dass dieser sich in sie verwandeln muss, um in Gott eingehen zu können. Daher fehlt der

---

465 = frg 1021 ARNIM = Diogenes Laert VII 147 (über Zenon)
466 vgl auch GRUNDMANN ThWNT II 299.59 - 300.17
467 vgl auch das Philonzitat sacr AC 60 im Abs 4.1.

soteriologische Aspekt in allen heidnischen Beispielen, die
Festugière anführt.

Gerade umgekehrt liegen die Verhältnisse im Judentum. Hier bildete
sich nachbiblisch eine Engel-Vorstellung aus, bei der die einzelnen Gestalten mit δυνάμεις bezeichnet wurden. Diese δυνάμεις
sind eigentlich personifiziert gedachte Naturkräfte, die dann
mit den Engeln des AT identifiziert worden sind[468]. Im Judentum
ist somit die Einheit Gottes vorgegeben und manifestiert sich in
der Welt in einer Reihe von δυνάμεις, die - nicht mehr konkret
gedacht - jede für sich in vollem Umfang Gott repräsentieren, ohne
mit ihm identisch zu sein. Das Verhältnis ist hier dasselbe wie
die Beziehung Gott - Mensch in Gen 1: Der Mensch ist dank seiner
Ebenbildlichkeit die repraesentatio Dei auf Erden, ohne selber
Gott zu sein. Nur eine solche δύναμις kann das soteriologische
Ziel des Gläubigen sein.

ad 2. Auch im Poimandres sind die Kräfte Gott untergeordnet; dies zeigt
vor allem der Satz 16.8:

"Einige Kräfte besingen über der Welt der Ogdoas mit lieblicher Stimme Gott."

Im hermetischen Traktat NHC VI 6 tritt dies noch deutlicher hervor:

58,11: "Le principe de la Puissance, qui est au dessus de toutes les Puissances."
59,31: "Et je le vois, lui, pourvu de toutes leurs Puissances."

ad 3. et 4. Auch der Poimandres kennt die philonische Widersprüchlichkeit zwischen der Unterordnung und der Gleichsetzung der
δυνάμεις mit Gott. Dies hat Haenchen[469] erstmals gesehen:

"An dieser Stelle wird allerdings eine Unklarheit der Darstellung
fühlbar: Gott wird hier als der Vater von den lobsingenden δυνάμεις
unterschieden; andererseits hat es aber doch wieder den Anschein,
als bestünde Gott aus den 'Kräften' der höchsten Sphäre, die noch
über der Enneas liegt."

Wir müssen somit daran festhalten, dass der Poimandres die Kräfte-
lehre Philons[470] voraussetzt, wenn auch sicher kein unmittelbarer Zusammenhang besteht. Vom jüdischen Hintergrund her wird es nun verständlich,
warum ein Teil dieser δυνάμεις zu Gott gehören, sein Heer bilden und
ihn preisen, so äth Hen 61,6 (p. 392 Riessler):

"Alle oben im Himmel befindlichen Kräfte erhielten einen Befehl und eine Stimme
und ein Licht, dem Feuer gleich. Sie priesen jenen einstimmig."

---

468 vgl GRUNDMANN ThWNT II 297.27
469 369 f
470 Für Philon sind dabei die δυνάμεις eine Möglichkeit, den Polytheismus transformiert
in sein (im Prinzip monotheistisches) System einzubauen; ein Beispiel (fug 68):
διαλέγεται μὲν οὖν ὁ τῶν ὅλων πατὴρ ταῖς ἑαυτοῦ δυνάμεσιν, αἷς τὸ θνητὸν ἡμῶν τῆς
ψυχῆς μέρος ἔδωκε διαπλάσσειν. Hier steht der Timaios im Hintergrund, bezw der
Demiurg und die untergeordneten Götter: Während Platon selber den Demiurgen
bereits als πατὴρ τοῦ παντὸς bezeichnet (Tim 28c 4), setzt nun Philon statt der
θεοὶ die δυνάμεις.

Aehnlich auch vit Ad 28 (p. 675 Riessler):

"Du bist die unbeschreiblich grosse Kraft. Dir bringen Lob und Preis die Geister-
kräfte."

Die Uebereinstimmung mit dem Poimandres ist hier offensichtlich. Eigenartig und innerhalb der Hermetik nur für den Poimandres belegt ist der
Gedanke, dass der Mensch eine δύναμις werden muss, um in Gott eingehen
zu können. Der Ausgangspunkt für diesen Gedanken dürfte bei Lk 20,36
liegen, wo die Auferstandenen als ἰσάγγελοι bezeichnet werden; in der
Weiterentwicklung wurde dann δυνάμεις für ἄγγελοι gesetzt. Dies ist
noch deutlich ablesbar aus einer Stelle im Pastor Hermae, s IX 13,2:
Nur wenn Hermas das Gewand der Jungfrauen (= die Kräfte des Gottessohnes) anzieht, kann er den Zugang zum Reich Gottes finden. Auch die
frühe Patristik, nicht zuletzt die Alexandriner, spricht von δυνάμεις,
doch werden sie normalerweise nicht mit den Engeln identifiziert, sondern als gleichrangige Wesen von ihnen unterschieden[471]. Dieser Konzeption begegnen wir auch auffallenderweise im NHC VI 6. Die jüdische
Kräftevorstellung dürfte somit - auch wegen ihrer soteriologischen
Komponente - durch christliche Vermittlung in die Hermetik gelangt sein.

12.6.9. Das Eingehen in Gott

Der Bereich über der Ogdoas, der im hermetischen Traktat NHC VI 6,
28-32 den Namen 'Enneas' trägt, wird im Poimandres nicht mehr näher
gekennzeichnet; auch von 'Sphäre' ist nicht mehr die Rede. Gesprochen
wird nur noch in einem allgemein religiösen Sinn von 'Gott' sowie vom
ἀγαθὸν τέλος; dies letztere ist eindeutig platonisch.

Der Satz 16.11 ἐν θεῷ γίγνονται hat nach Festugière 131 denselben
Sinn wie γίνεται ἐπί mit Akk in 16.5. Verschiedene Indizien deuten aber
darauf hin, dass die Wendung der christlichen Gnosis entstammt, schon
darum, weil θεός als Objekt bei γίγνομαι in der Profangräzität kaum
vorkommt:

1. Die genaue Parallele zum Poimandres ist, wie Festugière 132
selber bemerkt, wieder christlich, nämlich Acta Pauli et Theclae 6
(p. 239.7 Lipsius): μακάριοι οἱ σύνεσιν Ἰησοῦ Χριστοῦ χωρήσαντες, ὅτι
αὐτοὶ ἐν φωτὶ γενήσονται.

2. Die Wendung 'in Gott', 'in Christus', 'im Licht' ist im NHC
ua auch Selbstbezeichnung der Gnostiker:

II 3, 85, 27: "Wenn es (das Heilige des Heiligen) sich aber offenbart, dann
                wird das vollkommene Licht sich über jeden einzelnen ergiessen
                und alle, die in ihm sind, werden die Salbung empfangen."
VI 2, 18, 20: "Ich bin die Erkenntnis der Frau, die in mir wohnt."
X 1, 3, 16: "Die fünfte (Himmelssphäre) betrifft diejenigen, die in mir sind."

---

471 vgl LAMPE sv VII A 5

3. Obige Formel ist sehr wahrscheinlich eine Schöpfung des Apostels Paulus, da sie vor ihm nicht vorkommt[472]. Bei ihm heisst es Röm 16, 7 οἳ καὶ πρὸ ἐμοῦ γέγοναν ἐν Χριστῷ. Diese Formel hat offensichtlich auch im NHC Spuren hinterlassen[473] und findet sich noch bei Euagrius Ponticus (346-399 n. Chr.)[474]. Daher ist es kaum richtig, dass γίγνομαι an unserer Stelle die Bedeutung von 'wiedergeboren werden' hat[475], zumal diese Thematik im Poimandres - im Gegensatz zu Corp Herm XIII - nirgends berührt wird.

4. E. Haenchen meinte zur Eschatologie des Poimandres[476]:

> "Das Heidentum, welches hier spricht, teilt mit dem Judentum und Christentum die Vorstellung, dass die obersten Sphären vom Gotteslob erfüllt sind... Dagegen weicht die Schilderung des Poimandres in einem anderen Punkt weit vom Judentum und Christentum ab: der Fromme wird selbst zu Gott."

Untersucht man nun aber das Vorkommen der Verben θεόω, ἀποθεόω, ἐκθεόω und θεοποιέω bei den Kirchenvätern, so sehen wir bald, dass wir die Grenzen nicht so scharf ziehen können; im folgenden sei eine repräsentative Auswahl von Stellen zusammengestellt:

Clemens von Alexandrien:

str 4.23 (315.26 Stählin): εἰς δὲ τὴν ἀπάθειαν θεούμενος ἄνθρωπος ἀχράντως μοναδικὸς γίγνεται (von der vita contemplativa).

paed 1.12 (149.4 Stählin): τὴν ἐπουράνιον μελετῶντες πολιτείαν, καθ'ἣν ἐκθεούμεθα.

prot 9 (65.5 Stählin): ἱερὰ...ὡς...τὰ ἱεροποιοῦντα καὶ θεοποιοῦντα γράμματα.

prot 11 (81.1 Stählin): οὐρανίῳ διδασκαλίᾳ θεοποιῶν (Subjekt: Christus) τὸν ἄνθρωπον.

Origines

Jo 2.2. (55.1 Preuschen): ἀπὸ τοῦ θεοῦ ἀρυσάμενος εἰς τὸ θεοποιηθῆναι αὐτούς (von Christus).

mart 25 (M 11. 593D): τοῖς ἀπὸ τοῦ λόγου θεοποιηθεῖσι.

or 27.13 (M 11. 517A): τρεφόμενοι τῷ ἐν ἀρχῇ πρὸς θεὸν θεῷ λόγῳ θεοποιηθῶμεν.

Athanasius von Alexandrien

inc 54.3 (M 25. 192B): αὐτὸς γὰρ ἐνανθρώπησεν, ἵνα ἡμεῖς θεοποιηθῶμεν.

decr 14 (M 25. 448D): ὁ γὰρ λόγος σάρξ ἐγένετο, ἵνα...καὶ ἡμεῖς ἐκ τοῦ πνεύματος αὐτοῦ μεταλαβόντες θεοποιηθῆναι δυνηθῶμεν.

---

472 vgl OEPKE ThWNT II 537.20 ff
473 vgl SIEGERT sv 'hoyn', Abschnitt a, p. 165
474 vgl NOCK-FESTUGIERE in A 67 ad loc
475 diese Möglichkeit wird erwogen von NOCK-FESTUGIERE in A 67 ad loc
476 p. 369

Die Uebersicht zeigt, dass gerade bei den Alexandrinern der Gedanke der Gottwerdung unter dem Einfluss der christlichen Gnosis durchaus geläufig war; dies gilt auch dann, wenn das betreffende Verb nur im
übertragenen Sinn gemeint ist. Die Patres vermeiden allerdings das
Verbum θεόω und dessen Komposita, offenbar wegen dem heidnischen Nebensinn ('vergotten'), und wählen lieber das neutrale θεοποιέω. Das bedeutet somit: der Poimandres steht hier entweder ganz in der heidnischen Tradition oder er hat wieder eine christlich-gnostische Vorstellung paganisiert. Auf Grund der bisherigen Untersuchungen ist die zweite Möglichkeit die wahrscheinlichere.

12. 7. Ergebnisse

1. Es kann nun kein blosser Zufall sein, dass die sprachlich am nächsten
   stehenden Parallelen zu den Motiven des Kap 26 meistens christlicher
   Herkunft sind. Die von Festugière als heidnisch bestimmten Topoi hat
   der Poimandres nicht unmittelbar vom Heidentum, sondern vielmehr vom
   Christentum übernommen.
2. Der von Festugière auch für die Eschatologie festgestellte Platonismus bleibt zu Recht bestehen; er macht aber nicht den ganzen religiösen Gehalt dieser Kapitel aus. Insbesondere das soteriologische Element ist weitgehend vom Christlichen her bestimmt.
3. Die christlichen Motive des Kap 26 bestätigen nun endgültig unsere
   Deutung des Aufstiegs durch die Planetensphären des Kap 25: Dieser
   Aufstieg ist ebenso sehr von der christlichen Auferstehung her zu
   verstehen. Sollten auch hierüber noch Zweifel bestehen, so werden
   sie definitiv zerstreut durch die hermetischen Planetengebete, die
   im CCAG VIII 2, p. 154-157 und 172-176 enthalten sind. Das Gebet an
   den Mond (p. 176) bringt dabei in Zeile 18 die Formel εἰς τὴν ἀνά-
   στασιν τοῦ Χριστοῦ und verbindet so Heidnisches mit Christlichem,
   denn nach dem aristotelischen Weltbild beginnt mit dem Mond die
   Sphäre des Göttlichen und Ewigen. Das astrologische Weltbild der
   Hermetik, das einen wesentlichen Teil ihrer Theologie ausmacht, hat
   somit auch einen christlich-soteriologischen Hintergrund.

Dreizehntes Kapitel
DIE MISSIONSPREDIGT
(Corp Herm I 26-30)

E. Haenchen hat sehr zutreffend den Schluss des Poimandres folgendermassen charakterisiert[477]:

"Der Autor (sc des Poimandres) hat es gewagt, das 'Evangelium' des Poimandres
durch eine Art 'Apostelgeschichte' zu erweitern und erst damit abzuschliessen...
Die Darstellung der Missionstätigkeit, welche der Autor nun gibt, ist alles andere
als eine realistische Schilderung. Sie ist aufs höchste stilisiert, vereinfacht
und komprimiert."

Was Haenchen hier mehr intuitiv erkannt hatte, werden unsere Untersuchungen nun bestätigen: Der Schluss des Poimandres ist sehr stark vom
Biblischen her beeinflusst, während das (profan-) griechische Element
nun zurücktritt. Die sprachliche und motivische Komprimierung, die Haenchen zu Recht hervorhebt, ist aber nur erklärbar unter der Annahme, dass
der Poimandres auf ein bestimmtes Vorbild zurückgegriffen hat. Pearson[478] wies bereits auf jüdische Elemente im Schlussteil des Poimandres
hin; unsere Untersuchungen konzentrieren sich nun ganz auf das Sprachliche, um in der sehr komplexen Schlusspartie einen sicheren Rückhalt
zu gewinnen.

13.1. **Die Aussendung zur Mission** (Corp Herm I 26, 16.13-15)

"Im übrigen, warum zögerst du? Wirst du nun nicht, da du ja alles <von mir> empfangen hast, ein Führer werden für die Würdigen, damit das Geschlecht der Menschheit durch dich von Gott gerettet wird?"

13.1.1. **Das Empfangen der Lehre**

Das Verbum παραλαμβάνειν hat vor allem durch Platon und Aristoteles
den übertragenen Sinn erhalten 'geistige Güter übernehmen und empfangen'[479], wobei entsprechend der Praxis dieser Philosophenschulen an ein
enges, persönliches Lehrer-Schüler-Verhältnis gedacht ist. Das Verbum
meint daher die persönliche oder auch mündliche Ueberlieferung einer
bestimmten Lehre. Daher wurde es dann zum Fachausdruck für den Empfang
der Mysterienweihen und deren Geheimnisse. Wenn nun im Poimandres - im
Gegensatz zur Usanz der Mysterien - der Offenbarungsempfänger zum Weg-
führer der Menschheit zur Erlösung werden soll, so liegt hier ganz eindeutig christlicher Einfluss vor[480]: zu vergleichen ist die Theologie

477 p. 370
478 p. 340 ff.
479 DELLING ThWNT IV 11, 37 ff.
480 Den christlichen Hintergrund bemerkte auch DELLING (→ A 479) 13.19, ohne allerdings das Phänomen zu durchschauen.

von Kol 2,6, nach welcher auch die nicht von Paulus missionierten Gemeinden denselben Christus haben, weil der Glaube des Nicht-Christen
sich an den Christen entzündet; das bedeutet, dass nach christlicher
Auffassung die Weitergabe des Evangeliums nicht an bestimmte auserwählte
Personen geknüpft ist.

13.1.2. Die Empfänger der Lehre

Mit Recht lehnt Festugière[481] bei der Deutung von τοῖς ἀξίοις den
Gedanken der Praedestination ab, da nach dem Zusammenhang die Botschaft
des Poimandres sich an alle Menschen richtet. Ἄξιος bedeutet somit
'fähig, auf die Verkündigung zu hören und zu glauben' und kommt in dieser Bedeutung auch in den Mysterien der Kaiserzeit vor[482], jedoch immer
verbunden mit einem Noviziat oder einem Examen. Da letzteres im Poimandres fehlt, liegt hier wieder christlicher Einfluss vor, denn der ἄξιος-
Begriff des Poimandres zeigt eine auffallende Entsprechung zu demjenigen
des NT: ἄξιος ist nach dem Evangelium derjenige Mensch, der es aufnimmt und er ist es deswegen, weil er es aufnimmt[483]. Thematisch weist
der Begriff zurück auf das Kap 22, wo die Rede davon war, dass der Noῦς
selber den Frommen zur Seite steht (παραγίνομαι) und ihnen so zur Hilfe
wird; dieser Gedanke hat sich uns auch als christlich erwiesen, da νοῦς
hier paganisierend das christliche πνεῦμα vertritt (→ Abs 11.3.4.). Der
Verdienstgedanke des Spätjudentums (ἄξιος = hebr זְכִי) ist vom Evangelium
und vom Poimandres strikt fernzuhalten.

13.1.3. Das Menschengeschlecht als Empfänger der Lehre

Das Wort ἀνθρωπότης ist ausgesprochen nachklassisch und bezeichnet
als typischer Begriff der Philosophensprache ontologisch 'das Wesen des
Menschen', teilweise auch axiologisch 'das Wesen des Menschen in seiner
Schwäche gegenüber den Göttern'. Die frühesten Belege finden sich bei
Philon[484]; ebenso gebrauchen es auch Sextus Empiricus, Vettius Valens
und der Neuplatonismus[485]. Die Bedeutung 'Menschheit' findet sich nur
bei den Kirchenvätern[486], vorzüglich bei Clemens von Alexandrien, z.B.
im paed 1,6 (108.10 Stählin): μία τῆς ἀνθρωπότητος σωτηρία ἡ πίστις,
wobei diese neue Bedeutung wohl vom hebr אָדָם herzuleiten ist. Der Sprachgebrauch des Poimandres zeigt hier somit am eindeutigsten eine Bezugnahme auf die Ausdrucksweise der Alexandriner.

481 III 109 f.
482 FESTUGIERE III 110
483 vgl FOERSTER ThWNT I 379.11 ff. Der absolute Gebrauch (ohne Genetiv oder Infinitiv)
    ist vor allem bei den apostolischen Vätern häufig, während die Patres es nur un-
    typisch gebrauchen. NHC VII 1, 49, 5 ist ebenfalls mit diesem christlichen Gebrauch
    verwandt: "Wenn du auf der Erde aufhörst (als Verkündiger zu wirken), werden sie
    (die Licht- und Feuerkraft) dem Würdigen gegeben werden."
484 I 275.25; II 25.13; III 295.20; V 90.22 COHN-WENDLAND
485 vgl LSJ sv
486 vgl LAMPE sv Nr 1 und 3

13.1.4. Der Offenbarungsempfänger als Führer und Medium

Festugière hat den Unterschied zwischen der christlichen und hermetischen Erlösung folgendermassen bestimmt[487]: Im Christentum ist Jesus Führer *und* die Türe, durch die eintreten muss, wer zum Heil gelangen will (vgl J 10, 7+9). Die Hermetik kennt dem gegenüber keinen Erlöser, da die Gnosis allein zum Heil führt. Die Funktion des καθοδηγὸς besteht nur darin, diese Gnosis zu verleihen. Festugières Abgrenzung mag im Prinzip richtig sein, sie trifft aber nicht die Eigenart des Poimandres gerade an unserer Stelle. Hier wird aus der Verdoppelung διὰ σοῦ ὑπὸ θεοῦ deutlich, dass der Offenbarungsempfänger im christlichen Sinn als Führer *und* als Medium (= Türe!) zu verstehen ist. Der Poimandres hat eine Entsprechung im hermetischen Traktat NHC VI 6, 59, wo in Zeile 18 Hermes Trismegistos als Lehrer angesprochen wird, wenig später aber in Zeile 28 That durch Hermes hindurch die Ogdoas erschaut: "Je vois cette même vision à l'interieur de toi". Bei der Uebernahme aus dem Christentum lässt die Hermetik den Gedanken der persönlichen Nachfolge weg, sodass das Motiv ähnlich verblasst wirkt wie dasjenige des Hirten im Kap 2.

13.1.5. Das Erlösungsverständnis des Poimandres

Anhand des Sprachgebrauchs des Verbums σῴζω müssen wir nun noch das Erlösungsverständnis des Poimandres genauer analysieren[488]:

Wegen des Satzes 19.7 εἰς ζωὴν καὶ φῶς χωρῶ hat σωθῇ an unserer Stelle sicher nichts zu tun mit dem klassischen griechischen Verständnis von σῴζω. 'Retten' bedeutet in der Profan-Gräzität soviel wie Bewahren oder Wiederherstellen der Integrität einer Person in einem gegebenen Zustand[489]. Vielmehr basiert der Poimandres auf der biblischen Grundlage, wobei nun sehr verschiedene Elemente seinen Erlösungsbegriff konstituieren:

Aus dem alten Testament: 'Retten' ist nach alttestamentlicher Auffassung niemals Selbsthilfe oder blosse Beihilfe, sondern nur Hilfe, ohne die der Bedrängte sonst verloren wäre. Typisch ist für das AT, dass von Rettung und Hilfe auch *ohne* Bezugnahme auf eine konkrete Notsituation gesprochen werden kann. Diese Eigenheit tritt im Verlauf der jüdischen Geschichte immer mehr in den Vordergrund, so in den Apokryphen und den Qumran-Schriften.

Von Philon: σωτηρία besteht für Philon darin, dass der Mensch unter Ueberwindung der Leidenschaften (platonischer Einfluss!) Anteil

---

487 III 103

488 Die folgenden Ausführungen basieren auf dem Artikel σῴζω von FOERSTER und FOHRER im ThWNT VII 966 ff.

489 SPICQ III 629-36 formuliert: σῴζω und σωτηρία bedeuten im profanen Griechisch Retten aus einer konkreten Gefahrensituation, meist aus einer Todesgefahr; daher der überwiegende medizinische Gebrauch der Wortgruppe. Abgesehen von der Philosophie (Platon Phaed 107 c-d; Resp 492e) fehlt dem Verb ein moralischer Nebensinn, der hingegen typisch ist für das AT (Jer IV 14) und das NT (Mt 1, 21; Lk 1,68, 69, 71).

an den Kräften Gottes gewinnt. Im Poimandres drückt sich dies darin aus,
dass der nun gerettete Empfänger der Offenbarung δυναμωθείς[490] an seine
Aufgabe als Prophet herangeht. Allerdings spielt hier noch ein christliches Moment mit hinein:

    Aus dem neuen Testament: 1. Das Evangelium ist δύναμις θεοῦ εἰς
σωτηρίαν (vgl Röm 1,16; Hb 2,3); somit kann der Verkünder des Evangeliums andere retten. Erst durch das NT wird σῴζειν und σωτηρία das Ziel
missionarischer Bemühungen (vgl Röm 11,14; 1 Kor 9,22; 1 Th 2,16). Die
anfängliche Beziehung von σῴζω zum eschatologischen Heil lockert sich
schon in den Pastoralbriefen, sodass dann bei den Apostolischen Vätern
σωτηρία 'nur' noch Heil bedeutet und damit synonym zu ζωή wird. Auf
dieser Basis steht auch der Poimandres.

                    2. Der Mensch kann diese Botschaft an-
nehmen oder ablehnen (vgl Phil 2,21); dies wird auch im Poimandres dann
deutlich ausgesprochen im Kap 29.

                    3. Mit der Gnosis und dem NT gemeinsam
hat der Poimandres die Vorstellung, dass das Heil nur durch Gott gegeben werden kann und nur das Verhältnis Gott-Mensch betrifft; der Bezug
zur Welt bleibt ausgeklammert. Wieder fällt auf, dass der spezifisch
gnostische Erlösungsgedanke vom Erwecken des in die fremde irdische
Welt gefallenen Lichtfunkens[491] auch im Schlussteil des Poimandres
fehlt.

    Zusammenfassend können wir somit sagen: Die Analyse des Erlösungs-
begriffs bestätigt das Ergebnis unserer Untersuchungen der Eschatologie.
Der Erlösungsgedanke des Poimandres ist zu einem wesentlichen Teil vom
Christentum beeinflusst.

13.2. Die Missionspredigt I. Teil (Corp Herm I 27)

"Nachdem Poimandres das zu mir gesagt hatte, vermischte er sich mit den Kräften.
Ich aber dankte und pries den Vater des Alls und wurde entlassen, von ihm mit
Kraft versehen und belehrt über das Wesen des Alls und über die höchste Schau,
<die dem Menschen möglich ist>. Und ich habe begonnen, den Menschen die Schönheit
der Frömmigkeit und der Gnosis zu verkündigen: 'Ihr Völker, erdgeborene Männer,
die ihr euch der Trunkenheit und dem Schlaf ausgeliefert habt und der Unwissenheit über Gott, werdet nüchtern, hört auf trunken zu sein, bezaubert vom vernunftlosen Schlaf!' "

---

490 δυναμωθείς hat somit - auch wegen des Zusammenhanges - nichts zu tun (gegen
    NOCK-FESTUGIERE in A 68 ad loc) mit jener δύναμις, die beim Wiederaufstieg der
    Seele in die Ogdoas die Archonten besiegt, sondern bezeichnet die Kraft des
    Glaubens, die zur Verkündigung führt. Vgl dazu auch LAMPE sv δύναμις VI B 17.
491 vgl dazu die jetzt neueste Darstellung von COLPE in seinem RAC-Artikel 'Gnosis II',
    Sp. 571

13.2.1. Der Abschluss der Vision

Nach der Offenbarung vermischt sich Poimandres mit den Kräften
und entzieht sich somit dem Offenbarungsempfänger. Hier zeigt sich nochmals der oben in Abs 12.6.8. dargestellte Engelscharakter dieser δυνάμεις sowie die Mittlerfunktion des Poimandres. Obwohl zu Anfang des
Traktats Poimandres sich selber als den höchsten Gott bezeichnet, ist
doch nicht zu übersehen, dass der Traktat als Ganzes die Mittlerfunktion
stärker betont als die Identität. Auch hierin dürfen wir ein christliches Element erblicken.

13.2.2. Das Lob und der Dank des Offenbarungsempfängers

Bei der Untersuchung des Sprachgebrauchs von εὐλογήσας und εὐχα-
ριστήσας beginnen wir am besten mit Philon: Er gebraucht εὐλογέω nur
unter dem Einfluss der Bibelsprache[492], d.h. bei der Exegese von Bibel-
stellen, in denen das Verb vorkommt. Εὐλογέω gibt in den LXX das hebr
ברך wieder und wurde offenbar als typisch bibelgriechisch empfunden.
Im klassischen Griechisch wird es nie von Gott als Objekt des Preisens
ausgesagt[493] und es fehlt dem Verb die zusätzliche Bedeutung des
Segnens, die das hebräische Verb noch besitzt und die auch
im Poimandres mitgemeint ist. Εὐχαριστέω hingegen ist bei Philon das
übliche Wort für 'danken'; diese Vokabel ist typisch für das hellenistische Judentum. Das Hebräische besitzt nämlich kein spezielles Wort
für 'danken'; ברך und ידה, die gerne für diese Bedeutung in Anspruch
genommen werden, bedeuten eigentlich 'segnen', bezw 'preisen'[494]. Die
LXX übersetzen ידה ausschliesslich mit ἐξομολογεῖσθαι; εὐχαριστεῖν
begegnet innerhalb der LXX nur in den apokryphen Büchern, deren hebrä-
isches Original verloren ist oder gar nie existiert hat. Im profanen
Griechisch ist εὐχαριστέω im Sinne von 'Gott danken' erst nachklassisch
und relativ spät belegt[495], doch kann kein Zweifel sein, dass das Griechische entscheidend mitgeholfen hat, im (griechisch sprechenden) Judentum ein Verb für 'danken' auszubilden[496]. Im NT werden die beiden
Verben ungefähr gleich häufig gebraucht und zwar ohne merklichen Be-
deutungsunterschied; das zeigt sich besonders deutlich, wenn die Verben
unmittelbar hintereinander völlig gleichbedeutend stehen (Abendmahls-
berichte; 1 Kor 14, 16+18)[497]. Für die Verfasser der neutestamentlichen

---

492 CONZELMANN ThWNT IX 400.14
493 CIG III p. 1190, Nr 4705 b + c (Antinoopolis [Mittelägypten]; Datierung unsicher,
    aber jedenfalls nach Hadrian) bilden nur eine scheinbare Ausnahme, da hier jüdi-
    scher (BOECKH), wenn nicht sogar christlicher Einfluss vorliegt.
494 vgl WESTERMANN ThWAT I 679
495 frühester Beleg bei Diod S 14,29,4; 16,11,1: τοῖς θεοῖς περὶ τῶν ἀγαθῶν.
496 DEICHGRAEBER (→ A 597) 23
497 vgl A. STUIBER im RAC sv 'Eulogia' Sp. 906 f.

Schriften waren die beiden Verben offenbar zu Synonyma[498] geworden, und
hier dürfte die geschichtliche Wurzel liegen für die Koppelung der beiden Verben im Poimandres, weil bei ihm der ursprüngliche stilistische
Unterschied ebenfalls verloren gegangen ist. Ausser dem Poimandres
begegnet die Koppelung noch in den Act Joh 77 (189.23 Lipsius-Bonnet):
δοξάζομέν σε καὶ αἰνοῦμέν σε καὶ εὐλογοῦμεν καὶ εὐχαριστοῦμεν τὴν πολλήν
σου χρηστότητα...ἅγιε 'Ιησοῦ, und indirekt kommt sie schon bei Paulus
vor, wenn er Röm 1,21 den Heiden das Unterlassen des δοξάσαι und des
εὐχαριστῆσαι als Ursünde vorwirft. Der Poimandres muss die Wendung von
irgend einer christlichen liturgischen Formel[499] her bezogen haben,
da sie auch bei ihm sehr formelhaft klingt.

Der christliche Hintergrund wird nun völlig evident durch die
Tatsache, dass nach christlicher Auffassung auf eine Bekehrung ein Lob
und Dank an Gott folgen muss, weil in der Bekehrung Gott ein Wunder
vollzogen hat. Hiefür stichwortartig einige Beispiele aus der frühen
christlichen Literatur: Lk 2,20 (Hirten von Bethlehem); Lk 23,47 (der
Hauptmann unter dem Kreuz); Apg 11,18 + 21,20 (die Heiden nach einer
Predigt); Gal 1,24 (christliche Gemeinden angesichts der Bekehrung von
Paulus); 1 Petr 2,12 (die Menschen, wenn sie zur Einsicht kommen); Herm
v IV 1,3 und s VI 1,1 (für geschenkte Offenbarungen); Aristides, apol
17,4 (Wenn ein Heide sich bekehrt, dankt auch dieser Gott); Mart Petri
4 = Act Petr 33 (I p. 84 Lipsius-Bonnet) (Petrus dankt Gott wegen der
Menge, die sich Gott zuwendet)[500].

Zusammenfassend können wir somit sagen, dass die Koppelung von
εὐλογεῖν und εὐχαριστεῖν insbesondere *in der Situation der Bekehrung*
auf christlichen Einfluss zurückgeht, nicht aber das einzelne Verb als
solches.

13.2.3. Die Missionspredigt I. Teil

Der Poimandres selber bezeichnet das Ziel seiner Verkündigung als
τὸ τῆς εὐσεβείας καὶ γνώσεως κάλλος 16.20. Der Ausdruck wird geklärt
einerseits durch Corp Herm VI 4: ἡ οὐσία τοῦ θεοῦ...τὸ καλόν ἐστι, τὸ
δὲ καλὸν καὶ ἀγαθὸν ἐν οὐδενὶ ἔστι καταλαβέσθαι τῶν ἐν τῷ κόσμῳ, andererseits durch Corp Herm VI 5: μία γάρ ἐστιν εἰς αὐτὸ τὸ καλόν...ἀποφέρουσα
ὁδός, ἡ μετὰ γνώσεως εὐσέβεια. Echt platonisch (→ Abs 1.6) wird hier

---

498 Ansätze zur Synonymität liegen bei Philon und Josephus schon vor, doch ist der
oben dargestellte stilistische Unterschied immer noch spürbar (vgl CONZELMANN
ThWNT IX 400, 13 ff mit A 32). Auch im Profan-Griechischen sind solche Ansätze
zu beobachten (Beispiele bei STUIBER [→ A 497] Sp. 906).

499 Einen Hinweis bildet vielleicht const Apost VII 43,1 FUNK, wo vom Taufritual (!)
die Rede ist: Εἶτα ἔρχεται εἰς τὸ ὕδωρ. Εὐλογεῖ καὶ δοξάζει τὸν Δεσπότην Θεὸν τὸν
παντοκράτορα, τὸν Πατέρα τοῦ Μονογενοῦς Θεοῦ εὐχαριστῶν ὁ ἱερεύς. Auch an dieser
Stelle begegnet uns die Koppelung der beiden Verben.

500 vgl STUIBER (→ A 486) Sp 910 und 917 f.

Gott als das Schöne gefasst, das über die Realitäten dieser Welt hinausgeht. Im NHC VI 6, 54, 23-27 haben wir dazu eine genaue Entsprechung:
    "O mon Père, je ne conçois rien d'autre que la beauté, qui m'est advenue
    parmi les descendances, celle que tu appelles beauté de l'âme."
Aus dieser Stelle wird auch deutlich, dass die Schönheit Gottes gleichzeitig auf innerer Erfahrung (a priori) und auf der Unterweisung durch
den Lehrer beruht. Im Poimandres folgt nun dementsprechend eine Missionspredigt, in der, wie G. Friedrich wohl zum ersten Mal bemerkt hat[501],
der Zusammenhang mit dem NT so eng ist, dass "es kaum ein Wort gibt,
für das sich nicht eine Parallele aus dem NT beibringen lässt". Friedrich konnte sich diesen Sachverhalt nicht recht erklären und sein Bemühen ist offensichtlich, zwischen der christlichen und hermetischen
Verkündigung wenigstens eine scharfe inhaltliche Trennung durchzuführen.
Auf Grund der bisherigen Ergebnisse können wir hier eine Abhängigkeit
des Poimandres vom NT vermuten, doch ist auch mit der Möglichkeit zu
rechnen, dass der Poimandres und das NT auf eine gemeinsame Basis rekurrieren. Wir studieren daher am besten den Sprachgebrauch ausgewählter
Wörter dieser Predigt:

    ὦ λαοί kann durchaus - entsprechend dem hellenistischen Sprachge-
brauch - als 'Leute, Bewohner' (vor allem der niederen Schichten gegenüber den Herrschenden) oder gar im Sinn von 'Laien' (in Dingen des Kul-
tes) aufgefasst werden[502]. Möglich ist aber auch der Sprachgebrauch der
LXX, wo λαοί als Synonym von ἔθνη die ausserisraelitischen Völker, d.h.
die Heiden bezeichnet[503]. Dieser Sprachgebrauch lebt weiter im NHC, wo
das Substantiv auch die Nicht-Gnostiker, d.h. eben die Heiden bezeichnen kann[504]. Auffallend ist, dass das Wort fast nie im Vokativ gebraucht
wird; die Wendung ἀκούετε λεῴ, mit der der Herold im Theater die Athener begrüsste[505], war schon damals eine Formel. Wegen des folgenden γη-
γενεῖς ist im Poimandres doch eher an den biblischen, bezw gnostischen
Sprachgebrauch zu denken, der aber durch die Beifügung von ὦ wieder in
gutes Attisch überführt worden ist.

    ἄνδρες γηγενεῖς ist gut Griechisch (vgl ἄνδρες Ἀθηναῖοι), aber
γηγενὴς wird im klassischen Griechisch nur von Helden der Vorzeit ausgesagt[506]. Die Uebertragung auf alle Menschen ist Sprachgebrauch der LXX
(ψ 48,3; Prv 2,18; 9,18) unter dem Einfluss von Gen 2,7. Bei Philon
spec leg 2, 124 und im 1 Cl 39,2 ist das Adjektiv fast synonym zu θνητός,

501 ThWNT III 697, 24 ff
502 STRATHMANN ThWNT IV 31, 24 ff; SPICQ I 469 ff
503 vor allem im Psalter, vgl STRATHMANN ThWNT IV 33, 33-35
504 NHC V 5, 83, 10; VII 3, 72, 6; 73, 1; VII 4, 87, 21
505 Susarion frg 1.1 CAF I KOCK; Aristoph Ach 1000, Av 448, Pax 551.
506 Hdt VIII 55 (Erechtheus); Aisch suppl 250 f (Palaechthon); Eur Ion 20. 267
    (Erichthonios), 1466 (Erechtheus). Das Adjektiv hat auch den Beiklang von
    'ruchlos, frevlerisch', da es auch von den Titanen und Giganten ausgesagt
    wird (F. GRAF).

ebenso in NHC VII 4, 94, 18: "Turn toward the rational nature and cast from yourself the earth-begotten nature (= φύσις γηγενής)".

μέθη ist im klassischen Griechisch fast nie übertragen gebraucht[507]. Die übertragene Bedeutung kennt erst Philon, und zwar unter dem Einfluss der LXX, da er sie vor allem beim Verb verwendet; zu vergleichen ist Jes 28,1 οἱ μεθύοντες ἄνευ οἴνου mit som II 101, wo μεθύειν - ähnlich wie der Schlaf - Eigenart und Symbol des Unwissenden ist, der in die materielle Welt versunken ist. Seine umfassende existentielle Bedeutung erlangte das Wort aber erst in der Gnosis[508], wo es nun in den Zusammenhang mit der ἀγνωσία τοῦ θεοῦ gebracht wurde. Die dem Poimandres am nächsten stehende Parallele ist jetzt NHC VII 4, 94, 21:

> "O Seele, du einzig Beharrendes, sei nüchtern und schüttle ab deine Trunkenheit, welche des Werk der Unwissenheit ist."

ὕπνος verwendet ebenfalls Philon, um damit den Schlaf derjenigen zu bezeichnen, die fern der Erkenntnis sind, z.B. som II 162: ὁ δὲ... ὕπνος...τὰς ἀληθεῖς καταλήψεις ἀφαιρεῖται. In dieser Abwertung des Schlafes folgt er aber nicht den LXX, sondern der griechischen Philosophie[509]. Wieder hat die Gnosis den Begriff existentiell vertieft[510]; in Röm 13, 11 ὥρα ἤδη ὑμᾶς ἐξ ὕπνου ἐγερθῆναι ist Paulus von diesem gnostischen Sprachgebrauch beeinflusst.

νήψατε ist das entscheidende Schlüsselwort der Predigt und entspricht dem μετανοήσατε des Kap 28. Das Nüchtern-Werden ist also gleichzeitig eine μετάνοια· diese Verbindung ist aber durchaus ungriechisch[511]. Letztere finden wir erstmals bei Philon poster C 175: νήφοντος μὲν γὰρ ἔργον λογισμοῦ καὶ σώφρονος τὸν θεὸν ὁμολογεῖν ποιητὴν καὶ πατέρα τοῦ παντός. Nüchtern-Sein heisst anerkennen, dass Gott Gott ist, bedeutet also ein Sich-Abwenden von der ἀγνωσία τοῦ θεοῦ wie im Poimandres. Die Gnosis hat diesen Begriff wiederum zum Grundbegriff ihrer Daseinshaltung gemacht; bei ihr treffen wir nun - im Gegensatz zu den mehr theoretischen Formulierungen Philons - den Imperativ an, z.B. NHC I 2, 8, 29: "Seid nüchtern, lasst euch nicht täuschen!" oder NHC VII 4, 94, 20: "O Seele...sei nüchtern und schüttle ab deine Trunkenheit!" Wieder ver-

---

507 Die einzige Ausnahme bildet Platon leg 639b: κἂν δειλὸς ὢν ἐν τοῖς δεινοῖς ὑπὸ μέθης τοῦ φόβου ναυτιᾷ, aber auch hier schimmert die Grundbedeutung noch durch.
508 JONAS 115-118
509 → Abs 9.5. Zu erinnern ist auch an Sokrates in Platons Apol 31 a, der es als seine Lebensaufgabe ansieht, die Athener aus ihrem Schlaf aufzurütteln.
510 JONAS 115; BALZ ThWNT VIII 555, 33 ff; SIEGERT 54 f
511 Allerdings ist erst unter dem Einfluss des griechischen Denkens νήφειν im Judentum und Christentum zu einer wichtigen religiösen Vokabel geworden, weil sich vor Philon der übertragene Gebrauch in der jüdischen Literatur nicht nachweisen lässt. Das Griechische kennt den übertragenen Gebrauch schon früh, z.B. Epicharm frg 250 (CGF 1, 1, 137): νᾶφε καὶ μέμνησ' ἀπιστεῖν, doch besteht hier kein Zusammenhang mit einer μετάνοια. Ein solcher könnte vorliegen bei Empedokles 144B: νηστεῦσαι κακότητος (vgl NORDEN 132), da Beziehungen zur Orphik hier nicht ausgeschlossen sind (vgl Orph frag 229 f KERN).

wendet auch Paulus diesen Sprachgebrauch: ἐκνήψατε δικαίως καὶ μὴ
ἁμαρτάνετε· ἀγνωσίαν γὰρ θεοῦ τινες ἔχουσιν (1 Kor 15,34). Diese Stelle
ist der älteste Beleg für den Imperativ des Verbums im Kontext der
Bekehrung[512]. Daneben finden sich auch gnostische Beispiele ohne den
Imperativ, z.B. Thomasevangelium Logion 28 (= NHC II 2, 38, 21 ff):

> "Jesus sprach: 'Ich stand in der Mitte der Welt und offenbarte mich ihnen im
> Fleisch. Ich fand sie als trunken. Ich fand keinen unter ihnen durstig, und
> meine Seele empfand Schmerzen über die Menschenkinder; denn sie sind Blinde
> in ihrem Herzen und erkennen nicht; weil sie leer in die Welt kamen, suchen
> sie wiederum, leer aus der Welt zu kommen. Aber jetzt sind sie trunken. Wenn
> sie ihren Wein entfernen, dann werden sie Busse tun.' "

Wir können somit feststellen, dass dieser erste Teil der Missionspredigt stark gnostisch gefärbt ist. Das bedeutet nun aber nicht, dass
auch die Soteriologie gnostisch bestimmt ist[513]; vielmehr müssen wir nun
auf Grund der bisherigen Ergebnisse hier den Inhalt von der sprachlichen Form trennen. Wie Paulus greift auch der Poimandres auf das gnostische Vokabular zurück, um dessen Radikalität für seine Zwecke zu nutzen;
ähnlich geht auch Clemens von Alexandrien in seinem Protreptikos (!)
vor: κάρῳ καὶ μέθῃ βεβαρημένοι ἀνανήψατε (X p. 72.35 Stählin); θεὸς δὲ
ὑμῖν ἀνανῆψαι δοίη τοῦδε τοῦ ὕπνου (p. 74.9 St).

13.3. Die Missionspredigt II. Teil (Corp Herm I 28)

> "Sie (die Leute) hörten es und fanden sich einmütig ein. Ich aber sagte zu ihnen:
> 'Warum, ihr erdgeborenen Männer, habt ihr euch dem Tod ausgeliefert, obwohl ihr die
> Möglichkeit habt, Anteil an der Unsterblichkeit zu erlangen? Kehrt um, die ihr
> mit dem Irrtum wandelt und Gemeinschaft habt mit der Unwissenheit. Entfernt euch
> vom Finsternis-Licht, nehmt Anteil an der Unsterblichkeit, indem ihr das Verderben
> verlasst.' "

Auch in diesem Teil analysieren wir am besten den Sprachgebrauch bestimmter Wörter:

ὁμοθυμαδὸν ist ein stehender Ausdruck der frühchristlichen Gemeinde-
sprache[514] und wird gebraucht beim Anhören der apostolischen Lehre[515]
und beim Gebet[516]. Der Poimandres greift hier offensichtlich auf diesen
Sprachgebrauch des NT zurück.

ἐξουσίαν τῆς ἀθανασίας μεταλαβεῖν erinnert sehr stark an J 1,12:
ἔδωκεν αὐτοῖς ἐξουσίαν τέκνα θεοῦ γενέσθαι. Der Poimandres vermeidet
das biblische τέκνα θεοῦ und ersetzt es durch das mehr literarisch-
philosophische ἀθανασία, das auch in der theologischen Diskussion der

---

512 Die übrigen Stellen im NT mit der gnostischen Bedeutung: 1 Th 5,6 (νήφωμεν); 1 Pt
    5,8 (νήψατε); 2 Tm 2,26 (ἀνανήψωσιν); Ign Sm 9,1 (ἀνανῆψαι).
513 gegen JONAS 116
514 vgl HEIDLAND ThWNT V 186.12 und SPICQ II 618 ff. Der christliche Sprachgebrauch
    hat Vorläufer im Judentum (Judith 4,12; 13,17; Sap X 20; Philon vit Mos 1, 72),
    jedoch nur im Bezug auf das Gebet zu Gott. Das einmütige Sich-Einfinden zum Hören
    der Lehre ist spezifisch christlich.
515 Apg 8,6 + 20,8: ὡς δὲ παρεγένοντο πρὸς αὐτὸν ὁμοθυμαδὸν [v.l.], εἶπεν αὐτοῖς. Das
    Adverb ist nur in wenigen Handschriften bezeugt; aber diese offensichtlich sekun-
    däre Zufügung zeigt gerade, dass es sich hier um eine in der christlichen Gemein-
    de geläufige Redensart handelt.

Kirchenväter eine grosse Rolle gespielt hat[517]. Wegen der ungnostischen
Soteriologie ist es keinesfalls gesichert, dass ἐξουσία an unserer
Stelle in der gnostischen Bedeutung 'substanzhafte Anlage im Menschen
zum Heil' zu verstehen ist; möglich ist durchaus auch der christliche
Sinn 'Vollmacht im Glauben' wie an der Johannesstelle. Der Gedanke des
Poimandres hat eine Entsprechung in Corp Herm IV 5: ὅσοι δὲ τῆς ἀπὸ τοῦ
θεοῦ δωρεᾶς μετέσχον, ἀθάνατοι ἀντὶ θνητῶν εἰσιν, wobei δωρεά ein Begriff des NT für Gnade ist[518]. Für μεταλαβεῖν ist zu vergleichen Hb 12,
10: μεταλαβεῖν τῆς ἁγιότητος und 2 Cl 14,3: μεταλαβεῖν τοῦ πνεύματος.

μετανοήσατε konkretisiert die im νήψατε enthaltene Forderung und
bildet den entscheidenden Schlüssel für das Verständnis der Missionspredigt. Wir müssen daher bei der Wortgeschichte von μετανοεῖν etwas
weiter ausholen.

E. Norden hat wohl als erster den ungriechischen Charakter dieses
Verbums klargemacht[519]. Im *klassischen Griechisch* hat das Verb den
Sinn von 'hintendrein erkennen, den Sinn ändern, bereuen'. Im letzteren
Fall bedeutet das Wort nur Reue über einen Einzelfall, nie die Aenderung der ganzen sittlichen Haltung im Sinne eines durchgreifenden
Wandels der Lebensrichtung[520]. Diese Bedeutung erhält das Verb erst
durch das AT im Zusammenhang mit dem Wirken der *Propheten*: Seit etwa
dem 2. Jh. v. Chr ist μετανοέω (neben dem in den LXX üblichen ἐπιστρέφω
und ἀποστρέφω) das selbstverständliche Wort für die Uebersetzung von
שׁוּב, das im Sinne der Propheten am besten mit 'umkehren' wiederzugeben
ist. In dieser Umkehr geht es um eine neue Stellung des Menschen zu
Gott. Diese Umkehr ist etwas streng Personalistisches und Ganzheitli-
ches im Verhältnis Gott-Mensch. Sie bedeutet nichts anderes, als sich
mit seiner ganzen Existenz Jahwe zuwenden und ihn in allen seinen Ent-
scheidungen ernstnehmen. Dies führt zum Gehorsam Jahwe gegenüber, zum
Vertrauen auf ihn und zur Abkehr vom רַע. Dieser radikale Umkehrgedanke
verflacht im *Judentum* wieder, da Umkehr nun nur noch den Gehorsam gegenüber dem Gesetz bedeutet, wobei wieder die kultisch-rituellen Formen
der Bussübung gepflegt werden, die die alte Prophetie gerade abgelehnt
hatte. Aehnlich denkt auch *Philon:* er verbindet den Umkehrgedanken mit
dem Ideal des stoischen Weisen[521]. Das Wirken von *Johannes dem Täufer*
bedeutet eine radikale Abkehr vom Judentum und die Rückkehr zur alten
Prophetie, aber auch gleichzeitig deren Ueberbietung: er verlangt Umkehr

---

516 Apg 1,14; 2,1.46; 4,24; 5,12; Röm 15,6
517 vgl LAMPE sc C
518 vgl BAUER sv. Das hermetische Zitat entspricht inhaltlich genau J 1,12: ὅσοι δὲ
  ἔλαβον αὐτόν, ἔδωκεν αὐτοῖς ἐξουσίαν τέκνα θεοῦ γενέσθαι.
519 134-139. Die folgenden Ausführungen basieren neben NORDEN auch auf BEHM und WUERTH-
  WEIN im ThWNT IV 972 ff sowie auf SPICQ III 452 ff
520 NOCK, Conversion, Oxford 1933, p. 180: "The term implies an intellectual value
  judgement, and commonly a momentary realization rather than the entry on a state."
521 vgl ThWNT IV 989, 62 ff

ein für allemal, Umkehr aller (auch der Heiden). Dies wird nun noch
einmal überboten durch *Jesus:*

1. Sein μετανοεῖτε ist der einzige Inhalt seiner Botschaft, d.h. κηρύσσειν ist gleich dem μετανοεῖτε und umgekehrt. Daher rührt die häufige
Verbindung der beiden Verben im NT, z.B. Mk 1,14: κηρύσσων τὸ εὐαγγέλιον...μετανοεῖτε, ebenso Mk 6,12; Mt 3,2; 4,17. Im Unterschied
zum Täufer ist dabei die μετάνοια identisch mit der Person Jesu. Wie
beim Täufer ist sie aber ein Weg, der gegangen werden muss, nicht
bloss eine theoretische Betrachtung (daher überwiegt in den Worten
Jesu der Imperativ gegenüber dem Substantiv, das bei Philon und den
Rabbinen dominiert).

2. Die Umkehr ist gleich πίστις und umgekehrt (vgl Apg 20, 21; Hb 6,1).

3. Die Umkehr ist ein Geschenk Gottes und auch verpflichtende Forderung
an den Menschen; daher der neutestamentliche Gedanke von der Geist-
taufe, die göttliche Kraft verleiht und die Menschen dadurch zur
Umkehr bringt.

4. Die Umkehr ist nicht Rückkehr zum Gesetz wie im Judentum, sondern
ein freudiger Gehorsam zu einem Leben nach Gott (daher die Wortbil-
dung εὐαγγέλιον).

Ganz ähnlich bestimmt auch Spicq III 456 f den Inhalt der christlichen
μετάνοια:

> "Dans le N.T., μετανοέω-μετάνοια gardent cette signification fondamentale de
> 'changer d'opinion, regretter, s'affliger de quelque chose', mais d'une part ils
> s'appliquent presque exclusivement à l'attitude des incroyants et des pécheurs
> faisant retour a Dieu, d'autre part et surtout ils sont chargés d'une densité
> théologique nouvelle et font partie essentielle du lexique du kérygme, exhortant
> à la 'conversion' au christianisme. Il n'y a plus à distinguer une modification
> des pensées, du coeur, des actions. Le changement est celui de l'âme, de l'homme
> tout entier (créature nouvelle), qui se purifie de ses souillures et transforme,
> métamorphose sa vie."

Die *Apostel* setzen die Tätigkeit Jesu fort, doch weitet sich ihr Blick
auf ein Endheil für alle Völker (Apg 11,18). Bei den *apostolischen
Vätern* hingegen verflacht der Gedanke wieder durch einen teilweisen
Rückfall in das jüdische Gesetzestum: aus Umkehr wird Busse. Ein typisches Beispiel ist der *Pastor Hermae:* er verbindet den christlichen
Umkehrgedanken (m IV 3,1 : μετάνοια ist etwas Einmaliges und Unwieder-
holbares) mit einer Art altjüdischer Busslehre: Erfüllung der Gebote
(s VI 1,2 f), sittliche Leistung gemäss einer Menge ethischer Vor-
schriften (m 1-12), Askese und Strafleiden (s VII 4).

Wie ist nun der *Poimandres* hier einzuordnen? Wir sehen bald, dass
er zur urchristlichen μετάνοια gehört, und nicht zur jüdischen, denn
es fehlt der Gedanke des unerbittlichen, strengen Gehorsams gegenüber
Gott oder dem Gesetz. Die Uebereinstimmung mit dem Christentum ist
beinahe eine vollständige:

1. Auch der Poimandres verbindet das κηρύσσειν mit dem μετανοεῖν[522],
   und auch bei ihm ist die Umkehr an die Person geknüpft: die Leute
   werfen sich nach der Predigt dem Propheten zu Füssen (Kap 29, 17.6)
   und dieser erhält in den folgenden Kapiteln - wie die Untersuchungen
   noch zeigen werden - immer mehr Züge von Jesus.
2. Auch im Poimandres gründet die Umkehr auf dem Vertrauen zum Prediger
   und umgekehrt.
3. Die μετάνοια ist eine Gabe Gottes (vgl Kap 30, 17.19: λαβόντι ἀπὸ
   τοῦ νοός μου, τουτέστι τοῦ Ποιμάνδρου), die zur Aenderung des Lebens
   führt; eine Taufe[523] kennt der Poimandres zwar nicht, er spricht
   aber 17.10 vom Ambrosia-Wasser (→ Abs 13.4.2.).
4. Die μετάνοια führt zur Freude (vgl Kap 30, 17.15: ἐξηυφράνθην), die
   ihrerseits in ein Lob Gottes mündet (vgl Kapp 31 und 32).

Wir müssen somit feststellen, dass der Poimandres in diesem zentralen
Punkt dem Urchristentum näher steht als der Pastor Hermae. Aus folgenden Gründen kann der Poimandres den kategorischen Imperativ des μετανοήσατε nur aus dem Urchristentum oder dann von der christlichen Gnosis
bezogen haben:

1. Das Judentum ist als Quelle ausgeschlossen, weil hier die Radikalität
   des Gedankens schon verloren gegangen ist, was auch sprachlich durch
   den Ersatz des wesentlich prägnanteren ἐπιστρέφω durch das doch un-
   verbindlichere μετανοεῖν angezeigt wird.
2. Eine konvergente Entwicklung - vor allem im Bereich der Ethik -
   ist bekanntlich zwischen dem NT und Epiktet konstatierbar; aber gerade letzterer hat μετανοεῖν nur einmal[524] und nur in der profanen
   Bedeutung. Das Verb wurde in der griechischen Philosophie nie zu
   einem zentralen Begriff[525].
3. Die Verbindung der μετάνοια mit dem Kerygma ist typisch für das
   Christentum. Da wir nun den Poimandres in die Zeit des Origines
   setzen müssen, müssten wir - unter der Annahme einer konvergenten
   Entwicklung - postulieren, dass er Jahrhunderte später einen zentralen Punkt der christlichen Theologie selbstständig neu entwickelt
   hat; dieser Gedanke ist aber völlig absurd.

---

522 Diese Verbindung ist NORDEN 139 A 1 schon aufgefallen, ohne dass er daraus einen
    Schluss zu ziehen wagte.
523 Eine solche wird in Corp Herm IV 4, 50.11 erwähnt, doch müsste der Zusammenhang
    mit dem Christentum jetzt neu überprüft werden; SCOTT ad loc bejaht einen solchen,
    FESTUGIERE (Harvard Theological Review 31, 1938, 3 ff) lehnt einen solchen ab.
524 diss II 22,15; vgl auch NORDEN 135
525 Bezeichnend ist die Haltung der Stoa: Der Weise ist über die μετάνοια erhaben;
    denn sie würde ihn nicht in Uebereinstimmung mit sich selbst, sondern dem Irr-
    tum verfallen zeigen, der unter der Würde eines Weisen ist (vgl Chrysipp SVF III
    147.21 ff; Epiktet diss II 22,35; Mark Aurel 8,2; auch Seneca ben IV 34,4; ep
    115,18.)

οἱ συνοδεύοντες τῇ πλάνῃ καὶ συγκοινωνήσαντες τῇ ἀγνοίᾳ 17.1 verrät
ebenfalls biblischen Sprachgebrauch. Einerseits liegt hier ein echter
parallelismus membrorum nach Art des AT vor, andererseits wurden die
beiden Verben gerne miteinander verbunden, wie Sap 6,23 zeigt: οὔτε
μὴν φθόνῳ τετηκότι συνοδεύω, ὅτι οὗτος οὐ κοινωνήσει σοφίᾳ.

σκοτεινὸν φῶς ist zunächst ein Paradox wie Soph Ai 394 (von der
Todessehnsucht des Aias in seiner Qual): ἰὼ σκότος, ἐμὸν φάος. Es dürfte
hier im Poimandres dem gnostischen Sprachgebrauch enstammen, denn im
NHC treffen wir das Adjektiv häufig an, um ein bestimmtes Substantiv
im Sinne des gnostischen Dualismus zu disqualifizieren. Hiefür einige
Beispiele aus NHC VII 1: Finsternis-Wurzel (5,2), Finsternis-Kraft (5,4),
Finsternis-Feuer (9,14), Finsternis-Mutterschoss (13,14), Finsternis-
Natur (14,13) uam. Eine ähnliche Bildung wie im Poimandres finden wir
noch bei Augustin, conf I 6,7, wo er darüber sinniert, ob dieses irdische Leben als vita mortalis oder mors vitalis zu bezeichnen sei; auch
hier dürfte Gnostisches - im Falle von Augustin der Manichäismus -
im Hintergrund stehen.

Rückblickend können wir feststellen, dass die beiden Predigten fast
ausschliesslich vom gnostischen Sprachgebrauch bestimmt sind, wobei in
den zentralen Punkten das Christliche wesentlich mitenthalten ist. Von
hier aus gesehen gewinnt man immer mehr den Eindruck, dass Gnosis und
Christentum nicht voneinander zu trennen sind, sondern dass zur Gnosis
das Christliche wesentlich dazugehört.

13.4. Die Wirkung der Predigt (Corp Herm I 29)

"Und die einen von ihnen hielten mich für einen Schwätzer[526] und gingen weg, da
sie sich dem Weg des Todes ausgeliefert hatten. Die andern aber warfen sich vor meine Füsse und baten mich, unterwiesen zu werden. Ich aber richtete sie auf und wurde ein Führer des <Menschen>geschlechts, indem ich die Worte lehrte, wie und auf
welche Weise sie gerettet werden können. Und ich säte ihnen die Worte der Weisheit und sie ernährten sich vom Ambrosia-Wasser. Als es aber spät geworden war
und der Glanz der Sonne sich anschickte, ganz unterzugehen, befahl ich ihnen ein
Dankgebet an Gott zur verrichten und, nachdem jeder das Dankgebet erfüllt hatte,
wandte er sich zu seinem Lager."

13.4.1. Das Motiv von den zwei Wegen

Mit der Entscheidung der Leute für oder gegen den Propheten,
greift der Poimandres ein Motiv auf, das sowohl die griechische wie die
biblische Literatur kennt und das die moderne Theologie als sog Zwei-
Wege-Lehre bezeichnet. In der griechischen Literatur finden wir den Gedanken erstmals bei Hesiod op 287-297:

---

526 Uebersetzung nach LSJ; FESTUGIERE III 107 übersetzt mit 'gegen mich schwatzen'
und erwägt in A 4 auch 'wiederbeginnen mit leerem Geschwätz'. Da aber dem
Text das biblische Zwei-Weg-Schema zugrunde liegt, wie im folgenden gezeigt
werden soll, steht die Entscheidung für oder gegen die Lehre des Propheten
im Vordergrund. Aus diesem Grund ist der Uebersetzungsvorschlag von LSJ
vorzuziehen.

"Die Schlechtigkeit kann man leicht sogar in Massen erwählen, eben ist der Weg und er ist ganz in der Nähe von uns. Vor die Tüchtigkeit aber haben die unsterblichen Götter den Schweiss gesetzt. Lang und steil ist zuerst der Weg zu ihr und auch steinig zuerst. Wenn du aber zum Gipfel gelangst, ist er (oder: sie, d.h. die Tüchtigkeit) darauf leicht, auch wenn er schwierig ist."

Diese Stelle wird ihrerseits zitiert von Xenophon mem 2,1,20 in seiner bekannten Darstellung der Prodikosfabel vom Herakles am Scheideweg[527]. Allerdings sind in der Darstellung von Xenophon nicht die beiden Wege für die Fabel konstitutiv, sondern die beiden Frauen (Ἀρετή und Κακία), die in einem erbitterten Redekampf sich bemühen, Herakles für sich zu gewinnen (22-34). Erst bei späteren Autoren[528] findet sich das Motiv von den Wegen auch in der Vision, insofern die beiden Frauen auf zwei Hügeln oder Bergen sitzen, zu denen ein leichter oder beschwerlicher Anstieg hinaufführt. Jedoch ist dieses Motiv nicht von der Einleitung des Prodikos her in die eigentliche Fabel eingedrungen, sondern stammt aus der Fassung von Xenophon, da dieser vorgängig seiner Darstellung die Hesiodstelle zitiert. Das Motiv von den zwei Wegen steht somit in der Fabel nur am Rande und macht nicht den eigentlichen Gehalt der Geschichte aus[529].

Trotz dieses eindrücklichen Vorbildes[530] gehört der Poimandres aber nicht in diese Tradition, und zwar wegen der sprachlichen Formulierung: Der Ausdruck ὁδός τοῦ θανάτου ist völlig ungriechisch und daher in der klassischen griechischen Literatur nirgends anzutreffen. Zwar kennt auch das Griechische ὁδός in übertragener Bedeutung, doch dann hat das Wort den Sinn von 'Mittel und Weg', Massnahme, Verfahren oder Verhalten'[531]. Die Bedeutung 'Schicksal, Leben, Lebensweg', die hier im

---

527 Die Bezeichnung 'Scheideweg' ist modern (da in der Antike nicht belegt) und trifft den Sinn der Stelle nicht ganz, da im modernen Begriff auch der biblische Gehalt von 'Weg' (siehe das folgende) mitenthalten ist.

528 Die Stellen sind gesammelt bei J. ALPERS, Hercules in bivio, Diss Göttingen 1912, p. 27 ff.

529 Von ihr ist auch abhängig (vgl. W. BURKERT, Hellenistische Pseudopythagorica. Philologus 105, 1961, 16-43; 226-246) die sog pythagoreeische Y-Tradition: Pythagoras habe den Buchstaben Y erfunden und ihn als Bild des menschlichen Lebens geformt; die untere Senkrechte stelle die Kindheit in ihrer von Eltern und Erziehern behüteten Ungeteiltheit dar, dann zweigten sich nach links und rechts Striche ab, die auf Laster und Tugend zu deuten seien (vgl ALPERS [→ A 528] 7 ff, der in dieser Buchstabensymbolik eine Voraussetzung für die Prodikosfabel erblickte).

530 Ein weiteres Beispiel erwähnt FESTUGIERE III 109 A 2 aus den Bacchen des Euripides: die verschiedenen Reaktionen auf das Erscheinen des Dionysos in Theben. Im Falle des Königs Pentheus führt seine ablehnende Haltung bekanntlich in den Tod. Allerdings darf man einen wichtigen Unterschied nicht übersehen: Im tragischen Stück steht im Mittelpunkt der Gott, der sich auf unbegreifliche, ja grausame Weise gegen alle Widerstände durchsetzt, im Poimandres hingegen der Mensch, der sich vor eine ethische Forderung gestellt sieht, aus der er die Konsequenzen selber zu ziehen hat. Daher fehlt im Euripidesstück jegliche 'Weg'-Metapher. Ebenso fehlt sie auch im Kallimachosfrg 191.62 PFEIFFER: οἳ δ' ἄρ' οὐχ ὑπήκουσαν | οἱ πάντες, ἀλλ' οὓς εἶχεν οὕτερος δαίμων (von Pythagoras).

531 Nach O. BECKER, Das Bild des Weges, Berlin 1937, p. 18+21 bezeichnet ὁδός nicht eine Tätigkeit (die Art und Weise, einen Weg zurückzulegen), sondern einen Gegenstand oder eine Gegebenheit, der den Vollzug des Gehens unter einem Gesichtspunkt zusammenfasst ('Bahn' oder 'Gang').

Poimandres gemeint ist, hat ὁδός erst durch die Vermittlung der LXX vom
hebr דֶּרֶךְ übernommen. Dahinter steckt ein fundamentaler Unterschied
zwischen dem griechischen und hebräischen Denken: Der Grieche trennt
im allgemeinen den Weg und sein Ziel, wie das auch die Hesiodstelle
zeigt: die Tüchtigkeit bezw die Schlechtigkeit sind ihrem Wesen nach
verschieden von den Wegen, die zu ihr führen. Daher konnte in der Prodikosfabel das Motiv von den Wegen ephemer bleiben. Anders das biblische Denken: Hier sind Weg und Ziel wesentlich dasselbe, sodass nun im
Hebräischen Weg und Ziel (im Beispiel: der Tod) in einer status-con-
structus-Verbindung zusammengekoppelt werden konnten: דֶּרֶךְ הַמָּוֶת = ὁδός
τοῦ θανάτου.

Innerhalb des AT sind Ausdrücke wie 'Weg des Lebens' oder 'Weg
des Todes' allerdings relativ spät und selten: Prv 6,23 ὁδός ζωῆς,
15,24 ὁδοὶ ζωῆς und das sog Zwei-Wege-Schema findet sich nur Jer 21.8:
ἐγὼ δέδωκα πρὸ προσώπου ὑμῶν τὴν ὁδὸν ζωῆς καὶ τὴν ὁδὸν τοῦ θανάτου. Da
sich der Satz aber an die von den Babyloniern belagerten Einwohner von
Jerusalem richtet, liegt hier noch keine allgemeine paränetische Tradition vor, wie sie der Poimandres voraussetzt. Der älteste Beleg für die
Zwei-Wege-Lehre in diesem allgemeinen Sinn ist das Testament des Asser
1, 3-5 (p. 1227 Riessler) aus dem 2. oder 1. Jh. v. Chr.: "Zwei Wege
gab den Menschenkindern Gott...Zwei Wege gibt's, den Weg des Guten und
den Weg des Bösen." Nur bei den Rabbinen findet sich das Gegensatzpaar
Weg des Lebens - Weg des Todes etwas häufiger[532], jedoch erlaubt das
spärliche Vorkommen - die Rabbinen sprachen lieber von Werk als von Weg -
nicht den Schluss, dass das Begriffspaar Bestandteil eines Katechismus
geworden ist. Erst in der Didache 1-6 wird das Begriffspaar katechismus-
artig auseinandergelegt und definiert[533], sodass wir den Schluss ziehen
müssen, dass erst durch das Christentum diese Begriffe allgemein verbreitet worden sind[534]. In diese Richtung deutet auch die Verwendung derselben im Einleitungskapitel des siebten Buches der apostolischen Konstitutionen (VII 1, 3 Funk): Ἀναγκαίως καὶ ἡμεῖς ἑπόμενοι τῷ διδασκάλῳ
Χριστῷ...φαμέν, ὡς δύο ὁδοί εἰσι, μία τῆς ζωῆς καὶ μία τοῦ θανάτου. Der
Poimandres greift somit mit der Wendung 'Weg des Todes' auf die christliche Tradition zurück und ist nicht unmittelbar von der jüdischen abhängig. In NHC VI 6, 63, 11 ist der Gegensatz im Ausdruck 'voie de l'im-

---

532 vgl MICHAELIS ThWNT V 59 A 52 und 58 A 48; allgemein eodem loco V 42-101.
533 In Did 7,1 ist die Zwei-Wege-Lehre Bestandteil des Katechumenenunterrichts.
534 Barn 18-20 zeigt gegenüber der Didache noch die ältere Fassung, die weniger
     umfangreich und weniger durchdacht gegliedert ist. Sie steht der jüdischen
     Tradition eindeutig näher, auch darin, dass vom Weg des Lichts und der
     Finsternis die Rede ist. Der Ersatz von Licht bezw Finsternis durch Leben
     bezw Tod könnte somit - auch aus theologischen Gründen - wieder christlicher
     Einfluss sein. Vgl zum Ganzen noch K. WENGST in seiner Ausgabe der Didache,
     Darmstadt 1984, p. 20-22.

mortalité' (= ὁδὸς τῆς ἀθανασίας) wiederaufgenommen; inhaltlich entspricht er dem biblischen Sprachempfinden, formal ist er hellenisiert.

An Christliches erinnert im Poimandres auch das Sich-Zu-Füssen-Werfen und das Aufrichten, nämlich an Apg 10,26 (Petrus richtet den Cornelius auf), Mk 1,40 (Der Leprakranke umklammert die Knie von Jesus) und Lk 8,41 (Fussfall des Iairus vor Jesus).

13.4.2. Die Verkündigung als Säen und Speisung

Diejenigen nun, die sich dem Propheten vor die Füsse werfen, bitten ihn um Belehrung; der absolute Gebrauch von διδαχθῆναι (ohne Angabe des Lehrinhaltes) ist typisch für das Judentum und die Rabbinen[535], wird aber auch vom NT übernommen und lebt im Urchristentum weiter[536]. Aehnlich wie der Poimandres verstehen auch die Apostel ihre Verkündigung als einen Weg, durch den man gerettet werden kann (z.B. Apg 16,17: καταγγέλλουσιν...ὁδὸν σωτηρίας).

Noch näher dem Christentum steht aber das stolze Wort vom Säen des Weisheitswortes, denn im Juden- und Griechentum finden wir dafür keine Parallelen[537]. Im AT wird zwar das Handeln Gottes auch als Säen dargestellt[538], jedoch wird das Bild niemals auf die Wirksamkeit des Wortes oder auf die prophetische Verkündigung angewendet. Erst Philon führt hier näher an den Poimandres heran, wenn er[539] Gott oder den Logos als Säer der Weisheit bezeichnet. Die Beziehung auf die Verkündigung verdankt der Poimandres aber eindeutig dem NT, und zwar dem bekannten Gleichnis vom Sämann (Mk 4,15; Mt 13,19; vgl auch J 4,36), das sich auf das Wirken von Jesus bezieht. Im Frühchristentum ist das Bild nicht sehr häufig belegt[540], aber eine Stelle bei Origines, hom in Jos XVI 3 (M 12.907C) macht durchaus den Eindruck, dass es geläufig war:

> Intuere Domini et Salvatoris nostri primo quidem adventu, cum venit seminare verbum suum in orbem terrae, quomodo cepit omnem terram solo seminis iactu.

Einige Schwierigkeiten bereitet der Satz ἐτράφησαν ἐκ τοῦ ἀμβροσίου ὕδατος 17.9. Das Ambrosia-Wasser hat eine Parallele in Corp Herm frg XXIII 1: Ταῦτα εἰποῦσα Ἴσις ἐγχεῖ ποτὸν Ὥρῳ γλυκὺ[541] τὸ πρῶτον ἀμβροσίας, δ' αἱ ψυχαὶ λαμβάνειν ἔθος ἔχουσιν θεῶν. Καὶ οὕτως τοῦ ἱερο-

---

535 RENGSTORF ThWNT II 140.24. Aus diesem Sprachgebrauch entwickelte sich der Begriff אַלְמוּד, der im christlichen διδαχή weiterlebt.
536 Stellenbelege am bequemsten bei BAUER sv, 1 + 2a.
537 Die einzige Stelle in der griechischen Literatur, die dem Poimandres nahe kommt, ist Aristoph vesp 1044: καινοτάταις σπείρειν διανοίαις (von neuen dichterischen Schöpfungen), aber der Unterschied im Inhalt verbietet hier jeden Zusammenhang. Auch die stoischen λόγοι σπερματικοί kommen nie im Kontext der Verkündigung vor, auf den es hier im Poimandres besonders ankommt.
538 SCHULZ ThWNT VII 541.17 ff
539 leg all I 43-51; 79-81; III 180-183; 219-223.
540 nur Ign Eph 9,1 vom Aussäen einer Irrlehre, vor der gewarnt wird.
541 Besteht hier ein ägyptischer Hintergrund, wonach das süsse Wasser das Nilwasser ist? Vgl dazu auch Achill Tat 4,18,4 und Heliodor aeth 2, 28 (F. GRAF).

τάτου λόγου ἄρχεται Ἴσις. Das Trinken des Ambrosia steht auch hier
irgendwie im Zusammenhang mit der Verkündigung[542], denn anschliessend
(man beachte die Verbindung καὶ οὕτως!) beginnt Isis eine grossangelegte
Darstellung einer Kosmogonie, die stark vom Timaios beeinflusst ist.
Andererseits ist Ambrosia im Sinne des Unsterblichkeitstrankes der Götter gute homerische Tradition; wird zwischen Nektar und Ambrosia unterschieden, so ist Ambrosia normalerweise die Speise, doch kommt sie auch
- wenn auch seltener - als Trank vor[543]. In der religiösen Sprache der
Spätantike ist das Wort selten; die Stelle Sap Sal 19, 21: γένος ἀμβροσίας τροφῆς (vom Manna) sowie die beiden Philonstellen[544] bewahren noch
bewusst den mythologischen Zusammenhang, während die vier Stellen in
den Thomasakten[545] diesbezüglich das Wort nur noch sehr verblasst verwenden, sodass der genaue Inhalt aus dem Zusammenhang nicht mehr ersichtlich ist. Von der sprachlichen Ausdrucksweise her gesehen ist der
Poimandres hier einzuordnen; allerdings ist sein ἀμβρόσιον ὕδωρ ein
Hapax legomenon und bietet noch die zusätzliche Schwierigkeit, mit dem
Verb τρέφω verbunden zu sein. Zwei Lösungsmöglichkeiten bieten sich
hier an:

   1. Der Satz meint eine spiritualisierte christliche Eucharistie.
So hat es G. van Moorsel verstanden[546]:

> "Es hat den Anschein, als ob hier ein Ineinanderfliessen von Metaphern statt-
> gefunden hätte: die Gnosis wird getrunken, aber zugleich als Ambrosia gegessen
> (welchem letzteren Bild bestimmt etwas Eucharistisches anhaftet)".

Diese Deutung hat eine Stütze in Act Thom 36 (154.2 Lipsius-Bonnet):

> "Wir reden über die obere Welt, über Gott und Engel, über die ambrosische
> Speise und den Trank des wahrhaftigen Weinstocks. Von diesem reden wir und
> über dieses verkünden wir die frohe Botschaft."

In denselben Akten finden wir auch die Eucharistie als abschliessende
Zeremonie nach der Taufe einer Neubekehrten (Kap 121):

> "Als sie (sc Mygdonia) aber getauft war und sich wieder angezogen hatte, brach
> er ein Brot und nahm einen Becher Wasser und machte sie teilhaft des Leibes
> Christi und des Bechers des Sohnes Gottes."

An dieser Stelle ist auch wie im Poimandres der Wein durch Wasser ersetzt, ein Phänomen, das typisch für bestimmte gnostische Richtungen
ist[547]. Dennoch dürfen wir den Poimandres nicht damit zusammenbringen,
da die Unterschiede zu gewichtig sind:

---

542 Die Stelle hat somit keine unmittelbare Beziehung zu Diod S I 25 (zitiert von
    NOCK-FESTUGIERE in IV 23 A 2), da letztere sich auf die Auferstehung des Horus
    bezieht.
543 Sappho frg 141,1 LOBEL-PAGE; Aristoph equ 1095; Alexandrides comicus CAF 59.
544 deus imm 155: τὴν νέκταρος καὶ ἀμβροσίας τῶν μεμυθευμένων...τροφὴν (von den gött-
    lichen Offenbarungen); som II 249: τὸ εὐφροσύνης ἀμβρόσιον.
545 A 6 (109.5 Lipsius-Bonnet): ὁ βασιλεὺς (d.h. Gott) τρέφων τῇ ἑαυτοῦ ἀμβροσίᾳ τοὺς
    ἐπ' αὐτὸν ἱδρυμένους. A 7 (110.17 L-B): τὴν ἀμβροσίην βρῶσιν (von der Eucharistie).
    A 25 und A 36 siehe gleich im folgenden.
546 Die Symbolsprache in der hermetischen Gnosis, Symbolon 1, 1960, 134.
547 weitere Beispiele bei LAMPE sv ὕδωρ E 1.

- In den Thomasakten ist das Adjektiv immer nur auf die Speise bezogen.
- Im Poimandres deutet nichts auf einen Taufritus.
- Der Zusammenhang mit der Verkündigung ist in den Thomasakten nicht
  gewahrt.

2. Das Ambrosia-Wasser ist die paganisierte Form des Lebenswassers, von dem Jesus in J 4,14 spricht. Diese Deutung hat ebenfalls eine Stütze in den Act Thom 25 (140.13 Lipsius-Bonnet): κύριε ᾽Ιησοῦ...πότισον αὐτοὺς ἀπὸ τῆς ἀμβροσίας σου πηγῆς. Die Identifikation von Jesus mit dem Lebenswasser - die bei J noch nicht vorliegt - ist den Patres durchaus geläufig[548]; auch die christliche Gnosis hat die Johannesstelle - dabei V 10 und 14 miteinander kontaminierend - auf das Trinken des himmlischen Wassers umgedeutet, z.B. die Sethianer (Hipp ref V 19, 120.24 W):

> "Nachdem er (der Logos Gottes) in die unreinen Geheimnisse im Mutterleib eingegangen war, wusch er sich und trank den Kelch des lebenden Wassers, des sprudelnden, den auf jeden Fall der trinken muss, der die Knechtsgestalt ausund ein himmlisches Gewand anziehen will."[549]

Der Vergleich zeigt deutlich, dass der Poimandres den Zusammenhang mit der Verkündigung, der in J 4,14 klar hervortritt, wesentlich besser bewahrt.

Auch das Verb τρέφω lässt sich nun in diesem Zusammenhang verstehen. Clemens von Alexandrien sieht im paed sehr häufig[550] in Christus als Logos die Speise der Gläubigen, z.B. 1.6 (117.7 Stählin): πίνεται γὰρ ὁ λόγος, ἡ τροφὴ τῆς ἀληθείας,...δυνατὸν δὲ τὸ αὐτὸ καὶ βρῶμα εἶναί πως ἔχον καὶ ποτόν, πρὸς ἄλλο καὶ ἄλλο νοούμενον. Auch Origines deutet in seinen Matthäuskommentar 17.22 (643.30 Klostermann) das Essen im Gleichnis von der Hochzeit des Königs in Mt 22, 1-14 auf das Wort Gottes: καὶ ἐν τούτοις τοῖς γάμοις νόει τὸ ἑτοιμαζόμενον ἄριστον ἐκ στερεᾶς ἐν πνευματικοῖς λόγοις τροφῆς. Das Bild geht aber in seiner Verbreitung über die Kirchenväter hinaus; in NHC VI 4, 40,5 findet sich ein Jesus-Wort, das Speise, Offenbarungswort und Lebenswasser geradezu identifiziert:

> "Noch schläft ihr und träumt Träume. Wacht auf, kehrt um, kostet und esst die wahre Speise! Teilt das Wort und das Wasser des Lebens aus!"

Diese Stelle zeigt deutlich, dass die enge Verbindung von Verkündigung, Nahrung und Ambrosia-Wasser im Poimandres nur unter der Berücksichtigung des christlichen Hintergrundes verstehbar ist; dieser ist aber durch das der paganen Mythologie entnommene Wort absichtlich verschleiert[551].

---

548 vgl LAMPE sv ὕδωρ, Absatz H
549 weitere Beispiele in der Baruch-Gnosis (Hipp ref V 27, 133.6 W) und bei den Naassenern (Hipp ref V 9, 101.22 W).
550 Die Stellen sind zusammengestellt bei LAMPE sv τροφὴ Nr. 11
551 Eine ganz analoge Paganisierung findet sich auch NHC XI 1, 4, 29 (→ Abs 1.7.3.), wo vom 'Wasser der Unsterblichkeit' (= ὕδωρ τῆς ἀθανασίας) die Rede ist.

13.4.3. Das Abendgebet

Da die Sonne am Untergehen ist, wird den Neubekehrten befohlen, ein Dankgebet zu Gott zu sprechen. Die einleitende Formel ὀψίας γενομένης ist im NT derart häufig[552], dass der Poimandres hierin das NT - ähnlich wie beim ὁμοθυμαδόν - wahrscheinlich kopiert hat; in Mk 1,32 treffen wir sogar dieselbe Verdoppelung an mit ὅτε ἔδυσεν ὁ ἥλιος. Das Abendgebet scheint der jüdischen Gebetspraxis des 1. und 2. nachchristlichen Jahrhunderts zu entsprechen, wonach der Jude am Morgen, Mittag und Abend bei Sonnenuntergang ein Gebet zu verrichten hatte[553]. Diese Gebetspraxis ist allerdings auch vom Frühchristentum übernommen worden, wie Didache 8,3 zeigt: τρὶς τῆς ἡμέρας οὕτως προσεύχεσθε. Auch Tertullian de oratione XXV 5 kennt dasselbe, wobei er sich auf die jüdische Tradition beruft. Der Poimandres kann somit hier ebensogut von der christlichen wie von der jüdischen Gebetspraxis bestimmt sein, wobei das erstere wiederum wahrscheinlicher ist.

13.5. Das Selbstbewusstsein des Propheten (Corp Herm I 30)

"Ich aber schrieb die Wohltat des Poimandres in mir auf und geriet, erfüllt von dem, was ich wollte, in eine ausserordentliche Freude. Denn der Schlaf des Körpers wurde zu einer Ernüchterung der Seele, der Schlummer der Augen zu einem wahrhaften Sehen, mein Schweigen wurde trächtig von Gutem und das Verbreiten des Wortes wurde zu einem Geschlecht von guten <Menschen>. Das geschah mir, weil ich empfangen habe von meinem Geist, das heisst von Poimandres, vom Wort der Vollmacht. Ich bin gekommen, von Gottes Geist mit Wahrheit angefüllt [geworden]. Darum gebe ich aus ganzer Seele und mit aller Kraft eine Lobpreisung dem Vater-Gott."

Dieses Kapitel enthält ebenfalls viele Wendungen, die sich nur auf der Basis des christlichen Einflusses erklären lassen. Im folgenden sollen die wichtigsten Begriffe wie in einem Kommentar erläutert werden: ἀνεγραψάμην εἰς ἐμαυτὸν τὴν εὐεργεσίαν: Die Ausdrucksweise ist auffällig, denn ἀναγράφω bedeutet eigentlich 'aufschreiben, in eine Liste eintragen'. In NHC VI 6, 60, 16 heisst es: "Il faut...qu'elle (= la vision) soit écrite sur ce livre impérissable", wobei mit diesem Buch die Stelen gemeint sind, die dann 61, 26 genannt werden. Nun ist ἀναγράφειν τὴν εὐεργεσίην ein fester Terminus auf den Ehreninschriften der hellenistischen Zeit[554]: 'die Wohltat auf einer Stele festschreiben'. Die Stele steht an einem öffentlichen Platz, im Heiligtum oder auf der Agora, denn das Wissen um die Wohltat soll nicht verloren gehen. Der Poimandres meint also, dass der Empfänger der Offenbarung gleichsam das Buch oder die Stele darstellt, auf der die Lehre aufgeschrieben ist. Sehr wahrscheinlich besteht auch hier ein christlicher Einfluss, weil das frühe Christentum - im Anschluss an Mk 8,35 und 10,29 - εὐαγγέλιον nicht selten geradezu mit Christus identifiziert hat, z.B. Ign Phld 5,1:

552 Mk 1,32; Mt 8,16; 14,15; 23,20; 8,26; J 6,16; 20,9.
553 vgl Str-B II 697 und 701 A k.
554 Ditt Syll³ 137. 939 (Hinweis von F. GRAF).

προσφυγὼν τῷ εὐαγγελίῳ ὡς σαρκὶ Ἰησοῦ; Cl Al protr 2 (10.8 Stählin):
τῆς ἀληθείας τὸ φῶς, ὁ λόγος εὐαγγέλιον...γενόμενος· Origines Jo 1.6
(11.5 Preuschen): ὁ...σωτήρ...τὸ εὐαγγέλιον σωματοποιηθῆναι θελήσας.
Diese Identifikation liegt durchaus in der Linie der Theologie des NT,
denn unsere Untersuchung des christlichen μετάνοια-Begriffs zeigte
schon, wie eng das Kerygma mit der Person Jesu verknüpft ist. Dem entspricht, dass in diesem Kapitel des Poimandres der Offenbarungsempfänger
immer mehr Züge von Jesus übernimmt[555].

πληρωθεὶς ὧν ἤθελον: Dieser Ausdruck entspricht genau NHC VI 6, 60,
10: "Tu a trouvé ce que tu cherchais" und deutet die Erfüllung dessen
an, was am Anfang des Poimandres mit der Frage "Was willst du hören und
schauen?" (Kap 1, 7.7) ausgedrückt war. Die Wahl des Verbums πληρόω ist
sehr wahrscheinlich wieder vom NT beeinflusst, das dieses Wort spezifisch verwendet: "Die Freude, die Erkenntnis usw, die den Christen erfüllen, bestimmen seine Existenz und nehmen sein ganzes Sein beherr-
schend in Anspruch[556]", d.h. dem Begriff haftet - wie hier im Poimandres - ein starkes Moment der Ausschliesslichkeit und Totalität an.

ἡ τοῦ λόγου ἐκφορὰ γεννήματα ἀγαθῶν (sc ἐγένετο): Festugière III 168
verteidigt sicher mit Recht die Lesart ἐκφορὰ der codd, versteht das
Wort aber wegen dem vorangegangenen ἐγκύμων im Sinne von 'Gebären' (par-
turition) unter Hinweis auf ἐκφέρω bei LSJ II 1. Diese Bedeutung passt
aber syntaktisch nicht in den Zusammenhang (man erwartet dann ἐγέννησε
als Verb) und ist ausserdem beim Substantiv nicht belegt. Einfacher und
stilistisch glatter ist es, für ἐγκύμων die übertragene Bedeutung 'angefüllt mit' anzunehmen, die schon im klassischen Griechisch für den
menschlichen Geist als Subjekt verwendet wird[557] und ἐκφορὰ in der erstmals in der Stoa belegten Bedeutung 'Aussprechen, Aussage' aufzufassen[558]. Entstammen somit die beiden Wörter eher dem philosophischen
Sprachgebrauch, so ist γεννήματα ἀγαθῶν biblischer Herkunft, wie wir
in Abs 4.4.3. gesehen haben.

λαβόντι: Der absolute Gebrauch des Verbs wurde vor allem von den früheren Interpreten (Reitzenstein, Scott, Dodd) als störend empfunden,
weshalb sie das folgende λόγου in λόγον abänderten. Festugière III 168
hat wieder mit Recht die Lesart der codd beibehalten und das Verb im
Sinne einer geistigen Empfängnis gedeutet. Dabei sind allerdings alle
Parallelen, die er heranzieht, christlich, was kaum blosser Zufall sein
kann. Das Verb ist daher nicht in diesem übertragenen geschlechtlichen

---

555 FESTUGIERE IV 163 A 2 betrachtet hingegen die Poimandresstelle als genaue Parallele
   zu Corp Herm XIII 21: τέθεικα (sc τὴν εὐλογίαν) καὶ ἐν κόσμῳ τῷ ἐμῷ. PHILONENKO
   zieht zur Erklärung die jüdische Gebetspraxis der Phylakterien heran,
   vgl dazu unten Abs 14.1.
556 GREEVEN in ThWNT VI 290.16
557 vgl LSJ sv (Beispiele aus Platon)
558 vgl SVF II 58 (von Ideen uä)

Sinn zu verstehen, sondern auf dem Hintergrund der spezifisch christlichen Theologie, die im Unterschied zum Juden- und Griechentum das Verhältnis des Menschen zu Gott wesentlich als das des Beschenkten zum
Schenkenden fasst; Paulus brachte dies in die geradezu klassische Formel:
τί δὲ ἔχεις, ὅ οὐκ ἔλαβες[559]; Daher kann erst das Christentum das Verb
absolut gebrauchen, und zwar in der Formel 'aus dem Geist/aus der Fülle/
aus der Gnade empfangen', z.B. J 1,16: ἐκ τοῦ πληρώματος αὐτοῦ ἡμεῖς
πάντες ἐλάβομεν, oder Herm s IX 24,4: ὅλον τὸ σπέρμα ὑμῶν κατοικήσει μετὰ
τοῦ υἱοῦ τοῦ θεοῦ· ἐκ γὰρ τοῦ πνεύματος αὐτοῦ ἐλάβετε. Letztere Stelle
steht dem Poimandres besonders nahe, nur dass er - wie im Abs 11.3.5.
erörtert - wieder von νοῦς statt von πνεῦμα spricht.

θεόπνους ist wie das gleichbedeutende θεόπνευστος nachklassisch und
selten. Die Patres gebrauchen nur das letztere Wort häufiger (fast immer
bezogen auf die heilige Schrift im Anschluss an 2 Tim 3,16), sodass für
die Kaiserzeit θεόπνευστος eher[560] als das christliche, θεόπνους eher
als das profane Wort anzusehen ist. Auffallend ist, dass - aus theologischen Gründen - θεόπνευστος nur in der christlichen Literatur auch
von lebenden Personen ausgesagt werden kann[561], was der Poimandres
offensichtlich - dabei wieder paganisierend - übernimmt.

τῆς ἀληθείας ist als genetivus partitivus von θεόπνους abhängig, da
letzteres soviel wie πλήρης bedeutet. Ἀλήθεια entspricht hier dem hebr
אֱמֶת und meint somit das, was Bestand hat und daher gilt oder auch das,
worauf man sich verlassen kann. Beide Bedeutungen kennt auch das NT,
erstere z. B. Eph 4, 21: καθώς ἐστιν ἀλήθεια ἐν τῷ Ἰησοῦ, letztere Röm
3,3: Gottes ἀλήθεια ist nichts anderes als seine πίστις.

ἦλθον: Der ungewöhnlich absolute Gebrauch von ἦλθον hat seinerzeit
Reitzenstein und Scott bewogen, durch Zusätze ein Objekt für das Verb
zu gewinnen[562]. Die sprachliche Besonderheit des Poimandres erklärt sich
aber wieder zwangslos aus dem Sprachgebrauch der Evangelien, wo das
Verb sehr häufig von Jesus in diesem absoluten Sinn gebraucht wird, z.B.
J 10,10: ἐγὼ ἦλθον, ἵνα ζωὴν ἔχωσιν[563]. Charakteristisch für diese
ἦλθον-Aussage ist, dass sie immer mit einem messianischen Anspruch verbunden wird. Die religionsgeschichtliche Forschung hat die Formel viel
diskutiert[564], wobei sie unter dem Einfluss von Reitzenstein fast immer
davon ausging, dass im Poimandres eine vom Christentum unabhängige Tra-

559 1 Kor 4,7
560 θεόπνευστος wird nachchristlich durchaus in der profanen Literatur verwendet (vgl
    SPICQ I 372 A 2), doch wird es nie von Personen gebraucht; ebenso θεόπνους, das
    in der christlichen Literatur nicht belegt ist.
561 Epigrammata Graeca ed Kaibel Nr 1062 (von einem Erzbischof), Cyrillus von Skytho-
    polis, vita Sabae 16 (von den Anachoreten); vgl dazu SCHWEIZER im ThWNT VI 452, 8 ff
562 vgl den kritischen Apparat von NOCK-FESTUGIERE I 17 ad loc.
563 vgl SCHNEIDER ThWNT II 664 f und 668 f. Weitere Beispiele aus den Evangelien:
    Mt 5, 17; 10, 34; Mk 1, 38; 2, 17; Lk 12, 49; 12, 51; 22, 27.
564 NOCK-FESTUGIERE I 27 A 78; NORDEN 133; REITZENSTEIN 222.

dition vorliegt. Um hier Klarheit zu gewinnen, müssen wir die beiden
Parallelstellen analysieren, die Nock-Festugière zur Poimandresstelle
anführen[565]:

1. Aehnlich wie die Ophiten (→ Abs 12.5.4.1.) kennen auch die Markosier ein Passwort, mit welchem der Pneumatiker nach seinem Tod beim Wie-
deraufstieg die Macht der ἐξουσίαι überwinden kann:

> "Ich, ein Sohn vom Vater...bin gekommen, um alles zu sehen, das Fremde und das
> Eigene (ʾΕγὼ υἱὸς ἀπὸ πατρός....ἦλθον πάντα ἰδεῖν τὰ ἀλλότρια καὶ τὰ ἴδια). Und
> es ist ganz und gar nicht fremd, sondern <es ist> der Achamoth, die das Weib ist
> und die das für sich gemacht hat. Ich leite mein Geschlecht ab von dem, der
> vorher war und ich gehe wieder zu dem Eigenen, woher ich gekommen bin."[566]

Dieses Passwort zeigt nun deutlich Anklänge an bestimmte Aussagen des
Johannesevangeliums:

8,42: ʾΕγὼ γὰρ ἐκ τοῦ θεοῦ ἐξῆλθον...οὐδὲ γὰρ ἀπ' ἐμαυτοῦ ἐλήλυθα.

1,11: Εἰς τὰ ἴδια ἦλθεν.

16,28: ʾΕξῆλθον ἐκ τοῦ πατρὸς καὶ ἐλήλυθα εἰς τὸν κόσμον· πάλιν
      ἀφίημι τὸν κόσμον καὶ πορεύομαι πρὸς τὸν πατέρα.

Der johanneische Hintergrund dieses Passwortes wird nun heute evident
durch ein ihm bis in den Wortlaut ähnliches in der sog ersten Offenbarung des Jakobus NHC V 3, 32,29 - 34,18:

> "Jesus gibt seinem Jünger folgende Geheimoffenbarung mit auf den Weg: '[Sie]he,
> ich werde dir deine Erret[tung] kundmachen. Wenn man [dich] ergreift und du
> diese (Todes-)Schmerzen erleidest, wird sich eine Menge (von Archonten) gegen
> dich wenden, um dich zu ergreifen. Wenn du nun in ihre Hand gelangst, wird einer
> von ihnen, der ihr Wächter ist, zu dir sagen: Wer bist du, oder woher bist du?
> Du sollst (dann) zu ihm sagen: *Ich bin ein Sohn und ich stamme vom Vater!* Er
> wird zu dir sagen: Was für ein Sohn bist du und von welchem Vater stammst du?
> Du sollst zu ihm sagen: *Ich stamme von dem Vater, der eher [da war,] ein Sohn
> aber [bin ich] durch den, der e[her] da war.* [Er wird] zu dir [sagen: Weswegen]
> wurdest [du ausgesandt?] Du sollst [zu ihm] s[agen: Ich kam] von jenem, [der
> eher da war,] damit ich [alles Unsrige und Fremde erblicke!* Er wird zu dir
> sagen: Was ist] dieses Fremde? Du sollst zu ihm sagen: *Es ist gar nichts Fremdes,
> sondern es stammt von [Acha]moth, d.h. dem Weib; und sie hat dies geschaffen,
> als sie dieses Geschlecht aus dem, der eher da war, (in die Materie) hinabbrach-
> te...Er wird ferner zu dir sagen: Wohin wirst du gehen? Du sollst zu ihm sagen:
> Zu dem Ort, aus dem ich gekommen bin, werde ich wieder gehen.*"[567]

Daraus ergibt sich: Das messianisch gemeinte ἦλθον des Johannesevangeliums wurde von den Valentinianern übernommen und zu einem soteriologischen Zauberwort umgestaltet.

2. Der Christengegner Celsus berichtet (Origines c Cels VII 9 ff) von
Pseudopropheten in Phönikien und Palästina, deren Ansprachen (μαντεῖαι)
er selber gehört habe, und erwähnt dabei auch die Formel: ἥκω δέ. Norden
hat die bei Origines zitierte Ansprache mit dem Johannesevangelium ver-
glichen[568] und ist dabei zum Schluss gekommen, dass der Evangelist stilistisch von Reden solcher Art im Raume Palästina abhängig sein müsse.
Im folgenden sei diese Ansprache (unter Durchnumerierung der einzelnen

---

565 vgl A 78 ad locum
566 Iren haer I 21,5; zu ἀπὸ πατρὸς vgl die analogen Wendungen im NT, zusammengestellt
    von BAUER sv ἀπὸ V 4.
567 zitiert nach RUDOLPH 190

Sätze) ganz zitiert mit der Gegenüberstellung der entsprechenden Passagen des Evangeliums nach Norden:

Celsus	Johannes
1: ἐγὼ ὁ θεός εἰμι ἢ θεοῦ παῖς ἢ πνεῦμα θεῖον.	8,42: ἐγὼ γὰρ ἐκ τοῦ θεοῦ ἐξῆλθον →
2: ἥκω δέ·	→ καὶ ἥκω.
3: ἤδη γὰρ ὁ κόσμος ἀπόλλυται,	
4: καὶ ὑμεῖς, ὦ ἄνθρωποι, διὰ τὰς ἀδικίας οἴχεσθε.	8,24: εἶπον οὖν, ὑμῖν ἀποθανεῖσθε ἐν ταῖς ἁμαρτίαις ὑμῶν.
5: ἐγὼ δὲ σῶσαι θέλω,	
6: καὶ ὄψεσθέ με αὖθις μετ'οὐρανίου δυνάμεως ἐπανιόντα.	
7: μακάριος ὁ νῦν με θρησκεύσας,	
8: τοῖς δ'ἄλλοις ἅπασι πῦρ αἰώνιον ἐπιβαλῶ, καὶ πόλεσι καὶ χώραις.	
9: καὶ ἄνθρωποι, οἳ μὴ τὰς ἑαυτῶν ποινὰς ἴσασιν, μεταγνώσονται μάτην καὶ στενάζουσιν·	
10: τοὺς δ'ἐμοὶ πεισθέντας αἰώνιος φυλάξω.	8,42: ἐάν τις τὸν ἐμὸν λόγον τηρήσῃ, θάνατον οὐ μὴ θεωρήσῃ εἰς τὸν αἰῶνα.

Der Vergleich zeigt, dass die Beziehungen weniger eng sind, als es Norden darstellt; vielmehr ergibt eine Analyse des Textes, dass umgekehrt Celsus von den Evangelien abhängig sein muss:

Sein Text ist auf Antithesen aufgebaut, die die Aussagen gegenseitig relativieren. Celsus will damit offensichtlich die einzelnen Sätze ins Lächerliche ziehen; hiefür einige Beispiele: Der Satz 1 ist ganz klar auf die christliche Trinität gemünzt, die hier in einer 'Auswahlsendung' dargestellt, jeden Christen beleidigen muss, weil er gegebenenfalls sehr wohl die einzelnen Personen der Trinität voneinander unterscheidet. Gegenüber dieser parodistisch wirkenden Selbstankündigung wirkt das folgende kurze ἥκω δέ sehr abrupt, weil es - im Gegensatz zu J 8,42 - nicht mit dem vorangegangenen verknüpft ist; es soll offenbar den Propheten mit seinem eigenen Wort lächerlich machen. Als Fortsetzung erwartet man nun einen Aufruf zur Umkehr wie im Poimandres; stattdessen folgt eine Aussage über einen gerade jetzt sich ereignenden Weltuntergang, den in dieser Form niemand ernst nehmen kann; man beachte demgegenüber die sehr ernst wirkende Ankündigung in J 8, 23. Diese Weltuntergangsdrohung wird nun wieder relativiert durch den banal wirkenden Satz 5, während es Lk 19,10 heisst: ἦλθεν γὰρ ὁ υἱὸς τοῦ ἀνθρώπου...σῶσαι τὸ ἀπολωλός. Nach

Satz 5 erwartet man eigentlich den Satz 7 als Trostwort, dafür folgt die
Ankündigung der Himmelfahrt nach Mk 14,62, bei der sich der Erretter den
Seinen gerade entzieht. Hier haben wir - formal genau in der Mitte -
sicher den Höhepunkt dieser Groteske. Die Seligpreisung des Satz 7 ver-
kehrt den Sinn dieses genus in ihr Gegenteil, indem nicht ein bestimmtes
ethisches Verhalten, sondern eine kultische Handlung verlangt wird, die
noch dadurch lächerlich gemacht wird, dass sie durch das με auf den
Sprechenden rückbezogen wird - in dieser syntaktischen Konstruktion singulär für das Verbum θρησκεύω. Die Feuerandrohung in Satz 8 kann nur von
Lk 12,49 her verstanden werden: πῦρ ἦλθον βαλεῖν ἐπὶ τὴν γῆν· bei Celsus
wird aus dieser Universaleschatologie zur Verballhornung eine Individual-
eschatologie, die dann durch den Zusatz καὶ πόλεσι καὶ χώραις wieder
halbwegs rückgängig gemacht wird. Satz 9 geht auf die christliche μετάνοια; auch hier liegt ein Widerspruch vor: wer bereut, erkennt sehr wohl
seine Strafe; anstelle von ποινὰς erwartet man eigentlich ἀμαρτίας,
ἀδικίας oä. Satz 10 enthält schliesslich den Zuspruch ewigen Lebens, der
aber mit dem Bild vom guten Hirten verknüpft wird, was wieder nicht ganz
zusammenpasst.

Zu diesem parodistischen Element kommt noch ein weiteres: Die ganze
Ansprache setzt eigentlich die biographische Redaktion des Lebens Jesu
durch die Evangelisten voraus. Sie enthält alle wesentlichen Elemente
dieser 'Biographie': Die Selbstankündigung als Messias, den Hinweis auf
ein bevorstehendes eschatologisches Ereignis, die Forderung nach Umkehr,
einen Zuspruch für die Menschen, die Androhung des Gerichts, die Ankündigung der Himmelfahrt und die Verheissung ewigen Lebens.

Daraus ergibt sich: Celsus muss einerseits die Evangelien in ihren
Grundzügen gekannt haben[569]; andererseits sind diese Pseudopropheten,
die er in Syrien und Palästina gehört hat, christliche Prediger; es
bliebe sonst unverständlich, warum er diese in einen Zusammenhang mit
dem Christentum bringt. Die einzelnen Sätze seiner Christenparodie -
und damit auch das zentrale ἥκω δὲ - stammen aus der christlichen Tradition; nur die Komposition und die Redaktion ist das Werk von Celsus.
Für den Poimandres können wir damit erschliessen, dass sein ἦλθον
- wie schon Nock[570] vermutete - auf die messianischen ἦλθον-Aussagen
von Jesus in den Evangelien zurückgeht.

δίδωμι εὐλογίαν: Diese ungriechische Ausdrucksweise ist eine Variie-
rung des biblischen διδόναι δόξαν, das im AT und im NT bezeugt ist[571].
Εὐλογία = בְּרָכָה ist bereits bei Neh 9,5 und 2 Chr 20,26 in der Bedeutung
'Lobpreis' verwendet; diese Bedeutung ist dann im Judentum die geläufige.

---

569 ebenso MERLAN im RAC-Artikel 'Celsus' Sp 958, wo noch weitere christliche Quellen
    aufgeführt werden, die Celsus gekannt haben muss.
570 → A 565
571 AT: Jos 7,19; 1 Βασ 6,5; Jes 42,12; Jer 13,16.   NT: Lk 17,18; J 9,24; Apg 12,23;
    Röm 4, 20; Apk 4,9; 11,13; 14,7; 16,9; 19,7.

Der Poimandres wollte offensichtlich den spezifischen Gehalt von δόξα = פָּבוֹד vermeiden und wählte daher - leicht paganisierend - das allgemeinere Wort.

ἐκ ψυχῆς καὶ ἰσχύος ὅλης: Dieser Ausdruck basiert auf dem alttestamentlichen ἀγαπήσεις κύριον...ἐξ ὅλης τῆς ψυχῆς σου καὶ ἐξ ὅλης τῆς δυνάμεώς σου in Dt 6,5 (vgl auch Sir 7,30), wobei dieser Satz die Einleitung zum Shema bildet, dem wichtigsten Glaubensbekenntnis des Judentums. Origines notierte schon in seiner Hexapla ἰσχύος als Textvariante zu δυνάμεως[572]. Auffallend ist, dass das NT im Zusammenhang mit diesem Satz ἰσχύος bevorzugt verwendet: Mk 12,30+33; Lk 10,27; 1 Cl 33,8: ἐξ ὅλης τῆς ἰσχύος ἡμῶν ἐργασώμεθα ἔργον δικαιοσύνης ist eine Weiterentwicklung davon. Clemens von Alexandrien bespricht innerhalb seines (erhaltenen) Gesamtwerkes den Satz fünfmal[573]. Aus alldem ergibt sich, dass wir bezüglich des Poimandres den Ausdruck ebensogut als christliches wie als jüdisches Element interpretieren können.

τῷ πατρὶ θεῷ: Die Bezeichnung von Gott als Vater ist bekanntlich vom Christentum gefördert und vertieft worden, doch steht im christlichen Sprachgebrauch πατήρ normalerweise *hinter* θεός[574]. Die Voranstellung scheint eher jüdisch zu sein, vgl Sap 2,16; Philo leg all I 64; rer div her 62.

13.6. Ergebnisse

1. Der biblische und vor allem der christliche Einfluss ist im Missionsbericht derart dominant, dass man sich hinterher wundern muss, dass die Forschung dies bis heute übersehen hat. Bestimmte Begriffe wie Ambrosia-Wasser, Erlösung, μετανοεῖν, λαβεῖν ἀπὸ τοῦ υἱὸς oder ἦλθον werden aber erst durch die Berücksichtigung des christlichen Hintergrundes überhaupt verständlich. Die von Pearson[575] als jüdisch bestimmten Elemente hat der Poimandres somit nicht aus diesem, sondern vom Christentum, d.h. von der christlichen Gnosis übernommen.

2. Es ist nicht zu übersehen, dass der Prophet besonders im Kap 29 immer mehr Züge von Jesus erhält, ohne dass er dadurch zur Erlösergestalt würde. Es handelt sich auch hier um eine blosse Adaption christlicher Elemente, bezw um eine Paganisierung der Jesusgestalt, da die heidnische Grundlage auch jetzt nicht verlassen wird.

---

572 vgl die Edition von F. FIELD, Oxford 1975, I 283 sowie PEARSON 342
573 In der Edition von STAEHLIN I p. 77.18; 125.4; 284.22-24; II 213.3; II 252.30
574 SCHRENK ThWNT V 1008. 10-37
575 → A 478

Vierzehntes Kapitel
DER SCHLUSSHYMNUS
(Corp Herm I 31-32)

"Heilig ist Gott und der Vater des Alls.
Heilig ist Gott, dessen Wille von seinen eigenen Kräften vollendet wird.
Heilig ist Gott, der erkannt werden will und von den Seinen erkannt wird.
Heilig bist du, der mit einem Wort das Seiende geschaffen hat.
Heilig bist du, zu dessen Abbild die ganze Welt wurde.
Heilig bist du, den die Natur nicht in eine Gestalt bringen konnte.
Heilig bist du, der du stärker bist als jede (irdische) Macht.
Heilig bist du, der du grösser bist als jede Majestät[576].
Heilig bist du, der du erhaben bist über alles Lob.

Empfange reine Wort- (oder: Vernunft-)opfer von einer Seele und einem Herzen, die
sich zu dir ausstrecken, du Unaussprechlicher, Unsagbarer, der du nur im Schweigen
angerufen wirst.
Mir, der ich bitte, nicht aus der Erkenntnis, die unserem Wesen entspricht, zu
fallen, gewähre dies und gib mir Kraft.
Mit dieser Gnade will ich diejenigen des <Menschen>geschlechts erleuchten, die in
Unwissenheit sind, nämlich meine Brüder, deine Söhne.
Darum glaube und bezeuge ich: ich kehre zurück zu Leben und Licht.
Gepriesen bist du, Vater. Dein Mensch will mit dir zusammen heilig sein,
wie du ihm die ganze Macht <dazu> gegeben hast."

Der Schlusshymnus verdiente eigentlich wegen seiner sprachlichen und
inhaltlichen Besonderheiten eine Sonderbehandlung, in der unter Heranziehung der übrigen hermetischen Hymnen - aber auch darüber hinaus -
systematisch die Motive und Gottesprädikationen untersucht würden. Diese Arbeit kann hier nicht geleistet werden; wir müssen uns damit be-
gnügen, etwaige christliche Elemente in diesem Hymnus zu eruieren, nachdem solche im vorangegangenen Teil derart häufig aufgetreten sind.

14.1. _Die Problematik der Herleitung des Hymnus aus dem Judentum_
    M. Philonenko[577] hat im Jahre 1971 als erster den Schlusshymnus ge-
nauer untersucht und ist dabei zum Schluss gekommen, dass dieser Kenntnisse der jüdischen Liturgie voraussetzt. Das neunfache ἅγιος basiert
auf dem bekannten Trishagion von Jes 6,3. Die erste Heiligpreisung
- so Philonenko - entspricht dem 1. Spruch des Schemoneh Esre[578]:
בָּרוּךְ אַתָּה יְהוָה אֱלֹהֵינוּ וֵאלֹהֵי אֲבוֹתֵינוּ׃
    "Gepriesen seiest du, Herr, du unser Gott und unserer Väter Gott."
Die zweite Heiligpreisung dem zweiten Spruch:

---

576 eigentlich: Ueberlegenheit
577 liturgie..., p. 204-211
578 zitiert nach D.W. STAERK, Altjüdische liturgische Gebete, Berlin 1930[2]
    (Kleine Texte für Vorlesungen und Uebungen 58), p. 14 f.
    Bei PHILONENKO, liturgie..., p. 208

אַתָּה גִבּוֹר לְעוֹלָם אֲדֹנָי:

"Du bist gar stark in alle Ewigkeit, Herr."

Die dritte Heiligpreisung entspricht dem vierten Spruch:

אַתָּה חוֹנֵן לְאָדָם דָעַת:

"Schenke DU in Gnaden dem Menschen die Erkenntnis <über dich>!

Die neunte Heiligpreisung entspricht einer Prädikation im Kaddischgebet[579]:

יִתְהַלָּל שְׁמֵהּ הָקָדְשָׁא בְּרִיךְ הוּא לְעֵלָּא מִן־כָּל־בִּרְכָתָא:

"Gelobt sei der Name des Heiligen, gepriesen sei er, der über jedem Lob steht."

Im weiteren bringt Philonenko[580] die Erleuchtung durch die Gnade im
zweiten Teil des Hymnus (19.5: καὶ τῆς χάριτος ταύτης φωτίσω) in einen
Zusammenhang mit der bekannten Segensformel Nu 6,25:

יָאֵר יְהֹוָה פָּנָיו אֵלֶיךָ וִיחֻנֶּךָּ:

"Jahwe lasse leuchten sein Angesicht über dir und sei dir gnädig!"

Diese Beziehung kann aber nicht zutreffen, weil die LXX an dieser Stelle
וִיחֻנֶּךָּ mit καὶ ἐλεήσαι σε wiedergeben. Unsere Analyse des Begriffes χάρις
wird vielmehr zeigen, dass er einen christlichen Hintergrund hat.

Einige Jahre später hat dann Philonenko in einem kleineren Aufsatz[581]
diese Beziehungen weiter verfolgt und dabei auf folgende Parallelen
hingewiesen:

Der Einleitung des Hymnus διὸ δίδωμι ἐκ ψυχῆς καὶ ἰσχύος ὅλης εὐλογίαν τῷ πατρὶ θεῷ (17.21) entspricht - wie schon im Abs 13.5 erwähnt -
Dt 6,5. Unsere Untersuchung zeigte aber, dass diese Stelle auch christlicher Herkunft sein kann. Sehr bemerkenswert ist dann der Gedanke
von Philonenko[582], den Satz ἐγὼ δὲ τὴν εὐεργεσίαν τοῦ Ποιμάνδρου ἀνεγραψάμην εἰς ἐμαυτὸν (17.14) auf den jüdischen Brauch der Phylakterien[583]
zu beziehen, nach welchem der fromme Jude während des Betens die wichtigsten Schrifttexte in Kapseln auf der Stirnfront und an den Armen
tragen musste. Mit Jos ant 4,13,212-213 kann Philonenko auch eine Stelle
beibringen, wonach die εὐεργεσία Gottes nach jüdischer Auffassung durchaus als seine Gebote zu verstehen sind. Dennoch ist ein solcher Zusammenhang sehr unwahrscheinlich, weil ein derart konkreter Rückgriff auf die
jüdische religiöse Praxis in den Hermetica eine auffallende Singulari-
tät darstellen würde. Das Verbum ἀναγράφω erscheint im Poimandres im
Zusammenhang mit der Verkündigung und dem messianischen Selbstbewusst-
sein des Propheten, was nur mit dem christlichen Hintergrund verstehbar
ist. Zudem passt das Verb ἐξηυφράνθην nicht zur Haltung eines Betenden.

---

579 PHILONENKO, liturgie.., p. 209; STAERK (→ A 578) p. 31. Die Sprache ist aramäisch,
   aber stark hebraisierend, wie damals unter den Rabbinen üblich.
580 liturgie..., p. 209
581 Shema..., p. 369-372
582 Shema..., p. 371
583 vgl Str-B IV 1, 250-276

Die eigenartige Identifikation von Person und Verkündigung mit dem Buch, das die Verkündigung enthält, kann eigentlich nur von der christlichen Theologie her verstanden werden.

Diese Beziehungen des Poimandres zur jüdischen Liturgie sind dann von B.A. Pearson in einer gewissen Weise bestätigt worden[584], allerdings ohne dass Pearson auf Philonenko Bezug genommen hat. Neben einigen sprachlichen Beobachtungen waren es vor allem Uebereinstimmungen mit den Apostolischen Konstitutionen Buch VII und VIII, auf die sich Pearson abstützen konnte, wobei ihm eine These von Bousset aus dem Jahre 1915 zu Hilfe kam, wonach besonders das VII. Buch auf eine jüdische Gebetssammlung zurückgehe[585]. Trotz allem bleiben aber prinzipielle Bedenken:

- Pearson selber kommt trotz des jüdischen Einflusses zum Schluss[586], dass im Poimandres keine jüdische, sondern eine hermetische (und das heisst wohl: heidengriechische) Schrift vorliegt.
- Der Verfasser des Poimandres beherrschte bestimmt nicht das Hebräische (→ Abs 10.2.), er kann seine Kenntnisse der jüdischen Liturgie nur aus der griechischen Synagoge erhalten haben. Nun vermerkt aber Pearson[587], dass die Rabbinen bis ins 6. Jh. verboten, die בְּרָכוֹת aus dem Hebräischen zu übersetzen.
- Betrachtet man die Beispiele von Philonenko und Pearson genauer, so fällt auf, dass die Uebereinstimmungen nur die formale Gestalt betreffen, weniger den Inhalt und das Sprachliche. Philonenko selber charakterisiert[588] die 1. bis 3. Heiligsprechung im Poimandres als philosophisch, die 4. bis 6. als alexandrinisch.
- Es ist nicht einzusehen, welchen Zweck der (aus dem griechischen Kulturraum stammende) Verfasser des Poimandres mit diesen jüdischen Entlehnungen verfolgte, da er für den Hymnus ja auch auf die reiche griechische Tradition hätte zurückgreifen können.

14.2. Indizien für einen christlichen Hintergrund des Hymnus

Es gibt nun drei Indizien dafür, dass der Schlusshymnus noch einen anderen Hintergrund haben muss als bloss den jüdischen:

1. Einen ersten Hinweis geben die fraglichen Bücher der Apostolischen Konstitutionen selber. Auch wenn sie älteres jüdisches Material enthalten sollten, so sind doch diese Gebete als christlich empfunden worden, und zwar nicht erst vom Redaktor der Sammlung. Eine typisch jüdische Wendung kann somit in der Kaiserzeit durchaus auch als christlich gelten,

584 343 ff
585 W. BOUSSET, eine jüdische Gebetssammlung im siebenten Buch der apostolischen Konstitutionen, in: Nachrichten der Göttingischen Gelehrten Gesellschaft 1915, Göttingen 1916, 435-489. Die These ist allerdings umstritten, vgl die Literaturangaben bei PEARSON 344 A 30.
586 346
587 343
588 liturgie 208 f

sogar dann, wenn sie nicht durch spezielle Zusätze ins Christliche
überführt worden ist. Ein bekanntes Beispiel ist die alttestamentliche
Formel εὐλογητὸς ὁ κύριος, die in Barn 6,10 ohne Aenderung ins Christentum übernommen wird und als εὐλογητὸς ὁ θεός dann in die Liturgie eingegangen ist[589]. Dementsprechend kann eine Schrift der frühchristlichen
Literatur durchaus jüdische Elemente enthalten, ohne dass diese noch
als solche empfunden worden sind.

2. Ein zweites Indiz bildet die zusätzliche Ueberlieferung des Hymnus
auf einem Papyrus des 3. Jh.[590]. Der Papyrus zeigt dabei einige Zusätze,
die sich teilweise als christlich verraten: so ist in Z 18 die Schluss-
formel ε[ἴ']η σοι δόξα καὶ νῦν καὶ εἰ (= ἀεὶ) καὶ εἰς τοὺς σύμπαντα[ς
αἰ]ῶνας τῶν αἰώνων von der Sprache der christlichen Liturgie beeinflusst;
in Z 15 muss τὸ γὰρ πνεῦμά μου τῷ θείῳ πνεύματι ebenfalls christlicher
Herkunft sein, weil der Poimandres für πνεῦμα immer νοῦς setzt (→ Abs
11.3.4.). Jedoch ist der Papyrus - wie Reitzenstein schon gesehen
hat[591] - für den Poimandres nicht Vorbild, sondern er kopiert umgekehrt
den hermetischen Text. Der Beweis liegt darin, dass an einigen Stellen[592] der Papyrus eindeutig die schlechtere Lesart hat. Diese Uebernahme kann nur so verstanden werden, dass der christliche Verfasser
den hermetischen Hymnus als in Einklang stehend mit seiner eigenen Anschauung aufgefasst hat. Etwaige jüdische Elemente galten ihm offenbar
als christliche.

3. Der letzte Hinweis geht zwar über die Belange des Hymnus hinaus,
da er die Wirkungsgeschichte der LXX betrifft, doch muss nun dieses
Problem hier zur Sprache kommen, nachdem es bis jetzt immer latent im
Hintergrund gestanden ist. Auch unsere Untersuchungen konnten in den
verschiedenen Kapiteln immer wieder einen sprachlichen Einfluss der
LXX auf den Poimandres nachweisen, sodass die diesbezüglichen Thesen
von Dodd und von Pearson nun definitiv als gesichert gelten können.
Wir müssen aber diesem Sachverhalt eine andere Deutung geben: Es ist
zu berücksichtigen, dass die Christen anfangs des 2. nachchristlichen
Jahrhunderts die LXX den Juden weggenommen und - in Ermangelung eines
eigenen Kanons - zu ihrem Buch gemacht haben. Die Art und Weise des
Vorgehens lässt sich noch deutlich aus dem Barnabasbrief ablesen: Der
Verfasser - mit Sicherheit ein Heidenchrist[593]- lässt vom christlichen

---

589 vgl LAMPE sv εὐλογητός 1e.
590 Papyrus Berolinensis 9794, erstmals ediert von SCHMIDT-SCHUBARTH, Altchristliche
    Texte, in: Berliner Kleine Texte für Vorlesungen und Uebungen VI, 1910, 112 f.
    Jetzt bequem zugänglich im Apparat von NOCK-FESTUGIERE I 18; nach dieser letzten
    Edition wird im folgenden zitiert.
591 in: Nachrichten von der königlichen Gesellschaft der Wissenschaften, Philologisch-
    historische Klasse (1910), p. 324-34.
592 sie sind in der Ausgabe von NOCK-FESTUGIERE I 18 jeweils mit dem Vermerk 'pro'
    kenntlich gemacht.
593 Er zeigt in 7,4 und 8,1 grobe Missverständnisse bezüglich jüdischer Riten; die
    Abfassungszeit dürfte zwischen 130 und 132 n. Chr. liegen, vgl dazu K. WENGST in

Glauben nur das gelten, was sich aus dem AT belegen lässt; für ihn ist
somit nicht das Christusgeschehen letzte Autorität, sondern die LXX. In
analoger Weise haben sich die drei bedeutendsten Apologeten des 2. Jhs,
Justin, Tatian und Theophilos von Antiochien durch die LXX zum Christentum bekehren lassen[594]. Es ist daher nicht verwunderlich, dass die zahlreichen LXX-Handschriften des 2. und 3. Jhs in Aegypten nahezu alle
christlich sind[595]. Das Judentum reagierte auf diese Entwicklung in der
Weise, dass es sich von den LXX lossagte und an deren Stelle die (wesentlich genauere) Uebersetzung des Aquila (Mitte des 2. Jhs.) setzte; ihr
folgten dann bald die Versionen des Symmachos und des Theodotion. Das
Judentum ging dann schliesslich soweit, den Tag zu verfluchen, an dem
der Ueberlieferung nach die LXX entstanden war[596]. Für einen Aussenstehenden musste dies alles den Eindruck erwecken, dass für die Christen
zwischen den LXX und ihrer eigenen Botschaft gar kein Unterschied be-
stehe. Da wir nun den Poimandres relativ spät ansetzen müssen, sind die
Einflüsse der LXX in ihm als christliche, und nicht als jüdische Elemente zu deuten. Diese Deutung kann als gesichert gelten, wenn sich im
folgenden auch im Hymnus christliche Einflüsse nachweisen lassen, die
nicht auf die LXX zurückgehen.

14.3. Zur formalen Struktur des Hymnus

Der ganze Hymnus zerfällt in zwei Teile, und zwar so, dass nur der
erste Teil - die neun Heiligpreisungen - als Hymnus im strengen Sinn
des Wortes gelten kann (Hymnus = Lobpreis Gottes, bei dem der Preisende
im Text vollständig zurücktritt; in diesem Fall ist der Hymnus an eine
Gemeinde gerichtet[597]). In 18.5 haben wir bereits einen Uebergang vom
Er- zum Du-Stil, d.h. der Hymnus wandelt sich von einem rein proklama-
torischen zu einem anbetenden Charakter, der dann im zweiten Teil vorherrschend wird. Dieser zweite Teil ist daher eher als Dankgebet zu betrachten, wenn auch das hymnische Element nicht ganz verloren geht
(Dankgebet = Lobpreis Gottes, bei dem der Preisende in seiner Beziehung
zu Gott in den Vordergrund rückt; die Gemeinde tritt daher zurück).
Stilistisch haben wir hier im Poimandres einen reinen Prosahymnus vor
uns, da eine metrische Gliederung nicht erkennbar ist. Solche Prosa-
hymnen begegnen un vor allem im NT (Röm 11, 33-36; Eph 5,14; 1 Tm 3,16;
Phil 2, 6-11; Kol 1, 15-20), während die griechische Religion für den

---

seiner Einleitung der Edition, Darmstadt 1984, p. 115 und 119-133
594 brieflicher Hinweis von Herrn Prof. M. HENGEL, Tübingen.
595 vgl K. ALAND, Repertorium der griechischen christlichen Papyri I, Berlin 1976
und J. van HAELST, Catalogue des papyri littéraires juifs et chrétiens, Paris 1976.
596 vgl E. NESTLE, prot. Realenzyklopädie 3. Aufl. (1897), III p. 3.32 f.
597 Diese terminologischen Unterscheidungen beruhen auf R. DEICHGRAEBER, Gotteshymnus
und Christushymnus in der frühen Christenheit. Untersuchungen zu Form, Sprache
und Stil der frühchristlichen Hymnen, Göttingen 1967, 21-23.

Götterhymnus fast ausschliesslich metrische Formen verwendet[598]. Der
Poimandres geht somit in der formalen Gestaltung vom biblischen Vorbild
aus.

14.4. Die Heiligpreisungen

14.4.1. Allgemeine Bemerkungen zum Stil und Aufbau

Das neunfache ἅγιος geht als Typus der Gottesprädikation selbstverständlich zurück auf das Trishagion in Jes 6,3, doch ist zu bemerken,
dass letzteres auch in der christlichen Literatur und Liturgie häufig
verwendet wird[599]. Die Erweiterung auf die Zahl Neun (= 3 x 3) ist eine
beliebte stilistische Steigerung[600], doch bezeichnenderweise im semiti-
schen Sprachgebiet nicht belegt. Der Relativsatzstil in den Prädikationen kann griechisch oder semitisch sein, wie Norden gezeigt hat[601];
das Griechische tendiert aber dabei eher zur Endstellung des Verbs,
während das Hebräische dieses an den Anfang stellen muss. Der Poimandres
folgt somit auch hier dem griechischen Sprachgebrauch. Ebenso ist der
Nominativ des Partizips mit Artikel im Sinne eines Vokativs in 18.5
durchaus klassisch wie Xenophon Cyr V 3,43 zeigt: ἐπιμελεῖσθε τοῦ σιωπῇ
πορεύεσθαι, οἵ τε ἄρχοντες καὶ πάντες δὲ οἱ σωφρονοῦντες. Semitisch ist
somit nur das ἅγιος εἶ am Anfang der einzelnen Prädikationen. Das AT
kennt die Formel nur in der 3. Person (ψ 98, 5.9), die 2. Person scheint
sich erst im Judentum allgemein durchgesetzt zu haben, wie die dritte
Benediktion des Schemoneh Esre zeigt[602]:

קָדוֹשׁ אַתָּה וְנוֹרָא שְׁמֶךָ
"Heilig bist du und furchtbar dein Name."

Die neun Heiligpreisungen teilen sich nun in drei Gruppen zu je
drei Prädikationen. Jede Gruppe hat ein bestimmtes Thema: die erste
stellt die Allmacht Gottes dar und steht daher sinnvollerweise in der
3. Person. Die zweite behandelt Gottes Verhältnis zur Schöpfung. Die
dritte hat das Verhältnis Gottes zur Macht des Menschen zum Thema. Da
die beiden letzten Gruppen den Menschen mehr in den Blickpunkt rücken,
stehen sie in der 2. Person, die ihrerseits formal zum Bittgebet über-
leitet. Die zweiten und dritten Prädikationen jeder Gruppe stehen dabei
in einer Antithese; dieser antithetische Hymnenstil ist charakteristisch
griechisch[603] und dient der Darstellung der göttlichen Transzendenz[604].

---

598 Ausnahmen bilden der Prosahymnus auf Zeus in Pseudo-Aristoteles de mundo,
    Kap 7, 401a 12-27 sowie das Isis-Gebet bei Apuleius Met 11,2.
599 vgl LAMPE sv ἅγιος B 4
600 vgl H. DIELS, Sibyllinische Blätter, 1890, p. 40-42.
601 166 und 202
602 STAERK (→ 578) 11
603 so DEICHGRAEBER (→ A 597) 155 im Zusammenhang mit dem ebenfalls antithetisch auf-
    gebauten Christushymnus bei Ign Eph 7,2.
604 vgl FESTUGIERE IV 54-78

Antithetisch ist auch der ganze Hymnus selber aufgebaut, weil der erste
Teil mehr die Gottesferne, der zweite mehr die Gottesnähe betont. Alle
diese Eigenheiten zeigen einen bewusst schaffenden Stilwillen hinter
dem Hymnus; insbesondere der Uebergang von der 3. zur 2. Person hat kaum
ein jüdisches Vorbild. Der Verfasser benutzt - dabei auf dem Boden
der griechischen Kultur stehend - die biblischen Stilmuster nur als
Hilfsmittel, um damit etwas Eigenes zu gestalten. Diese grössere Freiheit der jüdischen Tradition gegenüber weist auch wieder auf eine
christliche Vermittlung der verschiedenen jüdischen Elemente hin.

14.4.2. Die 1. Heiligpreisung

Die Bezeichnung Gottes als Allvater - sie kam im Poimandres schon
10.15 und 16.17 vor - ist derart weit verbreitet, dass wir mit Vorteil
zuerst eine kleine Uebersicht mit einigen exemplarischen Beispielen zusammenstellen:

Griechentum: ὁ τῶν ἁπάντων Ζεὺς πατὴρ Ὀλύμπιος (Soph Tr 275)
    τὸν πατέρα τοῦδε τοῦ παντός (Platon Tim 28c 4)

AT: Hier wird Gott nie als Allvater bezeichnet, da der Titel 'Vater' reserviert bleibt für die Beziehung Jahwes
zu seinem Volk ('Vater der Israeliten'), doch kommt der
Sache nach der Gedanke vor[605]:

> "Ich bin der Herr, der alles gemacht hat" (Jes 44,24)
> "Des Herrn ist die Erde und was sie erfüllt, die Welt und ihre
> Bewohner" (Ps 24,1; 103,19)

Das AT betont dabei mehr die Herrschaft Gottes über die
Welt, das Griechentum das Schaffen der Welt durch Gott.

Judentum: Auch im Judentum fehlt, soweit es vom AT bestimmt ist,
die Bezeichnung Allvater[606]. Wo sie gebraucht wird, liegt
offensichtlich griechischer Einfluss vor[607]. Sehr häufig
ist daher
πατὴρ τῶν ὅλων bei Philon[608],
doch kommt die Wendung auch vor vit Ad 32.35.37 und Jos
Ant 7, 380.

NT: nur einmal πατὴρ τῶν πάντων (Eph 4,6)

Gnosis: πατὴρ τῶν ὅλων (Iren haer I 30,1; Ptolemäus an Flora bei
Epiph haer 33,3.7; 7,4; 7,7)

Patres: πατὴρ τῶν ὅλων (Justin 1 ap 61,6; 65,3; dial 7,3)
ἁπάντων πατήρ (Cl Al str 3.12, p. 236.22 Stählin)
πατὴρ καὶ ποιητὴς τῶν ὅλων (Athenag suppl 27,2)

---

605 vgl SCHRENK ThWNT V 978.17 ff
606 nicht hierher gehören Prädikationen wie אֱלֹהֵי הַכֹּל 5 Q 13,1,2,.; ὁ θεὸς πάντων
    Sir 36,1; Jub 22,10; 30,19; 31,13; 'Herr des Alls' ass Mos 4,2; 'Gott des Alls'
    vit Ad 42 (DEICHGRAEBER [→ A 597] 102 A 3), da die Vaterbezeichnung fehlt.
607 SCHRENK ThWNT V 955.12 ff
608 vgl den Index von LEISEGANG sv ὅλος, bezw ὅλων p. 575

Die Tatsache, dass das NT die Bezeichnung 'Allvater' meidet,
zeigt deutlich ihre Herkunft aus der griechischen Philosophie[609]. Da
unsere bisherigen Untersuchungen keine unmittelbaren Beziehungen zwischen
Philon und dem Poimandres aufzeigen konnten, ist es wahrscheinlicher,
dass der Poimandres die Bezeichnung aus der Sprache der Philosophen oder
von der christlich-gnostischen Theologie übernommen hat. Der Poimandres
betont auch nicht so sehr - im Sinne des AT - die Herrschaft Gottes
über die Welt, sondern - im Sinne der griechischen Philosophie und auch
der Patres - die Tatsache, dass Gott diese Welt geschaffen hat; daher
bringt die zweite Heiligpreisung die Schilderung von Gottes Wirken. Dazu
passt, dass die Verbindung θεὸς καὶ πατήρ erst im Christentum reicher
entwickelt worden ist: 1 Th 1,3 im Zusammenhang mit der Fürbitte, Phil
4, 20 in der Doxologie u.a.

14.4.3. Die 2. Heiligpreisung

Die zweite Heiligpreisung fasst zusammen, was der Poimandres früher schon über die Kräfte Gottes ausgesagt hatte: die βουλὴ θεοῦ (Kap 8)
wird von den Kräften = Engeln (Kap 26) ausgeführt, da sie zu Gott gehören (Kap 7). Das Motiv von den Engeln als Willensvollstrecker Gottes
ist charakteristisch für die jüdische Apokalyptik, weil hier Mittler-
personen notwendig waren, um Gott im Sinne der Transzendierung als rex
tremendae maiestatis von der Welt zu trennen. Die Belegstellen finden
sich vor allem in den eschatologischen Partien des Matthäusevangeli-
ums[610], doch zeigt das Buch Tobit, dass die Engel durchaus auch ihren
Platz in der Volksfrömmigkeit hatten. Am grossartigsten entwickelt ist
dann die Engellehre in der Apokalypse des Johannes. Im Poimandres fehlt
der eschatologische Aspekt; doch ist dies auch bei den anderen christlichen Motiven zu beobachten, die er übernimmt (μετάνοια, ἦλθον, Erlösungsbegriff). Der Gedanke von der Willensvollstreckung durch die Kräfte
Gottes dürfte daher wieder aus der christlichen Frömmigkeit stammen
(vgl auch Abs 12.6.8.).

14.4.4. Die 3. Heiligpreisung

Während die zweite Heiligpreisung die Transzendenz Gottes be-
tonte, wird diese in der dritten mit dem Gedanken, dass Gott erkannt
werden will, wieder durchbrochen. Damit fasst der Poimandres wieder zusammen, was er früher schon über die γνῶσις θεοῦ ausgesagt hatte: Die
Ich-Person des Traktates will Gott erkennen (Kap 3) und der Νοῦς findet
sich selber bei den Frommen ein und gibt ihnen die Erleuchtung (Kap 22),
sodass sie als die Seinen zu IHM gelangen können (Kap 21 + 26). Unsere
Analyse des νοῦς-Begriffes im Abs 11.3.4. zeigte dabei, dass in ihm

---

609 SCHRENK ThWNT V 955, 12 ff
610 Mt 13,41; 13,49; 16,27; 24,31.

auch der christliche Gnadenbegriff mitenthalten ist. Sprachlich entspricht der Infinitiv γνωσθῆναι dem Nifal des Verbums ידע, das in den
LXX fast immer mit den Passivformen von γιγνώσκω wiedergegeben wird[611].
Hebräisch unüblich ist aber die Verbindung des Verbs mit βούλομαι, da
in ידע ein voluntatives Element schon enthalten ist[612]; dies zeigt wieder, dass der Poimandres nicht auf eine hebräische Vorlage zurückgreift
und auch nicht von der jüdischen Denkart bestimmt ist, sondern die Ausdrucksweise von der (christlichen) Gnosis übernommen hat.

 Zu besprechen ist auch noch die Bezeichnung τοῖς ἰδίοις für die
Frommen. Schon Festugière bemerkte hier eine auffallende Uebereinstimmung mit dem Johannesevangelium[613], vgl z.B. J 1,11: τὸ φῶς...εἰς τὰ
ἴδια ἦλθεν καὶ οἱ ἴδιοι αὐτὸν οὐ παρέλαβον, J 10,3: τὰ ἴδια πρόβατα
φωνεῖ, J 13,1: ἀγαπήσας τοὺς ἰδίους τοὺς ἐν τῷ κόσμῳ. Festugière be-
stritt aber jeden Einfluss und interpretierte die Uebereinstimmung als
blosse 'atmosphère commune' unter Hinweis auf LSJ sv Τ 4, wo οἱ ἴδιοι
im Sinne von 'die Familienangehörigen' für die Profangräzität belegt ist.
Dennoch muss eine Nachwirkung des johanneischen Sprachgebrauchs im Poimandres vorliegen, und zwar aus folgenden Gründen:

 1. Bestünde diese nicht, so wäre die Poimandresstelle die einzige
nicht-christliche Stelle, die ἴδιοι im religiösen Sinn versteht[614]. Die
NHC-Stellen, denen ἴδιοι zugrunde liegen könnte[615], weisen in ihrer
grossen Mehrheit fast immer auf eine christliche Gnosis. Insbesondere
die Selbstbezeichnung der Gnostiker als οἱ ἴδιοι kann ihren Ursprung
nur in J 1,11 haben.

 2. Das vorangehende γινώσκεται hat den typisch johanneischen Nebensinn der persönlichen Gemeinschaft zwischen Gott und Mensch[616].

 3. Die biblische und auch christliche Prägung der ganzen Heiligpreisung macht die profangriechische Bedeutung eher unwahrscheinlich.

14.4.5. Die 4. Heiligpreisung

 Die vierte Heiligpreisung enthält auf engstem Raum Biblisches und
Heidnisches nebeneinander. Λόγῳ geht auf das alttestamentliche Schöpferwort, das im Poimandres schon 9.17 vorkam, während συνιστάμενος der
philosophischen Sprache entstammt, weil σύστημα κόσμου ein geläufiger
Ausdruck der Stoa war[617]. Auch Philon bezeichnet leg all 3,10 Gott
einmal als τὸν τὰ ὅλα συστησάμενον ἐκ μὴ ὄντων, wobei die ganze Wendung
durchaus auf eine Herkunft aus der Sprache der Philosophen hindeutet.

---

611 z.B. Jes 19,21; Ez 20,5; 20,9; 35,11; 38,23. ψ 9,17; 47,4; 78,10.
612 ידע kann daher auch 'sich sorgend um etw kümmern' heissen (Ps 119,79).
613 III 106 A 4
614 vgl BAUER sv 3a
615 vgl SIEGERT p. 67 sv 'PA' und p. 253 sv ἴδιος.
616 vgl J 7,29; 8,55; 10,14; 10,27 und BULTMANN ThWNT I 711,8
617 vgl SVF IV (Index) sv σύστημα.

Auch das Christentum hat das Verb übernommen, so 1 Cl 27,4: ἐν λόγῳ συν-
εστήσατο τὰ πάντα und dann vor allem die Alexandriner unter den Kirchenvätern[618]. Schliesslich ist das Verb sogar in die Liturgie eingegangen,
const Apost VIII 12, 13 (p. 500.4 Funk): ὁ συστησάμενος ἄβυσσον (von
Gott). Da das Beispiel aus dem Clemensbrief dem Poimandres am nächsten
kommt, ist letzterer wohl am ehesten vom christlich-theologischen
Sprachgebrauch beeinflusst.

14.4.6. Die 5. Heiligpreisung

Die fünfte Heiligpreisung bringt nun konkret zum Ausdruck, was
die vierte allgemein angekündigt hatte: Die Welt ist das Abbild Gottes.
Der Gedanke hat eine Parallele in Corp Herm VIII 2: ὁ κατ' εἰκόνα αὐτοῦ
(= θεοῦ) ὑπ'αὐτοῦ (= θεοῦ) γενόμενος (κόσμος) und ist, wie Timaios 92c 6
zeigt, platonisch. Hingegen beruht wahrscheinlich auf christlichem Einfluss der Gebrauch von φύσις anstelle von κόσμος, da φύσις hier im Sinne von 'Schöpfung' gebraucht ist[619].

14.4.7. Die 6. Heiligpreisung

Die sechste Heiligpreisung verneint nun antithetisch die fünfte:
Die Physis konnte Gott bei ihrer Schöpfung nicht in eine sinnlich wahr-
nehmbare Erscheinungsform bringen, die sein Wesen erfassen würde. Μορφόω
kann hier durchaus von der Grundbedeutung von μορφή (→ Abs 9.1.) und
von der faktitiven Bedeutung der Verben auf -όω her verstanden werden.
Normalerweise erscheint als Akkusativobjekt der Stoff oder die Materie,
die zum Gebilde gestaltet wird, da das Verb ua auch vom Künstler oder
Weltschöpfer gebraucht wird[620]. Nur bei den Kirchenvätern steht auch
Gott als Objekt (bezw als Subjekt bei passiver Verwendung des Verbs),
z.B. Justin 1 ap 9,1: Οὐδὲ θυσίαις πολλαῖς καὶ πλοκαῖς ἀνθῶν τιμῶμεν,
οὓς ἄνθρωποι μορφώσαντες καὶ ἐν ναοῖς ἱδρύσαντες θεοὺς προσωνόμασαν·
1 ap 5,4: αὐτοῦ τοῦ λόγου μορφωθέντος καὶ ἀνθρώπου γενομένου· Origines
sel in Gen M 12, 93B: πῶς ὤφθη ὁ θεὸς τῷ Ἀβραὰμ καὶ Μωσῆ καὶ τοῖς
ἁγίοις μὴ μεμορφωμένος; Der Poimandres folgt sehr wahrscheinlich diesem
Sprachgebrauch, doch lässt sich dies wegen der spärlichen Beispiele
nicht eindeutig beweisen. Der Gedanke selber ist aber ausgesprochen biblisch, denn es geht um die Ablehnung jeglicher theologia naturalis,
nach der von der Natur auf Gott geschlossen werden könnte. Dieser Gedanke erscheint aber wieder in hellenistischem Gewand, denn φύσις ist
hier im Sinne von Allnatur verstanden[621].

---

618 LAMPE sv I B 2a bemerkt: "frequent of God creating universe" und bringt Beispiele
    vor allem aus Athanasius Alexandrinus.
619 vgl LAMPE sv φύσις II A 6c und B 2.
620 vgl BEHM ThWNT IV 760,17 ff
621 vgl Abs 9.9.4. und KROLL 130 ff

14.4.8. Die 7. Heiligpreisung

Die siebten bis neunten Heiligpreisungen bringen nun formal die Steigerung der Steigerung der vierten bis sechsten. Die Verschreibung δυνάστεως (für δυνάμεως) im Papyrus bei der siebten Heiligpreisung deutet vielleicht an, dass an unserer Stelle δύναμις im Sinne von 'Macht, Herrschergewalt' zu verstehen ist[622]. Der Gedanke ist im Poimandres allerdings so allgemein gehalten, dass sich ohne eine systematische Untersuchung nichts Sicheres aussagen lässt; immerhin hat unsere Deutung eine Stütze im folgenden:

14.4.9. Die 8. Heiligpreisung

Bei der achten Heiligpreisung hängt der Sinn ganz von der Bedeutung von ὑπεροχή ab. Festugière[623] wies darauf hin, dass das Substantiv im Neuplatonismus (Proklos) zum Fachausdruck für die Transzendenz Gottes geworden ist, doch passt diese Bedeutung nicht auf unsere Stelle, weil das Wort im genetivus comparationis erscheint. Beobachtet man nun den Sprachgebrauch im Hellenismus und in der frühen Kaiserzeit[624], so fällt auf, dass das Substantiv sich vorzugsweise auf die politische und gesellschaftliche Stellung bezieht: οἱ ἐν ὑπεροχῇ ὄντες (Polyb 5,41,3) heisst dann 'die Leute in höherer Stellung'; ὑπεροχή kann dann auch die Machtstellung der Götter bezeichnen[625] oder ganz einfach die Hoheit oder Majestät (2 Makk 15,13). Der Poimandres präzisiert somit die allgemein gehaltene siebte Heiligpreisung und wendet den Gedanken mehr in den weltlichen Bereich.

14.4.10. Die 9. Heiligpreisung

Während die achte Heiligpreisung, stilistisch gesehen, einen ausgesprochen griechischen Charakter zeigt - ὑπεροχή hat kein Aequivalent im Hebräischen -, weist die neunte Heiligpreisung wieder mehr ins Biblische, wie die oben im Abs 14.1. zitierte Stelle aus dem Kaddischgebet zu zeigen scheint. Allerdings wird בִּרְכָתָא bezw בְּרָכָה im Judengriechisch niemals mit ἔπαινος wiedergegeben; in den LXX steht ἔπαινος nur für das Hebräische תְּהִלָּה[626]. Immerhin zeigt 2 Esr 19,5 καὶ ὑψώσουσιν ἐπὶ πάσῃ εὐλογίᾳ καὶ αἰνέσει = Neh 9,5 וּמְרוֹמֵם עַל־כֹּל בְּרָכָה וּתְהִלָּה deutlich die Verwurzelung des Gedankens im biblischen, und das heisst im religiösen Bereich. Die neunte Heiligpreisung steht damit in Antithese zur achten und bringt gleichzeitig die letztmögliche Steigerung aller Gottesprädikate.

---

622 vgl LSJ sv I 2
623 IV 77
624 vgl DELLING ThWNT VIII 523.29 ff
625 vgl DITTENBERGER Orientis Graeci inscriptiones II 456, 38 (27-11 v. Chr.)
626 vgl PREISKER ThWNT II 583.39 ff

14.4.11. Zusammenfassung

In diesem ersten Teil des Hymnus zeigen sich kaum unmittelbar rein
christliche Elemente, was insofern nicht verwunderlich ist, als Gott im
Zentrum der Gedanken steht. Nur γνωσθῆναι und τοῖς ἰδίοις verraten
gnostisch-christlichen Sprachgebrauch. Hingegen finden wir viele philosophische (Allvater, Welt als Abbild Gottes, συνιστάμενος) und jüdische
(bezw biblische) Elemente (Kräfte als Willensvollstrecker Gottes,
Schöpferwort, ἅγιος), die der Poimandres aber nicht unmittelbar, sondern
von der christlichen Gnosis oder der alexandrinischen Theologie übernommen hat. Die antithetische Gedankenführung ist zwar rein griechisch,
doch ist zu bedenken, dass auch Ign Eph 7,2 diese für einen Christushymnus, das Kerygma Petri (2. Jh.) dieselbe für einen Gotteshymnus
verwendet[627], abgesehen von den christlichen Beispielen, die Festugière
aus dem 3. und 4. Jh. noch anführt[628]. Aufs Ganze gesehen ist somit
der Inhalt scheinbar 'heidnisch', die Form aber jüdisch-biblisch.

14.5. Das Bittgebet

14.5.1. Zur formalen Struktur

Das abschliessende Bittgebet gliedert sich in fünf Teile, bei
denen der erste und letzte Teil nur Rahmencharakter haben:

1. Bitte um Annahme des Wort- (oder: Vernunft-) Opfers
2. Bitte um Standhaftigkeit in der Erkenntnis und um Stärkung
3. Erleuchtung der Menschen durch die Gnade, bezw durch den Propheten
4. Glaubensformel
5. Doxologie

Der erste Teil hat nur Ueberleitungscharakter zum zentralen Mittel-
teil, in dem der Glaube und das Zeugnis für den Glauben im Mittelpunkt
stehen. Hier hat nun auch Festugière eine Uebereinstimmung mit dem
christlichen μάρτυς-Begriff festgestellt[629], denn die Abfolge Stärkung
im Glauben, Erleuchtung durch Gnade, Glaube und Zeugnis (als abschliessende und zusammenfassende Formel) entspreche ganz der christlichen
Vorstellung vom Zeugnis für den Glauben. Unsere sprachlichen Analysen
werden dies nun bestätigen:

14.5.2. Das Wortopfer

Der Ausdruck λογικαὶ θυσίαι 19.1. lässt sich in einem doppelten
Sinn verstehen:

1. λογικὸς ist in der Grundbedeutung verstanden ('aus Worten bestehend') wie z.B. bei φαντασία λογικὴ (SVF II 61), ἀγῶνες λογικοὶ

---

627 zitiert bei FESTUGIERE IV 67
628 IV 67 f (Beispiele ua von Gregor v Nazianz und Synesios)
629 III 114 A 2, unter Berufung auf K. HOLL, gesammelte Aufsätze II 68 ff und 103 ff.

(Philostrat vit soph I 22,1), ἐγκώμιον λογικὸν 'in Prosa' (Inscr Graec IX² 531.43). Der Poimandres hat jetzt auch eine Parallele im hermetischen Traktat NHC VI 6, 57,18: "Reçois de nous les sacrifices en paroles (θυσίαι λογικαί), que nous faisons monter vers toi de notre coeur et (de toute) notre âme et de tout notre force." Die auffallend enge Uebereinstimmung bezieht sich sogar auf den Kontext: In beiden Texten geht jeweils ein Lobpreis der Gottheit als Schöpfer des Alls voran und in beiden Fällen haben wir auch den etwas abrupt wirkenden Uebergang von der indikativischen Du-Anrede zum Imperativ der Bitte. Dodd[630] brachte erstmals diese λογικὴ θυσία in eine Beziehung mit der θυσία αἰνέσεως des AT (ψ 49, 14.23; 106,22; 115,8; Sir 35,2). Während in den Psalmen die Ablehnung der Tieropfer im Vordergrund steht, ist im Sirachbuch der Gedanke mehr ins Ethische gewendet. Er ist vom Christentum wieder aufgegriffen worden in Hb 13,15 und 1 Cl 35,12; 52,3. Die letztere Stelle – sie basiert auf dem Zitat von ψ 49,14 - zeigt dabei deutlich, dass das Lobopfer immer auch ein Bekenntnis zu Gott beinhaltet.

2. λογικός drückt wegen seiner übertragenen Bedeutung die Spiritualisierung des Opferbegriffes aus ('geistiges Opfer') und beinhaltet als typischer Begriff der Philosophensprache die stillschweigende Voraussetzung, dass der Mensch als ζῷον λογικόν nur das seinem λόγος Gemässe opfern darf. In diesem Sinn äussert sich z.B. Epiktet diss I 6,16: τί γὰρ ἄλλο δύναμαι γέρων χωλὸς εἰ μὴ ὑμνεῖν τὸν θεόν; Νῦν δὲ λογικός εἰμι· ὑμνεῖν με δεῖ τὸν θεόν.[631] Innerhalb des Judentums findet sich der analoge Gedanke im Test Levi (2./1. Jh. v. Chr.) 3,6: προσφέροντες τῷ Κυρίῳ ὀσμὴν εὐωδίας λογικὴν (v.l. λογικῆς) καὶ ἀναίμακτον θυσίαν. Das Christentum hat den Ausdruck vom Judentum übernommen, const Apost II 25,7: τὰς λογικὰς καὶ ἀναιμάκτους θυσίας und VI 23,5: <Christus setzte ein> ἀντὶ θυσίας τῆς δι' αἱμάτων, λογικὴν καὶ ἀναίμακτον καὶ τὴν μυστικήν, ἥτις εἰς τὸν θάνατον τοῦ Κυρίου συμβόλων χάριν ἐπιτελεῖται, wobei, wie die letzte Stelle zeigt, der Ausdruck meist auf die Eucharistie angewendet wurde[632]. In diesen Zusammenhang gehört auch Paulus Röm 12,1: λογικὴ λατρεία.

Selbstverständlich schliessen sich nun diese beiden Möglichkeiten nicht aus, sondern sie können auch zusammen auftreten wie in Corp Herm XIII 18 (208.12 f): ὁ σὸς λόγος δι' ἐμοῦ ὑμνεῖ σε. Δι' ἐμοῦ δέξαι τὸ πᾶν λόγῳ λογικὴν θυσίαν. Der Vergleich zeigt, dass im Poimandres die anthropologische Begründung fehlt, denn die Logos-Spekulationen des Kap 6 dürfen wir hier nicht mehr voraussetzen; nach der Terminologie des Traktats müsste der Poimandres eigentlich νοερὰ θυσία sagen, was bei

---

630 198
631 ähnlich Apollonios v Tyana, de sacr bei Eusebius praep ev IV 13, besprochen von NORDEN 39 f und 343 ff (Text); vgl auch Seneca de ben I 6,3.
632 vgl LAMPE sv θυσία Nr. 6

Porphyrios, de abst II 45 (p. 174.18 Nauck) auch so vorkommt. Dies zeigt
deutlich, dass der Poimandres λογικὴ θυσία als festen Terminus übernommen hat, und zwar am ehesten vom Christentum, da es diesen im Zusammenhang mit der Eucharistie häufig verwendet hat. Das Profan-Griechische
ist hier als Quelle ausgeschlossen, da es keinen einzigen Beleg für
diesen Ausdruck kennt. Daraus ergibt sich auch der Sinn des folgenden
ἁγνάς: schon Thukydides verwendet I 126, 6 <ἁγνὰ>[633] θύματα von unbluti-
gen Opfern; die λογικὰς θυσίας ἁγνὰς entsprechen somit den λογικὰς καὶ
ἀναιμάκτους θυσίας der Apostolischen Konstitutionen. Der Verfasser
verschleiert wieder den christlichen Sprachgebrauch durch ein klassisches Wort, ähnlich wie beim Ambrosia-Wasser.

Wegen dieses Zusammenhanges ist auch das anschliessende ἀπὸ ψυχῆς
καὶ καρδίας πρὸς σὲ ἀνατεταμένης aus dem biblischen Sprachgebrauch zu
erklären (vgl 17.21: ἐκ ψυχῆς καὶ ἰσχύος ὅλης), wobei der Poimandres
jetzt eine genaue Entsprechung hat im hermetischen Gebet NHC VI 7, 63,35
(= Pap Louvre Nr. 2391, 63,35): ψυχὴ πᾶσα καὶ καρδία πρὸς [σὲ] ἀνατεταμένη. Die medio-passive Verwendung des Verbs ἀνατείνω könnte ihr Vorbild bei den Kirchenvätern haben (vgl z.B. Cl Al paed 1,5 [99.31 Stäh-
lin]: ἀνατεινόμενοι ἄνω τῇ ἐννοίᾳ), da sich die übertragene Bedeutung
beim Gebet sonst nirgends nachweisen lässt[634].

14.5.3. Die Unaussprechlichkeit Gottes

Mit dem Gedanken von der Unaussprechlichkeit Gottes betreten wir
wieder den Boden der griechischen Philosophie; Festugière hat hier eindringlich nachgewiesen[635], dass dieser Gedanke im Zusammenhang steht
mit der Neubelebung der platonischen Tradition im 1. und 2. nachchristlichen Jahrhundert. Er ist auch ins Judentum eingedrungen (Philo) und
hat sich auch mit dem Christentum und der Gnosis verbunden, fehlt aber
bezeichnenderweise völlig im AT und NT. Dieser allgemeine religionsgeschichtliche Tatbestand soll im folgenden noch durch einige sprachliche Beobachtungen ergänzt werden:

14.5.3.1. θεὸς ἀνεκλάλητος

Das ausgesprochen spätgriechische Adjektiv ἀνεκλάλητος wird
im Profan-Griechischen nie von Gott ausgesagt; typische Verwendungen
sind 1 Petr 1.8: χαρᾷ ἀνεκλαλήτῳ; Basilides (bei Hipp ref X 14,6 p. 275.
17 Wendland) ὁ μέγας ἄρχων...κάλλει καὶ μεγέθει ἀνεκλαλήτῳ; Ps-Kallisthenes I 40,5: κολάσομαί σε θανάτῳ ἀνεκλαλήτῳ. Die Beispiele zeigen,
dass das Wort keinen religiösen Beisinn hat, sondern am ehesten dem

---

633 ergänzt aus Pollux 1,26
634 In konkreter Bedeutung findet sich das Verb beim Gebet schon im klassischen
    Griechisch, z.B. Aristoph av 623
635 IV 79 ff und 92 ff

dt 'unbeschreiblich' entspricht; es bezeichnet positiv eine Sache, wor-
über schon gesprochen werden kann, die aber so unermesslich ist, dass
man beim Beschreiben an kein Ende kommt. Im NHC lässt sich leider nicht
mehr eindeutig feststellen, wo das Adjektiv dem koptischen Uebersetzer
vorgelegen hat, sodass - abgesehen von Basilides - der Poimandres für
uns zum erstenmals das Wort auf Gott anwendet. Die profane Bedeutung
war wohl das Haupthindernis für die Uebernahme des Wortes in die religiöse Sprache.

14.5.3.2. θεὸς ἄρρητος

Im Gegensatz dazu ist ἄρρητος für die Spätantike ein ausgesprochen religiöser Begriff. Nach der Unterteilung von Bauer hat das Wort
eine doppelte Bedeutung: es bezeichnet 1. (ontologisch) das, was nicht
ausgesprochen werden kann, weil es sich nicht aussprechen lässt, und
2. (axiologisch) das, was nicht ausgesprochen werden darf, weil es heilig ist. Die erste Bedeutung hat wohl erst Platon dem Wort gegeben
(vgl symp 189b 4: ἄρρητα sc τὰ εἰρημένω), doch wendet er sie nie auf
Gott an (vgl Tim 28c 4: τὸν...πατέρα τοῦδε τοῦ παντὸς εὑρεῖν...καὶ εἰς
πάντας ἀδύνατον λέγειν). Erst im Mittelplatonismus wird sie fast zum
stehenden Prädikat Gottes, so bei Albinos did X 4 (p. 59 Louis): ἄρρητος δ' ἔστι καὶ τῷ νῷ μόνῳ ληπτός, X 3 (p. 57 Louis): καὶ μὴν ὁ πρῶτος
θεὸς...ἄρρητός ἐστιν. Die zweite Bedeutung wird gern auf die Mysterien
angewendet (vgl Eur frg 63 Nauck und Helena 1307). Der Vergleich zeigt,
dass die Spätantike eindeutig von der ersten Bedeutung ausgeht, so
Philon (som I 67), Valentin (bei Hipp ref VI 46,1, p. 178.4 W) und die
Patristik (Cl Al str 5.10 [369.28 Stählin]: ὁ θεὸς ἄρρητος ὢν δυνάμει
τῇ αὐτοῦ). Auch in der religiösen Sprache behielt das Wort noch seinen
philosophischen Charakter bei.

14.5.3.3. θεὸς σιωπῇ φωνούμενος

Das Verb φωνέω wird einmal bei Soph Oed Col 1485 beim Anrufen
einer Gottheit verwendet: Ζεῦ ἄνα, σοὶ φωνῶ. Im AT und NT wird es aber
nie in einem religiösen Zusammenhang gebraucht, ja die LXX scheinen es
eher zu meiden[636]. Bei den Patres fehlt es ganz, sodass wir wohl vermuten können, dass das Wort seine (für christliche Ohren) profane Bedeutung nie ganz abgelegt hat.

Das Anrufen Gottes im Schweigen hat überaus zahlreiche Parallelen
in NHC VI 6:

> 58.20: les âmes et les anges chantent des hymnes en silence
> 58.25: je désire t'adresser un hymne en silence
> 59.21: exprime tout cela en silence
> 59.22: demande ce que tu veux en silence.

---

636 vgl BETZ ThWNT IX 295.32 ff

Schon vor längerer Zeit hat Odo Casel das Vergleichsmaterial hierzu gesammelt[637] und dabei den Zusammenhang mit der griechischen Philosophie (d.h. mit Platon und den Pythagoreern) nachgewiesen. Ueberprüft man allerdings seine Beispiele genauer, so fallen alle vorchristlichen testimonia weg, denn in diesen ist nur vom Schweigen über die Lehre gegenüber Aussenstehenden die Rede. Die hymnische Verehrung im Schweigen hingegen begegnet uns in der Literatur hier in der Hermetik zum erstenmal und später dann noch im Neuplatonismus[638]. Dies weist noch einmal daraufhin, dass erst durch den Mittelplatonismus der Gedanke der Unaussprechbarkeit Gottes in die religiösen Vorstellungen eingeführt worden ist. Im paganen Kult allerdings galt das schweigende Gebet als suspekt, vgl Apuleius, apol 54: tacitas preces in templo dei allegasti; igitur magus es[639]. Auch die alexandrinischen Theologen kennen den Gedanken, z.B. Cl Al paed 2,7 (192.5 Stählin): τὸν πατέρα τῶν ὅλων... σεβάσματι δὲ καὶ σιγῇ σεβαστόν, doch vermeiden sie im allgemeinen diese Vorstellung, weil sie dem christlichen Offenbarungsverständnis widerspricht. Nur in der valentinianischen Gnosis, die auch sonst dem Platonismus nahe steht, ist die σιγή (auch als Hypostase) bekanntlich zu einem zentralen Begriff geworden[640].

Unsere Beobachtungen zeigen somit, dass der Poimandres beim schweigenden Anrufen Gottes eindeutig von der Gnosis ausgeht.

14.5.4. Die Stärkung in der Erkenntnis

Bei den beiden Imperativen ἐπίνευσον und ἐνδυνάμωσον 19.6 hingegen verwendet der Poimandres - ähnlich wie bei θεόπνους - Heidnisches und Christliches nebeneinander: ἐπινεύω begegnet im Sinne von 'seine Zustimmung geben' von einer Gottheit ausgesagt schon bei Homer Il I 528: ἐπ' ὀφρύσι νεῦσε, Κρονίων, während ἐνδυναμόω - im religiösen Sinn gebraucht - ausgesprochen biblisch ist[641] und vor allem in der christlichen Literatur häufig begegnet:

Aktiv: Phil 4,13 πάντα ἰσχύω ἐν τῷ ἐνδυναμοῦντί με.

2 Tm 4,17 ὁ δὲ κύριός μοι παρέστη καὶ ἐνεδυνάμωσέν με

Ign Sm 4,2 αὐτοῦ με ἐνδυναμοῦντος τοῦ τελείου ἀνθρώπου γενομένου

Athan Ar 3.1 (M 26, 324B) ἐν τοῖς ἁγίοις γινόμενος ὁ θεὸς ἐνδυναμοῖ αὐτούς.

const Apost VIII 15.5 τοὺς ἐν ἁγνείᾳ ἐνδυνάμωσον.

Medio- 1 Cl 55,3 ἐνδυναμωθεῖσαι διὰ τῆς χάριτος τοῦ θεοῦ.
Passiv: 2 Tm 2,1 ἐνδυναμοῦ (imp) ἐν τῇ χάριτι.

---

637 O. CASEL, de philosophorum Graecorum silentio mystico, RGVV XVI 2, Giessen 1919, Nachdruck 1967
638 vgl A 76 bei NOCK-FESTUGIERE I 26
639 vgl VERSNEL, Faith, Hope and Worship, 1981, p. 26 (Hinweis F. GRAF).
640 vgl dazu LAMPE sv Nr. 5
641 vgl dazu GRUNDMANN ThWNT II 288.21 ff. Das Verb findet sich ausserbiblisch nur noch in den Zauberpapyri, aber auch diese können vom biblischen, und das heisst vom

Die beiden letzten Beispiele zeigen, dass das Verb auch mit dem spezifisch christlichen Gnadenbegriff verbunden werden konnte; diese Verbindung war offensichtlich geläufig, denn nur so erklärt sich im Poimandres
der etwas unvermittelte Uebergang zum τῆς χάριτος ταύτης φωτίσω 19.5.

14.5.5. Die Erleuchtung durch die Gnade

Beim Begriff χάρις ist es ebenfalls verwunderlich, dass die Forschung bis heute den christlichen Gehalt übersehen hat. Die Geschichte
des Wortes[642] gibt aber ganz eindeutige Hinweise:

Das Griechentum spricht selbstverständlich auch von der χάρις[643]
der Götter, vorzugsweise in der Tragödie[644]:

Aischylos Ag 182: δαιμόνων δέ που χάρις βίαιος σέλμα σεμνὸν ἡμένων

   "Die unwiderstehliche Gunst der Götter, die auf einem erhabenen
   Thron sitzen"

Aischylos Ag 581: καὶ χάρις τιμήσεται Διὸς τάδε ἐκπράξασα

   "Und die Gunst des Zeus wird geehrt worden, die dies (d.h. die
   Eroberung Trojas) ausgeführt hat."

Euripides Ba 534: τὰν βοτρυώδη Διονύσου χάριν οἴνας

   "die traubenreiche Gunst des Weinstocks des Dionysos"

Platon leg 844 d: διττὰς ἡμῖν δωρεὰς ἡ θεὸς (die Göttin des Herbstes) ἔχει χάριτος
   αὕτη.

Gewichtige Unterschiede trennen nun aber den Poimandres von diesen altgriechischen Vorstellungen:

1. Niemals wird in der griechischen Literatur die χάρις mit dem Begriff
   der Erleuchtung oder der Erkenntnis zusammengebracht wie hier im
   Poimandres.

2. Die altgriechische Vorstellung ist immer - vorzugsweise in der Tragödie, aber auch bei Platon - verbunden mit der Idee von der gerech-
   ten Weltlenkung durch die Götter[645], auch dann, wenn sie vom Menschen
   nicht durchschaut werden kann. Dieser Aspekt fehlt im Poimandres
   völlig.

3. Dem Wort haftet stark das Moment der Gegenseitigkeit an, auch im Verhältnis Mensch - Gott; vgl den bekannten Vers von Sophokles Ajas 522:
   Χάρις χάριν γὰρ ἔστιν ἡ τίκτουσ' ἀεί. Dieser Aspekt ist im Poimandres
   verlorengegangen.

4. Aber niemals fasst das Griechentum die χάρις so auf, dass der Empfänger sie einem Dritten weitergeben muss, damit auch dieser in den Ge-
   nuss derselben gelangt.

---

jüdisch-christlichen Sprachgebrauch abhängig sein.
642 vgl dazu CONZELMANN und ZIMMERLI ThWNT IX 363 ff.
643 etwa 'lächelndes Gewähren' (BURKERT 410); 'Gnade' trifft den Wortsinn nicht ganz.
644 vorklassische Beispiele bei Pindar, Nem 10,30; Parth 2,4; frg 75,2.
645 so H. PATZER, die Anfänge der griech Tragödie, 1962, p. 169

5. Χάρις wurde in der griechischen Literatur - die Philosophie mitein-
   begriffen - nie ein feststehender religiöser Begriff, weil die griechische Religion im Gunsterweis der Götter nicht deren Wesen erblickte.
       Auch in den LXX ist χάρις noch kein theologischer Begriff, obwohl
   es die Uebersetzung von hebr חֵן (aber niemals von חֶסֶד!) ist[646]. Die Eigenart des hebräischen Wortes liegt darin, dass es nicht so sehr den
   Geber als den Empfänger charakterisiert (חֵן = Angesehenheit, Anmut, Wohl-
   gefälligkeit des mit der חֵן Begabten); daher die häufige Formel בְּעֵינֵי
   מָצָא חֵן = 'Gnade finden in den Augen von...'. Diese Formel weist daraufhin, dass das AT das Verhältnis des mit der חֵן Beschenkten zum Dritten,
   vor dessen Augen der חֵן des Beschenkten seine Wirkung tut, in den Vordergrund rückt. Hier bereitet sich ganz entschieden der christliche
   Gnadenbegriff vor.
       Folgendes sind nun die Charakteristika des neutestamentlichen
   χάρις-Begriffes; sie finden sich nun auch im Poimandres:
1. Χάρις ist nach christlicher Auffassung soviel wie πνεῦμα, letzteres
   im profanen, nicht im theologischen Sinn verstanden. Beide können dem
   Menschen sowohl augenblicklich als auch dauernd gegeben sein[647].
   Aus diesem Grundsatz ergeben sich alle weiteren Bestimmungen:
2. Die Χάρις qua πνεῦμα bedeutet die Erleuchtung (vgl 2 Kor 4,4: ὁ φω-
   τισμὸς τοῦ εὐαγγελίου); doch muss man darum bitten, nicht aus dieser
   Erleuchtung = Gnosis zu fallen (ebenso im Poimandres 19.3).
3. Der vom christlichen Geist erfüllte Mensch ist πλήρης χάριτος καὶ
   δυνάμεως (Apg 6,8: von Stephanus); daher die enge Verbindung mit dem
   Verb ἐνδυναμόω (Poimandres 19.4).
4. Χάρις ist das Charakteristikum des Evangeliums, daher die Wendung
   λόγοι τῆς χάριτος in Lk 4,22. In Kol 1,6 ist χάρις geradezu gleich
   εὐαγγέλιον. Daher muss der Empfänger der χάρις diese dem Nächsten
   weitergeben (Poimandres 19.5).
5. Diese χάρις ist nicht nur eine Gabe (wie im Profan-Griechischen),
   sondern auch die Wirkung dieser Gabe und das Ergebnis dieser Wirkung,
   d.h. der Glaube (vgl Röm 5,1+2). Konsequenterweise spricht der Poimandres unmittelbar anschliessend (19.6) von πιστεύειν und μαρτυρεῖν.
Der christliche Hintergrund erklärt auch, warum im Poimandres der Gedanke der Gerechtigkeit und der Gegenseitigkeit des altgriechischen
χάρις-Begriffes verlorengegangen ist: hiefür war im Christentum im neuen
Gottesbild einfach kein Platz.
       Aus dieser Uebereinstimmung ergibt sich auch, dass φωτίσω in 19.5
vom christlichen Standpunkt aus zu verstehen ist (vgl J 1,9: τὸ φῶς τὸ
ἀληθινὸν φωτίζει πάντα ἄνθρωπον); zur Spätdatierung des Poimandres passt
auch, dass die übertragene Bedeutung erst bei den Patres und im NHC

646 ZIMMERLI ThWNT IX 379, 6-18
647 CONZELMANN ThWNT IX 382.4

häufiger wird. Singulär ist aber die Konstruktion mit dem Genetiv; Festugière[648] erwog hier zwei Möglichkeiten:

1. zu ergänzen ist als Objekt <φῶς> (vgl const Apost VIII 37,6: δι'
   οὗ [Christus] ἐφώτισας ἡμᾶς φῶς γνώσεως);
2. der Genetiv ist als Partitiv zu verstehen.

Der christliche Hintergrund deutet nun daraufhin, dass die zweite Möglichkeit die richtige ist - abgesehen davon, dass eine Ellipse hier
sprachlich wenig Sinn hat und auch sonst bei diesem Verb nicht belegt
ist. Da χάρις soviel wie πνεῦμα ist, hat φωτίζω fast den Sinn von πληρόω, das schon klassisch mit dem Genetiv verbunden ist. Eine dritte
Möglichkeit ergibt sich aus einem Hinweis von Reitzenstein[649], der
Corp Herm IV 4 ἐβαπτίσαντο τοῦ Νοός zur Erklärung unserer Stelle herangezogen hatte: Bei den Patres entwickelte sich ab Justin φωτίζω immer
mehr zum Synonym von βαπτίζω[650], sodass der Poimandres möglicherweise
die Konstruktion einfach kontaminiert hat.

14.5.6. Die Gotteskindschaft des Menschen

Der Poimandres bezeichnet nun diejenigen, die er erleuchten will,
als μοῦ[651] ἀδελφούς und υἱούς σοῦ 19.6. Der Gedanke hat jetzt eine Parallele in NHC VI 6, 53,27 ff: (Es spricht Hermes) "Prions, o mon en-
fant, le Père de Tout, avec tes frères, qui sont mes fils", doch ist
die Situation hier eine andere; es handelt sich hier um eine Einweihung
eines Novizen in das Mysterium der Ogdoas und Enneas, daher sind hier
unter den Brüdern wohl die Mitglieder der Gemeinde zu verstehen, die
dieser Einweihung assistieren[652]. Im Poimandres sind aber offensichtlich
unter den Brüdern alle Menschen zu verstehen, weil der Prophet sich ja
an die gesamte Menschheit richtet (vgl 16.14: τὸ γένος τῆς ἀνθρωπότητος).

Die Bezeichnung des Mitmenschen als ἀδελφός findet sich nun
gleicherweise in der Stoa wie im frühen Christentum. In der Stoa ist
sie allerdings beschränkt auf Epiktet[653], der einmal in diss I 13,3
seinen Gesprächspartner darauf aufmerksam macht, dass er auch im Sklaven
seinen Bruder zu sehen hat, da ja auch dieser ein Sohn von Zeus sei.
Theoretische Grundlage von Epiktet ist dabei die pantheistische Anthropologie der Stoa, die vielleicht in Cicero de leg I 7,23 ihre klassi-

---

648 III 108 A 1
649 vgl NOCK-FESTUGIERE I 19 im Apparat ad loc
650 vgl LAMPE sv φωτίζω Abschnitt VIII
651 hier muss im Text wahrscheinlich das überlieferte μοῦ in ἐμοῦ geändert werden.
652 vgl MAHE, Hermès I p. 94 ad loc
653 Bekanntlich zeigt Seneca in seiner Einstellung zum Mitmenschen eine ähnliche Hal-
    tung (z.B. de benef III 28,1 ff; ep 31,11; 44,1; 47,1 und 11; 95,33; vgl dazu
    A. BONHOEFFER, Epiktet und das Neue Testament, Giessen 1911, p. 7 A 1), aber er
    verwendet niemals die Wörter frater oder filius in diesem Zusammenhang. Die
    Thesaurusartikel 'frater' Sp 1256.70 ff sowie 'filius' Sp 758.71 ff zeigen,
    dass diese beiden Wörter innerhalb der lateinischen Literatur erst durch das
    Christentum den von uns besprochenen Sinn erhalten haben.

sche Formulierung gefunden hat: Est igitur, quoniam nihil est ratione
melius, eaque est et in homine et in deo, prima homini cum deo rationis
societas. Im Christentum begegnet die Bezeichnung des Mitmenschen als
Bruder noch nicht im NT, dann aber bei Ign Eph 10,3: ὑπὲρ τῶν ἄλλων
δὲ ἀνθρώπων...προσεύχεσθε...ἀδελφοὶ αὐτῶν εὑρεθῶμεν τῇ ἐπιεικείᾳ.
Justin dial 96.2 bezieht das Wort auf Juden wie Heiden; Clemens von
Alexandrien str 7.14 (61.19 Stählin) auf alle Menschen, die sich der-
einst bekehren lassen.

Aehnlich liegen die Verhältnisse bei der Bezeichnung der Menschen
als Gottessöhne. Innerhalb der Stoa begegnet sie wieder nur[654] bei
Epiktet diss I 3,2: Ἂν δὲ γνῷς ὅτι τοῦ Διὸς εἶ, οὐκ ἐπαρθήσῃ; in diss
I 9,6 ist υἱὸς τοῦ θεοῦ Bezeichnung für den Weltbürger (κόσμιος); in
diss I 19,9 heisst es: δοκεῖς, ὅτι ἔμελλεν (Zeus) τὸν ἴδιον υἱὸν (den
Menschen) ἐᾶν καταδουλοῦσθαι; In der biblischen Welt wird schon im AT
die Beziehung zwischen Jahwe und Israel als Vater-Sohn-Verhältnis
umschrieben (Ex 4,22; Dt 32,6.18; Jer 3,4). Auch die Israeliten sprechen
von Jahwe als *unserem* Vater (Jes 63,16; 64,7; Mal 2,10)[655], doch ist
niemals - im Gegensatz zu Epiktet - an eine naturhafte Bindung irgend-
welcher Art gedacht. Einzelmenschen hingegen werden nur innerhalb der
Nomenklatur der Personennamen in diesem Vater-Sohn-Verhältnis gesehen,
z.B. יוֹאָב 'Jahwe ist (mein) Vater' oder אֱלִיאָב 'Gott ist (mein) Vater'.
Aber der Bestandteil 'Sohn' kommt auch in solchen theophoren Personen-
bezeichnungen nie vor. Erst das Judentum zeigt sich hier persönlicher:
nun werden erstmals die Israeliten als 'deine Söhne' bezeichnet (Sap
9,7; 12,19.21; 16,10.26) und der Einzelne kann nun sagen: 'Mein Vater
bist du' (Sir 51,10)[656]. Diese Bezeichnung wird allerdings nie ins
Universalistische ausgeweitet; im Gegenteil besteht zum Teil auch die
Einschränkung, dass auch innerhalb des Volkes Israel nur die Frommen
als Gottes Söhne bezeichnet werden dürfen (Sir 4,10)[657]. Das Neue Testament setzt diese Linie fort (Mt 5,45; Lk 6,35; Röm 8,14.19), nur dass
jetzt die Vorstellung vom Frommen einen neuen Inhalt bekommt. Im Röm
9.6.8. setzt Paulus der jüdischen Auffassung das neue Verständnis der
Gotteskindschaft entgegen: dieselbe ist nicht in der natürlichen Abstammung (von Abraham) begründet, sondern von Gott souverän gesetzt;

---

654 nur am Rande gehört hierher die Bezeichnung der Schüler des Asklepios als
    υἱοὶ τοῦ θεοῦ (DITTENBERGER, Sylloge³ 1169,12), denn normalerweise gebraucht
    das Griechische hiefür das Wort παῖς (vgl BAUER sv υἱός Nr. 1c). Auch die
    Bezeichnung des νόμος als ὁ τοῦ Διὸς ὄντως υἱός bei Dio Chrys 58 [75] 8 fällt
    für uns ausser Betracht, da nach dem Zusammenhang deutlich eine Anspielung
    auf Herakles (als Sohn des Zeus) vorliegt. Die Beispiele aus den Sprüchen
    des Sextus (58, 60, 135, 376 b CHADWICK) sind insofern unsicher, als hier
    eine christliche Ueberarbeitung vorliegt.
655 vgl FOHRER ThWNT VIII 352.21 ff
656 vgl SCHWEIZER ThWNT VIII 355.27-44
657 vgl LOHSE ThWNT VIII 360.25 ff

damit wird der Weg frei zur Aufnahme der Heiden in die Gotteskindschaft.
Das NT übt sonst grösste Zurückhaltung mit der Bezeichnung υἱοὶ τοῦ θεοῦ,
weil es den Titel Gottessohn für Christus vorbehalten muss, und spricht
daher lieber von τέκνα θεοῦ[658]. Erst als sich in der ersten Hälfte des
2. Jhs. υἱὸς τοῦ θεοῦ als christologischer Titel weitgehend durchgesetzt hatte[659], konnten die Patres in ihren theoretischen Reflexionen
die Bezeichnung auf alle Menschen ausweiten, so Justin dial 124.4: υἱοὶ
ὑψίστου πάντες δύνασθαι γενέσθαι κατηξίωνται[660]. Die alte Kirche hält
allerdings konsequent daran fest, dass der Mensch nicht φύσει, sondern
nur durch die Taufe zur Gotteskindschaft berufen ist[661], während die
Gnosis (Thomasevangelium Logion 3 = NHC II 2, 32,28) sagt:
> "Wenn ihr euch erkennt, dann wird man euch erkennen, und ihr werdet wissen,
> dass ihr die Söhne des lebendigen Vaters seid."

Wo ist nun der Poimandres hier einzuordnen? Die Entscheidung wird
durch die Doppeldeutigkeit[662] des vorangehenden Ausdrucks τοὺς ἐν ἀγνοίᾳ
τοῦ γένους noch schwieriger:

1. τοῦ γένους kann Verkürzung sein aus τοῦ γένους <τῆς ἀνθρωπό-
   τητος> wie in 17.7;
2. τοῦ γένους (= Abstammung) ist gen obi zu ἀγνοίᾳ und heisst dann
   echt gnostisch: 'in Unkenntnis der eigenen (göttlichen) Abstammung'.

Die Entscheidung kann man im folgenden erblicken:

1. Das Possessivpronomen σοῦ bei υἱοὺς weist uns eindeutig in den
   biblischen Bereich (→ A 134), doch kann es nicht jüdisch sein,
   weil das nationalistische Element fehlt.
2. Wäre γένος im Sinne von 'göttlicher Abstammung' zu verstehen,
   so müsste eigentlich zuerst υἱοὺς σοῦ als Apposition folgen; da
   aber ἀδελφοὺς zuerst steht, denkt der Betende primär an seine
   Missionstätigkeit unter den Menschen.

Das bedeutet somit: γένος ist im Sinne von 'Menschengeschlecht' zu verstehen, und der ganze Passus meint - ungnostisch - das christliche mis-
sionarische Bemühen um den andern, bei dem dieser durch die Taufe, bezw
im Poimandres durch die Erleuchtung, zum Bruder und Sohn Gottes wird.
Die Gotteskindschaft ist also nicht im ontologischen, sondern im soteriologischen Sinn als Verheissung aufzufassen.

---

658 so Paulus und Johannes; vgl SCHWEIZER ThWNT VIII 393.27 ff und A 413
659 vgl SCHNEEMELCHER ThWNT VIII 398.2 f.
660 weitere Beispiele bei LAMPE sv υἱὸς (θεοῦ) C 2
661 Cl Al paed 1,26.1; Origines Jo 20, 138 (p. 348 Preuschen); const Apost VII 43.5
    (p. 450.5 FUNK); vgl auch den für die alte Kirche wichtigen Begriff der υἱοθεσία
    im ThWNT VIII 402 und LAMPE sv
662 vgl FESTUGIERE III 104 A 2

14.5.7. Glaube und Zeugnis

Beim Satz διὸ πιστεύω καὶ μαρτυρῶ 19.6 hat Dodd als erster die
starke Betonung gesehen, die hier auf πιστεύω liegt[663], und er wies
dabei - unter Heranziehung einiger Philonstellen - auf den jüdischen
Einfluss hin. Unsere Analyse wird dies bestätigen, muss aber dabei noch
die christliche Komponente hinzufügen, weil nur sie den ganzen Zusammenhang überhaupt verständlich macht.

Im klassischen Griechisch ist πιστεύω nur selten absolut gebraucht;
im letzten Fall kann dann aber immer ein Objekt aus dem Zusammenhang
ergänzt werden, z.B. bei Plutarch, de superstitione 11: οὐκ οἴεται
θεοὺς εἶναι ὁ ἄθεος, ὁ δὲ δεισιδαίμων οὐ βούλεται, πιστεύει δ' ἄκων·
φοβεῖται γάρ; in diesem Fall muss der ACI des Anfangs nochmals gesetzt
werden[664]. Der Grieche kann durchaus das Verb in einem religiösen Zusammenhang verwenden[665], aber niemals wird es zu einem religiösen Begriff in dem Sinn, dass es die *Grundhaltung* des Menschen zu Gott bezeichnet. Letzteres treffen wir erst im AT, wenn auch noch nicht in allen
Teilen voll ausgebildet. Charakteristische Eigenheiten des alttestamentlichen Glaubens sind:
- Nur Gott ist der Urheber des Glaubens, nie der Mensch. Der menschliche
  Glaube ist immer nur reactio, nicht actio auf Gott; d.h. konkret: Gott
  fordert und gebietet, der Mensch kann nur dadurch glauben, dass er
  diese Forderung anerkennt und ihr gehorcht[666]. Dies lebt im Poimandres
  insofern weiter, als der Prophet erst hier am Schluss nach der Offenbarung Gottes sein Glaubensbekenntnis ablegt und seinen Glauben auch
  dadurch bezeugt, dass er der Aufforderung zur Mission in 16.15 nach-
  kommt. Das AT und der Poimandres betonen also wesentlich stärker als
  die griechische Welt das Moment des Gehorsams und der Anerkennung
  Gottes.
- Bei Jesaja finden wir dann die ersten Ansätze zum absoluten Gebrauch
  des Verbs. Im bekannten Satz 7,9

  אִם לֹא תַאֲמִינוּ כִּי לֹא תֵאָמֵנוּ׃

  "Glaubt ihr nicht, so habt ihr nicht Bestand"
  wird erstmals deutlich ausgesprochen, dass der Glaube die ganze menschliche Existenz ausmacht und umgekehrt[667]. Jesaja bleibt jedoch noch bei
  bloss innerweltlichen Bezug, da der Tod als Begrenzung der mensch-

---

663 198-200
664 weitere Beispiele für diesen scheinbaren absoluten Gebrauch in religiösem Zusam-
    menhang: Aristoteles rhet 1391b 1; Porphyrios ad Marcellam 24.
665 Thuk IV 92,7; Aeschines, in Ctes 1; Platon epinomis 980c.
666 WEISER ThWNT VI 187, 10-23
667 Die weiteren Beispiele aus dem Alten Testament (Num 20,12; ψ 115,1; Sir 2,13;
    1 Makk 2,59) sowie aus dem Judentum (Philo rer div her 14.101; deus imm 4; mut
    nom 178) zeigen noch nicht diese prophetische Ausweitung des Glaubensbegriffs
    auf die gesamte menschliche Existenz; höchstens ψ 115,1 führt näher an Jesaja
    heran (doch vgl WEISER ThWNT VI 189 A 121).

lichen Existenz noch nicht in den Glaubensbegriff miteinbezogen ist.
Diesen Schritt vollzieht erst das Christentum.

Das NT setzt die Linie des AT fort, gibt aber den einzelnen Kompo-
nenten des Glaubensbegriffs einen neuen Inhalt und eine grossartige
ethische Vertiefung:

1. Glauben heisst nun Annahme des Kerygmas von Christus, d.h. dass
durch Christus das Heil erschienen ist[668]. Im Poimandres zeigt sich dies
darin, dass die Zuhörer bei der Missionspredigt nur dann gerettet werden, wenn sie dem Propheten Glauben schenken (Kap 29). Der Gedanke ist
allerdings verblasst, weil der Poimandres einen in der Geschichte wirk-
sam gewesenen Erlöser nicht kennt.

2. Das AT konnte nur vom Glauben an Gott aufgrund seiner Taten
sprechen, nicht aber vom Glauben an seine Taten, da sie ja faktisch
vorliegen. Umgekehrt spricht nun das NT vom Glauben an Gottes Heilstat
durch Christus; aber diese Tat liegt nicht zu Tage (d.h. vor dem Glauben), sondern wird erst durch den Glauben zum Faktum[669]. Es sei hier
besonders hervorgehoben, dass dieser neutestamentliche Glaubensbegriff
im hebräischen Verb für 'glauben' schon angelegt ist: הֶאֱמִין bedeutet
eigentlich 'jemanden oder etwas fest sein lassen, als fest, zuverlässig
ansehn'. Dieses Glaubensverständnis ist im Poimandres nicht mehr unmittelbar spürbar, hingegen dessen theologische Konsequenzen: Diese
Auffassung führt folgerichtig zum christlichen Märtyrerbegriff, da der
Märtyrer nur äusserlich bezeugt, was innerlich für den Glauben schon
Gewissheit ist. Diese Konsequenz zog schon das NT in 1 Joh 5,10: ὁ πι-
στεύων εἰς τὸν υἱὸν τοῦ θεοῦ ἔχει τὴν μαρτυρίαν ἐν ἑαυτῷ[670]. Der Poimandres folgt somit dem christlichen Glaubensverständnis, wenn er an
πιστεύω gleich μαρτυρῶ anfügt[671].

3. Glauben bedeutet nach christlicher Auffassung nicht Glauben
an einen schon immer bekannten Gott, sondern an Jesus Christus, den es
erst jetzt durch den Glauben als Herrn für mich gibt. In dieser Auffassung ist noch spürbar das Jesus-Logion von der Macht des Glaubens ("dein
Glaube hat dir geholfen"), jetzt aber auf den Verkündiger selbst bezogen.

---

668 vgl BULTMANN ThWNT VI 209.5 ff mit A 258 (Belegstellen)
669 vgl BULTMANN ThWNT VI 216, 20-31. Der Verfasser ist sich bewusst, dass in dieser
    Darstellung Bultmanns seine vom modernen Existenzialismus geprägte Auffassung des
    christlichen Glaubens mitenthalten ist. Da aber diese die sprachlichen Tatbestände
    nicht berührt, von denen allein der Poimandres abhängig ist, kann sie nicht als
    Gegenargument gegen unsere These gelten.
670 v.l. ἐν αὐτῷ = בּוֹ 'durch ihn'
671 Die Verbindung von Glaube und Zeugnis fehlt in der Patristik, begegnet aber in NHC
    VII 1, 31,21: "damit ich durch den Mund des Glaubens ein Zeugnis für die, die zu
    ihr (der Taufe) gehören, bekannt mache", und - negativ gewertet - in NHC VII 1, 34,
    20: "und sie werden bezeugen das allgemeine (καθολική) Zeugnis und das unreine
    Reiben (τριβή) des Glaubens". Diese letzte Stelle deutet besonders darauf hin,
    dass die Verbindung von Glaube und Zeugnis nicht nur in der christlichen
    Gnosis, sondern auch im kirchlichen Christentum geläufig war.

Auch davon sind im Poimandres nur noch die theologischen Konsequenzen
aufzeigbar: Der Glaube an Jesus Christus beinhaltet auch den Glauben an die Auferstehung und damit an die Ueberwindung des Todes (Röm 4,
24). Johannes sieht daher im Glauben mitenthalten die Abkehr von der
Welt[672]. Nur diese christliche eschatologische Konsequenz macht überhaupt verständlich, warum der Poimandres an sein Glaubensbekenntnis
- scheinbar unvermittelt - den Satz εἰς ζωὴν καὶ φῶς χωρῶ anfügt.

        4. Wegen diesen Neuprägungen wird nun der Glaube zum Zentrum der
christlichen Welthaltung. Glaube ist soviel wie die Botschaft von der
Heilstat Gottes oder das Evangelium (vgl Gal 1,23: εὐαγγελίζεσθαι τὴν
πίστιν), ja ist sogar identisch mit 'Christentum'. Diese Bedeutungsentwicklung ist innerhalb des Urchristentums vor allem beim Substantiv
πίστις[673] zu beobachten, doch kann auch schon das Verb gelegentlich die
Bedeutung annehmen von 'gläubig sein, den Glauben haben'[674]. Daher wird
erst im Christentum der absolute Gebrauch des Verbs vorherrschend[675],
weil Glaube jetzt soviel heisst wie Religion.

        Der Poimandres schliesst sich nun an diesen *christlichen* Sprach-
gebrauch an, und zwar aus folgendem Grund: Da nach christlicher Auffassung Glaube auch die Botschaft beinhaltet, hat πιστεύω auch den Nebensinn 'durch seinen Glauben für seinen Glauben werben'. Daher fügt
der Poimandres mit der Konjunktion διὸ sein πιστεύω an den vorangehenden
Satz: Weil alle Menschen zu Söhnen Gottes werden sollen, müssen sie er-
leuchtet werden; dies kann aber nur geschehen durch die Mission des
Glaubens. Das unscheinbare διὸ ist also das eindeutigste Zeugnis für
den christlichen Hintergrund von πιστεύω[676]; es zeigt aber auch, dass
der Poimandres doch auch Wesentliches vom Christentum verstanden hat.

        Der oben erwähnte Nebensinn ist noch deutlicher vorhanden beim
Verb μαρτυρεῖν und ist auch da ausgesprochen christlicher Herkunft: die
Verbindung von 'Bezeugen von Tatsachen' und von 'Bezeugen im Sinn des
werbenden Bekenntnisses' begegnet erstmals bei Lukas im Missionsbefehl
24,48: ὑμεῖς μάρτυρες τούτων. Schon bei Lukas selber, dann aber auch bei
Paulus und dann endgültig bei Johannes wird der Gedanke des historischen
Zeugen dann fallengelassen und durch denjenigen des Wahrheitszeugen er-

---

672 vgl BULTMANN ThWNT VI 212.16 ff; für Johannes 225.31 ff
673 vgl BULTMANN ThWNT VI 214.32-36
674 so Lk 8,13; J 16,9; Apg 15,11; Röm 6,8; 1 Th 4,14; Ign Mg 9,1,2; 2 Cl 17,3; 20,2.
675 siehe die Stellen bei BAUER sv 2b. Diese Zusammenstellung zeigt sehr deutlich das
    quantitative Uebergewicht der christlichen Belege. Für die Patristik vgl LAMPE
    sv D und E.
676 Erst der christliche Hintergrund macht somit den Zusammenhang zwischen den
    beiden Sätzen 19.5 und 19.6 klar; weil dies REITZENSTEIN noch nicht sehen konnte,
    vermutete er mit einem gewissen Recht, dass der Zusatz des Papyrus vor dem
    Glaubensbekenntnis (τὸ γὰρ πνεῦμά μου τῷ θείῳ πνεύματι) zum ursprünglichen Text
    des Poimandres gehören müsse (vgl noch NOCK-FESTUGIERE I 19 im Apparat ad loc).
    Der Zusatz kann aber nicht echt sein, weil der Poimandres im Zusammenhang mit
    Gott niemals von πνεῦμα spricht (→ Abs 14.2.2.).

setzt, sodass nun auch der bloss Glaubende zum Zeugen werden kann[677].
In Apg 23,11 ist μαρτυρῆσαι dann fast gleichbedeutend mit 'missionie-
ren'[678]. In dieser Linie steht auch der Poimandres, wobei - wegen der
Fortsetzung - auch schon der spätere martyrologische Sinn mitenthalten
ist[679]. Keinesfalls können wir den Poimandres verbinden mit der spät-
jüdischen Märtyreridee, weil hier niemals die Begriffe μάρτυς und μαρτυρεῖν angewendet werden[680]; der jüdische Märtyrer wendet sich auch
nicht verkündigend an jemanden, sondern er vollbringt mit seinem Leben
und Sterben für das Gesetz 'nur' ein - im Sinne der pharisäischen Auffassung - frommes Werk. Auch mit Epiktet besteht nur eine äusserliche
Berührung, obwohl dieser Philosoph erstmals in der Philosophiegeschichte
das Bild vom Philosophen als Zeugen Gottes entwirft (diss III 26,28).
Aber Epiktet legt die Betonung mehr auf das ethische Verhalten, nicht
auf die Verkündigung einer Lehre (diss III 24,110: οὐ λόγῳ, ἀλλ' ἔργῳ
τὰ τοῦ καλοῦ καὶ ἀγαθοῦ ἐκτελεῖς), sodass doch ein wesentlicher Unterschied zum Poimandres gegeben ist.

14.5.8. Die Rückkehr zum Licht und Leben

Das Verbum χωρέω - der Poimandres verwendete es schon im Kap 21
(14,2+9) im selben Zusammenhang - wird erst nachbiblisch im soteriologischen, bezw eschatologischen Sinn gebraucht, erstmals bei Ign Mg 7,2:
πάντες...συντρέχετε...ἐπὶ ἕνα Ἰησοῦν Χριστόν, τὸν ἀφ' ἑνὸς πατρὸς προ-
ελθόντα καὶ εἰς ἕνα ὄντα καὶ χωρήσαντα, dann bei Justin dial 6,2: οὐκ
ἔστιν ἡ ψυχὴ ἔτι, ἀλλά, ὅθεν ἐλήφθη, ἐκεῖσε χωρεῖ πάλιν. Das Verb begegnet
dann auch im NHC, so III 4, 117,10: "Jeder, der den Vater in reiner Erkenntnis erkennt, will zum Vater gehen (χωρεῖν)" oder Apkr J 68,16:
"Christus (Vok.), die überhaupt nichts erkannt haben, was sind ihre
Soelen, oder wohin werden sie gehen?" Diese Stellen zeigen deutlich den
christlichen Hintergrund des Verbs, der sich offenbar so stark verfestigt
hatte, dass das Verb im Apkr J sogar auf das Gegenteil angewendet werden
konnte.

Daher ist ζωὴ καὶ φῶς wohl als gnostisch-christliches Symbol für
Gott zu verstehen (→ Abs 5.1.2.) und der ganze Satz meint nur das Eingehen in Gott, wie es das Kap 26 geschildert hatte. An eine gnostische
Transformation von Nus und Seele in Licht und Leben, wie sie das Kap 17
eigentlich erwarten lässt, ist hier sicher nicht mehr gedacht.

---

677 vgl STRATHMANN ThWNT IV 495.20 - 498.29; 501.31 - 504.16. Für Johannes vgl beson-
    ders 1 Joh 5,9.
678 vgl noch STRATHMANN ThWNT IV 502 A 63, wo der Unterschied zwischen μαρτυρεῖν und
    ὁμολογεῖν herausgestellt wird. Bei μαρτυρεῖν ist daran gedacht, dass Gläubige
    gewonnen werden sollen.
679 er ist erstmals belegt im Martyrium Polycarpi 19.1 (zitiert im ThWNT IV 512.4 ff),
    das ins Jahr 155 n. Chr zu datieren ist.
680 vgl STRATHMANN ThWNT IV 491.11 ff

14.5.9. Der Schlusssegen

Die Formel εὐλογητὸς εἶ, πάτερ 19.7 begegnet ausserhalb der gesamten biblischen Literatur nur noch hier im Poimandres, was wieder ein starkes Indiz dafür ist, dass er sie entlehnt hat. Ihre Ursprünge liegen im AT, wo εὐλογητός wohl eine Neubildung der LXX für בָּרוּךְ ist[681]. Im AT erscheint allerdings nur die 3. Person mit κύριος als Subjekt; die 2. Person hat sich erst im Judentum allgemein durchgesetzt[682], doch wird Gott nur mit κύριε (ev mit dem Zusatz ὁ θεὸς [+ ev τῶν πατέρων]) oder mit ὁ σωτὴρ Ἰσραὴλ angesprochen. Das NT kennt sie in der Form εὐλογητὸς ὁ θεὸς καὶ πατὴρ τοῦ κυρίου ἡμῶν Ἰησοῦ Χριστοῦ[683]. Auffallend ist, dass auch jetzt Gott nie allein mit 'Vater' angeredet wird. Später wird die Formel eher gemieden, weil sie offensichtlich als spezifisch judenchristlich galt[684]. Die Form im Poimandres erklärt sich wieder dadurch, dass er die Formel entchristlicht, bzw paganisiert hat.

Die Stellung der Formel am Schluss des Gebets ist bereits im AT üblich, vgl ψ 40,14; 71,18; 88,53; 105,48. Typisch für diese kurze Eulogie ist noch, dass sie gern nach der Nennung Gottes folgt, so in Röm 1,25; 9,5 oder 2 Kor 11,31. Das zeigt, dass das vorangehende ζωὴ καὶ φῶς im Poimandres schon fast als Name zu gelten hat.

14.5.10. Die Heiligung

Im Schlusssatz des Poimandres ist das Subjekt ὁ σὸς ἄνθρωπος nur vom biblischen Sprachgebrauch her zu verstehen. Wie Jeremias[685] schon gesehen hat, ist der Ausdruck eine Weiterentwicklung von ἄνθρωπος τοῦ θεοῦ, das in den LXX Wiedergabe von אִישׁ הָאֱלֹהִים ist. In den apostolischen Konstitutionen erscheint ἄνθρωπος τοῦ θεοῦ in vielfältiger Anwendung: so bezogen auf den Bischof (II 25,2; 37,4; 57,1), auf die Priester und Diakone (II 47,1), auf den Christen, der das Martyrium erleidet (V 3,4), aber auch auf die Christin, die sich nicht herausputzen soll (I 3,10). Der Ausdruck bezeichnet also den Christen als im Dienste Gottes stehend (so schon 1 Tm 6,11; 2 Tm 3,17). In einem Gebet musste nun zwangsläufig θεοῦ in σὸς umgewandelt werden, wie das eine Stelle in einer Rede des Kaisers Konstantin gegen Arius[686] sehr schön zeigt:

681 vgl BEYER ThWNT II 761.38 ff mit Belegstellen
682 vgl DEICHGRAEBER (→ A 597) 41 mit A 7. Die 2. Person findet sich im AT nur Ps 119, 12 und 1 Chr 29,10. In den Qumran-Texten ist häufig ברוך אתה יהוה, z.B. 1 QS 11,15; 1 QH 5,20; 10,14; 11,27.29.32; 16,8. Ebenso äth Hen 22,14; 84,2.
683 2 Kor 1,3; Eph 1,3; 1 Petr 1,3; Barn 6,10; Ign Eph 1,3
684 Die Belege bei LAMPE sv zeigen, dass sie mehrheitlich in der Liturgie verwendet wurde, aber auch da nie mit der Anrede 'Vater'. J.M. ROBINSON, Die Hodajot-Formel im Gebet und Hymnus des Frühchristentums, in: Apophoreta, Festschrift für ERNST HAENCHEN, Berlin 1964, p. 202 zeigt, wie die christliche Literatur vom mehr hebraisierenden εὐλογητὸς zu einer mehr griechischen Ausdrucksweise übergegangen ist.
685 ThWNT I 366. 2-5
686 bei Gelasius Cyzicenus, hist eccl 3,19,18 (M 85, 1349A). Vgl zum Ganzen auch noch LAMPE sv ἄνθρωπος E 2.

Σὺ δέ, ὦ πάντων κηδεμὼν θεός, εὐμενὴς εἴης τῷ λεγομένῳ...Ἐγὼ γάρ, ὁ σὸς ἄνθρωπος,...σαφῶς ἀποδείξω τὴν Ἀρείου μανίαν. Der Poimandres geht somit von diesem *christlichen* Sprachgebrauch aus, denn in der jüdischen Literatur findet sich kein Beleg, in dem ein Beter sich vor Gott als 'dein Mensch' bezeichnet.

Das Verbum ἁγιάζειν gehört fast ausschliesslich dem biblischen oder dem biblisch beeinflussten Griechisch an[687]. Normalerweise sind die Verben auf -άζειν intransitiv (z.B. ἡσυχάζειν 'ruhig sein', νηπιάζειν 'töricht sein'), doch ἁγιάζω wird in der biblischen Literatur fast ausschliesslich transitiv gebraucht. Die genaue Bedeutung für den Poimandres ergibt sich erst aus dem Nachsatz καθὼς παρέδωκας αὐτῷ τὴν πᾶσαν ἐξουσίαν 19.8. Zu diesem hatte bereits Norden auffallende sprachliche Parallelen im NT bemerkt[688]:

Lk 1,2:   καθὼς παρέδοσαν ἡμῖν οἱ...ὑπηρέται τοῦ λόγου.

J 17,1:   δόξασόν σου τὸν υἱόν, ἵνα ὁ υἱὸς δοξάσῃ σε, καθὼς ἔδωκας αὐτῷ ἐξουσίαν πάσης σαρκός.

1 Kor 11,2: καθὼς παρέδωκα ὑμῖν τὰς παραδόσεις, κατέχετε.

Norden vermerkt (p. 111) dazu:

> "Die Schlussfolgerung aus der Kongruenz zu ziehen - sie erstreckt sich bis auf die Einzelheit, dass der hermetische Gottessohn seinem 'Vater' dafür dankt, ὅτι παρέδωκας αὐτῷ τὴν πᾶσαν ἐξουσίαν und der neutestamentliche, ὅτι πάντα μοι παρεδόθη ὑπὸ τοῦ πατρός μου - versage ich mir, aber diese Arbeit muss einmal geleistet werden."

Die von Norden geforderte Schlussfolgerung können wir nun heute ziehen: der Poimandres ist auch hier ganz vom Evangelium abhängig, und zwar muss hier eine Reminiszenz an die oben zitierte Johannesstelle vorliegen, weil letztere die Einleitung zu den Abschiedsreden Jesu darstellt. Ἐξουσία ist also im Sinne von 'Vollmacht' wie im Evangelium zu verstehen, und das gegenseitige δοξάζειν bei Johannes wird vom Poimandres mit dem Hapax legomenon συναγιάζειν wiedergegeben, das folglich im intransitiven Sinn zu verstehen ist[689]. Auf diese Weise wird das ausgesprochen bibelgriechische Verb ebenfalls paganisiert.

---

[687] ausserbiblisch nur in der Mithrasliturgie Preis Zaub IV 523: ἁγίοις ἁγιασθεὶς ἁγιάσμασι; CCAG VII 178, 1, 27; Anecd Graec p. 328. 1 ff. Auch hier ist aber mit biblischem Einfluss zu rechnen; das Profan-Griechische verwendet immer nur ἁγνίζω.

[688] 111 und A 1; 289 A 1.

[689] So schon SCOTT ad loc: 'thy man wills to be holy, as thou art holy'.

14.5.11. <u>Zusammenfassung</u>

Zusammenfassend können wir sagen, dass im zweiten Teil des Hymnus die christlichen Elemente wieder sehr stark dominieren. Dies war eigentlich zu erwarten, weil im Dankgebet die Person des Propheten gegenüber Gott in den Vordergrund tritt. Keineswegs können wir diesen zweiten Teil als christliche Interpolation aussondern, denn er zeigt viele Beziehungen zur Missionspredigt der Kapp 26-30. Ausserdem ist es aus stilistischen wie inhaltlichen Gründen völlig ausgeschlossen, dass der Schlusshymnus des Poimandres ursprünglich nur aus den 9 Heiligpreisungen (mit abnehmender Länge) bestanden hätte. Dieses Dankgebet muss ein integraler Bestandteil des Poimandres sein.

Fünfzehntes Kapitel
DAS PROBLEM DER GNOSIS IM POIMANDRES

Bevor wir zur endgültigen Zusammenfassung übergehen können, stellt
sich uns noch die Frage, die wir wegen der besseren Uebersicht bis zum
Schluss aufschieben mussten: Inwiefern ist der Poimandres eine gnostische Schrift? Die Beantwortung dieser Frage hängt entscheidend davon
ab, wie man Gnosis definiert. Vom heutigen Stand der Forschung her gesehen können wir das Problem unter zwei verschiedenen Gesichtspunkten
betrachten:

15.1. <u>Der Poimandres und die Gnosis im engeren Sinn</u>
     Versteht man unter Gnosis - so wie es Jonas erstmals getan hat -
eine religiöse Bewegung, deren besonderes Kennzeichen eine radikale
Weltverachtung ist (Gnosis im engeren Sinn), so müssen wir aufgrund
unserer Untersuchungen daran festhalten, dass der Poimandres - im
Gegensatz zur communis opinio der Forschung[690] - *keine* gnostische
Schrift darstellt. Die Gründe seien hier nun zusammengefasst:
- Der Poimandres kennt keine negative Kosmologie, bei der die Welt das
  Produkt einer göttlichen Tragik darstellt. Die Welt entsteht bei ihm
  nicht durch Selbstentäusserung des Göttlichen auf Grund einer Krise.
- Diese sichtbare Welt des Demiurgen, der Heimarmene und der Planeten
  ist nicht als negative Grösse zu verstehen, da sie nicht dämonisiert
  wird. Im Gegenteil waltet über ihr eine Art Fürsorge eines biblisch
  gezeichneten Gottes; der Anthropos und der Demiurg sind befreundete
  Brüder.
- Es besteht kein Dualismus Welt - Gott, da die Planetenwelt in die
  göttliche Welt miteinbezogen ist, und auch am biblischen Monismus
  im Prinzip festgehalten wird.
- Gott ist nicht im Sinne der gnostischen Theologie als der Gott 'Mensch'
  aufzufassen; er ist aber auch nicht als der echt gnostische, unbekann-
  te, akosmische, fremde Gott zu verstehen, wie ihn Jonas[691] dargestellt
  hat. Er trägt vielmehr auch biblische Züge, wenn er als im Himmel
  thronend vorgestellt wird.
- Der Fall des Anthropos in die Materie ist nur sehr bedingt als gnostisch zu bezeichnen, weil dieses (ursprünglich platonische) Motiv
  für die gnostischen Anthropogonien nicht typisch ist.

---

690 vgl vor allem HAENCHEN 376; FOERSTER 419 f; RUDOLPH 31.
691 246 ff

- Der Poimandres kennt keine Erlösergestalt, die sonst in allen anderen gnostischen Systemen vorhanden ist[692].
- Der Eros wird nicht wie in der mandäischen Gnosis dämonisiert; er ist nur Gegenmacht zur γνῶσις θεοῦ, aber nicht mehr.
- Der Poimandres kennt auch nicht das gnostische Bild vom göttlichen Funken im Menschen, der irgendwie in diese irdische Welt gefallen ist und aus ihr wieder zurückgeholt werden muss. Aus diesem Grund ist es auch nicht möglich, die Definition der Gnosis von Colpe[693] auf den Poimandres anzuwenden:

> "Gnosis ist die Funktion eines Erkenntnisorgans, das Substanz ist, die dualistisch in zwei Hypostasen zerspalten ist und durch die Gnosis wieder zusammengeführt wird."

Der Poimandres entzieht sich hier jedem Versuch, diese beiden Hypostasen in seinem Text näher zu bestimmen, abgesehen davon, dass die Substantialisierung nicht durchgehalten ist.

Selbstverständlich sollen damit nicht die echt gnostischen Elemente geleugnet werden, die dennoch im Poimandres anzutreffen sind:

- Die Identifikation von Gott mit dem Licht, dessen depravierender Fall aus sich selbst heraus gleichzeitig die Kosmogonie darstellt, ist primär das eindeutigste Zeugnis für Gnosis (im engeren Sinn)[694]. Aber wie die gnostischen Metaphern in den beiden Missionspredigten ist auch dieses Mythologem nur im protreptischen Sinn gemeint: Die Lichtvision soll klar machen, dass Gott Licht ist und nicht in der Welt zu suchen ist; aber erst die zweite Vision mit Gott als ἀρχέτυπον εἶδος enthüllt die eigentlichen kosmologischen Verhältnisse.
- Weiter sind das Gebären Gottes, die Mannweiblichkeit und vor allem das Beiseiteschieben der Ethik in der Missionspredigt gnostische Motive. Aber im grossen Zusammenhang tragen sie alle nicht den Hauptton. Sie geben eher dem Poimandres ein *gnostisches Kolorit*.

Von da aus gesehen müssen wir Haenchen Recht geben, wenn er sagt[695]:

> "Das gnostische Prinzip geht dem Verfasser (sc des Poimandres) nicht über alles."

15.2. Der Poimandres und die Gnosis im weiteren Sinn

Verstehen wir aber Gnosis - diesseits jeglicher Weltanschauung - als γνῶσις θεοῦ, durch die der Gläubige ans Ziel all seiner Bemühungen und zur endgültigen Erlösung gelangt (Gnosis im weiteren Sinn), so ist der Poimandres sehr wohl eine gnostische Schrift, wie die folgenden Stellen zeigen:

Kap 3, 7.11:   θέλω...γνῶναι τὸν θεόν.

Kap 18, 13.9:   ἀναγνωρισάτω ὁ ἔννους ἑαυτὸν ὄντα ἀθάνατον.

---

692 vgl RUDOLPH 186 f.
693 im RAC-Artikel 'Gnosis II', Sp. 559. COLPES Definition bietet sich deswegen an, weil sie, wie auch sein RAC-Artikel, rein phänomenologisch vorgeht.
694 vgl COLPE (→ A 693), Sp. 570.
695 377

Kap 19, 13.14: ὁ ἀναγνωρίσας ἑαυτὸν ἐλήλυθεν εἰς τὸ περιούσιον ἀγαθόν.

Kap 21, 14.1: ὁ νοήσας ἑαυτὸν εἰς αὐτὸν χωρεῖ.

Kap 21, 14.6: ἐὰν οὖν μάθῃς αὐτὸν ἐκ ζωῆς καὶ φωτὸς ὄντα καὶ ὅτι ἐκ
τούτων τυγχάνεις, εἰς ζωὴν πάλιν χωρήσεις.

Kap 21, 14.10: ὁ ἔννους ἄνθρωπος ἀναγνωρισάτω ἑαυτόν.

Kap 31, 18.3: θεός, ὃς γνωσθῆναι βούλεται καὶ γιγνώσκεται τοῖς ἰδίοις.

Kap 32, 19.3: αἰτουμένῳ τὸ μὴ σφαλῆναι τῆς γνώσεως.

Die Stelle 14.6 zeigt die charakteristisch gnostische Konsubstantialität (die aber, wie besprochen, im Poimandres nicht durchgehalten ist), während 13.9, 13.14, 14.1 und 14.10 die typisch hermetische
Auffassung von Gnosis aufweisen: sie ist eine Selbsterkenntnis[696].
H.D. Betz hat nun in einem Aufsatz gezeigt[697], dass die Hermetik hier
in einer Traditionskette steht, die von Platon ausgehend, über Poseidonios, Antiochos von Askalon, Cicero, Philon, Seneca, Epiktet bis zum
Neuplatonismus das bekannte delphische Γνῶθι σαυτόν immer wieder neu
interpretiert hat. Am nächsten steht dem Poimandres wieder Philon[698],
ohne dass er allerdings als unmittelbares Vorbild zu gelten hätte[699].
Das zeigt auch die ganz andere sprachliche Formulierung, z.B. sacr AC
55: μεμνημένος γὰρ τῆς ἰδίου περὶ πάντα οὐδενίας μεμνήσῃ καὶ τῆς τοῦ
θεοῦ περὶ πάντα ὑπερβολῆς oder somn I 60: ὁ λίαν καταλαβὼν ἑαυτὸν λίαν
ἀπέγνωσκε τὴν ἐν πᾶσι τοῦ γενητοῦ σαφῶς προλαβὼν οὐδένειαν, ὁ δ' ἀπο-
γνοὺς ἑαυτὸν γινώσκει τὰ ὄντα. Um den Poimandres richtig zu verstehen,
müssen wir dieser sozusagen heidnischen Komponente im hermetischen
Gnosisbegriff noch die christlich-gnostische hinzufügen:

1. Wir sahen bereits im Abs 10.3., dass das Verb ἀναγνωρίζω eine persönliche Beziehung zwischen dem Subjekt und seinem Objekt meint. Damit
   zielen die beiden Imperative in 13.9 und 14.10 in dieselbe Richtung
   wie das Reden von der Gottessohnschaft in 19.6. Die Imperative meinen also: "Der Mensch soll sich selber als Sohn Gottes erkennen!"
   Mit der Wahl dieses klassischen Verbums, das nur im Poimandres im
   Zusammenhang mit der gnostischen Erkenntnis vorkommt, wollte der
   Verfasser - wieder paganisierend - den christlichen Gehalt der
   Gnosis adaptieren.

2. Im Bezug auf den Satz 14.1 zeigten unsere Analysen von αὐτὸν (→ A 357)
   und von χωρέω (→ Abs 14.5.8) bereits den biblischen, bezw christlichen Hintergrund der beiden Wörter. Νοήσας selber steht nun im unmittelbaren Bezug zum Kap 22, wo vom Νοῦς die Rede ist, dessen

696 vgl die Uebersicht bei NOCK-FESTUGIERE I 23, A 47 sowie R. MORTLEY im RAC,
   Artikel 'Gnosis I', Sp 469 f.
697 The delphic maxim Γνῶθι σαυτόν in Hermetic interpretation. In: Harvard Theological Review 63, 1970, 465-84.
698 BETZ (→ A 697) 479-82
699 BETZ (→ A 697) 482: Der Poimandres lehnt nicht, im Gegensatz zu Philon, die
   Astrologie ab und er kennt auch nicht den typisch jüdischen Gedanken vom
   Bewahren des Gesetzes.

christlichen Hintergrund wir im Abs 11.3. herausgestellt haben. Es
überrascht daher nicht, wenn es in Corp Herm IX 10, 100.18 geradezu
heisst: τὸ γὰρ νοῆσαί ἐστι τὸ πιστεῦσαι[700]. Das νοήσας weist somit
auf die göttliche Gnade, und zwar im christlich-gnostischen Sinn.

Das bedeutet: Der Poimandres verbindet die delphische Aufforderung zur
Selbsterkenntnis mit der gnostischen Erkenntnis, die ihrerseits untrennbar verbunden ist mit der christlichen Gnadenlehre. Auch hier, im Zentrum der hermetischen Theologie, sind Christliches und Gnostisches nicht
voneinander zu trennen. Für den Poimandres bestand offenbar kein Unterschied zwischen Gnosis und Christentum, beides war für ihn ein und
dasselbe. So klärt sich auch der Widerspruch zwischen der gnostischen
Rückkehr zum Licht im Kap 32 und der mehr christlich gehaltenen Verwandlung des Menschen im Kap 26: für den Poimandres ist beides identisch.

---

[700] ganz analog Corp Herm IX 5 (98.17): nur die ὑπὸ τοῦ θεοῦ σῳζόμενοι haben an der
νόησις Anteil. Vgl auch noch die Uebersicht über den Begriff 'Glauben' im Corpus
Hermeticum bei NOCK-FESTUGIERE I 105 A 35.

Sechzehntes Kapitel
ERGEBNISSE

1. Der Poimandres ist nicht eine vom Christentum unberührte Schrift,
   sondern zeigt im Gegenteil sehr weitgehende christliche Einflüsse.
   Die Beweislage: Es sind selbstverständlich nicht alle vorgebrach-
   ten Argumente gleich schlüssig. Einige sind Analogieschlüsse, die
   - wie die Logik lehrt - nur problematische Urteile ergeben. Aber
   dort ist der christliche Einfluss gesichert, wo
   - ein Wort nur durch den christlichen Sprachgebrauch erklärt
     werden konnte (αὐθεντία, ὁμοούσιος, περιούσιον),
   - ein Begriff nur durch die christliche Komponente überhaupt im
     Zusammenhang verständlich wurde (ἦλθον, χάρις, πιστεύω, μαρ-
     τυρῶ),
   - ein Motiv religionsgeschichtlich die christliche Theologie
     voraussetzt (Hirtenmotiv, der Logos, die μετάνοια),
   - zusätzlich stilistische Anklänge an das NT, die Apostolischen
     Väter, Clemens von Alexandrien, Origines und die Apostoli-
     schen Konstitutionen vorliegen.
2. Unser Ergebnis kommt innerhalb der Forschungsgeschichte dem Standpunkt von Prümm am nächsten. Im Unterschied zu diesem sind die
   christlichen Elemente aber nicht bloss als punktuelle zu betrachten,
   sondern sie bestimmen wesentlich die ganze Schrift. Wesentlich bedeutet, dass der Poimandres theologisch eine ganz andere Aussage
   erhielte, wenn man die christlichen Elemente als Interpolationen
   aussondern würde.
3. Vom Christentum übernimmt der Poimandres das Hirtenmotiv, die monistische Tendenz (Eros und Tod gehen auf den Schöpfer zurück; keine
   Trennung zwischen dem Schöpfer- und dem Erlösergott wie in der übrigen Gnosis), die enge Relation Mensch - Gott, die in dieser Form in
   der griechischen Religion unüblich ist, den Erlösungsgedanken, die
   μετάνοια, das πνεῦμα (in der Form des νοῦς), den Gnaden- und Glaubensbegriff.
4. Bei der Uebernahme lässt der Poimandres aber auch bestimmte Züge weg,
   wie das eschatologische Weltende, die Geschichtlichkeit des Chri-
   stusereignisses, das trinitarische Gottesbild, den Sündenbegriff,
   das personale Glaubensverständnis sowie - im Zusammenhang damit -
   die gesamte christliche Ethik. Der Poimandres übernimmt somit das
   Christentum in seiner überindividuellen, theologisch geprägten Form,
   die von der Gnosis, aber auch von den Kategorien der griechischen

Philosophie bestimmt ist. Insbesondere ist auch eine grosse Nähe des
Poimandres zum theologischen System von Origines festzustellen.

5. Bestimmte christliche Vorstellungen werden vom Poimandres auch auf
   andere Grundlagen übertragen: Eigenheiten von Christus (das Κύριος-
   Sein, die Vollmacht, das Abbild-Verhältnis zum Vater, seine Schuld-
   losigkeit, sein göttliches Wollen) überträgt der Poimandres auf den
   Anthropos und später dann auf den Propheten (die Vollmacht und das
   Sendungsbewusstsein); die spiritualisiert verstandene Auferstehung
   erscheint als Hintergrund des Aufstiegs durch die Sphären.

6. Aufgrund dieser Eigenheiten wurde im Laufe der Untersuchungen immer
   deutlicher, dass im Poimandres eine Paganisierung des Christentums
   vorliegt. Dieselbe zeigt sich auch im Sprachlichen, indem der Poimandres das heidnische Wort für das entsprechende christliche ein-
   setzt (νοῦς für πνεῦμα, θεόπνους für θεόπνευστος, ἄνθρωπος für Ἀδάμ,
   Ambrosia-Wasser für Wasser des Lebens) oder indem er das heidnische
   Wort neben ein christliches setzt (περιούσιον ἀγαθὸν, ἐπίνευσον καὶ
   ἐνδυνάμωσον, ὁ τῆς αὐθεντίας νοῦς).

7. Der Verfasser des Poimandres schreibt als Heidengrieche von einem
   platonisch-philosophischen Standpunkt aus und versucht dabei, das
   Christentum (und damit auch die biblische Welt) zu adaptieren. Daraus erklären sich die Freiheiten, die er sich gegenüber der biblischen Tradition ausnimmt und die ein Jude oder ein Christ so niemals
   akzeptieren könnte. Hiefür einige Beispiele: Schöpfung mit oder ohne
   Wort, Verbindung der βουλὴ θεοῦ mit der platonischen Ideenlehre,
   keine Rückkehr des Logos zum Vater, Umwandlung des Trishagion in ein
   Enneakishagion unter Wechsel der grammatikalischen Person, Pseudo-
   semitismen (ἐν πλήθει καὶ ἐν αὐξήσει) und Pseudochristianismen
   (πατὴρ), Spiel mit der biblischen Ausdrucksweise (γεννήματα ψυχῶν,
   σκοτομαχέω, Sich-Nähren vom Ambrosia-Wasser [statt: von der Speise
   des Lebens], λογικὴ θυσία ἁγνὴ statt λογικὴ καὶ ἀναίμακτος θυσία,
   ἁγιάζω als intransitives Verb).

8. Diese Adaption des Christlichen führt in manchen Fällen zu einer Verbindung der griechischen mit den biblischen Denkkategorien, z.B.
   im Menschenbild (der Mensch ist gleichzeitig Teil des Kosmos und auf
   Gott bezogen), in der Kosmologie (die Welt ist von der Physis geschaffen und entspringt doch dem Willen Gottes) oder im Begriff des
   Bösen (das Böse ist substantiales Defizit und eine Störung der Beziehung Mensch - Gott).

9. Nur schwer lassen sich die christlichen Quellen eruieren, auf die
   der Poimandres rekurriert, weil sich ein unmittelbares literarisches
   Vorbild ihm nicht nachweisen lässt. Die Christus-Adam-Theologie, die
   Synthese zwischen dem stoischen und dem johanneischen Logosbegriff
   sowie (wahrscheinlich) der Begriff αὐθεντία sind eine Bezugnahme auf

die Spekulationen der alexandrinischen Theologen, während z.B. die
Schilderung vom Eingehen in Gott, das Beiseiteschieben der Ethik
oder die Entpersönlichung des Glaubens auf die christliche Gnosis
weisen. Zu bemerken ist allerdings, dass auch Clemens von Alexandrien sich als γνωστικὸς verstand und Origines später als gnostischer
'Ketzer' verdammt worden ist. In einigen Fällen ist auch eine deut-
liche Bezugnahme auf das Evangelium, und zwar in erster Linie auf
das Johannesevangelium, zu beobachten, beispielsweise in der Anlage
des ganzen Schlusses. Der Titel 'The gospel of Poimandres', den
Dodd seinen Untersuchungen des Poimandres gegeben hatte, traf intuitiv doch das Richtige, auch wenn Dodd das christliche Element über-
sah: Wir können heute mit guten Gründen den Poimandres als (theologisches) PAGANISIERTES EVANGELIUM bezeichnen.

10. Ein weiteres wichtiges Ergebnis besteht darin, dass der Poimandres
nur in einem erweiterten Sinn als gnostische Schrift zu gelten hat.
Sein eigentliches Anliegen ist die γνῶσις θεοῦ diesseits jeglicher
Weltanschauung. Seine Welthaltung ist daher mit derjenigen des Jo-
hannesevangeliums verwandt: nicht gnostische Weltverachtung oder
Welthass, sondern Abkehr von der Welt im Sinne einer Weltüberwindung,
ohne dass diese Welt deswegen verteufelt werden müsste. Das Weltbild
des Poimandres liegt daher diesseits einer positiven oder negativen
Kosmologie. Dazu tritt noch, dass der Poimandres nicht zwischen
Gnosis und Christentum differenziert; beides war für ihn dasselbe.

11. Abschliessend muss noch erwähnt werden, dass die christlichen Begriffe und Motive im Poimandres fast immer verblasst sind, weil er sie
nicht weiterentwickelt oder in einen grösseren Zusammenhang stellt.
Insofern bildet der Poimandres - wie die Hermetik überhaupt - ein
Musterbeispiel für eine Literatur, die vorwiegend mit abgesunkenen
Begriffen[701] arbeitet. Auch aus diesem Grund muss er die christlichen Elemente übernommen haben; er hat sie keinesfalls selbstständig
entwickelt.

---

701 Zum Phänomen des Absinkens der Begriffe ist immer noch grundlegend: NICOLAI HART-
MANN, Das Problem des geistigen Seins, Berlin 1962[3], p. 499 ff.

Siebzehntes Kapitel
GESCHICHTLICHE EINORDNUNG

1. Bezüglich der Datierung des Poimandres haben wir im Laufe der Untersuchungen verschiedene Anhaltspunkte gewinnen können: Das (christliche) Hirtenmotiv sowie die Synthese zwischen dem stoischen und
dem christlichen Logosbegriff erlauben uns keine Datierung vor dem
Ende des 2. Jhs. Begriffe wie ὁμοούσιος, αὐθεντία, ἀνθρωπότης sowie
die Korrelation νοῦς - λόγος zur Bezeichnung von Gottvater und Gott-
sohn wiesen uns zur alexandrinischen Theologie. Entscheidend ist
aber, dass die Identifikation von Christus mit Adam sowie die Eschatologie den theologischen Spekulationen von Origines überaus nahe
verwandt sind und dass eine heidnische Lehre vom Aufstieg der Planetenseele erst nach der Blütezeit der gnostischen Systeme um 200
n. Chr. belegt ist. Wir müssen daher den Poimandres in die Wirkungs-
zeit des Origines selber setzen, also etwa in die Mitte des 3. nachchristlichen Jahrhunderts. Als Entstehungsort drängt sich - nicht
zuletzt wegen dieser inneren Verwandtschaft mit der alexandrinischen
Theologie - Alexandrien geradezu auf, da diese Stadt einen idealen
Ort darstellte zur Begegnung der verschiedensten religiösen Strömungen untereinander.

2. Mit den obigen Bestimmungen gewinnen wir für den Poimandres erstmals
auch einen Sitz im Leben: Er gehört offenbar hinein in die geistigen
Auseinandersetzungen in Alexandrien seit dem Ende des 2. Jhs. Nach
dem Bar Kochba-Aufstand (135 n. Chr.) war die Judengemeinde in Alexandrien verschwunden und durch gnostisierende Gruppen abgelöst worden,
die zumindest nach aussen hin als Christen erschienen. Diese Gnosis
hat sicher in den gebildeten Kreisen mehr für das Christentum mis-
sionarisch gewirkt als das einfache Kirchenchristentum, weil sie
durch die Uebernahme philosophische Begriffe dem Heidentum entgegenkommen konnte. Dass das gnostisierende Christentum sogar bis in die
höchsten Schichten vordringen konnte, zeigen Männer wie Bardesanes
von Edessa (154 - 222) und Julius Africanus (3.Jh.). Mit dem Wirken
von Clemens von Alexandrien und von Origines bestand dann vollends
die Gefahr, dass die griechische Philosophie vom Christentum verein-
nahmt wurde; dem setzt nun der Poimandres ein Gegengewicht gegenüber,
indem er christliche Theologie ins Heidnische überführt. Sein teil-
weiser Rückgriff auf das Johannesevangelium ist dabei nicht zufällig,
denn dieses Evangelium ist in Aegypten von Anfang an vor allen anderen
am häufigsten verwendet worden[702]. Auch die griechischen Gebildeten

haben sich in erster Linie für dieses Evangelium interessiert, so
Celsus und Porphyrios[703].

3. Daraus ergibt sich noch eine weitere Möglichkeit der Einordnung:
Es ist auffällig, wie mit dem 2. nachchristlichen Jahrhundert auch
auf heidnischer Seite zunehmend ein Interesse an der jüdisch-christlichen (d.h. gnostischen) Tradition erwachte, das vorher so nicht
vorhanden war. Numenios, Celsus und Galen kennen die LXX und das
Christentum. Auch für Plotin, der ja ebenfalls aus Alexandrien
stammt, war die (christliche) Gnosis so gefährlich geworden, dass
er - wie auch der Poimandres - sich mit ihr auseinandersetzen musste.
Sein entschiedener Widerspruch traf gerade ihre radikale Weltverachtung: dieser Kosmos ist schön und gut. Wollte nun ein 'Anhänger'
Plotins von der christlichen Gnosis möglichst viel bewahren, nicht
zuletzt wegen des Erlösungsgedankens, der auch im Neuplatonismus
eine wichtige Rolle spielt, so musste er zwangsläufig zur Theologie
des Poimandres gelangen. Dessen Paganisierung wäre somit nicht
primär eine Bewahrung des Heidnischen vor dem Christlichen, sondern
eine Rettung des Christlichen im Heidnischen.

---

702 vgl D.H. ROBERTS, Manuscript, Society and Belief in Early Christian Egypt, 1979.
703 vgl H. DOERRIE, Une exégèse néoplatonicienne du prologue de l'Evangile selon
St. Jean, in: Platonica Minora, 491 ff.

Achtzehntes Kapitel
ASPEKTE DER FORSCHUNG

1. Das vorliegende Forschungsergebnis verlangt ein tiefgreifendes Umden-
ken in der weiteren Forschung, denn seit und durch Reitzenstein hat
sich die Meinung allgemein durchgesetzt, dass die frühchristliche
Literatur von den Hermetica abhängig sein müsse, sodass die umge-
kehrte Möglichkeit kaum je in Betracht gezogen worden ist. Und dennoch kann nur diese verschiedene Ungereimtheiten klären, die bis
heute stehen geblieben sind:
- Der Platonismus, den Festugière in den Hermetica festgestellt hat,
  entspricht eigentlich nicht mehr den ursprünglichen Intentionen
  Platons, denn er stellt mit den Fragen 'Woher bin ich? Wohin gehe
  ich? Woher kommt das Böse? Was heisst Erlösung?' Problemstellungen
  in den Vordergrund, die Platon selber nur am Rande gestreift hatte. Es ist eben der religiös bestimmte Platonismus der alexandrinischen Theologen, den wir hier im Poimandres antreffen und der
  auch wesentlich die Fragestellungen der Philosophie Plotins bestimmt hat.
- Die bisherige Forschung hat die Hermetica überwiegend spät datiert
  (2., 3. oder 4. Jh. n. Chr.); dann bleibt aber unverständlich, warum der Poimandres ausgerechnet Anleihen beim Judentum vorgenommen
  hat zu einem Zeitpunkt, da es keine geschlossene geistige und politische Macht mehr darstellte. Der Widerspruch löst sich, wenn
  wir die jüdischen Elemente als christliche erkennen.
- Es ist auffällig, dass die antike heidnische Literatur kaum je
  auf die Hermetica Bezug genommen hat, hingegen durchaus die christliche (Tertullian, Cyrill von Alexandrien, Laktanz, Augustin). Das
  ist nur dadurch erklärbar, dass die Patres die innere Verwandtschaft dieser Theologie mit der ihren bemerkt haben und sich daher
  mit ihr auseinandersetzen mussten. Allerdings haben sie die wahren
  Verhältnisse nicht durchschaut und die Hermetik immer als eine
  Vorläuferin ihrer eigenen Theologie verstanden; dies erklärt sich
  aber aus der apologetischen Tendenz der Patres, die darauf hinaus-
  lief, überall in der heidnischen Literatur Vorformen des Christentums zu entdecken.
- Der antiken Rezeption der Hermetika entspricht die heutige For-
  schungslage: Mit dieser Literatur haben sich bis jetzt fast ausschliesslich die Theologen beschäftigt, kaum je die Altphilologen.
  Die Begründung liegt darin, dass die Hermetik Wesentliches vom

Christentum übernommen hat, für das sich die Klassische Philologie
nicht zuständig fühlt. Martin P. Nilsson traf hier das Richtige,
als er abschliessend über die Hermetik urteilte (II 602): "Das
Kleid ist griechisch, der Geist ein fremder". Dieser Geist ist
der Geist des Christentums, der als solcher der griechischen Religion eigentlich unbekannt ist.

2. Mit unserem Ergebnis sinkt nun der heuristische Wert des Poimandres
für die neutestamentliche Theologie: Es sind von ihm keine Aufschlüsse mehr für die Entwicklung der paulinischen und johanneischen Theologie zu erwarten, da er nicht mehr das Vorbild sein kann. Hingegen
steigt sein Wert für die Kirchen- und Dogmengeschichte: Er ist nun
vielmehr Spiegelbild der religiösen und theologischen Strömungen
innerhalb des Christentums der ersten nachchristlichen Jahrhunderte.
Er öffnet uns auch den Blick auf das Gebiet der Gegenreaktion des
Heidentums auf das Christentum und der Einwirkung des Christentums
auf das Heidentum selber. Dieses Gebiet ist aber noch wenig erforscht,
da es weder in den Zuständigkeitsbereich der Theologie noch der
Klassischen Philologie fällt. Auch aus diesem Grund ist die Möglichkeit der Abhängigkeit der Hermetik vom Christentum nie ernsthaft erwogen worden.

3. Am gravierendsten ist unser Ergebnis aber für die Gnosisforschung:
Mit dem Poimandres fällt nun die Hauptstütze für die Existenz einer
vorchristlichen Gnosis weg. Die Gnosis ist offenbar nicht ein - leicht
abtrennbarer - Fremdkörper im Christentum, sondern gehört wesentlich zu ihm. Ein sehr starkes Indiz für diese These haben wir im
Gnosisverständnis des Poimandres selber: Für ihn bestand kein Unterschied zwischen Gnosis und Christentum, für ihn war beides dasselbe.
Dieses Urteil darf über die Belange der Hermetik hinaus objektive
Gültigkeit für sich beanspruchen, weil der Poimandres als 'heidnische' Schrift sich das Christentum nur so aneignen konnte, wie es
sich ihm äusserlich präsentierte. Wir können somit auch sagen: Der
Poimandres konnte die Gnosis nur als christliches Amalgam übernehmen,
weil das Christliche zur Gnosis gehört; es gab keine vorchristliche,
heidnische Gnosis.

ABKUERZUNGEN

(Hier nicht aufgeführte Abkürzungen folgen dem Abkürzungsverzeichnis
im ThWNT X 1, p. 53-85 oder sind von sich aus verständlich)

A	= Anmerkung
Abs	= Abschnitt der vorliegenden Untersuchungen
Albinos	did = didaskalikos (zitiert nach C.B. Louis, Paris 1945)
Apg	= Apostelgeschichte
Apkr J	= Apokryphon des Johannes (zitiert nach der Uebersetzung von W. Foerster, Die Gnosis I. Zeugnisse der Kirchenväter. Zürich 1979[2], p. 141-61)
Aristoteles	long = de longaevitate
	Met = Metaphysik
Athan Al	= Athanasius Alexandrinus (259 - 373)
	Ar = orationes adversus Arianos M 26.12
	decr = de decretis Nicaenae synodi M 25.416
	gent = contra gentes M 25.4
	inc = de incarnatione M 25.96
	pass = homilia de passione et cruce domini M 28.186
	virg = de virginitate M 28.252
Βασ	= die Bücher Samuel und Könige in den LXX
Bauer	- W. Bauer, Wörterbuch zum neuen Testament. Göttingen 1963[5]
Blass-Debrunner	= F. Blass - A. Debrunner - Rehkopf, Grammatik des neutestamentlichen Griechisch. Göttingen 1976[14]
Burkert	= W. Burkert, Griechische Religion der archaischen und klassischen Epoche. Stuttgart 1977
CCAG	= Catalogus Codicum Astrologorum Graecorum, hsg von F. Boll, F. Cumont, G. Kroll ua. 1898 ff
Chantraine	= P. Chantraine, Dictionnaire étymologique de la langue grecque. Paris 1968 ff
Chr	= die Bücher Chronik nach der Masora
Cl Al	= Clemens Alexandrinus († 215 n. Chr.)
	exc ex Theod = excerpta ex Theodoto
	paed = paedagogus

	protr = protrepticus
	str = stromateis
const Apost	= constitutiones Apostolicae (zitiert nach: F.X. Funk, Didascalia et Constitutiones apostolicae. 1905. Bei Migne: Bd 1, 995 ff)
Cyrillus	= Cyrillus Alexandrinus († 444 n. Chr) expl XII cap = explicatio duodecim capitum, hsg von Ed. Schwartz, Acta Conciliorum Oecumenicorum. Berlin und Leipzig 1924-40.
Dodd	= C.H. Dodd, The Bible and the Greeks (→ Bibliographie)
Eccl	= Ecclesiastes (LXX)
Esdr	= Esdrae (LXX)
Festugière I II III IV	→ Bibliographie
Foerster	→ Bibliographie
Frisk	= H. Frisk, Griechisches etymologisches Wörterbuch. Heidelberg 1954
Gal	= Galaterbrief
Gen	= das Buch Genesis nach der Masora
Grese	→ Bibliographie
Haenchen	→ Bibliographie
Heinrici	→ Bibliographie
herm Def	= hermetische Definitionen (→ Bibliographie: J.P. Mahé)
HWPh	= Historisches Wörterbuch der Philosophie, hsg von J. Ritter. Basel/Stuttgart 1971 ff
J	= Johannesevangelium
Jansen	→ Bibliographie
Jes	= Jesaja
Joh	= Johannesbrief
Jonas	→ Bibliographie
Justin	= Justinus Martyr († 165 n. Chr); zitiert nach J.C.Th.v.Otto, 1876-1881 (3. Aufl.) 1/2 ap = apologiae Buch 1/2 conf = confutatio quorundam Aristotelis dogmatum dial = dialogus cum Tryphone Judaeo
Justinian	= Iustinianus imperator 482-565 conf = confessio rectae fidei adversus tria capitula M 86.993
Kap	= Kapiteleinteilung des Poimandres nach Nock-Festugière
Klein	→ Bibliographie

Kol	= Kolosserbrief
Kor	= Korintherbrief
Kroll	= J. Kroll, die Lehren...(→ Bibliographie)
Lampe	= G.W.H. Lampe, A Patristic Greek Lexicon. Oxford 1961
LSJ	= Lidell-Scott-Jones, A Greek-English Lexicon. Oxford 1968
M	= J.P. Migne, Patrologia Graeca. Paris 1857-66
Makrob	in somn = commentarii in somnium Scipionis, ed I. Willis. Leipzig 1963
Nestorius	= Nestorius Constantinopolitanus († 451) frg = fragmenta, ed F. Loofs, Nestoriana. Halle 1905, p. 165 ff
NHC	= Nag-Hammadi-Corpus. Zitiert nach der Faksimile-Ausgabe. Leiden 1972-79:

Erste Zahl (römisch) = Nummer des Codex

Zweite Zahl   = Nummer des Traktats innerhalb des Codex

Dritte Zahl   = Seitenzahl

Vierte Zahl   = Zeilenzahl

Englische Uebersetzung von J.M. Robinson, The Nag Hammadi Library in English. Leiden 1977.

Für Einzelausgaben und -übersetzungen vgl Siegert p. XVII ff

Nilsson I/II	= M.P. Nilsson, Geschichte der griechischen Religion. München I^3 1967; II^2 1961, II^3 1974
Nock-Festugière	→ Bibliographie
Norden	→ Bibliographie
Orig	= Origines (185-254 n. Chr). Zitiert ist nach den bei Lampe p. XXXV f aufgeführten Ausgaben.

c Cels = contra Celsum

hom in Jos = homiliae in Josuam

Jo = commentarii in Johannem

mart = exhortatio ad martyrium

or = de oratione

princ = de principiis (zitiert nach H. Görgemanns-H. Karpp. Darmstadt 1976)

ps = fragmenta in Psalmos

sel in Gen = selecta in Genesim

sel in Ps = selecta in Psalmos

Pearson	→ Bibliographie

Philonenko   → Bibliographie
Pohlenz   = M. Pohlenz, die Stoa. Göttingen 1964³.
Preisigke   = F. Preisigke, Fachwörterbuch der griech.
                                      Papyrusurkunden, Berlin 1925-31.
Prümm   → Bibliographie
Ps   = der Psalter nach der Zählung der Masora
ψ   = der Psalter nach der Zählung der LXX
Quispel, Gnosis   Bibliographie
RAC   = Reallexikon für Antike und Christentum.
                                      Hsg von Th. Klauser. Stuttgart 1941 ff
RE   = Paulys Realencyklopädie der classischen
                                      Altertumswissenschaft
Reg   = die Bücher der Könige nach der Masora
Reitzenstein   = R. Reitzenstein, Poimandres (→ Bibliographie
Reitzenstein HMR   = idem, die hellenistischen Mysterienreli-
                                      gionen (→ Bibliographie)
Reitzenstein-Schaeder   = iidem, Studien... (→ Bibliographie)
RGG   = Die Religion in Geschichte und Gegenwart,
                                      hsg von K. Galling. Tübingen 1957-62³
Riessler   = P. Riessler, Altjüdisches Schrifttum aus-
                                      serhalb der Bibel. Heidelberg 1979⁴
Röm   = Römerbrief
Rudolph   → Bibliographie
Schenke   → Bibliographie
Scott II   → Bibliographie
Siegert   = F. Siegert, Nag-Hammadi-Register. Tübingen
                                      1982
Sophocles Lex   = E.A. Sophocles, Greek Lexicon of the Roman
                                      and Byzantine Periods. New York/Leipzig 1888
Spicq I II III   = Ceslas Spicq, O.P., Notes de léxicographie
                                      néo-testamentaire. Fribourg/Göttingen
                                      I 1978; II 1978; III 1982
Str-B I-IV   = H.L. Strack - P. Billerbeck, Kommentar zum
                                      NT aus Talmud und Midrasch, München 1961³.
SVF   = Stoicorum veterum fragmenta, ed I. v. Arnim.
                                      Stuttgart 1978
Test Levi   → ThWNT X 1, p. 82 (Test XII)
ThWAT   = Theologisches Wörterbuch zum alten Testa-
                                      ment, hsg von E. Jenni und C. Westermann.
                                      München-Zürich 1971
ThWNT   = Theologisches Wörterbuch zum neuen Testa-
                                      ment, hsg von G. Kittel, Stuttgart 1933 ff
Zielinski   → Bibliographie ('Hermes und die Hermetik I')

BIBLIOGRAPHIE

Die Bibliographie bringt die Literatur zum Poimandres vollständig (seit REITZEN-STEIN), die übrige nur soweit sie den Poimandres eingehender behandelt. Eine umfassende Uebersicht über die Literatur zur Hermetik findet sich jetzt bei A. GONZALEZ BLANCO: *Hermetism. A Bibliographical Approach.* In: Aufstieg und Niedergang der römischen Welt, II 17.4, p. 2240 ff.

BETZ, Hans Dieter: *The Delphic Maxim* γνῶθι σαυτὸν *in Hermetic Inter-pretation.* In: Harvard Theological Review 63 (1970), 465-84

BOUSSET, Wilhelm: *Hauptprobleme der Gnosis.* Göttingen 1907.

— *Rezension von 'Die Lehren des Hermes Trismegistos' von J. Kroll.* In: Göttingische Gelehrte Anzeigen 176 (1914), 697-755.

BRAEUNINGER, Friedrich: *Untersuchungen zu den Schriften des Hermes Tris-megistos.* Dissertation Berlin 1926.

BRAUN, François Marie: *Hermétisme et johannisme.* In: Revue thomiste 55 (1955) 26-42, 259-290.

— *L'arrière-fond du IVe évangile.* In: L'évangile de Jean. Paris 1958, 179-96. (Bringt auf p. 196 f. einige Bemerkungen zu möglichen Beziehungen zwischen dem Evangelisten und der Hermetik)

COLPE, Carsten: *Die religionsgeschichtliche Schule. Darstellung und Kritik ihres Bildes vom gnostischen Erlösermythos.* Göttingen 1961. (Bringt auf p. 12-16 Colpes Kritik am Anthroposmythos von Reitzenstein)

— RAC-Artikel *'Gnosis II,* p. 538 ff (Poimandres: p. 630 f.).

DERCHAIN, Philippe: *L'Authenticité de l'inspiration égyptienne dans le Corpus Hermeticum.* In: Revue de l'histoire des Religions 161 (1962), 175-98.

DIBELIUS, Otto: *Poimandres.* Zeitschrift für Kirchengeschichte 26 (1905), 167-189.

DODD, Charles Harold: *The bible and the Greeks.* London 1935.

— *The Interpretation of the Fourth Gospel.* Cambridge 1953. (Bespricht p. 10-53 die Parallelen aus der hermetischen Literatur zum 4. Evangelium mit einer Liste aus dem Poimandres p. 34 f)

DORESSE, Jeanine: *Hermès et la gnose.* In: Novum Testamentum 1 (1956), 54-69. (Behandelt die Beziehungen zwischen den neuen koptischen Funden und dem Corpus Hermeticum)

FALK, Maryla: *L'equazione ellenistica Logos-Anthropos.* In: Studi e Materiali di storia delle religioni 13 (1937), 166 ff. (Versucht den Anthropos und den Logos im Poimandres auf indische religiöse Spekulationen zurück-zu führen)

FESTUGIERE, André-Jean: *La Révélation d'Hermès Trismégiste.*
    Vol I: *L'astrologie et les sciences occultes.* Paris 1944[1], 1950[2].
    Vol II: *Le dieu cosmique.* Paris 1949.
    Vol III: *Les doctrines de l'âme.* Paris 1953.
    Vol IV: *Le dieu inconnu et la gnose.* Paris 1954.

FOERSTER, Werner: *Poimandres* (Uebersetzung mit Einleitung). In: Die Gnosis I. Zeugnisse der Kirchenväter. Hsg von W. Foerster, Zürich 1979[2].

GAERTNER, Bertil E.: *The Pauline and Johannine Idea of 'To Know God' against the Hellenistic Background: The Greek Philosophical Principle*

'Like by Like' in *Paul and John*. In: New Testament Studies 14 (1968) 209-31.

GONZALEZ, Blanco A.: *Misticismo y eschatologia en el Corpus Hermeticum*. In: Cuadernos de Filologia Classica 5 (1973), 313-360.

GRESE, William C.: *Corpus Hermeticum XIII and early Christian literature*. Leiden 1979. (Untersucht die Beziehungen zur christlichen Literatur, bleibt aber auf dem Standpunkt von Reitzenstein)

— *The Hermetica and New Testament Research*. In: Biblical Research 28 (1983), 37-54.

GUNDEL, Hermann: *Poimandres*. In: RE XXI 1, Sp. 1193-1207.

HAENCHEN, Ernst: *Aufbau und Theologie des Poimandres*. In: Gott und Mensch. Gesammelte Aufsätze. Tübingen 1965, p. 335-77.

HEINRICI, Carl Friedrich Georg: *Die Hermes-Mystik und das Neue Testament*. Hsg von Ernst von Dobschütz, Arbeiten zur Religionsgeschichte des Urchristentums, Bd I. Leipzig 1918.

JANSEN, H. Ludin: *Die Frage nach Tendenz und Verfasserschaft im Poimandres*. In: Proceedings of the international Colloquium on Gnosticism Stockholm 1973, hsg von Geo Widengren. Stockholm 1977, 157-63.

JONAS, Hans: *Gnosis und spätantiker Geist. Teil I: Die mythologische Gnosis*. Göttingen 1964[3].

KLEIN, Franz-Norbert: *Die Lichtterminologie bei Philon von Alexandrien und in den hermetischen Schriften*. Untersuchungen zur Struktur der religiösen Sprache der hellenistischen Mystik. Leiden 1962.

KREBS, Ernst: *Der Logos als Heiland im ersten Jahrhundert*. Ein religions- und dogmengeschichtlicher Beitrag zur Erlösungslehre. Mit einem Anhang: *Poimandres und Johannes*. Kritisches Referat über Reitzensteins religionsgeschichtliche Logosstudie. Freiburger Theologische Studien II. Freiburg 1910.

KROLL, Josef: *Die Lehren des Hermes Trismegistos*. Münster 1914. 1928[2].

KROLL, Wilhelm: *Hermes Trismegistos*. In: RE VIII, Sp. 792-823.

LAGRANGE, Marie-Joseph: *L'hermétisme*. In: Revue biblique 33 (1924), 481-97; 34 (1925), 82-104, 368-96, 547-74; 35 (1926), 240-64.

LATTE, Kurt: *Poimandres*. In: Religion in Geschichte und Gegenwart. Bd IV[2] (1930), Sp. 1309.

MAHE, Jean-Pierre: *Le sens et la composition du traité hermétique 'L'Ogdoade et l'Ennéade', conservé dans le codex VI de Nag Hammadi*. In: Revue des sciences religieuses 48 (1974), 54-65.

— *Hermès en Haute-Egypte. Les textes hermétiques de Nag Hammadi et leurs parallèles grecs et latins*. Tome I. Québec 1978. (Enthält die Edition von NHC VI 6 und 7)

— *Hermès en Haute-Egypte. Le fragment du 'discours parfait' et les 'définitions' hermétiques arméniennes*. Tome II. Québec 1982.

MOORSEL, Gerard van: *The Mysteries of Hermes Trismegistus*. Dissertation Utrecht 1956.

— *Die Symbolsprache in der hermetischen Gnosis*. In: Symbolon 1 (1960), 128-37.

NILSSON, Martin P.: *Die Hermetik*. In: Geschichte der griechischen Religion, Band II, Handbuch der Altertumswissenschaft V 2.2. München 1974[3], p. 582 ff.

NOCK, Arthur Darby und FESTUGIERE, André-Jean: *Hermès Trismégiste*.
Bd. I: *Poimandrès. Traités II - XII*
Bd. II: *Traités XIII - XVIII. Asclépius*.
Bd. III: *Fragments extraits de Stobée I - XXII*.

Bd. IV: *Fragments extraits de Stobée XXIII - XXIX. Fragments divers.* Paris 1938 ff. 1960[2].

NORDEN, Eduard: *Agnostos theos.* Leipzig 1923.

PEARSON, Birger A.: *Jewish elements in Corpus Hermeticum 1.* In: Studies in Gnosticism and Hellenistic Religions pres. to Gilles Quispel.... Leiden 1981, 336-48.

PHILONENKO, Marc: *Le Poimandrès et la liturgie juive.* Les Syncrétismes dans les religions de l'antiquité: Colloque de Besançon (22-23 Oktober 1973), p. 204-11. Hsg von Françoise Dunand und Pierre Lévêque in: Etudes préliminaires aux religions orientales dans l'empire Romain, vol 46. Leiden 1975.

— *Une utilisation du Shema dans le Poimandrès.* In: Revue d'Histoire et de Philosophie Religieuses 69 (1979) 369-372.

PRUEMM, Karl: *Religionsgeschichtliches Handbuch.* Freiburg im Breisgau 1943. (Behandelt p. 540 ff die gesamte Hermetik)

PULVER, Max: *Die Licht-Erfahrung im Johannes-Evangelium, im Corpus Hermeticum und in der Ostkirche.* In: Eranos-Jahrbuch 10 (1943), p. 253-295.

QUISPEL, Gilles: *Der gnostische Anthropos und die jüdische Tradition.* In: Eranos-Jahrbuch 22 (1953), 195-234.

— *Gnosis.* In: Die orientalischen Religionen im Römerreich. Hsg von M.J. Vermaseren. Leiden 1981.

REITZENSTEIN, Richard: *Poimandres.* Studien zur griechisch-ägyptischen und frühchristlichen Literatur. Leipzig 1904 (Neudruck Darmstadt 1966: Wissenschaftliche Buchgesellschaft).

— *Die hellenistischen Mysterienreligionen nach ihren Grundgedanken und Wirkungen.* Leipzig 1927[3] (Neudruck Darmstadt 1966: Wissenschaftliche Buchgesellschaft).

— und SCHAEDER, Hans: *Studien zum antiken Synkretismus aus Iran und Griechenland.* (Studien der Bibliothek Warburg, Bd 7). Leipzig und Berlin 1926.

RIES, Jean (éd.): *Gnosticisme et monde hellénistique.* Paris 1982.

RUDOLPH, Kurt: *Die Gnosis.* Wesen und Geschichte einer spätantiken Religion. Göttingen 1980[2].

SAVIGNAC, Jean de: *Quelques problèmes de l'ouvrage dit le pasteur d'Hermas.* In: Etudes Théologiques et Religieuses 25 (1960), 159-70.

SCHENKE, Hans Martin: *Der Gott 'Mensch' in der Gnosis.* Göttingen 1962.

SCOTT, Walter: *Hermetica.* The ancient Greek and Latin writings which contain religious or philosophic teachings ascribed to Hermes Trismegistus.
Vol I: *Introduction, Text and Translation.*
Vol II: *Notes on the Corpus Hermeticum.*
Vol III: *Notes on the Latin Asclepius and the Hermetic excerpts of Stobaeus.*
Vol IV: *Testimonia, with introduction, addenda and indices* by A.S. FERGUSON.
Oxford 1924-36.

SHIBATA, Y.: *The place of cosmogony in Poimandres.* In: Journal of classical Studies, Kyoto, 28 (1980), 77-87.

SKRINJAR, A.: *Theologia epistolae 1 Jo comparatur cum philonismo et hermetismo.* In: Verbum Domini 46 (1968), 224-34.

SOUSEDIK, S.: *Hermes Trismegistos. Poimandres.* In: Zprávy Jednoty Klasických Filologů, Prag, 22 (1980), 46-58. (mit Uebersetzung des Poimandres ins Tschechische)

TROEGER, Karl-Wolfgang: *Die hermetische Gnosis.* In: Gnosis und Neues
    Testament. Studien aus Religionswissenschaft und Theologie, p. 97 -
    119. Berlin 1973.

STEUR, Karl: *Poimandres en Philo.* Dissertation Nijmegen 1935.

ZIELINSKI, Thaddeus: *Hermes und die Hermetik I: Das hermetische Corpus.*
    In: Archiv für Religionswissenschaft 8 (1905), 321-72.

—— *Hermes und die Hermetik II: Der Ursprung der Hermetik.* In: Archiv
    für Religionswissenschaft 9 (1906), 25-60.

STELLENREGISTER
(zitiert sind die Seiten)

GRIECHISCHE UND ROEMISCHE LITERATUR

Aetius (DIELS, Doxogr Gr)

   I 3, 20: 99
   II 9, 10: 123

Aischylos

   Agamemnon

      182: 187
      581: 187

   Eumeniden

      91: 16

   Prometheus

      444: 106

Albinos

   didaskalikos (LOUIS)

      IV 6: 46
      IX 1: 52
       X 2: 26
       X 3: 185
       X 4: 185
      XII 2: 41

Anaxagoras (DIELS-KRANZ)

   B 12: 26

Anaximander (DIELS-KRANZ)

   A 10: 41

Apuleius

   apologia

      54: 186

Aristophanes

   aves 1447: 10
   ranae 456: 35

Aristoteles

   Ethica Eudemica

      1249b 16 ff: 14

   Metaphysica

      1047a 30 - b 2: 77
      1048b 29 ff: 77
      1069b 12: 122
      1072a 25: 77

   Meteorologica

      229a 11-13: 67
      342a 17-35: 67

   Poetica

      1453a 4: 80

   Fragmenta (ROSE[3])

      frg 49: 26

Atticus Platonicus

   bei Euseb praep ev XV 12,2: 67

Catalogus Codicum Astrologorum Graecorum

   VIII 2, 154-157: 143
   VIII 2, 172-176): 143

Celsus

   bei Orig c Cels VII 9 ff: 166 ff
               VII 36: 11

Cicero

   de legibus

      I 7, 23: 189 f

   somnium Scipionis

      17: 125
      26: 106

Damaskios

   in Phaedonem (WESTERINK)

      I 129: 80

Dio Cassius

   Fragmenta (BOISSEVAIN)

      frg 102.12: 21

Diogenes Laertius

   vitae III 69: 41

Empedokles (DIELS-KRANZ)

   B 106: 123

Epiktet

   dissertationes

      I 3,2: 190
      I 6,16: 183
      I 9,6: 190
      I 13,3: 189
      I 14,12: 113
      I 19,9: 190
     III 24, 110: 195
     III 26, 28: 195

GRIECHISCHE UND ROEMISCHE LITERATUR

Euripides

Bacchae 534: 187
Iphigenia Aulid. 1218 f: 34 f.
Supplices 442: 22
Trag Graec Frg 495 (SNELL): 34

Galenus

de usu partium (HELMREICH)
IX 14: 55

Heraklit (DIELS-KRANZ)

B 119: 123

Herodot

I 117: 22

Hesiod

opera et dies

60 ff: 76
80 ff: 76
287 ff: 157 f.
339: 34

Himerios

orationes

39,8: 16 f.

Homer

Ilias

I 528: 186
II 243: 16
XVIII 518 f: 12

Odyssea

XVI 23: 34

Jamblichos

de mysteriis (PARTHEY)

II 7: 117
VIII 3: 37

Julianus Apostata

oratio IV 142c ff: 139

Longos

Daphnis 2,5,3: 16

Macrobius

in somnium Scipionis

I 11: 132
I 12,14: 76
I 19,2: 127 f.

Mark Aurel

II 17,4: 122
II 17,5: 122
IV 5: 122
V 27: 113
VII 18: 122

Numenios (DES PLACES)

frg 2: 11
frg 11: 82
frg 12: 62
frg 16: 62
frg 17: 26, 62
frg 20: 62

Oracula Chaldaica (DES PLACES)

frg 90: 117

Orphicorum fragmenta (KERN)

frg 34: 79
frg 209-215: 79
Λύρα bei Varro: 125 f.

Ovid

Met I 9: 42
I 21: 42

Parmenides (DIELS-KRANZ)

B 1: 29, 38
B 7: 29

Phrynichos Atticista

eclogae (RUTHERFORD) 96: 22

Platon

leges

657a: 9
844d: 187
897b: 26

Phaedo

65b : 10
66b : 10
66e : 107
73c : 9
78d : 122
79d : 10
107d: 123
108b: 117

Phaedrus

247c: 52
255d: 78
279a: 10

Philebus

28c: 26

Politicus

271e: 16
275c: 16

Protagoras

321d: 76
322a: 76

GRIECHISCHE UND ROEMISCHE LITERATUR

GRIECHISCHE UND ROEMISCHE LITERATUR

Xenophon

anabasis VII 8,1: 127
Cyropaedia I 1,1: 9
           V 3, 43: 176
memorabilia II 1, 20 ff: 158

Zauberpapyri (PREISENDANZ)

IV 523: 197
IV 696: 11
XIII 141: 24
XIII 351: 24
XIII 388: 24

Zosimus historicus (PASCHOUD)

II 33,3 (p. 106.22): 21

ALTES TESTAMENT

Deuteronomium

6,5: 169
32,6: 190
32,19: 190
32,39: 14

2 Esra (LXX)

19,5: 181

Exodus

4,22: 190

Ezechiel

1,1 ff: 28
34, 23 f: 18

Genesis

1,1: 45
1,2: 41, 43, 44, 51
1,3: 32
1,4: 68
1,7: 68
1,11: 68
1,20: 68
1,24: 68
1,28: 75, 104
2,1 ff: 90, 91
2,6: 96
2,20-22: 104
3,19: 92

Haggai

1,13: 27

Hiob

7,20: 17

ALTES TESTAMENT

Hosea

10,12: 57

Jeremias

3,4: 190
21,8: 159

Jesaja

6,1: 11, 28
6,3: 171, 176
7,9: 192
41,25-27: 14
43,1: 12
44,24: 177
63,16: 190
64,7: 190

Könige

1 Könige (LXX) 15,22: 43
1 Könige (MASORA) 22,19: 28

Maleachi

2,10: 190

Numeri

6,25: 172

Nehemia

9,5: 181

Psalmen (LXX)

96, 5+9: 176
104, 42: 104
120, 4: 82

Psalmen (MASORA)

24, 1: 177
103, 19: 177

Sprüche

6, 23: 159
15, 24: 159

JUDENTUM (mit Apokryphen und Pseudo-epigraphen)

Henoch, äth.

61,6: 140
72-82: 33

Henoch, slav.

1,4: 12
1,4 + 6-7: 28
24 ff: 59, 71
25,4: 32

FRUEHCHRISTLICHE LITERATUR

Pastor Hermae (Forts.)

similitudines (Forts.)

        IX 5,6: 22
        IX 6,1: 12
        IX 10,6: 138
        IX 13,2: 141
        IX 24,4: 165

visiones

        IV 1,3: 150
        V 1: 28
        V 2: 115
        V 4: 28

KIRCHENVAETER (auch Apologeten)

Arnobius

adv gentes II 16+28: 132

Aristides

apol 17,4: 150

Athanasius Alexandrinus

de decretis Nicaenae synodi

        14: 142

contra gentes

        42: 43

de incarnatione

        31.4: 43
        54.3: 142

orationes III contra Arianos

        II 31: 56
        III 1 : 186

de virginitate

        18: 112

Augustinus

confessiones I 6,7: 157

Clemens Alexandrinus

excerpta ex Theodoto

        80: 112

paedagogus

        1,5: 184
        1,6: 146, 162
        1,7: 19, 43
        1,12: 142
        2,3: 23
        2,7: 186
        3,1: 97

protreptikos

        I: 55 f
        II: 164
        IX: 142
        X: 47, 106, 153
        XI: 60, 142
        XII: 56

stromateis

        1,7: 23
        2,5: 94
        3,12: 177
        4,1: 23
        4,23: 142
        4,25: 26, 46
        5,10: 185
        5,14: 53
        7,14: 190

Constitutiones Apostolorum

        I 3,10: 196
        II 25,2: 196
           25,7: 183, 184
           37,4: 196
           47,1: 196
           57,1: 196
        V 3,4: 196
        VI 23,5: 183
        VII 1,3: 159
            43,1: 150
        VIII 12,13: 180
        VIII 15,5: 186
        VIII 37,6: 189

Eusebius

praep ev XII 12: 104

Hippolytos

refutatio

        V 16,6: 62
           17,7: 62
        VIII 9,3: 56

Justinus martyr

        1 ap 5,4: 180
             9,1: 180
             10,8: 47
             18,3: 113
             32,8: 47
             32,14: 61
             46,2: 47
             46,5: 61
             61,6: 177
             65,3: 177
        2 ap 6,5: 61

conf proem M 6, 1493B: 23, 24

dial 6,2: 195
        96,2: 190
        124,4: 191

GRIECHISCHES WORTREGISTER

(zitiert sind die Seiten)